ECKHARD HENSCHEID · ÜBER MANCHES

Eckhard Henscheid

ÜBER
MANCHES

EIN LESEBUCH MIT
MÄRCHEN, ERZÄHLUNGEN, SATIREN,
ROMANAUSSCHNITTEN, ESSAYS,
NONSENSPROSA, POLEMIK,
GEDICHTEN, GLOSSEN,
KUNSTKRITIK, MUSIKKRITIK, LITERATURKRITIK,
ELOGEN UND ERLEDIGUNGEN

HERAUSGEGEBEN
VON
GERD HAFFMANS

MIT ZEICHNUNGEN
VON
ACHIM GRESER

HAFFMANS VERLAG

Nach- und Hinweise am Schluß des Bandes.
Das Bild auf der Umschlagrückseite, Frontispiz und alle nicht
nachgewiesenen Zeichnungen wurden von Achim Greser
eigens für dieses Lesebuch gefertigt.
Umschlagbild von Georg Friedrich Kersting,
»Lesender bei Lampenlicht«, 1814,
Museum Oskar Reinhart am Stadtgarten, Winterthur

1. Auflage, Herbst 1996

Alle Rechte vorbehalten
Copyright © 1996 by
Haffmans Verlag AG Zürich
Satz: Fotosatz Amann, Aichstetten
Filme: Reproatelier Höhn, Oberhasli
Herstellung: Wiener Verlag, Himberg bei Wien
ISBN 3 251 00340 2

INHALT

I.

II.

III.

ANHANG

I.

DER HERR KORBES

In Vorzeiten lebte ein gewisser Herr Korbes, der war verwitwet, betrieb aber eine Gasterei und vollbrachte Wunderdinge. Eines Tags verspürte er nun freilich selber Heißhunger nach Rapunzel, mitten im kalten Winter, und er hatte nicht übel Lust, seine Stiefmutter dafür dareinzugeben. Und also ging er in den tiefen Wald, sah ein blaues Licht und dann ein Häuschen, um daran zu knuspern. Das Häuschen aber gehörte Schneeweißchen und Rosenrot, die waren schön wie Ebenholz und süßer Brei, indessen schon versprochen zwölf wilden Räubern, und also taten sie die Tür nicht auf. Da ging der Herr Korbes, seiner Hungersnot zu wehren, zu dem Berg Semsi hin, um an ihm zu rütteln und zu schütteln, ei, da sprang der Berg endlich auf, aus ihm heraus aber trat ein junggeglühtes Männlein, das sprach zu ihm also: Wenn du Seligkeit erlangen willst, so geh hin zur Gevatterin Gänsehirtin über den sieben Bergen bei den sieben Schwänen, dort hinter einem Fuder Salz oder aber Sackleinen wirst du finden drei Männlein im Walde, die aber heißen Frieder, Katherlieschen und Eiserner Heinrich, mehr darf ich dir hier noch nicht sagen und kundtun, sie aber werden dir weiter auf die Sprünge helfen.

Eia, da war der Herr Korbes wieder vergnügt und recht guter Hoffnung, er ließ sich von einer schönen Fee auf den Vogel Greif verhelfen, der flog mit ihm übers weite Land und setzte ihn freilich auf dem Gipfel eines Machandelbaums wieder ab. Der Baum nun gehörte allerdings der Frau Kummerniß, das aber war die Tochter einer Hexe, einäugig war sie und eine selten Böse. Der Baum rüttelte sich, schüttelte sich und warf Herrn Korbes hinter sich. Da indessen kam schon das Dornröschen des Wegs, welches sein Gemahl Hänsel von zu Hause fortgeschickt hatte, Blindschleichen, goldene Äpfel und singende, springende Löweneckerchen zu suchen und endlich heimzutragen. Als jene nun den Herrn Korbes erblickte, sah sie ein, daß das alles keinen rechten Taug mehr hatte, daß sie nämlich einem alten Galgenstrick und -schwengel anheimgefallen war, und meinte auch, er hieße Hans mein Igel. Und also hielt sie flugs ihr Hemdchen hoch. Damit aber der Verdruß nur ja nicht ausgehe, purzelten da lauter Sterntaler hinein, das kam von der Rache der Frau Holle. Da war's der Herr Korbes nicht schlecht zufrieden, die guten tat er also ins Kröpfchen, die schlechten ins Töpfchen, und er dachte insgeheim bei sich: Hoppla, da also will's hinaus, daher pfeift der Wind, das muß ich meiner trauten Braut erzählen, holla! Indessen kam eine Menge Volks daher und wollte dem bösen Blendwerk an den Kragen dergestalt, daß plötzlich vor aller verwunderten Augen ein Hahn einherschritt und drei schwere Balken trug. Jetzt fiel es allen samt und sonders wie Splitter aus den Augen, daß die Balken ja nur des Hahnes Splitter im eigenen Ohre waren, die da alle Ärgerniß erschufen. Da stach der eine dem anderen flugs das Auge aus, und sie wollten aufeinander los, Aug um Auge, Zahn und Zahn, ein Sturm brach los, auf dem Felsen aber unterhalb der Schädelstätte, auf welchem soeben, indem der Vorhang des Tempels gerissen war, der Hahn des Herrn schon zum drittenmal gekräht hatte, schöner sang die Nachtigall, da wollte Petrus, genannt Ischariot, seine Kirche bauen, um unterhalb des Steins seine Lämmer und seine Schafe zu weiden, auf daß erfüllet werde das Wort der Schrift des Menschensohns und keine Macht der Finsterniß würde ihm den Schwarzen Peter dann so leicht wieder – – was ist?

Wer?

Ach so. Ja. Hm.

Jedenfalls und immerhin zogen Jorinde und Joringel nun zu beider Mutter Malcho sowie zu ihrer greisen Schwester Käsetraut, die war des Teufels rußige Mutter und mit drei rostigen Bärenhäutern verheiratet und z. T. verschwägert und hatte ihnen unterm Strich neun Feldschere geworfen, das Herz im Leib möcht ei'm zerspringen. Und? Allora, heute wuschen sie, morgen buken sie und übermorgen, hau ruck, holten sie der Königin ihr Kind, daß Gott erbarm, sie fraßen es, sotten die Gebeine und knusperten an den singenden, blinkenden Knöchelchen. Und hatten trotzdem die Rechnung ohne den Wirt gemacht, den Drachen Willibald. Der trug auf dem Haupte einen Tornister, am Hals einen Kanonenofen aus Ebenholz, am Sack indes ein Horn, auf diesem aber sang er schiedlich, friedlich und ja freilich weidlich:

»O Falada, da du hangest,
O du Königstochter, da du sprangest,
Wer ist der Schönste im ganzen Land?«

Als das aber seine Jünger höreten, erschraken sie sehr und sprachen:
Barabbas! Denn so ruft der Herr, o Tochter Zions: Nah ist der Herr,
der Gott Abrahams! So höre, Israel, und fürchte dich nicht, mein
Volk! Denn siehe, der Herr ist gerecht und gut, und die Pforten der
Hölle werden ihn nicht überwältigen. Da schrien die Jünger laut auf
und sprachen: Er hat Gott gelästert! Der Herr aber ging vorüber in
dem Feld, und ein starker Wind blies, und es fuhr ein Wetter gen
den Himmel, dann aber von Stund an standen Seraphim über ihm
und sangen ohne Unterlaß:

»Wir wollen nicht verzagen
In dieser düstern Zeit,
Woll'n auch nichts weiter fragen.
Gott mög' uns huldreich walten,
Sein Engel mög' uns halten,
Auf daß wir nicht erkalten,
Auf daß wir nicht umnachten,
Eh wir's uns recht bedachten,
Auf daß wir nicht zerschellen,
Auf daß wir nicht zerspellen
In dieser Einsamkeit« –

– und andere sehr gemeine Dinge. Jawohl, ja, so lebten sie dahin, so
sangen sie und ließen es sich bei mancherlei Schabernack wohlerge-
hen, zusammen mit Pif, Paf, Poltrie, so hieß das Hausgesinde. Sie
herzten und sie küßten sich und trieben vielfältige klebrige und wi-
derwärtige, ja fast schon schale Dinge miteinander, pfui Teufel, und
ließen es fein krachen, bis daß feil es widerkrachte – das freilich waren die Bande, die ihnen mit Schimpf und Gelächter von ihrem Herzen absprangen.

In summa: Es scheint der Herr Korbes ein sehr starkes Arschloch gewesen zu sein. Mächtiges Arschloch?

Ein sehr starker Witwer gewesen zu sein.

DREI GEROLD-GEDICHTE (I)

JUGOSLAWIEN '95
Karl Gerold abermals zu ehren

Schon seit fünf Jahren tobt nun das Gekämpfe
Im ehemals Vielvölkerstaat.
Saß Jugoslawien einst im UNO-Rat,
So qualmen heute blut'ge Pulverdämpfe.

Der Serbe schlägt den Bosnier aufs Haupt,
Zerstört liegt Mostar, arg zerbeult Sar'jewo,
Wie damals nach der Seeschlacht von Aleppo –
Das Mittelmer liegt still, gleichwie entlaubt.

Die einst noch unter »Tito« sich als Brüder küßten,
Sie schießen sich jetzt tot wie Herostraten;
Voll Feindschaft, Haß; das kommt davon.

Was Muslem? Bihac? Was Kroato-Christen?
Statt Mord im Balkan, statt der Missetaten
Heiße es künftig wieder: Freude am Balkon.

TSCHETSCHENIEN 94/95 FF.
*Dem Eingedenken an den immer noch
unvergessenen Karl Gerold zugeeignet*

Ob wir denn ahnten, als wir »Jelzin!« riefen,
Daß dieser Erbe Gorbatschows
– und also keineswegs Chruschtschows! –
Würd' schon in Kürze uns're Langmut prüfen?

Rußland ist heute: Bürgerkrieg.
Nicht »UdSSR« mehr. Doch viel ärger
Ist jetzt der (Selbst-) Haß der Völker und viel stärker:
Am Kaukasus winkt Jelzin – nimmer Sieg.

O Russe, laß dein Wüten fahren!
Gib dem Tschetschenen »Eigenrecht«!
Gedenk' der Söhne jung an Jahren!

O schon' der Mütter Kind erst recht!
In diesem späten Säkulum:
Schluß mit dem Schießen und »Bummbumm«!

GLOBAL »2000«
Dem immer schwerlicher je vergeßbaren
Karl Gerold post mortem, ins Stammbuch

Mein Gott, ist denn die Welt ver-rückt, fragen wir bange!
Denn »Schlachtenbummler« heißt doch, was wir wurden!
Saddat Hussein schlägt Kronprinz Hassan auf die Wange –
Mit Großgranaten schießen Serben scharf auf Kurden.

Kann denn kein Gott die Krieger dämpfen?
Im Nahen Osten nicht? Vietnam? Auch nicht China?
In Irland tobt seit wohl zig Jahren schon das Kämpfen;
Seit Monden zäh und hart wie weiland unter Rommel,
        Lettow-Vorbeck – Heia Safari! – in Somalia.

Als ging' es immer noch um »Heil«, »Triumph« und
        gewisser Statten Sieg! (Sprich: Vormachtstellung)
In Aserbaidschan: Klassenkampf – Streit um Armenien:
Selbst BRD-Türkei (am Ort!) ja praktisch Bürgerkrieg,

Wo eigentlich alle sich nach Frieden sehnen –
Ja, will am Globus niemals denn mehr Friede werden?
Ist Asiens, Europens Sinn das – Sterben?!

FRAU KILLERMANN GREIFT EIN

»Gott ist ein lauter Nichts, ihn
rührt kein Nun noch Hier.«
                    (Eco, Der Name der Rose)
»Dort droben auf der reinen keuschen
Erde sind wir zu Hause.«
                    (Jean Paul, Das Kampaner Tal)

Nachdem ihr langjähriger Ehemann heimgegangen war, verlor
Großmutter allmählich und jedenfalls teilweise die Übersicht. Nicht
nur, daß sie ihn zwar häufig auf dem Friedhof besuchen ging, ihren
Mann aber gleichzeitig immer wieder im Feld vermutete; ein Problem wurden vor allem die Semmeln. Mehrmals täglich verließ
Großmutter die von ihr noch versorgte Parterrewohnung, schlurfte
über die Straße, schob ihren nicht gar großen, molligen Körper in
die kleine Kolonialwarenhandlung Hubmann und kaufte dort Semmeln. Bei vier, fünf Einkäufen am Tag kamen so oft an die zwanzig
bis vierzig Semmeln zusammen. Darauf aufmerksam gemacht, kon-
terte Großmutter, ihr Mann schicke von der Front weder Post noch
Geld – man könne sie ja hier nicht verhungern lassen – und von den
Semmeln könne sie ja auch Arme Ritter machen, immerhin. Derart
versammelten sich in Großmutters Brotkasten sowie über verschiedene Wohnschränke und Kommoden hin verteilt nicht selten bis zu
hundert, hundertzwanzig Semmeln, zum Teil steinharte und schon
schimmelig gewordene. Trotzdem stellte Großmutter weitere Sem-
melkäufe keineswegs ein, und kaum wurden von Anverwandten einige Großvorräte Semmeln in den Abfalleimer getan, schon kaufte
Großmutter um so energischer nach. Um die Sache aus der Welt zu
schaffen oder doch dem Problem möglichst vorzubeugen, wurde
schon im März eine Frau Killermann bestellt und Großmutter über
weite Strecken beigeordnet.

  Es war nicht ganz eindeutig, ob Frau Killermann von gänzlich
privater Seite vermittelt worden war oder irgendwie über den Umweg der Pfarrei – und am wenigsten klar war es sicherlich Großmutter, die sich aber auch nicht oder jedenfalls kaum wunderte, daß

plötzlich andauernd eine große, feste, wuchtige Frau in ihrer Küche herumsaß, eine stattliche, sehr ruhige und schon deshalb fast ehrfurchtgebietende Frau. Die der Großmutter sogar irgendwie bekannt zu sein schien, die sie als Nachbarin im nächsten Haus einordnete, davon ging sie aus und behauptete es auch Frau Killermann gegenüber – in Wahrheit spricht aber alles dafür, daß Frau Killermann zwar in der selben Straße wie Großmutter wohnte, aber an deren entferntem Ende.

Ferner hieß es auch, daß Frau Killermanns vor Zeiten verstorbener Mann bei der Post gewesen sei.

Frau Killermann war unter Umständen nur 1,69 Meter hoch, mahnte aber gegen die wohl nur mehr 1,57 Meter der Großmutter äußerst ragend, hoheitlich und beschützerisch. Schon am Tag ihres Debuts hielt sie Großmutter umsichtig von mindestens drei Semmelkaufversuchen ab – beim letzten, gegen 17 Uhr, schien Großmutter zu resignieren, ja sie war es wohl auch zufrieden –, und als sich Frau Killermann Schlag 18 Uhr verabschiedete, wollte zwar Großmutter mit ihr hinaus auf die Straße, um im letzten Moment doch noch im Laden vis-à-vis Semmeln zu kaufen; allein, Frau Killermann vereitelte es, indem sie vom Küchenfenster aus das Abschließen des Kolonialwarenladens beobachtete und abwartete – und dann erst, als die Gefahr vorüber, Großmutter definitiv verließ. Großmutter watschelte ihr bis zur Hoftüre nach und versicherte freundlich rosig lächelnd und leicht mit dem schneeig kugelrunden Kopfe wackelnd, das Kennenlernen und der Besuch hätten sie sehr gefreut. Und Frau Killermann solle nur zum Plaudern dann immer wiederkommen.

Machtvoll, ehern und nur leicht auf einen Stecken gestützt, schob Frau Killermann nach rechterhand ab. Großmutter sah ihr so lange nach, wie es ging, und schlurfelte dann emsig ins Haus zurück.

Am anderen Tag hatte Großmutter zwar schon morgens einmal Semmeln gekauft und den Bestand von etwa zehn auf achtzehn vermehrt – am Nachmittag indessen verhinderte Frau Killermann abermals das Gröbste und unterband wiederum hintereinanderweg drei bereits ins Auge gefaßte Semmelkaufversuche. Am folgenden Nachmittag unternahm Großmutter nur noch einen Anlauf – und schon am vierten Tag vergaß sie zum erstenmal der Semmeln ganz.

Am fünften kam der Wunsch in Anwesenheit Frau Killermanns zwar zweimal wieder, kurz vor 18 Uhr und nachdem Großmutter gerade ihr Bier ausgetrunken hatte – er ging aber die nächsten Tage über abermals deutlich retour – und wurde im Verlauf der ersten zwei Wochen zwar nicht gerade zum Verschwinden gebracht, aber doch auf ein fast gewöhnliches Maß zurückgeschraubt. Zufrieden, ja sogar etwas selbstzufrieden sah Frau Killermann auf Großmutter hin und schmunzelte.

Frau Killermanns Aufenthalt in Großmutters Küche fand sehr beständig statt zwischen 14 und 18 Uhr. Ehe Frau Killermann samt Gehstecken jeweils bedachtsam anschob, ging Großmutter immer auf den Friedhof, ihren Mann besuchen – spätestens um 13 Uhr war sie dann wieder zuhause, und um 14 Uhr, kurz vor der Wiedereröffnung des Semmelladens, schrillte Frau Killermanns dreifaches Schellen. Anfangs lauschte Großmutter überrascht auf das Schellen und ging aber sogleich öffnen; viel spricht dafür, daß sie das Schellen aber dann sehr bald mit Frau Killermann in Verbindung zu bringen wußte. Frau Killermann schwang und wiegte sich jeweils bedächtig und fast lautlos in Großmutters Wohnung hinein, stellte ihren Stecken in die Regenschirmablage und nahm geruhsam schmunzelnd an der Stirnseite von Großmutters Küchentisch Platz. Im gleichen Augenblick, wie nervös beglückt, hub Großmutter an, die Vorbereitungen für das Kaffeekochen auf dem Gasherd zu treffen – watschelte aber auch gleichzeitig in ihre Speisekammer und brachte eine Flasche Bier an. Drittens klaubte sie aus einer Kommode Plätzchen – und endlich, meist gegen 15 Uhr, standen dann Kaffee, Bier und Plätzchen samt Tassen und Gläsern auf dem Tisch vor Großmutter und Frau Killermann. Frau Killermann schien die Kombination sogar zu behagen. Sie leerte meist erst ihren Schoppen Bier, verdrückte vier, fünf Plätzchen und trank dann Kaffee nach. Großmutter, aber vermutlich ziemlich grundlos und nur aus lauter freudiger Gastgebererregung, wählte meist irgendeine andere Abfolge und sah ein bißchen verzaubert auf Frau Killermann hin – und als es später langsam auf den Sommer zuging, kam zur einen Bierflasche nicht selten eine zweite dazu, aus dem Kasten in Großmutters Speisekammer.

Im allgemeinen noch vor Beginn dieses gemischten Nachmittagskaffees drehte Großmutter dann auch das Radio auf – und Frau Killermann reckte sofort immer ein wenig das linke Ohr zum Radiokasten hin. Meist eröffnete das Programm mit selten zu hörender sinfonischer oder Konzertmusik; dann folgte in der Regel Schulfunk; und das letzte Drittel des Beisammenseins war häufig mit Opern- und Operettenklängen angefüllt. Großmutter hörte nicht hin, Frau Killermann aber schien alles sehr und gleichermaßen zu gefallen und einzuleuchten. Ein Ohr schien sie gleichsam Großmutter zu leihen, das andere der Getragenheit der sinfonischen Klänge. Beide Augen aber ruhten sehr zufrieden auf der Großmutter.

Den Namen Frau Killermanns hatte Großmutter, obzwar sonst recht vergeßlich, schon vom ersten Male her behalten – scheint's kannte sie ihn doch bereits von früher her. Bald schien es auch, daß Großmutter sich schon vollständig auf die Regelmäßigkeit von Frau Killermanns Erscheinen am Nachmittag eingestellt und eingerichtet hatte – des werktägigen: Samstag und Sonntag pausierte Frau Killermann. Da wurde Großmutter von anderer Seite versorgt und manchmal auch mit dem Auto wo hingefahren.

In der ersten Zeit, im März, vertraute Großmutter Frau Killermann wiederholt an, sie müsse sich jetzt immer viel kümmern, weil ihr Mann sei ja in den Krieg, erst vor ein paar Wochen sei er eingezogen worden – und leider schreibe er so gar nicht, das sei nicht schön von ihm. Frau Killermann tröstete Großmutter mit bedachten Worten und schmunzelte bedeutsam. Aber weil sie, Frau Killermann, jetzt da sei, bestätigte Großmutter, sei es schon wieder besser, da brauche sie jetzt auch nicht mehr so zu verzagen. Frau Killermann nickte und verschränkte mit großer Gemütsruhe die Arme ineinander. Der Kaffee kam, Großmutter schob Frau Killermann den Plätzchenteller nahebei und trippelte sofort in die Speisekammer, um ein Bier zu holen für den Durst. Viel Märzensonne spitzte tänzelnd in die Küche.

Sie sei ja allerdings im Dorf aufgewachsen, teilte Großmutter Frau Killermann mit, faßte sich nachdenklich am Kinn und drehte, sich die Hände vorher am Küchenschurz abwischend, das Radio auf. Aber sie sei ja jetzt schon sehr lange in der Stadt da – sie, Frau Killermann, habe ihren, der Großmutter, Mann ja sicher noch gekannt, ein Bierbrauer sei er ihres, Großmutters, Wissens gewesen. Frau Killermann nickte steil bejahend. Großmutter schritt sofort ans Büffet und prüfte den Inhalt des Brotkastens. Es seien noch sieben Semmeln drin, beschied Großmutter leicht bewölkt Frau Killermann – das werde schon hoffentlich noch bis morgen langen. Frau Killermann nickte abermals und bestätigte es mit ein paar beruhigenden Worten. Großmutter seufzte trotzdem, überlegte etwas und setzte sich. Ob sie, fragte Großmutter Frau Killermann sehr eindringlich und beugte den Oberkörper zutraulich zu ihr hin, ob sie aus diesen Semmeln Arme Ritter machen solle? Sie brauche nur schnell die Semmeln kleinzuschneiden, dazu Eier, Milch und Mehl drüber geben und das Ganze in den Topf aufs Gas. In einer Stunde könnten die Armen Ritter fertig sein. Oder in eineinhalb.

Frau Killermann verwehrte Großmutter den Plan mit einem sehr ruhigen, freilich auch ehernen Schütteln ihres ein wenig kuhhaften Kopfes. Hielt die Arme überm dunkellila Kleid verschränkt und schloß für ein paar Sekunden auch die Augen.

Großmutter seufzte, stand auf, setzte sich wieder und schlürfte nun gleichfalls geschlossenen Augs ihren Kaffee aus. Dann trank sie einen Mundvoll Bier nach und schickte einen kleinen Rülpser hinterdrein. Frau Killermann schob ihrerseits ein Plätzchen in den Mund und nahm – trotz Großmutters wiederholter Aufforderung, auch Bier zu trinken – für heute ausschließlich mit Kaffee vorlieb. Weiterhin recht nervös spielte Großmutter mit dem Schlüsselbund in ihrem Schürzenschoß – dann sah sie wieder neugierig zu Frau Killermann hin und hoch. Sie schien für eine halbe Minute vergessen zu haben, wer das sei – dann, zu ihrer Erleichterung, schien es ihr wieder einzufallen.

Das sei schön, sagte Großmutter sehr wohlauf, daß sie, Frau Killermann, sich jetzt so viel um sie, Großmutter, kümmere und sich ihr zuwende, solange der Mann aus dem Feld nicht schreibe. Frau Killermann bestätigte es mit starkem Nicken. Beide Frauen hatten nun die Arme traulich ineinander verschränkt, gleich darauf zog Großmutter ein wenig das weiße bestickte Tischtuch mit den Plätzchenkrümelchen zurecht.

Schien Großmutter Frau Killermann von Anfang an sehr zu mö-

gen und gleichzeitig als ihre gewissermaßen zubestimmte Respektsperson anzuerkennen, eine Respektsperson ungeachtet der auch
Großmutter sichtbaren Tatsache, daß Frau Killermann sogar ein
paar Jahre jünger war als sie; so war umgekehrt Frau Killermanns
Verhältnis zu Großmutter ganz offenbar von einem großen, breiten,
ja geradezu massiven Wohlwollen bestimmt. Und breit und wuchtig
schützend und zugleich wachend saß Frau Killermann auch stets ihre
vier Stunden lang am Küchentisch, stemmte die Ellbogen gegen diesen und legte entweder die Hände oder die Arme ineinander. Oft
wiegte dann Frau Killermann den Oberkörper etwas zurück, mit verschränkten Armen sah sie wachsam zu Großmutter hin oder auf den
Brotkasten oder auf das andere Mobiliar und schmunzelte sehr be-
haglich. Tauchte Großmutter für kurze Zeit in der Speisekammer
unter oder machte sich am Radio zu schaffen, so äugte Frau Killermann auch hin und wieder zur Entlastung wider die Zimmerdecke.

Das sei schön, fuhr Großmutter freundlich, beinahe schelmisch
lächelnd fort, daß man sich jetzt auf die Art auch noch kennengelernt habe, sie sich und Frau Killermann. Man sei ja praktisch Nachbarn. Und der Mann im Haus fehle halt, klagte Großmutter etwas
gedankenlos, legte den Schlüsselbund von der einen Hand in die andere und forderte Frau Killermann auf, die Plätzchen wegzuessen.
Die alten Soldaten, ihres früheren Mannes Kameraden, wüßten
vielleicht allerhand, was los sei – aber sie, Großmutter, kenne deren
Anschrift nicht. Denn ihr Mann schreibe nicht, murrte Großmutter
sich ereifernd – und ob sie deshalb in diesem Fall nicht doch noch
besser Semmeln einkaufen gehen solle in dem Geschäft da gegenüber, für alle Fälle. Frau Killermann verweigerte es Großmutter mit
dem zweimaligen Hinweis, in dem Brotkasten seien ja noch elf.
Großmutter blieb im Zimmer stehen, horchte auf und legte eine
Hand leicht auf Frau Killermanns Schulter – sichtbar freudig überrascht. Elf seien noch im Kasten? Frau Killermann nickte. Großmutter lehnte einen Zeigefinger an den Nasenflügel, machte kehrt
und ging zum Büffet, sich zu überzeugen. Aus dem Radio erklang
die vierte Sinfonie von Sibelius. Tatsächlich, die Brotkiste war rap-
pelvoll. Großmutter, wie geblendet von der Kraft und Zuversicht
der Semmeln, warf einen Blick der Dankbarkeit, ja der sehr rosigen

Betörtheit auf Frau Killermann. Dann brauche sie, sagte Großmutter glücklich, ja heute gar nicht mehr einkaufen gehen, und morgen vielleicht auch noch nicht. Und sie, Frau Killermann, lockte Großmutter, könne dann ja auch noch etwas bleiben.

Frau Killermann strich sich über die sehr markante klobige Nase und bestätigte es ruhevoll. Ob sie noch Bier aus der Speisekammer holen solle, wollte Großmutter wissen und lächelte reizend zuvorkommend herberglich. Frau Killermann verneinte huldvoll dankend. Und schob nochmals ein Plätzchen nach. Glockenschlag 18 Uhr erhob sie sich zu voller Größe und schob wieder hinaus. Großmutter winkte sehr freundlich hinterdrein.

So ward April, und bald war Mai. Schon mit den ersten warmen Tagen wurden Großmutters Semmelkaufanstrengungen wieder energischer, und Frau Killermann hatte einige Mühe, Großmutter in Schach zu halten und der Sache ihren natürlichen Riegel vorzuschieben. Das freilich wiederum hatte ein paarmal zur Folge, daß Großmutter schon vormittags zweimal Semmeln kaufen ging – und dies führte seinerseits dahin, daß aus den viel zu vielen Semmeln Arme Ritter entstanden, eine ganze Pfanne voll, die nun drei Tage hintereinander, jeweils wieder aufgewärmt, Frau Killermann statt der gewohnten Plätzchen zu Bier und Kaffee angeboten wurden. Anstandslos verschmähte Frau Killermann auch die Armen Ritter nicht und mahlte sie gelassen mit dem Mund. Zufrieden schmunzelnd schob der Unterkiefer noch lange hin und wieder, indessen Großmutters rundlicher Körper schon wieder in die Speisekammer schlurfte, um wegen der großen Hitze noch ein drittes lauwarmes Bier nachzufassen.

Sehr schön sei das, sagte Großmutter und wischte rührig Schaum vom Mund, daß Frau Killermann heute wieder gekommen sei, man brauche ja auch eine Hinwendung und ein Interesse, wenn einem die Zeit nach dem Mann lang werde. Frau Killermann stimmte mit steil majestätischem Kopfnicken zu und verfolgte dann mit den geschlitzten grauen Augen eine dicke Fliege, wie sie von den Fenstergardinen auf den Tisch surrte, sich auf der blechernen Kaffeekanne für eine Weile zur Ruhe setzte, um dann im Kreis endlos um den Deckelrand zu wandern. Ein Slowfox drang beklommen aus dem Radio. Um

18 Uhr stemmte sich Frau Killermann mit den beiden Handflächen
wieder vom Tisch hoch, gab Großmutter die Hand und suchte sehr
lautlos, wie auf Sammetpfoten sich schiebend, rasch das Weite.

Zuweilen hielten die beiden Frauen sich auch derart bei Laune
und die Stellung, daß sie sich die Blätter der Heimatzeitung teilten
und drin lasen, meist zwischen 16 und 17 Uhr. So daß bis 18 Uhr
nicht mehr gar zu lange war – und man sogar über das Gelesene
sich hätte austauschen können, hätte Großmutter davon etwas behalten. Frau Killermann schien aber zu wissen, daß Großmutters
Augen nur eifrig die Zeilen entlangstrichen – und obschon die Lippen das Gelesene mit einem winzigen Auf- und Niedervibrieren
lautlos andächtig wiederholten, schien das doch eher wie die Pflicht-
erfüllung eines Lästigen. Nämlich Großmutter teilte Frau Killermann nach Beendigung der Lektüre die Brille absetzend und etwas
verzagt hohläugig mit, jetzt sei ihr Mann schon mindestens vierzehn
Tage im Feld, auf dem Friedhof sei er aber gestern auch nicht gewesen – die anderen alten Soldaten kenne sie leider nicht – man müsse
schon viel mitmachen. Frau Killermann gab es zu und trank gemessen ihre Neige Bier aus. Am Grab seien jetzt so schöne Tag- und
Nachtschatten, fuhr sinnend Großmutter fort, aber das sei allerdings recht boshaft von ihrem Vater, daß er nicht schreibe und sie
hier sitzenlasse. Ein paar Sekunden lang wurde Großmutter sogar
sehr zornig, nahm die Brille ab und sah jäh hoch zur Wanduhr. Dann
schlurfelte sie in die Speisekammer und kam bald mit einem Glas
eingemachter Zwetschgen zurück. Ob sie, Frau Killermann, davon
wolle, die Zwetschgen seien noch von daheim. Frau Killermann gebot der Sache Einhalt, indem sie schmunzelnd auf die Unverträglichkeit von Bier und Zwetschgen verwies und sich mit den Faust-
knöcheln dabei sogar ein bißchen gegen Bauch oder Magen
tatschte. Großmutter blieb stehen und sah Frau Killermann groß
und vorwurfsvoll ins Auge. Frau Killermann schob Großmutters
Stuhl zurecht. Man habe noch vor kurzem ein so schönes Haushalten gehabt, parierte Großmutter nachgrollend und setzte sich, und
dann ziehe dieser Mann in den Krieg! Zuerst zögen sie die Männer
groß, erboste sie sich, dann schickten sie sie ins Feld und dann
schössen sie sie ab wie die Spatzen, rief Großmutter fuchsteufels-

wild, legte ihren Schlüsselbund auf den Tisch und griff fast
schmachtend Frau Killermanns rechten Unterarm. Ob das die
Schlüssel zu ihrem Haus da seien, begehrte Großmutter zu wissen
und deutete auf den Schlüsselbund. Gelassen bestätigte es Frau Killermann. Verhuschtes Nachmittagslicht fiel schäferfreundlich blond
auf Großmutters weißgrauen Haarschopf und zeichnete wie sirrend
auf ihm und über seinen Schattensträhnen einen hellgleißenden
Halbmond. Frau Killermann wiegte leichthin ihren Kopf.

Sie müsse sich jetzt immer so viel kümmern, vertraute Großmutter Frau Killermann schmeichelnd an. Frau Killermann wies darauf
hin, daß sie, Frau Killermann, ja jetzt hier und bei ihr, Großmutter,
sei. Darüber, staunte Großmutter und setzte ihre Kaffeetasse ab,
wundere sie sich auch schon die ganze Zeit. Aus dem Radiokasten
kam schwirrig stark synkopierte Jazzmusik. Ob sie, Frau Killermann, versetzte Großmutter freundlich und lächelte sehr einladend
bang, dann nicht gleich hierher ins Haus und diese Wohnung ziehen
wolle. Einfühlsam schmunzelnd lehnte Frau Killermann ab. Sie
wohne ja gleich hier in der Nähe. Sie schnuffelte, schien etwas An-
gebranntes zu riechen und schneuzte ihre Nase. Großmutter erhob
sich vom Stuhl, prüfte, ob noch genug Semmeln im Kasten seien,
und kletterte auf einen Stuhl, um die Wanduhr aufzuziehen, die allerdings noch ging. Sehr wächterhaft schaute Frau Killermann ihr
zu. Morgen früh, kündete Großmutter doch wieder bekümmert an,
kaufe sie gleich Semmeln. Dann seien welche da, wenn der Mann
dann wieder komme.

Um den 20. Mai herum wunderte sich Großmutter Frau Killermann gegenüber wiederholt der schwer verständlichen Tatsache,
daß der Postbus nach Dalking und Furth früher direkt vor ihrem
Haus da gehalten habe – jetzt aber sei kein Halteschild mehr da. Und
auch halte der Bus nicht gegenüber. Gelassen machte Frau Killermann Großmutter darauf aufmerksam, das Kaffeewasser koche,
und nippte verhalten von ihrem Likör, den ihr Großmutter wohl
eher aus Versehen und wie in übergroßem Beschäftigungsdrang
heute hingestellt hatte. Großmutter fragte ihren Gast, ob sie heute
schon Semmeln gekauft habe, damit später nichts sei. Frau Killermann bejahte nickend. Großmutter, sehr hohläugig, teilte Frau Kil-

lermann angelegentlich mit, eigentlich habe sie ja in Gleißenberg
einen Stehausschank, da kämen immer die Männer nach der Kirche
rein und verzehrten Limonade oder Schnaps. Und manchmal sogar
einen Hering und Kartoffel. Frau Killermann nickte abermals und
kratzte sich hinunterlangend am Fußknöchel. Man müsse halt schon
viel durchmachen und mitmachen, faßte Großmutter seufzend zusammen, stellte die Kaffeekanne auf den Tisch, setzte die Brille ab
und starrte nach der Wanduhr über dem Küchenbüffet. Überlegte
stehend und prüfte dann den Semmelbestand. Obgleich acht Semmeln im Kasten waren, schien sie nicht zufrieden. Seufzte kopfschüttelnd und sah nach Frau Killermann. Frau Killermann saß breit
und ehern und vierschrötig aufrecht einsatzbereit am Tisch und las
aus einiger Entfernung die Überschriften in der Tageszeitung. Großmutter setzte sich zu ihr, schob zwei Likörgläser traut aneinander,
seufzte, lächelte wund und sah dann Frau Killermann zuerst geschamig, dann sehr ernst und fest in die Augen. Das sei schön, sagte
Großmutter mit viel Wärme, daß sie, Frau Killermann, heute wieder
gekommen sei, so weither, aus Furth. Ihr, Großmutters, Mann, gehe
nämlich schon eine Zeitlang ab – sie, Frau Killermann, habe ihn ja
sicher noch gekannt. Frau Killermann nickte, schmunzelte behäbig
und sah dann durch die Geranienstöcke hindurch ein wenig zum
Fenster auf die Straße hinaus. Inständig klagend und auch etwas zür-
nend, verwies Großmutter auf die ungute Entwicklung dergestalt,
daß sie ihren Mann neulich geholt hätten – und dabei habe man gerade zuletzt hier so sauber gewohnt und alles und ein so schönes
Haushalten gehabt mit sieben Hühnern und sogar ein paar Hasen im
Hinterhof, und Holz für den Winter sei auch genug im Keller gewesen, das habe damals der Herr Metz mit dem Lastauto vors Haus gefahren, der Herr Metz, ein hübscher, ein sehr sauberer Mann!

Frau Killermann bestätigte es mit weichem Brummen.

Es sei eben allerdings auf nichts mehr Verlaß, meldete Großmutter nach einer Weile seufzend noch einmal Protest an – nicht einmal
mehr auf die alten Soldaten, die könnten ihr doch Meldung machen!
Frau Killermann beruhigte Großmutter murmelnd und schien dabei sogar ein wenig einzuschlummern. Großmutter bot Frau Killermann zwei Mark Trinkgeld, wenn sie nach nebenan gehe und für

zehn Mark Semmeln hole. Öffnete ihr Geldbörslein und ließ den Inhalt, ein paar Scheine und viele Münzen, auf den gedeckten Kaffeetisch fallen. Sofort klaubte Frau Killermann das Geld wieder in die Börse zurück und eröffnete Großmutter beinahe pompös, es seien noch für die ganze Woche Semmeln da. Schon, rief Großmutter leidenschaftlich, setzte sich auf den Stuhl und griff sich glutvoll Frau Killermanns rechten Beinschenkel mit der ausgespannten Hand, aber darum handele es sich ja! Sie, Großmutter, möchte ja ihre Rechnung bezahlen, wenn sie auf Besuch hier sei – bei Frau Killermann. Frau Killermann schüttelte wehrhaft wägend den Kopf und erläuterte Großmutter besänftigend, daß der Fall sich andersherum verhalte. Sie wollte nämlich allerdings nicht stören, faßte Großmutter herzhaft nach – ja, allerdings sei dies ihre Wohnung, sie kenne ja alles ganz genau: Ob ihr Mann vielleicht im Keller sei? Frau Killermann verneinte es fast salbungsvoll. Großmutter stand auf und schaltete das Radio aus. Frau Killermann schien die nächsten Minuten über wieder sacht zu dämmern. Als sie die Augen wieder aufschlug, lächelte ihr Großmutter hold und pfeilgrad ins Gesicht. Das sei schön, sagte Großmutter, daß sie, Frau Killermann, gekommen sei und daß sie sich beide so gut vertrügen – da gebe es auch andere Sorten! Und lächelte Frau Killermann weh und dankbar halboffenen Mundes an. Trotzdem schien sie jetzt wieder nachzugrübeln, wer Frau Killermann eigentlich sei und wer sie hierhergesetzt habe. Aus schamlos hohlem Geschoß heraus versenkte das güldene Grün der Großmutteraugen purpurmondig glühend und schon fast entseelt sich in die farblosen von Frau Killermann, welche aber gleichzeitig eine über den Tisch spazierende Ameise mit dem Daumen schon zerdrückte.

Am 28. Mai wurde Großmutter bettlägerig, am 29. stellte eine halbseitige Lähmung sich ein. Noch am 30. Mai saß Frau Killermann auf einem Stuhl an Großmutters hohem Bett. Großmutter lag etwas gekrümmt in ihm, den Kopf im Schmerz gestemmt ans Wandbrett. Dann riß sie ihn herum, in Richtung auf Frau Killermann. Ihr Angesicht war schneeig. Einerseits tue ihr alles weh, sagte Großmutter, dachte nach und sah verblümt bebenden Kinns zu Frau Killermann empor, andererseits sehe sie sehr schöne gelbe Kornfelder, ganz gelb

und schön. Frau Killermann schmunzelte etwas gar protektoral, fast
gönnerhaft. Ob der Vater schon wieder im Keller sei, wollte Großmutter aufhorchend wissen. Frau Killermann verneinte es kopfschüttelnd. Das Korn stehe schön und schaukle immer hin und wieder, erläuterte Großmutter stockend und etwas beschwert und wie
befangen – aber da seien auch noch so allerhand andere Sachen im
Kopf, so seltsame, Großmutter ächzte, zum Beispiel Luzie, die ihr
den Bauch aufschlitzen wolle, dann der Schlieffenplan mit der
Währungsreform. Großmutter stierte nachdenklich besorgt an Frau
Killermann vorbei, Gram und Sorge verzerrten ihr Kugelantlitz zur
düsteren Grimasse, und die Mundwinkel waberten ruhlos hin und
wieder – und da sei dann vor allem auch noch Thomas mit dem
Hammer, der ihr wegen der Wegzehr mit dem Hammer auf den
Schädel haue. Großmutter stutzte, sah wieder neugierig scheu nach
Frau Killermann und fragte, wo eigentlich deren kleines gelbes Kat-
zerl sei. Frau Killermann erfaßte Großmutters Hand. Großmutters
lieblich vorwurfsvolles Antlitz reckte nach dem sich von Frau Killermann und zerquälte sich zu einem Lächeln des Danks, hehr und
herrlich schimmernd wie die Schöpfung selber. Dann wurde es wieder ernst. Ob sie, Frau Killermann, fragte Großmutter leise stöhnend wach, nicht nach nebenan gehen wolle, wegen Semmeln, einen
Kaffee könnte sie sich ja heute ausnahmsweise vorübergehend selber aufsetzen, und ein Schlieffenplan und das Bier seien hinten in
der Poststation.

Frau Killermann hielt ruhig Großmutters gelbe feuchte Hand.

Nachdem Großmutter am 31. Mai heimgegangen war, fand sich
in ihrer Einkaufstasche in der Kommode ein Knäuel aus Tüchern,
Socken und Wäsche. Mittendrin steckten vier alte angeschimmelte
Semmeln. Zwei Semmeln fanden sich unterm Kopfkissen des
Krankenbetts. Drei lagen noch im Brotkasten drin.

Frau Killermann half anschließend bei einer Frau Adlhoch aus
und wurde – möglicherweise auf Empfehlung – gleichzeitig auch
noch einer Frau Henselein zugeteilt. Nach beider Abgang verdingte
sie sich noch bei einer Frau Heimerl für die Nachmittage.

Wieder ein Jahr später rückte dann auch Frau Killermann ein.

HAPPIGE GRAMMATIK

1

Es ist schon etwas Merkwürdiges um den Beistrich (Komma), jenes schmale Häkchen, das doch, allein durch seine Stellung, die ganzen langen Sätze mit ihren vielen dicken und breiten Wörtern vollkommen in der Hand hat. Jedenfalls in den meisten Fällen. Denn ist es nicht etwas unvergleichlich anderes zu sagen: »Er kam, um zu gießen« und »Er kam um, zu Gießen«? Ohne Frage, doch schon hier spüren wir etwas vom Tückischen des Kommas, denn im zweiten Beispiel ist es eigentlich überflüssig. Dagegen zeigt der Beistrich sogleich, was er kann, wenn er nur will: Die Sätze »Humba humba tätärä« und »Humba, humba, tätärä« sind nämlich so verschieden wie Huhn und Ei; hier schroffe Distanz, dort allumfassender Eros. Doch unser Verdacht, daß das Komma intellektuell nicht zu packen ist, wird zur Gewißheit, wenn wir folgende nach unserer Schulweisheit völlig verschiedene Sätze nebeneinander halten: »Erst mehrere Jahre darauf gestattete Liszt seiner Tochter Cosima, wieder sein Haus zu betreten«; und: »Erst mehrere Jahre darauf gestattete Liszt seiner Tochter Cosima wieder, sein Haus zu betreten.« Es sei gedreht und gewendet, wie es wolle, der Sinn ist jedesmal vollkommen gleich! Wer hätte das gedacht!

2

Wie oft passiert es einem, daß er sagen will: diese und jene Tat gefällt mir an diesem und jenem Menschen. Statt das aber so zu sagen, hat der Mensch die Neigung, es eleganter zu sagen, und stößt dabei auf die größten Schwierigkeiten, und es kommt dann ein so undurchschaubarer Satz heraus wie dieser: »Das hat mir ihn sympathisch gemacht.« Etwas Bodenloses spricht aus diesen Worten, und wir fragen uns: Stimmt dieser Satz denn auch? Heißt es nicht eher: »Das hat mir ihm sympathisch gemacht?« Niemals – spüren wir. Dann schon lieber so: »Das hat mich ihn« – nein! Aber vielleicht: »Das hat mich ihm sympathisch gemacht.« Jawohl, so geht's! Nur – merken wir bei aller Freude den kleinen Unterschied? Der

Satz stimmt zwar irgendwie, doch ist der Sinn jetzt genau umgekehrt, oder zumindest anders oder wie. Hier Ursache, Wirkung usw. auseinanderzuhalten ist fast aussichtslos. Dennoch könnten wir eine kleine Bauernregel anbieten, die uns souverän über so gefährliche Sätze hinweghilft: Entweder zuerst Akkusativ und dann Dativ, oder zuerst Dativ und dann Akkusativ. Zweimal Dativ oder zweimal Akkusativ geht nicht.

Wer das auch noch nicht versteht, dem sei folgendermaßen weitergeholfen: Entweder zwei dicke Buchstaben am Schluß (ch, m) oder zwei dünne (r, n). Gemischt (ch-n bzw. r-m) geht nicht.

3

Kürzlich sagte der ARD-Reporter des Regionalliga-West-Spitzen-Spiels Westfalia Herne gegen Rotweiß Essen anläßlich der Verrohung des Spiels den Satz: »Diese Bilder benötigen keinen Kommentars.« So. Der Inhalt ist zwar ungefähr klar, was letztlich gemeint war, aber so geht es natürlich nicht. Wie kann man den Satz richtiger machen? »Diese Bilder benötigen keinen Kommentar?« Na ja, besonders stringent ist das auch nicht. Also eventuell: »Diese Bilder benötigen keines Kommentars«? Ja? Wirklich? Ist das auch ganz sicher, daß »benötigen« den zweiten Fall regiert? Soso. Eben! So sicher ist das beileibe nicht! Aber das Maul aufreißen!

Was tun? Das einzige, was uns bleibt, ist halt wieder einmal der gesunde Mittelweg, der Genitiv und Akkusativ, Frage und Anklage, Soll und Haben gleichermaßen zufriedenstellt. So daß es heißt: »Diese Bilder benötigen keines Kommentar.« Und jetzt erst ist auch endgültig ganz klar, was ursprünglich gemeint war: »Diese Bilder sprechen für ihnen selber.« Das Spiel endete 2 : 1 für Essen, eine echte Überraschung.

4

Ein Museumsdirektor sagte jüngst im Fernsehen: »Der Zuspruch des Museums erfreute sich im letzten Jahr eines ständig steigenden Zuspruchs.«

Was ist gemeint? »Ein Museum ist ein Museum ist ein Museum«?

»Ein Museum ist ein Zuspruch, aber Persil bleibt Persil«? Nun, mit diesem Problem brauchen wir uns nicht weiter zu beschäftigen, weil es ist kein Grammatik-, sondern ein semantisches bzw. ein Museumssatzbausinnproblem.

5.

Ich habe mich in Hanni verliebt. Gleichzeitig sie in mich. Gleichzeitig stand der gestirnte Himmel über uns. Gut. Wie aber soll ich jetzt diesen Sachverhalt syntaktisch einigermaßen ausdrücken? D. h. mit einem einzigen Satz? So vielleicht: »Während Hanni und ich *uns* ineinander verliebten, stand der gestirnte Himmel über uns.« Bon. Aber auch das könnte im Prinzip richtig sein: »Während *sich* Hanni und ich ineinander verliebten, stand…«? Hm. Zweimal also reflexiv; einmal vorn, einmal hinten, einmal stark, einmal schwach. Allerdings: die zweitgenannte Lösung scheint zwar richtig – aber auch wieder doch nicht ganz so richtig wie die andere. Bzw. so schön. Sakrament. Nämlich wegen des beide Male (!) nachgestellten »ineinander«. Hieße es z. B. »Während Hanni und ich uns vergnügten«, dann könnte es exakt 50 : 50 gleich richtig »Während sich Hanni und ich vergnügten« heißen. Gut, bon. Wie aber ist es, wenn statt des bzw. zusätzlich zum gestirnten Himmel(s) gleichzeitig auch Josef und Evi sich bzw. uns verlieben? So: »Während Hanni, ich, Josef und Evi uns verliebten, stand der gestirnte Himmel wie nichts Gutes…«? Oder doch besser: »Während sich Hanni, Evi, Josef und ich uns ineinander verliebten, stand…«? Diesmal ist es umgekehrt: diesmal klingt das vorangestellte (präponierte) »sich« irgendwie irgendwo überzeugender. Vor allem im Verein mit dem zusätzlich nachgestellten (postponierten) »uns«. Aber andererseits wieder: »Während sich ich, Hanni, Evi und Josef ineinander…« – da sieht man genau: Ladies first! Sonst geht's schief. Aber, schließlich und endlich, wie ist es dann, wenn – und nun passen Sie gut auf –:

– wenn 2 mal 3 oder noch mehr Menschen sich ineinander verlieben? Ha? Ha! Menschen wohlgemerkt, unter denen ich auch bin, uns ineinander verlieben? Nun, keine Angst, aber ich glaube, dann paßt bloß das vorgestellte »Während sich Hanni, ich, Evi, Josef, Kathi, Ralf, Rolf und Angelina ineinander verliebten, stand…« Oder?

»Während Hanni, ich immer hinter Hanni her, Evi (auch nicht schlecht!), Josef, Kathi, Ralf, Rolf und Angelina uns ineinander verliebten...« klänge irrtümlich. Oder jedenfalls etwas blöd.

Soweit dies. Schwer zu sagen, wohin das Pendel insgesamt ausschlägt. Bedenke ich es aber, alles in allem, sine ira et studium, dann gefällt mir vielleicht doch diese letzte Version am allerallerliebsten: »Während sich Hanni (wird langsam langweilig), ich, Evi(!), uns, Josef, Kathi (hähähä!), Ralf, Rolf (häh!) sowie Angelina (zz, zz!), ich, Gilberte (o lala!), Heidi, Gaby, in, Vicki, Zecky (aua!) endgültig einander verknallt und verkrallt und verschweinigelt hatten, erwuchs sich uns allen ein Riesenständer – und die Sternlein auch mit drein...«

Das ist das Größte! *Gaby!!!*

PS: Kann man das eigentlich sagen: »Ich habe mich in Hanni verliebt. Gleichzeitig sie in mich«?

Eben! Nie! Sondern in Alfred Edel. Leider, leider, leider...

6

In der »Bild«-Zeitung aber steht zu lesen: »Diese schöne Frau mit den lockigen Haaren hat Telly Savalas (52) verlassen. Es ist Sally (33).«

Also wer wen oder was? Welcher Akkusativ haut welchen Nominativ in die Pfanne? Nun, auch dieses Problem ist durch verschönerte Grammatik nicht zu lösen. Sondern nur durch das Bild in »Bild«. Auf dem sieht man nämlich genau, wie Tellys Auge Sally gerade verläßt. So wird's gemacht. Und nicht umgekehrt, Baby!

GOTT IST DOCH NICHT BLÖD
Warum es wahrscheinlich keinen Himmel und aber
garantiert keine Hölle gibt

I

Still ist es geworden um das Hin und Her um Gott. Eröffnen wir also wieder die Diskussion. Einwandfrei steht heute fest, daß sich Gott noch niemals als Schöpfer vorgestellt hat. Deshalb sagen die Christen, von nichts entsteht nichts. Danach müssen alle die wun-

derbaren Sachen wie Mond und Sterne von einem Schöpfer geschaffen worden sein. Wenn das stimmt, dann müßte das Wunder-
barste, was es heute gibt und überhaupt geben kann, falls es es gibt,
nämlich Gott, ebenfalls von einem denkenden Geist geschaffen
worden sein usw. bis in alle Ewigkeit. Wenn man das durchdenkt, ist
das mehr blöd als logisch.

2

Sie haben es aber gemerkt und behaupten deshalb, Gott gibt es seit
ewigen Zeiten. Das ist aber nicht wahr, sondern alle Dinge haben
seit ewigen Zeiten unerschaffen in Form von Energie bestanden,
das kann man überall lesen. Aus Zufall entstanden daraus einmal,
wir wissen nicht wann und wie und warum, Materie und Antimaterie, das ist zusammen Energie. Als dann Materie und Antimaterie
zusammenstießen, entstand wieder Energie usw., bis das Weltall im
Prinzip fertig war. Dann entstanden irgendwann einmal die Chemi-
kalien, dann durch Evolution Leben, nämlich Viren, Bakterien, niedere Pflanzen und Tiere, später Säugetiere und Menschen sowie
andere Seelen. So ist das und logisch. Was die Atheisten sagen, ist
immer oder meistens logischer als was die Theisten sagen.

3

Unser Planetensystem ist einige Millionen Jahre alt. Es ist möglich,
daß andere Milchstraßen noch viel älter sind, aber sogar wenn sie
Oktrillionen Jahre alt sind, dann ist selbst eine Zeit von Oktrillionen
Jahren nur ein Augenblick gegenüber der Ewigkeit. Daraus muß
man schließen, Gott hat Ewigkeiten hindurch nichts getan und kam
dann auf einmal auf die Idee, was zu tun. Nämlich all die wunderbaren Galaxien zu erschaffen. Zu einem bestimmten Zeitpunkt schuf
ER dann die ersten Menschen Adam und Eva und dann noch mehrere ungeschlechtliche. Später ging es geschlechtlich weiter. Vorher
hatte ER schon Engel geschaffen.

    Das glaubt doch keiner.

4

Nach den Christen lebte Gott seit Ewigkeiten im Himmel, das heißt
in einem sehr angenehmen und erfreulichen Zustand und bewußt.

Als ER Menschen erschuf, mußte ER wegen der geplanten Strafen auch eine Hölle erschaffen, oder umgekehrt zuerst die Hölle und dann die Menschen, denn eine Hölle ohne Bewohner hat ja keinen richtigen Sinn.

In der Hölle aber werden nach Ansicht der Christen höchst qualvolle Gefühle erlebt. Um diese erleben zu können, mußte Gott den Menschen einen Sinn und einen Begriff für die Qualen eröffnen, denn so etwas gab es vor dem Sündenfall seit Ewigkeit nirgends.

Nun kann aber Gott nur dann Schmerzen erfinden, um seine Geschöpfe strafen zu können, wenn ER selber weiß, was sind Schmerzen. Ein Maschinenbauer kann keine Maschine machen, wenn er überhaupt nicht weiß, was eine Maschine ist. Das ist klar. Wenn ER aber wissen will, was Schmerzen sind, muß ER selber Schmerzen erleben und erdulden.

Nun muß aber weiter ausgeholt werden.

5

Lustgefühle werden nach Euphoriegraden abgeschätzt, Schmerzen und sonstige Qualen nach Dolgraden. Angenommen ein Mann liegt mit einer wunderschönen nackten Frau im Bett herum und erzielt den wunderbarsten Orgasmus, so sind das ca. 30 Grad terrestrisch somatisch und terrestrisch psychisch Euphorie. Der Verfasser dieses hat zwar in seinem ganzen Leben noch nicht geliebt, aber wenn er Aufsätze über so viel Sex in den Illustrierten betrachtete, dann muß er schon annehmen, daß das etwas sehr Schönes ist.

6

So, jetzt kommt's:

Der schlimmste Schmerz, den Menschen manchmal erdulden müssen, ist vielleicht das Verbrennen bei lebendigem Leibe. Dieser Schmerz könnte ein Schmerz von ca. 80 bis 100 Grad terrestrisch somatisch Dol sein, also viel höher als beim Orgasmus, wenn auch umgekehrt. Für Christen sind die Qualen im Höllenfeuer, ob es nun wirklich Feuer ist oder nur Seelenqualen, noch viel furchtbarer als Qualen im Diesseits. Die Wissenschaft hat ermittelt, Gott lebt seit Ewigkeiten in einer Dauerlustverfassung von ca. 1000 Grad celestisch Euphorie, es kann aber auch noch viel mehr sein, beziehungsweise er kann es erhöhen.

Wenn das wahr ist, dann erleben die Verdammten in der Hölle
Zustände von vielleicht 200 bis 3000 Grad infernalisch somatisch
Dol vor der Auferstehung allen Fleisches und zusätzlich dann später 500 bis 5000 Grad infernalisch psychisch Dol.

7

So. Um aber Seelen in die Hölle werfen zu können, mußte Gott erst
eine Hölle aufmachen. Das kann ER aber nicht, ohne daß ER weiß,
wie furchtbar Qualen von 5000 Grad inf. Dol sind. ER muß also,
wenn ER Höllenqualen erfinden will, Qualen bis zu ca. 5000 Grad
inf. Dol erdulden. Denn ER muß ja wissen, was ER erschafft, ER
hat ja die Verantwortung. In der Praxis heißt das, ein Gott, der
Ewigkeiten hindurch in einer Dauerlustverfassung von ca. 1000
Grad cel. Euph. gelebt hat, wirft sich selbst in einen Höllenzustand
von ca. 5000 Grad inf. psych. Dol, nur um seine Leute strafen zu
können, weil sie anderer Meinung waren als Gott. Dabei muß man
bedenken, was kann einer dafür, wenn einer eine Meinung hat?
Niemand kann etwas für seine Meinung. Jeder, der eine Meinung
hat, hat einen triftigen Grund dafür.

8

Fragt man nun alle Menschen, die man kennt, würden Sie, wenn Sie
Gott wären, freiwillig aus einer Lustverfassung von 1000 Grad cel.
Euph. in einen Zustand von 5000 Grad inf. Dol gehen, nur um eine
Meinung bestrafen zu können, dann würden ausnahmslos alle sagen, ich bin doch nicht blöd. Wenn aber kein Mensch schon so blöd
ist und sich selbst freiwillig ins Unglück stürzt, dann stürzt sich ER
erst recht nicht.

9

Schmerzen und Arten von Leiden kann deshalb niemals ein denkender Gott gemacht haben. Dieser kann zwar mit seinen Geschöpfen
machen, was er will. Er kann aber keine Seelen zum Leiden fit machen, ohne dabei selber als Gott alles erleiden zu müssen. Da aber

Seelen aus Gefühlen und Denkarbeit bestehen und qualvolle Gefühle, wie gezeigt, von Gott also nicht geschaffen sein können, so können auch Seelen nicht von einem Gott erschaffen worden sein. Denn man kann doch wohl schlecht sagen, angenehme Gefühle für die Seele hat ein Gott gemacht, unerfreuliche aber sind von selbst gemacht worden. Seelen sind entweder von Gott erschaffen worden oder atheistisch, aber nicht teils teils.

DIE NEUE SCHAMLOSIGKEIT
Zu einem kulturellen Phänomen

>»Alles ist erlaubt.«
>(Nietzsche)
>»Übrigens waren sie alle etwas unsicher in der Beurteilung ihrer Macht: und ob ihnen denn jetzt auch wirklich alles oder nur manches erlaubt war.«
>(Dostojewski, Der Idiot)

Es hat in den letzten Jahren, zumal innerhalb des letzten Jahres, die allgemeine und öffentliche Schamlosigkeit zumal in Kulturangelegenheiten und unmittelbar oder mittelbar verwandten Belangen einen Grad, einen Rang erklommen, welche mählich, nein zügig beeindruckend, ja erregend werden:

Da schreiben, drucken und vertreiben ausgerechnet die beiden national und medial führenden Obereinheimser U. Wickert und F. Schorlemmer ein Buch nach dem anderen, in dem sie sich ausgerechnet für »Werte«, »Moral« und neue »Tugend« einsetzen und daß es schleunigst damit aufhören muß, daß der »Ehrliche« immer der »Dumme« sei; akkurat wofür insbesondere Wickerts vom Fernsehen her bekannter Kopf fast ohne zu zwinkern von seinen dummen und ehrlichen Lesern unter Brüdern Millionen einstreicht, zuletzt für ein verlängertes Vorwort.

Da schiebt sich auf seine hochreifen Tage ohne mit der Wimper zu zucken der Kritiker M. Reich-Ranicki einen dazu von ihm selber im Verein mit »Frankfurter Bürgern« erfundenen und finanzierten

Ludwig-Börne-Preis in Höhe von 40000 Mark im dritten Wahlgang
unter Kegelbrüdern selber zu – hilf dir selbst, dann hilft dir Gott,
der zuständige Boss der betreffenden sog. Börne-Stiftung heißt
tatsächlich entsprechend Gotthelf, und das Ganze passiert nach der
Auskunft der darüber aber auch nicht allzu erstaunten ›Frankfurter
Rundschau‹ dafür, daß Unser Lautester vor allem mit seinem ›Li-
terarischen Quartett‹ der deutschen Literaturkritik »zu einem Ansehen verholfen hat, wie sie es«, und jetzt verrät sich die vollkommene
und entschlossene Lüge einerseits durch den Zwang zur gespreiz-
ten Geschwollenheit, andererseits durch fast schon bußfertige Ver-
kleinerung, »zuvor (!) kaum (!) genossen (!) hat«.
  Da schreibt und veröffentlicht, alle Brücken jahrzehntelang ge-
mimter Seriosität vehement hinter sich abbrechend, neben anderen
und etwas verhohleneren musikalisch-editorischen Populärtätigkei-
ten der sog. Star- und Großkritiker und ehemalige Adorno-Schüler
Prof. Joachim Kaiser seit Jahr und Tag zugunsten von Deutschlands
schändlichstem Presseerzeugnis, der ›Bunten‹ aus der Giftküche
Franz Josef Wagners, im Wochentakt eine Serie in Form einer auch
bebilderten Doppelseite mit von ihm, Kaiser, ausgesuchten High-
lights klassischer Musik; Texte, deren mit ein paar ausgesucht kaiser-
lichen Phrasen angereicherten Konzertführerinformationsmüll jeder mittlere Computer genauso gut und ordinär hätte ausspucken
können und für welche der einst primär süddeutsche Schwerkritiker
aber zum Abschluß seiner Karriere so unbewegt wie unentwegt ein
Jahressalär einstreicht, das die ›Bunte‹ selbst so unverhohlen wie unter Radaubrüdern stolz als in der Millionengegend skizziert; und es
war der nämliche Kaiser im übrigen der Börne-Preisträger des ersten
Durchgangs, pro forma prämiert seinerzeit von natürlich keinem anderen als Reich-Ranicki, auf daß zwei Jahre später Platz für ihn selber
sei – die Funktion, ihn 1995 als wortwörtlich sog. Preisrichterin im
Alleingang mit dem Geld und der Würde zu behängen, nahm dann
die neutrale Schweiz in Gestalt der wesentlich von Reich-Ranicki
erschaffenen Klara Obermüller auf sich und ihr Gewissen.
  Der schon vorerwähnte ehemalige DDR-Theologe und Wider-
standskämpfer Schorlemmer wiederum läßt, nachdem er selber als
sog. Unbequemer zwischen allen Sesseln sitzend u.a. schon beim

deutschen Friedensbuchhandel nachhaltig abgegriffen hat, seinerseits den Dick- und Breitsängermusiker K. Wecker wegen Ausländerfeindlichkeitsbekämpfung (»Willi«) und weil der sich »hinreichend bewiesen für die Belange von Minderheiten« eingesetzt und überhaupt und wortwörtlich mit seiner »kritischen Einstellung gegenüber der politisch-gesellschaftlichen Entwicklung in Deutschland« (dpa) überzeugt hat, mit dem ersten und etwas enttäuschend allerdings nur mit 15 000 Mark ausgezeichneten Kurt-Tucholsky-Preis der, auch die gibt es, damit praktisch identischen Tucholsky-Gesellschaft abfertigen und bestücken, obschon doch selbst die weißen Mäuse, die Wecker eigentlich von rechtswegen darüber sehen müßte, tucholskynäher und pfiffiger pfeifen als er, der Träger, vor Tran und Trauer grunzt – und obschon mit dem Co-Juror Volker Kühn eigentlich, wenn's denn schon sein muß, ein ganz würdiger Preisträger zur Verfügung gestanden hätte. Mitverursacht aber wurde der schmachvolle Unfug auch von der Co-Jurorin Carola Stern, jener also, die da, anstatt sich und ihre Krokodilstränen möglichst schön bedeckt zu halten, fast gleichzeitig und zusammen mit Antje Vollmer den Heine-Preis der Stadt Düsseldorf hintereinander und abermals nicht gelogen wem zugeschustert hat? Genau: Weizsäcker, Biermann und der Gräfin Dönhoff.

Man muß es sich wirklich eine Weile auf der Zunge zergehen lassen: Weizsäcker, Biermann, Marion Dönhoff.

Weit über seinerseits Wecker hinaus finden seit eineinhalb Jahrzehnten mit Titeln wie »Rock für den Frieden«, »Rock against Racism«, »Rock gegen rechts« und »Rock gegen das Böse« im Zuge ihrer gleichzeitigen Ausländerfreundlichkeit und ohnehinnigen gesamtgesellschaftskritischen Grundausstattung bekanntlich auch noch ganz andere Rocker und insofern potentielle Tucholsky- und Heinepreiskandidaten ihr Auskommen, ohne daß gegen diese zumeist Unbegabtesten, vielfach Verhocktesten und häufig Charakterlosesten des Landes doch je die Polizei ein- und durchgegriffen hätte; was man so hört. Straffrei bis jetzt ging aus dem Bereich der mehr bildenden Künste z. B. auch eine Aktion aus, im Zuge deren der bekannte Maler Jörg Immendorff als »einer der bedeutendsten Künstler der Gegenwart« zwar weniger Ausländer und Minderheiten hochhält, dafür aber 1995 zwei Buchstützen aus Bronze geschaffen hat, welche als »sein erstes Bronze-Multiple« (so nennt es die vertreibende ars mundi Exklusiv-Edition) einen real sowieso nicht zu messenden Wert haben, einen symbolischen aber von immerhin allerdings nur 5480 DM (»Subskriptionsersparnis DM 500,-«), und die insofern selbst Immendorffs vorher schon geleistete unermeßliche Aktivitäten im Zuge eines offenbar tiefverzweifelten, aber am Arsch der Welt letztlich putzmunteren Lebens werweiß beschämen könnten, könnte ihr Verursacher sich irgendwie noch schämen. Kann er aber nicht.

Die »Stiftung Lesen«, 55116 Mainz, dagegen greift in ihren noch mit keinen unmittelbaren Zahlungen und Zuwendungen verbundenen Einladungsbroschüren hinwiederum mehr auf den eigenen Schirmherrn und Heine-Statthalter Dr. Richard von Weizsäcker zurück, daneben allerdings auch auf die auch noch mit ihrem Porträt dafür geradestehenden »Freunde des Lesens« in dieser Reihenfolge: Hans-Dietrich Genscher, Dr. Angela Merkel, Hilmar Kopper, Franz Beckenbauer, Prof. Dr. Kurt Biedenkopf, Günther Jauch, Udo Jürgens, Dr. Helmut Kohl und Dr. Eberhard von Koerber, und vor allem die beiden letzteren sind aber schon doch fast übertrieben – wogegen in großen Zeitungsanzeigen zugunsten der Agentur Jagusch und Partner und werweiß der Bundesregierung u. v. a. Marius Müller-Westernhagen, Wim Wenders, Peter Maffay, Steffi Graf, Jürgen Flimm, abermals Günther Jauch, Herbert Grönemeyer, Paul Breitner und ein weiteres Mal U. Wickert wörtlich und wohl sogar ohne weiteres Honorar bekennen: »Ich bin ein Ausländer«.

Die im Unterschied dazu schon in der Schweiz ansässige »Stiftung für abendländische Besinnung (StaB)« steht ihrerseits schon 1993 dafür gerade, die frühere Germanistikprofessorin, ehemalige Ministeramtsaspirantin und Ex-Deutsche-Bank-Beraterin Prof. Dr. Gertrud Höhler keineswegs mit dem blauen Brief einzudecken, der ihr das Mutterschaftsfürsorgerecht für ihren Sohn Abel entzieht wg. allzu div. gemeinsamer Anzeigencampagnen für Creditcards und Computercheckins sowie für ihre nimmermüden Motti, mit denen sie Abel ihre nimmerendenden »Lustleistungs«(G. Höhler)-Karrieretrainingsfixfitmachbücher zueignet; sondern sie einzukleiden vielmehr mit dem mit 50 000 Schweizer Franken bestückten Ehrenpreis dieser Schweizerischen »Stiftung für abendländische Besinnung«, nein, es ist auch dies nicht die Erfindung eines besonders übertriebenen Satirikers, sondern auch die gibt es wirklich und leibhaftig, die heißt wirklich so, und auch die Preisträgerin G. Höhler, ich schwör' es, stimmt.

Deren gewissermaßen Nachfolge im Öffentlichkeitsbereich der Deutschen Bank hat vor einigen Monden eine ihr auch sonst jahrgangsmäßig, visuell und charakterlich recht nahestehende Persönlichkeit angetreten: die Historikerin und Witwe Brigitte Brandt-Seebacher, welche seitwärts ihrer prekären Willy-Nachlaßtätigkeit mit Wirkung von Oktober 1995 auch sage und schreibe Abteilungsleiterin für seufze oder aber schreie »Kultur und Gesellschaft« unter Buchfreund Hilmar geworden ist; nein, es geht da gewiß um keine Peanuts; die ›Bild‹-Zeitung gratulierte so unerbittlich wie aufrecht.

Anders als Höhler wie Reich-Ranicki vielmehr nur 40 000 Mark nahm dieser Tage ein noch anderer früherer Spitzensozialdemokrat entgegen, das wohl edelste Gesicht und Pfeifenraucherkinn der gesamten Nachkriegszeit, der Parteiexhoffnungsträger und Kanzlerkandidat Björn Engholm also, nämlich in Form von Schmerzensgeld, nach dem zäh ausgefochtenen Abschluß einer Gerichtssache mit der Zeitschrift ›Titanic‹, die im April 1993, noch sollte er da ein paar Tage lang in allen Ämtern sein, den Hohen Schönen aus dem Klaren Norden derart ekelerregend barschelanspielungsreich und jenseits aller politischen Kultur ins Wasser einer bekannten Genfer Badewanne montierte, daß es schon dem so gerade noch regierenden Kieler im diesbezüglichen TV-Gespräch mit Roger Willemsen vor Geschmerztheit einfach die Sprache verschlug und die Mundlippen vor Scham auseinanderriß – die Zumutung aber u. a. für die heranwachsenden Kinder, den Vater derart entblättert zu sehen, sei 40 Riesen wert. Wiederum etwas höher, sogar über Höhler hinaus, lag etwa im gleichen Zeitraum und gleichfalls ohne mit der Augenbraue zu zucken der schon vorgenannte Dichtersänger W. Biermann, der da nämlich innert eines Jahres nicht allein den Heine-, sondern auch noch den Mörike- und, weil die zuständigen Kräfte sich jetzt den Namen gemerkt hatten, endlich auch noch den Büchnerpreis

einstrich und mitnahm. Indessen es die damals rotgrüne Stadt
Frankfurt nicht sich nehmen ließ, mit ihrem städtischen Adorno-
preis 1995 zur Abwechslung nach Habermas, Anders und Elias den
dafür einfach zum Schreien geeigneten Filmer Jean-Luc Godard zu
berühmen und diesen staunenswerten Vorgang von dem für Multi-
kulturalität ohnehin multifunktionell zuständigen Daniel Cohn-
Bendit im linken Lokalblatt mit der Grußadresse »Je te salue, Jean-
Luc!« quittieren zu lassen; wofür Godard sich très au mieux
revanchierte, insofern er in seiner Dankrede (›Frankfurter Rundschau‹, 7. Oktober 1995) den »Roten Dany« als einzigen ihm bekannten deutschen Großphilosophen sehr erwartbar als »Till Eu-
lenspiegel« würdigte. Vor welcher schon gesamtkunstwerknahen
Obszönität jedenfalls Heine, Tucholsky, Büchner, Mörike und werweiß sogar Adorno gemeinsam andächtig in die wackelnden Knie
gegangen wären.

Zumal Godards philosophisches Chef d'œuvre »Außer Atem« ja
in dem sehr adornoischen Motiv gründet und kulminiert, daß Jean-
Paul Belmondo zwei Stunden hintereinander Gitanes kettenraucht.

Cohn-Bendit ahnte zwar sofort (FR, 16. September 1995, doch,
dieses Blatt druckt jetzt praktisch alles), daß sein Freund und Lehrer
auf die befürchtbare Examensfrage »Kennst du Adorno?« kneifen
müßte, er hatte aber selber rasch und in beachtlicher Findigkeit ein
halbwegs dazu passendes Adorno-Bonbon über das »Siegel der au-
thentischen Kunstwerke« herbeigezaubert. Bzw. wenn es ihm schon
nicht Habermas oder Linda Reisch geliehen haben, hat es halt seine
Sekretärin rasch aus irgendeinem Textfixundflottgerät flink heraus-
gefaxt. Doch, da genau nämlich ist Adorno heute zur Einkehr und
Ruhe gekommen – und überhaupt bei den rechten Leuten. So wie
schon seinerzeit, 1969, kurz nach dem Tod, ausgerechnet ein Mann
namens Schoeller (Winfried, damals allerdings noch Winfried F.)
ausgerechnet dazu aufgerufen sich wähnte, »Kritische Theorie wei-
ter(zu)führen« (Buchtitel) – ein Mann, der uns spätestens heute von
Air und Aura eigentlich geeigneter dünken möchte, der PR-Abtei-
lung wenn schon nicht der Deutschen Bank, so doch der der Filiale
der Nassauer Sparkasse am Dornbusch leitend vorzustehen.

Während Cohn-Bendit als nächster Börnepreisträger den, wenn

alles ganz dumm geht, übernächsten Büchnertagspreiser R.-Ranicki
bei der »Stiftung für besinnliche Banken« (Stibb) z. Hd. Brigitte See-
bacher-Godard – aber das ist dann vielleicht doch zu albern.

Fast ohne mit dem Lidschatten zu zucken, teilt der Kultusmini-
ster Mayer-Vorfelder im baden-württembergischen Landtag und in
dessen Vorfeld, dem Fernsehen, mit, »selbstverständlich« werde ein
Mann von der »gesellschaftlichen Bedeutung« des Erzeugers und
Managers und Finanzberaters der Tennisweltranglistenersten Graf
telefonisch direkt zu ihm, Mayer-Vorfelder, »durchgestellt«. Unterdessen auf der anderen Seite beim fast gleichzeitigen Landshuter
Zwick-Prozeß die einst dafür eigentlich zuständigen Minister
Streibl und Tandler insgesamt von so wenig gewußt haben, daß
selbst die FAZ ärgerlich wird. Wenn auch nur ein wenig.

Vor nichts graust es ab sofort auch Bj. Engholm mehr, der zuletzt
außer der Geldquelle des noch im Untergehen silberschatzreichen
›Titanic‹-Luxusdampfers auch noch die viel sprudelndere der Preus-
sen-Elektra und ihrer sehr sozialdemokratischen Atomenergie ausgemacht zu haben glaubt. Und, falls die, wg. gewisser Parteiobstruk-
tionen, wieder versiegen sollte, sich auch nicht scheut, für etwas
Kleingeld seiner Schulzeit sich zu erinnern, dabei insbesondere der
zeitweiligen Notwendigkeit der Notlüge in Form des sog. Spickens –
so seiner seinerzeitigen und pfeifferbetrefflichen Reklamation
Immanuel Kants für eben diese und ihre gelegentliche Erlaubtheit
nochmals »ein Stück weit« (B. Engholm) entgegenkommend.

Wahrscheinlich spinnt er halt einfach.

Wogegen sein alter Freund Günter Grass, nachdem er am 24. August 1995 allein in ARD/ZDF ca. zweieinhalb Stunden alleinige
Fernsehpräsenz verzeichnet, prompt diese mediale »Häme, diese
gestaute Mißgunst« beklagt, innerhalb deren sich »in erschreckendem Maß das Sekundäre vor das Primäre« schiebe.

Anders als J. Immendorff dachte übrigens sein Kollege Georg
Baselitz schon vor einigen Jahren in anderen Dimensionen. »Der
Maler Georg Baselitz denkt in Dimensionen, die das Übliche auf
den Kopf stellen«, stellte eine ganzseitige ›Spiegel‹-Anzeige vielmehr
klar und weiter fest:

»Die Kunst des Professors Georg Baselitz ist kein angepaßtes

Unterhaltungsprogramm, sondern Ausdruck einer nachdenklichen geistigen Qualität. Wohl darum paßt«, so fährt die Anzeige immer unerschrockener fort, »das Denkniveau der Leica Philosophie, die sich in der Meßsucher Kamera M 6 ausdrückt, so gut zu seinem persönlichen Ambiente« – »und schon tritt er«, hält F. W. Bernstein den Fall fürs Weltgericht fest, »ins Bild, den Kotzkübel hat man rasch beiseite geräumt, voll tritt er und nachdenklich auf eine Zeichnung«, nämlich zugunsten von »Leica – das Niveau der Elite«; während, um auch ihn nicht ganz zu vergessen, Wim Wenders wiederum mehr neben u. a. Höhler und Lothar Matthäus für dasjenige der American Express Card entschlossen in den Sumpf knallbunter Fotos aus der Welt der Annie Leibovitz und des Peter Stuyvesant reinstapft.

Daß die personifizierte Stillosigkeit dieser Epoche, Franz Beckenbauer also, in seiner Eigenschaft als Bayern-München-Präsident im Zuge einer wahren Megakompatibilität auch noch als ›Bild‹-Zeitungskommentator schuftet und als TV-Reporter rumkaspert und sich ein paar Notgroschen dazuverdient, sei hier um so aufmerksamer vermerkt, als es sonst offenbar schon niemandem sonst mehr auffällt. Wenig wundert aber, daß diese stilloseste aller Personen, Kaiser Franz, deshalb als Werbeträger für elegante Kleidung, chice Computer und softe Autos einsteht. So wie die Karrieristin, Betroffenheitsspekulantin und Spesensparerin Rita Süßmuth für Integrität, moderne Christlichkeit und Frauenemanzipation bolzengerade.

Gleichfalls aber fast schon unvermerkt geschieht es und ereignet sich, daß es, nachdem die drei tenoralen Geldmaschinen Carreras, Domingo und Pavarotti alleine praktisch zu nichts mehr zu gebrauchen sind und deshalb, gegen die Absprache und das Versprechen, ein drittes Mal im Trio herumröhren, um mit diesem bedenkenlosen Treiben den Dümmsten der nachwachsenden Dummen ein drittes Mal den Kies zu entlocken, jetzt auch andauernd nach schon bekannten Modellen vermehrt zu Simulationstätern und gewissermaßen herostratischen Nachfolgekriminalitäten kommt etwa in der Gestalt dieses und jenes »Festivals der Tenöre«, angeblich Stars der Mailänder Scala und der Arena di Verona, die werweiß sogar viel schöner singen als »The Three«, die aber den entscheidenden Fehler haben, daß ihre Namen niemand kennt – und die aber dieses Manko mit schon verehrungswürdiger Verzweiflungskraft halbwegs kompensieren, indem ihre verworfenen Konzertplakate, vom Schreititel abgesehen, auch noch schandbar auf eine etwas verwaschene visuell-figürliche Ähnlichkeit mit den drei Vulgärtenören spekulieren, nein: schon spintisieren.

So wie ja auch die Reklame für Nudeln und Asti Spumeranti längst, weil das leichter zu haben ist, ein bärtiges Pavarotti-Double zum Einsatz bringt.

Während seinerseits der leibhaftige U. Wickert den Kragen offenbar noch immer nicht vollhat und deshalb im Berichtsjahr auch noch als Versicherungsagent der Deutschen Herold/Deutsche Bank »animieren« muß (FAZ, 14. November 1995), hart am Rand der Fernsehlegalität.

Eine Kausalkorrelation von Schamlosigkeit und Schwachsinn bestätigte mehrfach Sigmund Freud. Der Konnex gilt wohl onto- wie phylogenetisch, und er hat sich offensichtlich aktuell akutisiert. Keineswegs ist es, als wolle kafkaische Scham sie, die Menschen, die angeblich zivilisierten und vermutlich aber rebarbarisierten Teile der Gattung, überleben. Sondern vielmehr ganz locker die Schamlosigkeit, die Schamfreiheit, die Schamferne. Es hat ein schon Mythisches, ein unziemlich Futuristisches. Die öffentliche und allgemeine, die aggressive und oft wie tollwütig herumfuhrwerkende Schamabstinenz: Es geht etwas beinahe wohlig Erregendes von ihr aus, etwas, das bei aller gleichzeitigen und vorerst noch halbwegs zuverlässig sich einstellenden Angewidertheit auch zum Staunen, zur Bewunderung zwingt. Es sind reine, unverfälschte, schiere Gauner und »schamlose Wichte« (Richard Wagner, »Ring«) und Nibelungen und halsabschneiderische Schelme und Galgenvögel, die da am Werk und Werkeln sind, am nimmermüden Täuschen und am nimmersatten Grabschen. Ihr bereits mythisches Vor- und Inbild stellt der einsitzende Peter Graf (»Vaddagraf«) inmitten seines beinahe andächtig machenden Geld- und Lebensdrecks – allein, man täusche sich nicht: Graf ist nur Avantgarde. Unsere Kultur und Hochkultur, sie sind ihm emsig auf der Spur. Als Repräsentanten unser aller Schweinepriestertums – verzeih, Kamerad Schwein, verzeih.

Und doch stimmt das nicht ganz, es gibt heute ein Gegenparadigma, zumindest eins. Es hatte vor 1989/90, vor der heutigen gesamtdeutschheitlich unverbrüchlichen und unverweslichen Absahn- und Abstaubgesinnung, auf dem damaligen DDR/BRD-Grenzbahnhöfchen Probstzella (Thüringen) für Durchreisende jeweils gut und schmerzhaft sichtbar ein Bild hochexemplarischer und gewissermaßen staatsbürokratischer Schamlosigkeit und Schamverweigerung: Wo fünf Mann Personal eigentlich gut gereicht hätten, den Betrieb abzuwickeln, präsentierte sich unterm Systemsozialismus den Blicken der dort halbstundenweise in ihren Interzonenzügen harrenden Reisenden jeweils eine ca. 80 Mann starke Bahnhofsbesatzung: sich zeigend und aussetzend wahrhaft heroisch in der vollkommenen Untätigkeit und absoluten Nutzlosigkeit an leeren Schreibtischen in vorgetäuschten Arbeitszimmern oder hingelagert an die Türen angeblicher Geräteschuppen oder auch leere Schubkarren schiebend –: Es war, als ob sie sich extra öffentlich und jetzt erst recht exponieren und prostituieren und in ihrer spätsozialistischen Unexistenz und Wesensleere darbieten und offenbaren wollten – es war dies wie eine profane Epiphanie, diejenige ihres Ex-Landsmanns Reiner Kunze und seiner lyrischen Produktionsspärlichkeit in all ihrer bekömmlichen Auskömmlichkeit als verbindliches Sinnbild wie leichthin in den Schatten schiebend.

Mag sein aus eher primitiven Rationalisierungsgründen der jetzt kapitalistischen deutschen Eisenbahn: Die Propstzellaer Bahnhofserscheinung ist – nach einigen Jahren des Übergangs, in denen man ältere Bahnerer oftmals tatsächlich und ganz beflissen linkisch telefonieren sah – unterm Bann der Neuvereinigung verschwunden. Jetzt hört und sieht man gar nichts mehr. Keinen Mucks, keinen Klacks. Keinen Menschen. Wahrscheinlich haben sie sich alle versteckt.

Als möchten sie also doch nur, Franz Kafka und unsere akuten Befunde nochmals erneuernd abzuwandeln, mit ihrer Scham still überleben.

WAGNER-ANEKDOTEN

Ab ca. 1870 waren sich Wagner und F. Nietzsche spinnefeind geworden, und Nietzsche vor allem war es, der nicht müde ward, überall, wo es irgend ging, gegen sein früheres Idol zu eifern und es zu verleumden. »Richard Wagner«, so geiferte er zum Beispiel, »bleibt, bloß in Hinsicht auf seinen Wert für Deutschland und die deutsche Kultur abgeschätzt, ein großes Fragezeichen, ein deutsches Unglück vielleicht, ein Schicksal in jedem Falle. Der deutsche Geist hat zu allen Zeiten in psychologicis der Feinheit und Divination ermangelt. Heute, wo er unter dem Hochdruck der Vaterländerei und Selbstbewunderung steht, verquickt und vergrößert er sich zusehends: wie sollte er dem Problem Wagner gewachsen sein!«

Doch einmal mehr hatte Nietzsche sich verrechnet. Als Cosima ihm den Schrieb aus der Zeitung vorgelesen hatte, entgegnete Wagner nur knapp mit einem lachenden »Ach was!«

*

1849 floh der wegen revolutionärer Umtriebe steckbrieflich gesuchte Wagner in die Schweiz und fand dort in der Villa Wesendonck Asyl und Auskommen sowie bei der Kaufmannsgattin Mathilde Wesendonck ein stets geneigtes Ohr. Die hohe Frau mußte sich nämlich immer zu ihm hinunterneigen, wenn der kleine, nur 153 Zentimeter große Wagner ihr etwas besonders Laszives oder aber Musikalisches ins Ohr sagen wollte. Als Wagner nun, keck geworden, ihr eines Tags den Schlager »Gern hab ich die Frau'n geküßt« in die Ohrmuschel zwitscherte, hatte Mathilde es satt. Er, Wagner, rief sie, wohne nun schon lang genug gratis hier, tue nichts, könne nichts, wisse nichts als Ferkeleien – und er solle endlich wenigstens mal was Gescheites komponieren, damit ihrer beider Techtelmechtel doch noch etwas Sinn bekomme.

Wagner, erschüttert, setzte sich noch in der selben Stunde ans Klavier, erfand den wunderbar chromatischen »Tristan«-Akkord, wurde dadurch steinreich und brachte es in der Folge sogar noch zu einer eigenen Frau (Cosima).

*

Eines Tages wurde Richard Wagner auch gefragt, wie denn das sei, daß er, der nur Zwergengröße erreicht habe, zwar in dem Rabauken und Riesenmenschen Siegfried seine Wunschprojektion und sein offenbares Ichideal geschaffen habe, gleichwohl in seiner Alteregoaftergestalt, als Nibelungenzwerg Mime, sich von diesem aber ermorden lasse.

Wagner dachte lange nach, kam nicht drauf, dachte weiter nach, kratzte sich zuerst am Kopf, dann am Kinn, kam aber noch immer nicht drauf – und parierte schließlich lachend mit den Worten Mimes:»Hier hilft kein Kluger, hier hilft dem Dummen die Dummheit allein.«

*

Das waren noch Zeiten! Immer wenn bei der Uraufführung von R.Wagners »Ring des Nibelungen« in Bayreuth (1876) die drei Rheintöchter auftraten, sangen sie ihr unweigerliches »Weia! Waga! Wagalaweia! Wallala weiala weia!« Schlagartig antworteten jeweils die neun Walküren: »Hojotoho! Hojotoho! Heiaha! Heiaha! Hojotoho!«

Versteht sich, daß da die drei Nonnen nur noch betreten dreinschauen konnten …

*

Überaus verhaßt war Richard Wagner das italienische Opern- und Koloraturen- und Fiorituren-Unwesen, namentlich G. Verdi. Als aber Wagner später am Schluß der »Meistersinger« Evchen auf deren eigenen Wunsch zu der echoenden Textstelle »Keiner wie du so hold zu werben weiß« einen – als Unikum im Spätwerk – Triller singen läßt und deshalb Vorwürfe einstecken mußte, er bediene sich ja nun doch bei dem verachteten Verdi, – da wußte sich Wagner wohl zu helfen:

»Der Triller? Der ist von Rossini! Ha!«

*

Wie schon manchen Zeitgenossen nicht entging, machte Wagner auch immer wieder mal gern Anleihen bei musikalischem Fremdmaterial – so im »Lohengrin« und in der »Walküre« unzweideutig bei Mendelssohn. Der generöse Bayreuther Meister legte indessen Wert darauf, sich bei dem Juden Mendelssohn wenigstens im Essay dafür zu bedanken:

»Als durchaus fremdartig und unangenehm fällt unserem Ohre ein zischender, schrillender, summsender und murksender Lautausdruck der jüdischen Sprechweise auf: Eine unserer nationalen Sprache gänzlich uneigenthümliche Verwendung der Worte und Phrasenkonstruktionen gibt diesem Lautausdruck vollends noch den Charakter eines unerträglich verwirrten Geplappers« (Das Judentum in der Musik).

Später widmete Wagner dem Judentum zwei humorvolle Portraits, den Stadtschreiber Beckmesser und den Zwerg Mime, welchen letzteren sein Ziehsohn Siegfried so charakterisiert: »Seh' ich dich steh'n, gangeln und geh'n, knicken und nicken, mit den Augen zwicken: beim Genick möcht' ich den Nicker packen, den Garaus geben dem garst'gen Zwicker!«

Sehr aber liebte vor allem der späte Wagner das gute Bayreuther Bier.

*

Wieder einmal, mit den gleichen Sprüchen wie schon so oft, geiferte F. Nietzsche gegen seinen einstigen Freund Wagner: »Richard Wagner bleibt ein großes Fragezeichen, ein deutsches Unglück vielleicht, ein Schicksal in jedem Falle. Der deutsche Geist hat zu allen Zeiten in psychologicis der Feinheit und Divination ermangelt. Heute, wo er unter dem Hochdruck der Vaterländerei und Selbstbewunderung steht, verquickt und vergröbert er sich zusehends: wie sollte er dem Problem Wagner gewachsen sein!«

Doch wieder einmal hatte Nietzsche sich schwer verrechnet. »Ach was«, parierte Wagner, als Cosima ihm zum Bayreuther Dämmerschoppen den Zeitungsschrieb unter die Nase hielt, »Divination, Divination! Und dieser Spinner, der doch nur an meinem Ruhm partizipieren will, glaubt wirklich, Cosima, daß wir beide jetzt im Brockhaus nachschlagen, was das heißt, der alte Knaller, haha, hahaha!«

POESIE IST JUGEND
Eichendorffs Briefe neu
und eine neue Werkausgabe

Wohl braucht sich der Freiherr Joseph von Eichendorff über mangelnde Zuneigung auch und gerade der allerbesten und allergeeignetesten Leser bis zum heutigen Tag am allerwenigsten zu beklagen. Aber es erlebt dieser alte Dichter bis heute auch wunderlichste und seltsamste Schicksale, seltsamere selbst und obskurere und wechselbadartigere als der nicht gar zu fernstehende und auch sonst in manchem vergleichbare Heinrich Heine. Die Lage ist noch immer mindestens so »verworren« wie die hundertfach so bezeichnete Grundbefindlichkeit von Eichendorffs Lyrik und Novellenszene. Einerseits war der oberschlesische Spätadelige und Lützowsche Freikorpsjäger und zuletzt hohe preußische Regierungsbeamte schon zu Lebzeiten und dann erst recht die schwer mißverstandene Projektionsfigur reaktionärer und regressiver Romantik, über die Wandervogelbewegung noch hinaus bis manchmal zu den Nazis und vor allem natürlich für den Bodensatz der »Gemeinde«, die sentimentalen oder sog. revanchistischen Schlesier und sonstigen (da geht auch schon einiges durcheinander) Böhmerwaldler, die es freilich noch mehr mit Stifter haben; andererseits waltete Eichendorff auch allzeit als poetisches Lieblingsinbild gerade der subtilsten Köpfe von Schumann bis Th. Mann, von Fontane bis Adorno, welcher für ihn nicht nur die schöne Formel fand, seine Lieder klängen »wie Zitate beim ersten Mal«, sondern der über ihn auch seinen vielleicht schönsten, zartesten Text schrieb, einen überaus wahlverwandt eichendorffischen.

Einerseits: müht sich die Germanistik, spätestens seit Alewyn durchaus mit Gewinn, Eichendorff fürs ernste und sogar fürs moderne Fach zu retten bzw. noch immer zu entdecken und zu entschlüsseln, z.B. als artifiziellen Symbolisten, als entschieden sprachlaborierenden »Modernen« gar. Andererseits: haftet ihm noch immer und fast rettungslos ein Hautgout von Drittrangigkeit, ja leichter Zurückgebliebenheit an. Einerseits: wurde Eichendorff im Westen in den letzten Jahrzehnten auch immer wieder mal zum fortschrittlichen Kultur- und Zivilisationskritiker, zum Vater der Grünökologen, auf manchen wohl allzu flott »aktualisierenden« akademischen Tagungen und in Dritte-Programm-Radiostationen auch noch zum Revolutionär oder immerhin Linksutopisten befördert. Andererseits: macht, wie man hört und sich in Lubowitz im kleinen Geburtshausmuseum ein bißchen kundig machen kann, die heutigen Polen samt ihrer Germanistik nach der Erosion des Ostblocks dieser alt-neue Heimatdichter noch verlegener als vorher.

Einerseits ist der alte Freiherr heute Wegbereiter germanistischer Karrieren, jedoch auch, noch über Adorno (er liebte, außer Schumann, wohl überhaupt niemand so sehr wie Eichendorff) hinaus Leitbild gegenwärtiger poetischer Avantgarde von Kronauer bis Gernhardt. Andererseits für die Schlesier noch immer so eine Art Graf Dönhoff. Und über die Träger des Eichendorff-Preises (doch, den Quatsch gibt es, wie jeden anderen, auch) wollen wir hier mal lieber das Schweigen des Mantels legen.

Wahrscheinlich ja alle Autoren haben ihr unverdientes Schicksal, ihren Beifall von der falschen Seite. War Schiller ein Jahrhundert lang Opfer der Professor Unrats, Goethe im vergleichsweise erträglichen Maß das der Oberseminare und der sich eben goethisch Dünkelnden, Wagner der großen und kleinen Hitlers, Nietzsche, das wenn auch nicht vollends schuldlose der spezifisch Sils-Maria-gefestigten Hochalpenfans, Schopenhauer der aus welchen Grün-

den auch immer vom-Leben-schlecht-Behandelten, Heine zunächst
der höheren Töchter und ihrer höheren Seelenbedarfsaufrüstung
und später und noch beklagenswerter das der Stadt Düsseldorf und
ihrer einschlägigen und besonders blödsinnigen Preismachenschaf-
ten: So Eichendorff insgesamt nicht einmal so sehr der harmvoll-
harmlosen Wanderburschen, sondern mehr und inniger der weniger
gutgesinnten Tümler und Heimatvertriebenen-Kaffeeklatschrun-
den – aber, und das freut einen gewissermaßen für den 206jährigen
Seniorsänger: Er wurde doch auch immer wieder richtig kapiert.
Die vielleicht lauterste Stimme der deutschen Poesiegeschichte ist
auch nach wie vor eine der unvermindert gehörtesten; und umgekehrt ist es – j'appelle! – auch heute noch bestimmt kein Fehler, sagen
wir vierzig Gedichte Eichendorffs auswendig aufsagen zu können.

Immerhin, für irgendwelche Reklamationen und Unterschlagun-
gen durch die neueste nationale Rechte und für die neuesten neo-
konservativen Politikerlaufbahnen eignet sich Eichendorff so und
so nicht, noch in seinem besonders falschgemünzten Klischee weniger als Jünger, B. Strauß und Nietzsche in ihrer Purgestalt – und
erspart bleibt seinem Unverweslichen gottseidank weitgehend doch
die nimmersatte akademische Liebesumklammerung, wie sie z. B.
Goethes Erbe ja lange Zeit zu beseufzen hatte. Es ist und wird bleiben etwas Gespaltenes um diesen späten, den, wie man liest, letzten
Romantiker – so wie noch sinnbildhaft seine Gedenkstätte zwischen
dem schwäbischen Wangen und dem schlesischen Geburtsort
gleichsam aufgeteilt ist. Der heute das kleine Lubowitzer Museum,
nah dem Schloß, betreuende Dorfpfarrer läßt durchblicken, daß
sich das Besucherinteresse bisher überaus in Grenzen hält. Es sei
hier also eine entsprechende Empfehlung ausgesprochen.

»Eichendorff war kein Briefschreiber«, befand noch der um den
Dichter verdiente Richard Alewyn, und Sibylle von Steinsdorff, die
Herausgeberin des Bands Briefe der von Wilhelm Kosch und August Sauer begründeten historisch-kritischen Werkausgabe des Frei-
herrn, zitiert es wohl mehr zustimmend – zusammen mit Eichendorffs eigenem Eingeständnis einer »fatalen und unverbesserlichen«
und »abscheulichen Faulheit im Briefschreiben« (Brief an Loeben
vom 25.12.1814). Er war, Eichendorff, gewiß kein üppiger, aber ein,

wenn auch meist etwas steif-förmlicher, sehr manierlicher und zierlicher, ein anmutiger und sympathieweckender Briefschreiber. Wie alles an ihm sind seine Briefe: lauter; sie sind, um das Oxymoron zu riskieren, kristallinisch-warm – das bekräftigt die seit der Koschschen Ausgabe von 1910 (Habbel, Regensburg) von 202 auf 436 Briefe angewachsene Sammlung der jetzigen Neuedition. Ein neues Eichendorff-Imago geht aus der Expansion natürlich nicht hervor. Nicht überrascht, daß das genuine und ganz zentrale Eichendorffsche »So wird das Herz nicht alt«-Motiv, das da auch noch einmal am Schluß des autobiografischen Aufsatzes »Halle und Heidelberg« aus der letzten Lebenszeit so programmatisch wie beschwörend und wohl auch Lebensdüsternis signalisierend wiederaufgenommen wird: »Die Jugend ist die Poesie des Lebens« – : daß diese theoretisch-praktische Identität von Jugend und Poesie respektive Romantik auch in den Briefen eine so unverrückbare wie kontinuierliche Rolle spielt.

»Es gibt nichts Tröstlicheres für den Dichter, als wenn sein Lied bei der Jugend frischen Klang giebt« (1.9.1838). Und: »Es kann ja einem alten Poeten nichts Erfreulicheres begegnen, als bei der Jugend, die noch wirklich u. wahrhaft jugendlich ist, Anklang zu finden« (17.2.1855). Und: »Wäre ich noch jung u. singerlich wie ehemals, so würde ich mit einem Liedchen antworten« (3.6.1855). Und nochmals und kaum kokettierend: »Wenn man auf die 70 losgeht, ist man eben kein fixer Lyriker mehr« (13.12.1856). Zuweilen wird Eichendorffs Stimme ganz ungescheut und aufrichtig klagend: »Mein Liedvorrat ist total erschöpft und in meinem Alter nicht füglich zu erneuern« (29.7.1856). Der Dichter und Pensionär war 68 und hatte noch ein Jahr zu leben, schon drei Jahre vorher hatte er klipp und klar expliziert, daß »das Alter nicht zur Lyrik taugt, davon kann ich« – »ich« hervorgehoben – »ein Liedchen singen« (30.4.1853). Eichendorff insistiert, vielleicht halb humoristisch, darauf, daß er allerdings z.B. als Autor der »Geschichte der poetischen Literatur Deutschlands« noch durchaus beachtlich sei (29.7.1856) – im übrigen, Lyrik hin und romantisches Jugendfeuer her, gilt als Lebens- und Dichtungskanon jene Briefkonklusion, wie sie der knapp vor der Ernennung zum Geheimen Regierungsrat Stehende am 2.6.1840

dem Freund und Oberpräsidenten Theodor von Schön zukommen
läßt: »Die Zeit« sei nun mal »wahrlich aufeinmal in's Stürtzen gekommen«, allein »wer so hell u. kühn in's Leben schaut, wie Ew.
Excellenz«, schreibt Eichendorff spürbar auch pro domo, der »bleibt
auch sein Meister immerdar« und »giebt den schlagendsten Beweis,
daß rechte Jugend niemals alt wird (...) In allen Stürmen u. Wogen
der Zeit mit unveränderlicher Treue und Ergebenheit. Euer Excellenz gantz gehorsamster Eichendorff« – ist diese, nachdem sie noch
einmal die Lebensbegeisterung des alten Eichendorff-Lieds »Wer
auf den Wogen schliefe« eingeholt hat, Ergebenheitsadresse nicht so
herzig, daß man – ordentlich neidisch auf den Herrn von Schön
wird? Denn solche Briefe kriegte man ja auch gern öfter.

   Schön nämlich, daß und wie auch der alte Eichendorff immer wieder mal »recht aus Herzensgrunde« (z. B. 6.4.1853) spricht und grüßt
wie vordem in der Prosa und im Gedicht – zuweilen auch durchaus
nicht poetisch-lind und harmonisierend, sondern hinreichend kämpferisch wider die »hereinbrechende Barbarei« (9.2.1848) im hier
nicht näher benannten Gesamtkulturellen »unserer Poesielosen Zeit«
(28.3.1848), welcher nur der diesmal sogar doppeltkonsonantische
»Hertzensgrund« des Echten, Wahren, Dichterischen Paroli zu bie-
ten vermöge und dem nachgewachsenen »großen Lesepöbel« in seiner »Stumpfheit« dazu. Den sah er genau vor sich. Aber »tapfer« will
er nicht nur wider die »Philister« nach wie vor und allzeit »mitfechten,
solange meine Feder noch nicht ganz stumpf und abgenutzt ist«. Und
nach wie ehedem dagegen hochzuhalten sei nämlich, wie schon im
Briefentwurf an Brentano von 1810/11, »das frische, freie, reine, herrliche Wesen« – hinter solcher Romantik stand dann natürlich ein
mißverstehender Turnvater Jahn prompt mit Hechtrolle vorwärts bei
Fuß; und Eichendorff hatte durchaus sein Teil mehr komischer
Schuld daran.

   Wenn auch weißgott nicht daran, daß die späteren Blut- und Bo-
denpoetiker und andere Schollenvertreter noch aus jenen Feldern,
die mal von der Luft, mal vom »Herrn« selber durch- und übergan-
gen wurden, Mark und Mutterkuchen saugten.

   Wenn die Prosa Goethes, laut A. Schmidt, eine »Rumpelkiste« ist,
dann die Eichendorffs mindestens wenn nicht noch mehr. Eine

Rumpelkiste nämlich oder auch ein Fleckerlteppich aus maximal 25
fixen Motiven und Metaphern und Topoi bzw. Chiffren, hohnre-
dend allem ehemaligen Gewäsch von Eichendorff als dem rechten
romantischen Natur- und Landschafts- und gar Heimatdichter; eine
Privatvorratskammer aus immerwiederkehrenden Realsymbolen und
Requisiten, deren jedes seine feste und allerdings im Fortgang auch
seltsam flatternde Bedeutung hat: vom immerwährenden Wälder-
rauschen als dem Ticket für Ewigkeit bis zum revolutionsindikati-
ven Wetterleuchten samt fernem Donnergrollen, von den schwer
bourgeois verschlafen und entsprechend hochlasziv in stets offenen Fenstern sich räkelnden Freifräuleins oder auch Amtmanns-
töchtern bis hin zum behutsam, fast unentschlossen aktuelle Gegenwart, nämlich das Industriezeitalter, signalisierenden »dumpfen
Takt eines Pochhammers«, dem Pochen nämlich wider die eigentlich schon »unzeitige Romantik« (Eichendorff) von 1830 ff., – es
prägt dies sehr Formelhafte und im späteren Valéryschen Sinn inge-
nieursmäßig Gemachte wie schon den Roman »Ahnung und Gegenwart« und den »Taugenichts« auch den Kurzroman »Dichter und
ihre Gesellen«, mit dem als dem tragenden Teil von Band 3 die
schöne, edle, vielleicht allzu kostbare, sprich zahnarztverdächtige,
aber tatsächlich recht sinnreich und eichendorffnah mit prächtigen
romantischen Gemälden titelbildprunkende Werkausgabe des Deutschen Klassiker Verlags ihren gepflegten Fortgang nimmt. Wobei
die Ausgabe, wie die Herausgeber versichern, abgesehen von anderen Vorzügen, auf zuletzt unzugängliche Handschriften zurück-
greift, was mitunter einen etwas revidierten Lautstand und ein leicht
verändertes Lesebild ergibt.

»Dichter und ihre Gesellen«: Selbstverständlich ist dies nicht der
»große Künstlerroman«, wie die Verlagsreklame es gern möchte.
Sondern, wie auch die zugeordneten Novellen, der nach dem Roman
von 1815 abermalige romanähnliche Versuch der Errichtung weniger
einer autonom-romantischen Kunst – als einer schon fast wirklich
regressiven Kinderwelt, ganz im Sinne von Eichendorffs immer-
während Lebensmelodie: des immerwährenden Heimwehs nach
dem immerfortigen Kindheitsparadies. Weniger freundlich: Es handelt sich um des Dichters abermaliges und schon anrührendes Ein-

geständnis, partout keinen Roman erzählen zu können. Dafür aber mit um so schöneren Definitionen des romantisch Schönen als einer besonders euphorienahen »fröhlichen Verheißung (für die) ganze Seele« zu bezaubern. Und allzeit zuverlässig dafür zu sorgen, daß noch der heutige Leser von gewaltiger Hand fort und fortgezogen »mit in die schöne, wunderbare Ferne hinaus« ziehen möchte.

In den Gedichten kann es Eichendorff noch besser, tränentreibender, wehmutzwingender. Die Erzählprosa kommt ihnen manchmal nahe – meistens muß man ihr die gröbsten Unbeholfenheiten gnädig wie nur der Eichendorffsche Vatergott nachsehen; und nimmt das Wollen für den Endreim.

Band 5 der Frankfurter Eichendorff-Ausgabe birgt unter dem Sammeltitel »Adel und Revolution« den gleichnamigen und eher trockenen autobiografischen Aufsatz (»Nur die völlige Barbarei kann ohne Adel bestehen«); gleich daneben auch den schwesterlichen und aktuelle deutsche Kulturgeschichte treibenden »Halle und Heidelberg« mit seiner noch einmal beschwörerischen Hymne auf das im »Frühlingshauch« so »prächtig romantische«, das im allgemeinen Wetterleuchten dieser »Genien« so vorbildlich antiphiliströs »wildschöne Studentenwesen«; dazu die Tagebücher und jene kleineren historischen, politischen und halbjournalistischen Schriften (darunter manches hier Erstedierte), welche Eichendorff auch in seiner weniger bekannten Eigenschaft als durchaus potenter Polemiker und Polterer zeigen; der z.B. auch vor dem damals freilich noch weniger weihrauch-sakrosankten Zweiten Faust-Teil mäkelnd nicht zurückschreckt.

Und es enthält dieser wie der dritte Band etwas gar viel Nachwort-Essayistik und Kommentar: 300 von 900 bzw. 450 von 1300 Seiten sind des Guten und Üppigen und Werkdienlichen etwas zu dienlich – und bei aller vermutbaren Solidität der Informationen verrutschen eben diese vor lauter gutem Willen wieder ins Unübersichtliche, und der Kommentar streift manchmal leidig die der Lektüre vorgreifende Interpretation. Die vorabgeliefert ihrerseits nicht sehr guttut: Tatsächlich, die skizzierte Rezeptionsgeschichte hat es nolens nachgewiesen, gestattet Eichendorff ja durchaus mehrere Lesarten und allerlei romantische Freiheiten – und: Sympathien, ja

Lieben; auch noch im weniger Gelungenen und Ewigkeitlichen. Gemeinde hin, Germanistik her: Fast jenseits halbwegs objektivierbarer poetologischer Sortierungen nach Wert und Minderwert, er war und ist – in einem vielleicht einzigartigen Maße – ein fast unwiderstehlicher Zuneigungsheischer und -erringer, der wackre, sanfte, als junger Mann so schüchterne Dichter Eichendorff. Einer der wenigen innerhalb der alten und der akuten Branche, die man gern in sein Haus vorlassen täte, am allerbesten zusammen mit seinem gleich herzigen und lange Zeit unzertrennlichen Bruder Wilhelm (nein, Goethe sollte man nicht; der macht, laut Schiller, »zu viel Lärm«). Der vielleicht einzige deutsche Dichter, der zu nichts als Zuneigung, zu nichts als Liebe einlädt, sie erzwingt, gar keine andere Regung zuläßt. Da war er streng, der Lubowitzer Freiherr.

Joseph von Eichendorff, Sämtliche Werke. Historisch-kritische Ausgabe Band 12: Briefe 1794–1857, 536 S., 16 Bildtafeln, Ln., Kohlhammer Verlag Stuttgart 1992.

Joseph von Eichendorff, Werke Band 3 (Dichter und ihre Gesellen, Erzählungen II) und Band 5 (Tagebücher, Autobiografische Dichtungen, historische und politische Schriften), hrsg. von Brigitte Schillbach und Hartwig Schultz, 840 bzw. 1293 S., Ln., Deutscher Klassiker Verlag Frankfurt am Main 1993.

NIETZSCHE

Der einzige / Sinn von
Nietzsche-Lektüre
gründet ganz
offenbar
darin,
daß einem dabei
fast Zeile /
für Zeile:
Joseph v. Eichendorff
ordentlich
immer
lieber
wird.

Oberkellner Nietzsche serviert Herrn Jesus
eine frische Melange im Café Ritter, Wien.

SCHOPENHAUER UND NIETZSCHE
Ein Vergleich

Über Schopenhauer hat sich Nietzsche immer wieder geäußert;
meist sehr positiv zunächst: »Er versteht es, das Tiefsinnige einfach,
das Ergreifende ohne Rhetorik, das Streng-Wissenschaftliche ohne
Pedanterie zu sagen«, schreibt Nietzsche bereits in den ›Unzeit-
gemäßen Betrachtungen (Schopenhauer als Erzieher)‹ über Schopenhauer, den er in vielen »Nöten, Wünschen und Bedürfnissen
kennen« gelernt habe. »Schopenhauer will nie scheinen«, und »daher
kommt es, daß ich nie in ihm eine Paradoxie gefunden habe«, und
Nietzsche, der schon in der ›Geburt der Tragödie‹ Schopenhauers
»tiefsinnige Metaphysik der Musik« gelobt hatte, preist nun auch
seine »Ehrlichkeit« und »wirklich erheiternde Heiterkeit« und be-
zeugt auch dann in ›Menschliches, Allzumenschliches‹ seine »Ehr-
furcht vor meinem ersten und einzigen Erzieher, vor dem großen
Arthur Schopenhauer«, der sogar »über die Deutschen weg philoso-
phiert« habe. Im selben Werk würdigt Nietzsche »Schopenhauers
guten, sehr guten Verstand«, welcher »die Leiden der Menschlichkeit
endlich einmal wieder ernst genommen« habe – er freut sich über
»einen so hellen Kopf wie den Schopenhauers«, rät den Lesern deshalb »ein wenig Schopenhauersche Theorie« an und rechnet ihn
endlich, neben Goethe, zu den beiden »besten deutschen Denkern«.
Das setzt sich fort in der ›Götzen-Dämmerung‹: »Schopenhauer, der
letzte Deutsche, der in Betracht kommt (…) ein europäisches Ereignis gleich Goethe«, »für einen Psychologen ein Fall ersten Ranges« –
und ähnlich heißt es in der ›Fröhlichen Wissenschaft‹: »Schopenhauer war als Philosoph der erste eigenständige und unbeugsame
Atheist, den wir Deutschen gehabt haben« – sodann nochmals in
›Wohin Wagner gehört‹: »Schopenhauer war ein Zufall unter Deutschen, wie ich ein solcher Zufall bin«, »so daß ich es jetzt vorziehe,
Schopenhauer französisch zu lesen«. »Meinen großen Lehrer Schopenhauer« ehrt noch einmal der Aufsatz ›Zur Genealogie der Moral‹
und insistiert auf der »merkwürdigen und faszinierenden Stellung
Schopenhauers« sowie auf der »Autorität Schopenhauers«, dieser sei

»ein wirklich auf sich gestellter Geist« und »ein Mann und Ritter mit erzenem Blick, der den Mut zu sich selber hat«.

Und doch, bei allem Lob schleichen sich auch langsam andere, kritische Töne ein: »Unterschätzen wir namentlich nicht, daß Schopenhauer (…) Feinde nötig hatte, um guter Dinge zu bleiben; daß er die grimmigen galligen schwarzgrünen Worte liebte; daß er zürnte, um zu zürnen, aus Passion«, schreibt Nietzsche in der ›Genealogie der Moral‹ und bezweifelt dann etwas den »Wert der Mitleids-, Selbstverleugnungs-, Selbstaufopferungsinstinkte, welche gerade Schopenhauer so lange vergoldet, vergöttlicht und verjenseitigt hatte, bis sie ihm schließlich als die ›Werte an sich‹ übrigblieben, auf Grund deren er zum Leben, auch zu sich selbst, nein sagte«. Das »Leichenbitter-Parfüm Schopenhauers« tadelt Nietzsche in ›Ecce Homo‹ und macht sich in ›Menschliches, Allzumenschliches‹ über das »unbegreiflich Ängstliche, Eitle, Gehässige, Neidische, Eingeschnürte und Einschnürende in Naturen wie denen Rosseaus und Schopenhauers« seine Gedanken, um in ›Der Fall Wagner‹ fortzufahren: »Schopenhauer hat, mit Härte, die Epoche Hegels und Schellings der Unredlichkeit geziehen – mit Härte, auch mit Unrecht.« In ›Zur Genealogie der Moral‹ stellt Nietzsche dann fest, Stendhal sei »eine glücklicher geratene Natur als Schopenhauer gewesen«, und sehr brenzlig wird das Lob dann schon in der ›Morgenröte‹: »Schopenhauer hat einen Vorsprung vor Kant: er besitzt wenigstens eine gewisse heftige Häßlichkeit der Natur in Haß, Begierde, Eitelkeit, Mißtrauen« – ein Hinweis, den die ›Genealogie der Moral‹ zweischneidig genug ergänzt: »Der Anblick des Schönen wirkte bei ihm« (Schopenhauer, d. Red.) »als auslösender Reiz auf die Hauptkraft seiner Natur; so daß diese dann explodierte.«

Was jetzt folgt und gleichfalls allmählich explodiert, ist ein einziger Nietzschescher Bruch mit Schopenhauer. Es beginnt noch relativ harmlos und verhohlen: »Schopenhauer war lebensfeindlich«, heißt es in ›Der Antichrist‹, »deshalb wurde ihm das Mitleid zur Tugend.« »Es gibt eine Geschwätzigkeit«, zürnt schon deutlich die ›Fröhliche Wissenschaft‹, »des Zorns – häufig bei Luther, auch bei Schopenhauer.« Den »Aberglauben Schopenhauers« tadelt ›Jenseits von Gut und Böse‹, ›Götzen-Dämmerung‹ wirft Schopenhauer eine »impudente Form« vor – und endgültig abgerechnet wird dann in ›Ecce homo‹: Das »Christentum« nämlich sei »die Philosophie Schopenhauers« geworden – und: »Man muß Schopenhauer zuerst verneinen«, begehrt die ›Götzen-Dämmerung‹ jetzt, den Spieß umkehrend, auf, diesen »alten pessimistischen Falschmünzer«, wie es plötzlich in ›Der Fall Wagner‹ heißt – und zum endgültigen Vernichtungsschlag holt dann definitiv ›Ecce homo‹ aus: »Die Tragödie gerade ist der Beweis dafür, daß die Griechen keine Pessimisten waren. Schopenhauer vergriff sich hier, wie er sich in allem vergriffen hat.«

Soweit Nietzsche über Schopenhauer. Dagegen hat Schopenhauer über Nietzsche eigentlich überhaupt nichts geschrieben. Er hat ihn vielleicht nicht gemocht. Oder er hat ihn wahrscheinlich gar nicht gekannt. Tschüß.

KEIN PEP, KEINE CHUZPE
Unsere Buchkritik: »Das Weihnachtsevangelium«

Gerade noch rechtzeitig zu den bevorstehenden Feiertagen hat der Suhl- und Schlamp-Verlag ein Werk auf den Buchmarkt geschickt, das nach einem Verlags-Paper geeignet sein soll, »die unerträgliche Öde der Festtage mit Andacht, Swing und historischer Buntscheckigkeit zu würzen«. Ein großes Versprechen, sehen wir uns also das Werk – geschrieben hat es ein Lukas 2,1 – etwas näher an.

Zugegeben, der Titel klingt attraktiv: »Das Weihnachtsevangelium«. Das spielt, ambitioniert genug, auf Dickens' unsterbliche »Weihnachtserzählungen« an, es raunt zugleich von der paradiesisch umflorten Vision der Weihnachtsinseln; und weckt endlich gar Proustsche Déjà-vu-Erlebnisgeschichten der wiedergefundenen temps perdu: Erinnerungen an jene unwiederbringlichen Tage, da Großmutter, Silberfäden in den rosigen Wangen, bratäpfelumwackelt, am knorrigen Eichentische daran ging, uns Kleinen sog. Weihnachtsstollen zu backen ... Das Weihnachtsevangelium: Das assoziiert aber auch in Klang und Rhythmus die weltliterarische Aura von Werken wie »Die Kreutzersonate«, »Die Pastoralsinfonie«, von »Der Wendekreis des Krebses« gar nicht zu reden; kurz: das Odeur von Intimité, Grandezza und Hen kai pan.

Soweit, so gut. Damit hat Lukas aber sein Pulver auch schon fast verschossen. Die Exposition beginnt noch einigermaßen ordentlich: »Es begab sich aber zu jener Zeit ...« Derlei glaubt man zwar schon mal gehört zu haben, das Stigma des Ohrwurms klingt herüber, und doch: noch waltet hier ein überzeugender Märchen- und Legendenton, jenes ganzheitliche syntaktische Klangbild von Simplizität und goethischer Lakonie, ja sogar der wahrhaft Brüder-Grimmsche Griff nach dem Urbildlich-Archaischen, der den Mythos des Prädiluvialen sicher in den Griffel kriegt, dochdoch, soweit ist das in Ordnung.

Andererseits, besonders geistreich tönt dieses »es begab sich aber« auch wieder nicht. Verglichen etwa mit Top-Romananfängen wie »Eduard, so nennen wir einen heruntergekommenen Hausknecht in den furiosesten Jahren« (so eröffnet Goethe lasziv-auf-horchenlassend seine »Wahlverwandtschaften«) oder: »Eines Tages wurde Josef K. verprügelt, ohne daß er sein Fäßchen Bier schon aus-geleert hätte …« (so Kafka seinen gleichnamigen »Prozeß«) – ver-glichen mit solchen epischen Gipfeln fällt Lukas' Einstand doch merklich mager, ja fast dünn aus. Und dieser Eindruck verfestigt sich, wenn wir da weiterlesen: »… zu jener Zeit, da ein Gebot von dem Kaiser Augustus ausging, daß alle Welt geschätzt würde. Und diese Schätzung war die allererste und geschah zu der Zeit, da Cyre-nius Landpfleger in Syrien war.«

Also bitte, was soll das? Das ist doch ausgeleiertes Plagiat jenes al-ten Kunstgriffs Johann Peter Hebels, wenn er in »Unverhofftes Wiedersehen« welthistorische Geschehen chocartig kontrastierend mit privater Sphäre kontrahiert! Und tatsächlich, schon geht's bei Lukas weiter: »Da machte sich auch Joseph aus Galiläa auf, auf daß er sich schätzen ließe mit Maria, seinem vertrauten Weibe, die war schwanger.«

Da haben wir ihn, den kaum mehr kaschierten Kitsch! Lukas' flinkes Eintauchen seiner Shortstory in die Sexualität! Die pseudo-kunsthaltige Mystifikation der erzählten Techtelmechtel-Banalität mittels des pretiösen Wörtchens »vertraut« (was denn? getrieben hat er's halt mit dem Mädel!) rettet da nichts mehr, macht den Fall eines Schriftstellers noch peinlicher! Das im Zeitalter Henry Millers!

Das übrige ist rasch erzählt. Die Frau kommt in einem Stall nie-der, wickelt das Kind in Windeln und legt es in einen Koffer. Nahe-gelegene Hirten – dümmliches Pastoralmotiv der hinterletzten Ver-gil-Nachfolge – sehen zur gleichen Zeit einen Engel, der sie – hier versucht Lukas seinen biederen Märchenton durch penetrantes Pa-thos aufzumotzen – in den Stall schickt, das Kindlein zu schauen; was sie auch tun, jedenfalls endet das ganze so erfreulich realistisch angetretene Epos Lukas' mit einem mehr als seichten, hinter Hölder-linscher und Georgescher Hymnik zudem weit zurückbleibenden Lob Gottes. Geschwafelt wird ermüdend von »Ehre«, »Höhe«, »Friede«, »Menschen«, »Wohlgefallen«. Etc. etc. Der typische Ver-balramsch, der Jargon der Innerlichkeit, den wir doch ein für allemal überwunden geglaubt hatten.

Lukas' Werk bleibt genau das versagt, wessen es sich unausge-
sprochen keck-kokett rühmt: Pep, Chuzpe, kosmische Schauer und
jener Hauch von zufriedenem Grunzen, der eigentlich die Festtage
überschatten sollte. Reflektiert wird auf ein in Permanenz dumm-
zuhaltendes Publikum: Gravierende Zeitprobleme wie etwa die
Investitionslenkung, die ökonomische Situation der Hirten in der
heraufdämmernden Industriegesellschaft und die Frage, ob nun
Hansi Müller wirklich der deutsche Spielmacher sein könnte, solche
konkreten Sachfragen spart der Autor restlos aus. Vollends finster
wird's aber, wenn der Suhl- und Schlamp-Verlag auf einer Presse-
konferenz via seinen Medienreferenten Bernhard Rösselmann, der
dazu auffallend unentwegt Obstler ausschenkte, eilig ausposaunt,
die Virulenz von Lukas' Prosa, die doch allenfalls mittleren Handke-
Standard erreicht, sei geeignet, die Menschheit zu erlösen. Tscha!
Sage und schreibe! Diese PR-Strategen schrecken doch vor nichts
mehr zurück!

KLOSSENS AUFTRITT

Ich ging nach Hause, um gegebenenfalls ein wenig die Unterlagen der
Glasreiniger zu durchforschen. Es klappte aber nicht, denn an der
Haustür gewahrte ich meinen Nachbarn, Herrn Kloßen, der sich in
eigenartiger Weise an seinem Briefkasten zu schaffen machte, nämlich von hinten. Herr Kloßen hatte dabei wie immer seinen dunklen
Anzug mit Einstecktüchlein, ein weißes Nyltest-Hemd und sogar
eine Fliege an, ein an sich hervorragender Anzug für einen Arbeits-
losen, der ihn aber seltsamerweise zu einem ganz besonderen Flair
von Verlottertheit verdammte und absolut vertrauenszerstörend
wirkte. Ich begrüßte Herrn Kloßen und fragte ihn, was er da treibe.
Nach einigen unscharfen Antworten stellte sich heraus, daß Herr
Kloßen mit einem länglichen Magneten, den er in der Schlosserei
gegenüber ausgeborgt hatte, von hinten in seinen Briefkastenschlitz
stocherte, um auf diese Art seinen eigenen Briefkastenschlüssel her-
auszufischen, der aus einem sehr dunklen und ewig langen und kom-

plizierten Grunde in Kloßens Briefkasten lag. Er brauche aber diesen Briefkastenschlüssel, denn im Briefkasten liege eine Zahlungsanweisung über »100 bzw. 70 Mark«, die Herr Kloßen zusammen mit Herrn Rohleder in der Vorwoche im Lotto gewonnen habe.

Jetzt erzählte ich Herrn Kloßen, daß mich Herr Rohleder heute früh schon aufgesucht und 30 Mark verlangt habe. Meines Wissens, sagte ich streng, hätte aber nicht ich bei ihm, Kloßen, 30 Mark Schulden, sondern umgekehrt er, Kloßen, bei mir. Bzw. 36,50 Mark.Und daß ich dem Rohleder nun zusätzlich 20 Mark überreicht habe.

Herr Kloßen machte eine Reihe fahriger und wohl abwehrender Armbewegungen und hatte dann die Situation wieder im Griff. Der Rohleder, erklärte Herr Kloßen mit seiner eigentümlichen breiigen, qualligen, ja gewissermaßen ranzigen Stimme, der Rohleder habe wieder einmal am Telefon alles falsch verstanden. Er, Kloßen, habe ihm nämlich deutlich gesagt, Rohleder solle sich von mir nochmals »30 bzw. 35 Mark« borgen, dann mache er, Kloßen, »alles mit dir klar«. Wir seien also jetzt bei 36,50 Mark plus 20 Mark ist 56,50 Mark – und deswegen müsse er ja gerade in den Briefkasten hinein, um mir das Geld sofort zurückzugeben.

Nun bohrte Herr Kloßen wieder energisch mit seinem Magneten in dem Schlitz herum – und tatsächlich, plötzlich hing der Briefkastenschlüssel dran. Schnell öffnete nun damit Herr Kloßen den Briefkasten von vorne, aber es war keine Zahlungsanweisung drinnen, sondern nur eine Werbepackung Gemüsesuppe sowie ein Brief des Hausherrn Kaufhold, den Kloßen sofort erbrach, worauf er »Scheiße« und »diese blöde Sau« sagte. Ich fragte Herrn Kloßen, was denn nun wieder sei. »Diese blöde Sau, der Kaufhold, der will da die beiden letzten Monatsmieten kassieren, sonst kündigt er mir.« Aber dieser Herr werde sich noch wundern, »wenn ich mit Sack und Pack vors Gericht ziehe«. Er, Kloßen, habe Kaufhold einst ausdrücklich erklärt, daß er demnächst 4700 Mark Kredit aus Stuttgart bekomme und damit ein halbes Jahr Wohnungsmiete im voraus bezahle, was als Zins dem Kaufhold wieder zugute komme, so daß der Zinsausfall der zwei ersten Monatsmieten wieder mehr als ausgeglichen sei. Es sei dies nur eine »Überbrückungszeit«, habe er, Kloßen, damals Kaufhold erklärt, und die Hausverwalterin sei als Zeuge dabeigestanden.

Nun sei, fuhr Kloßen mit einer Miene und einer Stimme, als hätte
er etwas furchtbar Schlechtschmeckendes im Mund, fort, die Situation vorerst die, daß zwar der Großkredit »100prozentig gesichert
sei, *»da brauchst du überhaupt nichts bei denken«* (warum sagt er das?),
aber nach dem Ausbleiben des Lottogewinns habe er, Kloßen, im
Augenblick leider nur mehr 2,35 Mark in der Tasche. Das mache
aber überhaupt nichts aus, denn er gehe dann morgen aufs Finanzamt und lasse sich seinen Lohnsteuerjahresausgleich vorzeitig
zurückerstatten, das gehe *»ohne weiteres perfekt«*. Nur bis morgen sei
allerdings die Situation noch etwas schwer zu überbrücken, sagte
Herr Kloßen und schien nachzudenken. Ich wollte ihm gerade vorschlagen, doch zu Herrn Rohleder zu gehen, der habe 20 Mark von
mir, das sollten sie sich teilen, dann habe jeder zehn Mark und
könne sich davon ein einigermaßen bequemes Leben machen –
aber Herr Kloßen hatte schon einen besseren Vorschlag ausgego-
ren. »Paß auf«, sagte er, »ich schulde dir jetzt 56,60 Mark, jetzt gibst
du mir noch 20 Mark, dann sind wir 76,50. Davon gebe ich dir morgen vom Lotto 70 Mark, dann sind wir 6,50 Mark, die kriegst du
dann übermorgen vom Finanzamt, das geht *alles klar.*«

Ich überreichte Herrn Kloßen die erwünschten 20 Mark, da
schlug er mir vor, mit ihm »in die Kneipe um die Ecke« zu gehen,
»ich gebe dir ein Bier aus«. Weil mir das im Grunde natürlich besser
gefiel als die Belange der Glasreiniger, erklärte ich mich einverstanden. Ich wollte nur noch schnell hoch in die Wohnung und meine
Glasreiniger-Akten ablegen.

(…) Vorerst ging ich aber mit Herrn Kloßen in die Kneipe um
die Ecke. Ich war sehr guter Laune, weil sich für diesen Tag bereits
ein bezauberndes Gerippe abzeichnete. Zuerst Gebäudereinigung,
dann ein netter Nachmittag mit Herrn Kloßen, dann Besuch bei
Herrn Rösselmann und Frl. Czernatzke mit evtl. neuen Informationen, und zum Tagesabschluß die Frage des Herrn Jackopp. In diesem Augenblick des Glücks verspürte ich plötzlich eine gewisse
Sehnsucht nach Frl. Majewski bzw. nach der toten Frau. Ich kam
aber nicht dazu, mein Gefühl weiter auszutragen, denn Herr
Kloßen nahm mich vollständig in Anspruch. Dieser Herr, der nun
nach meiner Rechnung 22,35 Mark in der Sacktasche hatte, trank

äußerst zügig das erste Bier in sich hinein, daraufhin gleich ein zweites, und er forderte mich auf, ebenfalls rasch zu trinken, »*ich zahle alles*«. Man muß dem Herrn Kloßen ohne weiteres zugestehen, daß er ein gutes Herz hat, unbeschadet seiner sonst oft unwürdigen Verhaltensweisen, und kaum verspürt er 5 Mark in der Tasche, möchte er alle Welt freihalten und mit allen Leuten brüderlich seinen Rausch teilen, solange es irgendwie noch geht. Diese Biere trank Kloßen zweifellos in der Hoffnung bzw. Vision seines Großkredits, zumal sich nun in der Unterhaltung herausstellte, daß Herr Kloßen auch bei seinem Heimaturlaub in Itzehoe Pech gehabt hatte. Er hatte da nämlich keck genug bei seiner geschiedenen Frau »gepennt«, die er als »zwar äußerlich nicht übermäßig, aber im Bette unbesiegt« charakterisierte »und, Eckhard, in der Nacht sind alle Katzen grau, das weißt du so gut wie ich«, schmetterte Herr Kloßen begeistert und nahm einen unmäßigen Schluck Bier, und deshalb habe er auch demnächst diese »Alte« wieder heiraten wollen, aber nun war folgendes passiert: Am Tag darauf war Kloßen zusammen mit seiner kleinen Tochter zu seinen Eltern gefahren, und als er auf dem Klosett gesessen hatte und also nicht aufpassen konnte, hatte das Enkelkind den Großeltern brühwarm erzählt, daß Kloßen heute nacht bei der Mami geschlafen habe. Dies habe die Großeltern aus Itzehoe so erbost, daß sie ihren Sohn nicht nur hinausgeschmissen, sondern auch sofort enterbt hatten.

So hatte Herr Kloßen unmittelbar hintereinander Enterbung, das Nichteintreffen eines Lottogewinns, das Andrängen Rohleders und schließlich die Drohung eines Hausbesitzers erleben müssen. Aber erstens hatte er ja noch mich und zweitens sollte in drei Tagen der Großkredit eintreffen, »da läuft der Laden wieder«, fuhr Herr Kloßen feurig fort, und dann: »Wenn das Geld kommt, dann zahle ich radiputz alle Schulden weg *und bin wieder ein freier Mann*.« Es gehe jetzt alles wie geschmiert: zuerst der Lottogewinn, dann das Geld vom Finanzamt, dann der Großkredit aus Stuttgart. Außerdem habe er jetzt mit Rohleder »ein todsicheres Lottosystem« erarbeitet, man brauche nur wöchentlich 128 Mark zu investieren, dann sei man in spätestens 18 Jahren Halbmillionär.

Und darüber hinaus lud mich Herr Kloßen plötzlich ein, mit

ihm zusammen ein sozialkritisches Fernsehspiel zu schreiben, das bringe 18 000 Mark, wie er neulich von einem »Funkfritzen« gehört habe. Wir beide sollten uns mit dem Geld des Großkredits für eine Woche in den Schwarzwald zurückziehen, dort habe man freien Atem zum Arbeiten. »Wir können dann immer spazierengehen und uns so auch menschlich noch näher kommen«, schwallte Herr Kloßen entzückt und bestellte das vierte Bier für uns beide. »Ich arbeite die soziale Problemstellung aus«, präzisierte er, »und du bringst sie in die künstlerische Form und so was. Weißt du, zu einer flotten Feder muß man geboren sein. Ich mache das Empirische, ich liefere dir die sozialen *Backgrounds*.«

Das Ganze, sagte Herr Kloßen mehrfach, müsse vor allem »flott« werden und »*jede Menge Drive*« haben.

Als Herr Kloßen nach zwei Stunden bezahlte, stellte sich heraus, daß die gemeinsam getrunkenen zwölf Biere genau 18 Mark kosteten. Zwei Mark hatte Herr Kloßen außerdem für Zigaretten drangegeben, so daß er sich nun der Situation gegenübersah, wiederum nur 2,35 Mark zu besitzen. Dies schockte Herrn Kloßen allerdings nur für einen Augenblick, dann schlug er mir, »hör zu«, vor, ihm noch einmal 13 Mark zu leihen, »damit komme ich leicht bis heute abend hin«, da treffe er den Hajo, den Ballspieler, der schulde ihm noch 8,50 Mark, diese könne ich dann heute abend zurückkriegen, so daß wir also augenblicklich auf 76,50 Mark plus 13 Mark ist gleich 89,50 Mark seien, heute abend aber nur mehr auf 81 Mark. Eine Mark könne er mir übrigens sofort wieder von den eben empfangenen 13 Mark zurückgeben – Herr Kloßen schob sie mir auch gleich zu –, er schulde mir jetzt also 88,50 Mark und heute abend dann nur noch 80 Mark, »dann ist im Prinzip ja alles klar.«

Im Prinzip, so wurde auch mir in diesem Augenblick klar, profitierte ich natürlich von der Kloßenschen Geldleihpolitik. Denn gibt man ihm 20 Mark, dann kriegt man sofort 10 Mark in Form von Bier wieder zurück und hat dennoch seine 20 Mark Forderungen, die freilich ein wenig unsicher sind. Aber das ist eben das berühmte Unternehmerrisiko, das nicht zuletzt auch Genuß bereitet, weil man ja weiß, daß der Schuldner sich notgedrungen immer wieder anschleicht. Das Risiko ist also erstens gar nicht so groß, zweitens aber halte ich

Kloßen für einen wahrhaft guten Menschen, weil er dem Unternehmer sogar noch das Bier zahlt. Und wo sonst gibt es das schon?

Als wir das Lokal verließen, sagte Herr Kloßen mit sonderbar schwankender, ja schaukelnder Stimme, er gehe jetzt mal eben in die Innenstadt, er kenne da einen vorzüglichen Weinprobe-Ausschank mit *Pool*-Billard, da koste der Schoppen »1a-Wein« nur eine Mark. Ob ich nicht mitkommen wolle?

Natürlich wollte ich, aber ich mußte auf die ökonomische Gestaltung des Tages achten, deshalb schützte ich Arbeit vor und verabschiedete mich von Herrn Kloßen, der sehr energisch, wenn auch leicht schaukelnd in Richtung Stadtzentrum weitersegelte.

ROSEN FÜR FRL. CZERNATZKE

In den Fluren des Büros umfing mich sogleich eine eigentümlich unheilschwangere, skandalumwitterte Stimmung. Arglos begrüßte ich trotzdem Herrn Rösselmann, der sich gerade einen Bohnenkaffee braute, mich nahezu diabolisch angrinste und sagte, ich möchte mich nur gleich bei Frl. Czernatzke »melden«. Warum? sagte ich mit einem recht mulmigen Gefühl in der Magengrube. Ich werde schon sehen, sagte Herr Rösselmann unheilvoll. Nun, das Wort »melden« befremdete mich, einen freien Menschen, natürlich sehr, aber vielleicht war das auch nur Rösselmanns Humor, und es kam etwas ganz anderes und Wunderbares auf mich zu, vielleicht die Botschaft einer Einladung zum Abendessen bei Frl. Majewski mit anschließendem Champagnertrinken ...

Meine Bangigkeit zügelnd, schritt ich deshalb in Frl. Czernatzkes Bürozimmer und setzte mich, weil dieses vielgeliebte Wesen gerade telefonierte, abwartend in den Bürosessel. Sofort fiel mein Blick auf einen wunderbaren und dicken Strauß knallroter Rosen auf dem Schreibtisch. Also doch, dachte ich mir mit spontaner Freude über Herrn Jackopps Engagement, diese Liebe war also doch wider Erwarten keine Eintagsfliege gewesen, sondern hatte sich über Nacht gehalten, da stand der Beweis knallrot auf dem

Tisch. Und doch, ein unsägliches Gefühl der Bangigkeit durchzog mein Inneres …

Zu Recht, wie sich gleich erwies. Kaum hatte Frl. Czernatzke ihr Telefonat beendet, drehte sie den Schreibtischstuhl in die Richtung, in der ich saß, und sah mich erst einmal unerträglich lang, bohrend und gewissermaßen verächtlich an. Hilflos, aber möglichst unbefangen, fragte ich Frl. Czernatzke, ob denn irgend etwas nicht in Ordnung sei. Daraufhin sah mich Frl. Czernatzke noch um eine Spur unheilvoller und verächtlicher an. Es war kaum auszuhalten. Wie die Glut dieser rehbraunen Augen mich am Boden zerstörte! Herrlich! Verwirrt und trotz Kaplan Wetzels Eingriff noch nicht hundertprozentig klar im Kopf, stotterte ich, ob ich denn etwas Böses getan hätte, oder wie? »Frag nicht so blöd!« sagte nun mit Eiseskälte Frl. Czernatzke, aber es war doch wie eine Erlösung. Und während ich jetzt erneut etwas herumstammelte, ich wisse nicht, was sie meine und wolle, wurde auch mir plötzlich, zwei Tage nach Herrn Jackopp, die ganze eindringliche Schönheit dieses Frl. Czernatzke offenbar. Dieser lodernde und mich der tiefsten Verachtung aussetzende Strahlenblick, der offenbar nur unseren Mädchen aus dem Hunsrück eigen ist – diese Flut verschleierter und gerade darum so reizender Erotik – diese kleine, aber entschlossene Brust, wie sie unter dem blaurot karierten Kittelchen wogte! Und der Rest fest in die *Bluejeans* verpackt …

In diesem Augenblick hätte ich Frl. Czernatzke sicher auch gern »flachgelegt«, doch noch während ich mich mit dieser ganz neuen und überraschenden Empfindung befaßte, schrie dieses Fräulein, auf den glutroten Packen Rosen deutend, plötzlich auf: »Und was soll *der* Rotz da?« Aha, sagte ich nun vorsichtig, das sei es also, nun, ich könne mir allerdings denken, wer der Absender sei. »Na also!« schrie Frl. Czernatzke jetzt gleichzeitig eisig und lodernd – »und wer hat den Jackopp überredet, den Blödsinn zu schicken? Doch nur du, du Esel, du alter, nur du bist zu solch einem Schwachsinn fähig, du Rhinozeros!« Ich machte ein paar abwehrende Bewegungen, kam aber nicht zu Wort, denn erneut tönte es niederschmetternd auf mich ein: »Zum letzten Mal: Misch dich nicht in meine Sachen, du Idiot, du hast wohl mit dir selber genug zu tun! – – –«

Nun, das stimmte zwar, das war eine überaus richtige Beobachtung und Bemerkung – trotzdem war es jetzt Zeit, zum Angriff überzugehen. »Ja sind wir denn hier in einem Narrenhaus!« schrie ich erregt auf, wo gebe es denn so etwas, daß man so herrliche und noch dazu aus dem Herzensgrund eines Mannes kommende Rosen einen »Blödsinn« und gar einen »Rotz« nennen dürfe! Und außerdem verbäte ich mir diese unhaltbare Beschuldigung, ich sei es gewesen, der Herrn Jackopp zur Überweisung der Rosen bestimmt habe – vielmehr hätte ich mit diesem Herrn nur eindringlich über das Problem des Blumenschickens gesprochen und ihn sogar ein bißchen davor gewarnt – zu Recht, wie man nun sehe! »So?« lauerte Frl. Czernatzke und streifte mich mit einem abschätzigen Blick – sie habe aber ganz andere Informationen! Dann seien eben diese Informationen falsch, rief ich und gewann an Sicherheit. »So?« wiederholte Frl. Czernatzke – und was sei mit meiner kürzlich erfolgten Ankündigung, ich würde bald »gegen mich, die Birgit und den Ulf eine Intrige spinnen«?

Da mußte ich heftig lachen, denn auf diesen alten Krampf wäre ich wirklich nicht gekommen – »Lach nicht so dreckig!« schrie nun in zorniger Glut Frl. Czernatzke, und ich bilde mir sogar ein, daß sie ganz kurz zu einem Schlag ausholte, sich im letzten Augenblick aber bremste und mit heftiger, bewegter Stimme fortfuhr: »Du bist ein ganz gemeiner Kerl! Du weißt ganz genau, daß mir der Jackopp da mit seinem ganzen Elend nicht vollkommen gleich ist, und du weißt genau, daß da trotzdem im Augenblick gar nichts drin ist wegen dem Ulf. Und anstatt daß du den Jackopp bremst und zur Vernunft bringst, treibst du ihn weiter in den Schlamassel, damit du deinen Spaß hast. Es reicht schon, daß dieser Mann nachts um 2 Uhr vor unserer Wohnung auftaucht und läutet und dann davonrennt. Ich mag ja den Jackopp sogar ganz gern – aber im Augenblick stört er einfach meine Kreise, und die sind sowieso schon kompliziert genug. Kapiert!!«

Ah, das war interessant – »im Augenblick« hatte sie gesagt! Und Jackopp hatte Frl. Czernatzke bereits nächtens heimgesucht! Superb! Ich bat rasch um Entschuldigung für mein vorheriges Lachen und versuchte Frl. Czernatzke ganz ruhig zu erklären, daß mir keinesfalls daran liege, sie seelisch zu stören und zu verletzen – aber wie könne sie denn auch nur auf die Idee kommen, daß meine seinerzeit angekündigte Intrige mit der vermeintlich jetzigen auch nur das Geringste zu tun habe! Ich sei doch schließlich nicht ganz auf den Kopf gefallen und würde meine Intrige zuerst sämtlichen Opfern ankündigen, jedenfalls möchte ich keineswegs – – – da ertönte plötzlich aus dem angrenzenden Zimmer – wo kam denn der schon wieder her? – unverkennbar die laute und quallige Stimme von Herrn Kloßen: »Du, Jungwirth, paß mal auf, kannst du mir bis morgen nochmals 10 Mark leihen?«, und kurz darauf hörte man die Worte »Rohleder« und »Fernsehspiel, das läuft schon …«

Es war eine kleine Stille entstanden, und ich wollte gerade mit meiner erklärenden Rede an Frl. Czernatzke fortfahren, da schellte das Telefon, und gleich darauf sagte Frl. Czernatzke: »Ja, Herr Halbritter?«, dann war es wieder ein paar Sekunden still, da hörte man nebenan wieder Kloßens Stimme: »Du kriegst das Geld, sobald morgen die Bank aufmacht.« Das war eine neue Variante, die Herr Kloßen mir vorenthalten hatte. »Ja, die Listen sind fertig«, sagte Frl. Czernatzke ins Telefon und kicherte plötzlich eigenartig munter, »ja, das Geld muß in den nächsten Tagen kommen.« »Wie?« »Ja, sicher.« »Das läuft.« »Wie immer.« »Aha!« »Ja, klar.« »Tschühs, Herr Halbritter.«

Übrigens stand die Kombination aus verschärfter Herzensnot, Zorn und geschäftlicher Betriebsamkeit Frl. Czernatzke recht gut zu Gesicht. Herr Jackopp hatte schon ein sicheres Stilgefühl bei Frauen. Sowie diese Dame ihr Telefonat beendet hatte, drehte sie den Stuhl wieder gegen mich, und erneut traf mich ihr verschleiert-bohrender Blick. Da begann ich mit niedergeschlagenen Augen Frl. Czernatzke nahezulegen, wie eindringlich ich gestern nacht versucht hätte, begütigend und harmonisierend auf Herrn Jackopp einzuwirken – in Sachen Rosen und allem, und das stimmte ja auch zu einem gewissen Teil. Und daß mir nichts ferner liege, als Herrn Jackopp auf sie zu hetzen, daß ich diesen vielmehr zur Geduld ermahnt hätte und daß ich also wirklich vollkommen schuldlos sei usw…

Frl. Czernatzke ließ mich verdächtig lange schwätzen, sie musterte mich dabei allerdings nach wie vor mit einem furchtbar entwertenden Blick, der mich, ich mochte schwätzen, was ich wollte, gleichsam ununterbrochen der Lüge zieh und überführte. »So?« sagte Frl. Czernatzke endlich, nachdem mir gar nichts mehr einfiel, sie habe aber »aus erster Hand« gehört, »daß du den Jackopp zu diesem Blödsinn da angestiftet hast« – und sie deutete mit dem Kopf abwertend auf den Rosenpacken –, »daß du ihn dazu angetrieben hast«. Woher sie das wisse, wollte ich nun doch endlich und mit einem gewissen Zorn wissen. Frl. Czernatzke sträubte sich noch ein wenig, rückte aber dann mit der Erklärung heraus, Frl. Bitz habe es jedem, der es hören wollte, im Büro erzählt...

Ich schrie mächtig zurück, Frl. Bitz könne einen Dreck wissen, ich hätte seit zwei Tagen mit ihr kein Wort mehr gesprochen. Im selben Augenblick stieg mir allerdings schon der Verdacht hoch, daß diese Rosen-Information über Herrn Rösselmann als Zwischenträger zu Frl. Bitz und dann Frl. Czernatzke gelangt sein mußte – und zwar so, daß sie von Station zu Station immer falscher wurde und ich zuletzt als der reine Einpeitscher herauskam!

Ich sprang auf, um Frl. Bitz sofort zur Rede zu stellen. Sie war aber nicht aufzufinden.

ZUM 60. VON HERMANN P. PIWITT

Trotz Rühmkorfs feschem Reimwort »Bennschen«
Gibt's schwerlich einen Reim auf »Menschen«;
Geschweige dann auch nur auf »Mensch«;
Nur Unfug wie Rensch, Bensch, Wähnsch, Zrehnsch.
Und selbst auf uns're Menschheit
Reimt grad so mal sich »Henscheid«.
Noch härter aber tut sich
Ein Mann, auch sonst recht trutzig,
Der harsch, barsch, fast impertinent
Sich: Hermann Peter Piwitt nennt.
Tja.
Und?

Kenn' Sie auf »Piwitt« einen Reim?
Selbst Gernhardt fällt da keiner eim.

Nein, Stieglitz nicht, nicht Kiebitz,
Nicht Liegnitz, kaum auch Liegsitz,
Schon gar nicht Rathaus Steglitz,
Kaum Piwitts liebe Pegnitz –
Da müßt' die Menschheit glatt verzagen
Könnt' man jetzt nicht den Dichter fragen,
Der auch bei »Piwitt« nicht verzagt,
Vielmehr den Piwitt auch noch packt,
Der auch bei »Piwitt« nicht verzweifelt,
Nein, sondern dies zurechtgeteufelt,
Heut' morgen schon, Haus Wehlbrook 30,
War unser Mann entschieden fleißig:
»Zum 60. von H. P. Piwitt
Wird heute, Freitag, ausnahmsweise nicht ge-tv-t!«

PLANSTELLEN DER DEUTSCHEN LITERATUR
Aufriß und Einblick

Nein, auch nach neun Jahren noch immer verwaist und unbesetzt ist
die Planstelle des »Gewissens der Nation«, nein, auch ein knappes
Jahrzehnt nach H. Bölls Tod 1985 hat sich noch kein geeigneter
Nachfolger gefunden, der da in poetischer Botschaft, Air und Out-
fit einigermaßen glaubwürdig all das subsumierte, was Böll der
deutschen Gegenwartsliteratur war und darüber hinaus jener Nation, die ihn eigentlich zuerst dafür haßte und wohl erst nach den
Fernsehbildern von der Nobelpreisverleihung so ganz zu ihm fand,
– und später dann auch noch jenem Staat, den Böll seinerseits und
undankbar genug als »rattenhaft« empfand und der dann spät doch
noch mit ihm eins wurde, als auch irgendwie seinem Gewissen; aber
nein, ähnlich wie sich für Willy Brandt und sein ganz spezielles Cha-
risma keine Planstellenneubesetzung fand noch so gleich zu finden
sein wird, so auch nicht oder schwerlich für Böll mit seiner hoch-

speziellen Imago aus sanfter Rebellik, Demutsblick und moderater
Modernitätsprosa nebst Podiumsdiskussions- und im Zweifelsfall
Sitzblockadeneignung samt dem »Sakrament der Zigarette« (Dorothee Sölle) für den »Repräsentanten der Vermenschlichung« (»konkret«) dauerhaft in den Mundwinkeln – nein, weder der hochreife
Martin Walser noch Grass noch Enzensberger noch gar Botho
Strauß oder der schon irgendwie allzu verschollene Wolfgang Koeppen haben diese ganz besondere Mixtur und vielleicht ja ganz besonders deutsche Melange drauf, und auch Peter Härtling, trotz seiner wünschenswerten Abspeckung ins fast Heilandsmäßige, bringt
noch nicht ganz den erforderlichen Look, den Charakterkopf, den
präzis volkstümlichen Sound, vorerst jedenfalls nicht – S. Lenz?
Kirsch? Rinser? Ach was. Nein, das Gewissen der Nation wird seit
1985 und bis auf weiteres bestenfalls vom hauptamtlichen Weltgeist-
Darsteller G. Grass kommissarisch mitverwaltet. Und bisweilen
nicht einmal schlecht. Mit kreuzüberflüssigen Appellen und offenen Briefen an alle deutschen Bundestagsabgeordneten, ja die komplette Bundeswehr. Die darauf schwer gewartet hat.

Wobei Grass allerdings ohnehin aufpassen sollte, nicht bald gezwungen zu sein, die ihm zustehende »Weltgeist«-Rolle mit allen
möglichen Obskuritäten teilen zu müssen, Finsterlingen, die sich
aus den angrenzenden philosophischen Fakultäten eingeschlichen
haben, auf Namen wie Peter Sloterdijk hören und nichts Geringeres
als den heutigen »Weltwachgeist«, ja das »Weltwächtertum« vorzu-
stellen vorgeben – also aufpassen, Grass, auch in Ihrer Nebenrolle
als Nobelpreisdauerkandidat! Die Konkurrenz schläft nicht!

Ganz anders als das nationale Gewissen gleich mehrfach und
richtig sich drängelnd besetzt ist die Literatur-Planstelle des »zornigen jungen Manns«, des Revoluzzers, des mindestens Outcasts. Vordem bestückt mit jetzt schon reichlich überaltert wirkenden Kräften
wie Achternbusch und G. Zwerenz oder auch Arno Schmidt, hat im
Prinzip seit zehn Jahren, seit seiner Klagenfurter Messerritzerei,
Rainald Goetz das hohe Amt inne und hält es trotzig fest – wird aber
doch zunehmend und schleichend hart bedrängt von z. T. befreundeten Widersachern wie Maxim Biller oder Peter Kurzeck oder Mathias Altenburg oder auch Wiglaf (sehr guter Outcast-Name!) Dro-

ste und noch ganz anderen, zum Teil nach kurzgrellem Aufflackern schon wieder ebenso blitzartig erloschenen Namensraketen – man scheint sich jetzt aber so geeinigt zu haben, daß Goetz mehr den wilden, Biller den zornigen jungen Mann abgibt – der alte Jörg Schröder aber den wirklichen und jedenfalls halbwegs glaubwürdigen Revoluzzionär; der gleichzeitig die alte, mehr harmlose und seit der Goethezeit beliebte Charge des »Kraftmeier/Genialen Kerl« als volkstumsnaher Prometheus mimt; hier etwas bedrängt von Joseph v. Westphalen; der aber wieder mehr den von allem und von der Literatur im besonderen »Angeekelten« als ständige Nummer draufhat – und offenbar ganz gut davon leben kann.

Der verwandte »Querdenker« findet sich dagegen heute mehr im angrenzenden Kabarett, er trägt Namen wie Werner Schneyder, Lore Lorentz, H. Hamm-Brücher, Uta Ranke-Heinemann, Küng und Konst. Wecker; wobei Wecker zusammen mit Arnfried Astel und scheint's ganz unabhängig voneinander schon per Buchtitel mitteilt, man sitze ja permanent »Zwischen den Stühlen«; auch dies quer, versteht sich.

Im engeren Literaturbetrieb fährt der Querdenker (früher auch: »Der Unbequeme«) unter Namen wie Jurek oder Jürgen oder Thorsten oder auch Uli Becker die verschiedensten Ehren und Preise ein, nein, als Boris vorerst noch nicht, aber das kommt noch in diesen Zeiten der wenn schon nicht systemüberwindenden, so doch grenzüberschreitenden Symbiotiken – : in der befreundeten Schweiz aber feiert der Querdenker hartnäckig, ja fast hartstirnig Triumphe in der Gestalt Peter Bichsels; nämlich irgendwie in der verqueren Nachfolge von Dürrenmatt, der jetzt todeshalber leider nicht mehr quermitmischen kann.

Die von Gottfried Benn einst neidvoll elaborierte Figur resp. Planstelle des Dichters als des quasistaatlichen Groß-»Repräsentanten«, wie er ein halbes Jahrhundert lang doppelt idealtypisch von Thomas Mann und, mit vielleicht nicht ganz soviel Talent, Gerhart Hauptmann gegeben wurde – sie hat heute ebenfalls Besetzungsschwierigkeiten. Grass ist dafür zu nervös und daueraufgewühlt, Walser zu bodenseeheimatverwuschelt und wohl auch schon zu CSU-affin, Lenz zu unaufdringlich und Jens umgekehrt schon gar zu repräsentativ. Indessen Stefan Heyms mächtig ausladendes Haupt zwar prima für den homerisch Weisen, den archaischen Sänger, paßt; aber Heym als Ostlerer mit seiner ganz besonderen Biografie und dubiosen politischen Konstellation für die nach einfach-übersichtlichen Verhältnissen heischende wiedervereinigt-gesamtdeutsche Planstelle letztendlich eben überhaupt nicht. Andererseits sind jüngere Koryphäen wie die Goetheinstitutsdauerweltreisenden Peter Schneider (er hat sich als Querdenker hochgedient) und H. Ch. Buch (er sich als rücksichtsloser Rebell) zwar hinreichend reiselustig und PR-gestählt, aber – als Dichter doch einfach zu unbekannt, ja fast unbedarft, wie eindrücklich immer Schneider seine physische Ähnlichkeit mit Schiller (Feuerauge, energiegeballtes Kinn!) auszuspielen vermag. Allein, Schiller war eben gerade nicht Repräsentant, sondern Goethe war's – ja, da rauscht schon im Ansatz zerebral gar zu viel durcheinander –, kurzum, hier, in dieser Planstelle, wären momentan durchaus Lorbeerkohlen aus dem Feuer der immer noch halbvollen Goetheinstituts-Reisekassen zu heimsen – vielleicht ja für den stark nachwachsenden Martin Mosebach, der aber (in der Nachfolge von Hermann Kasack und in Konkurrenz zu Ernst Herhaus) sich bloß auf die spezielle Thomas-Mann-Nachfolgeahmung zu kaprizieren scheint.

Und niemand weiß, warum.

Der »Poeta doctus« lag einst in den bewährten Händen von Professorenprosa wie der subtilen von W. Jens und der sublimen von W. Höllerer; auch Kräfte wie Rühmkorf, Rosendorfer, Klaus Modick und (jedenfalls in der Optik M. Reich-Ranickis) Herrmann Burrgerr meldeten Ansprüche an, und die Dichter wurden überhaupt fast allesamt immer gebildeter – heute okkupiert den gelehrten Poeten kein anderer so rigid und zäh wie der rasch nachgewachsene und dabei sogar in mehrere, ja ganz viele Rollen schlüpfende Ulrich Holbein, der für manche Kritiker und besonders genau hinlauschende Feuilletonschnarcher auch und vor allem die polygelahrte Jean-Paul-Phänotypik ausstrahlen soll; während der angrenzende »Artist-Sänger-Filou« in der nimmermüd nimmerendenden Tradition der Villon, Bellman, Walther von der Eschenweide usw. außer von Holbein heutzutage von so unterschiedlichen Potenzen und Pfeifen heruntergerasselt wird wie, abermals, Peter Rühmkorf, Artmann, abermals P. Bichsel, G. Köpf (Ulla Hahn? Nein, die nicht, jetzt nach dieser kuriosen hochbourgeoisen Liaison mit Klaus nicht mehr), Peter Maiwald und (wiederum laut Reich-Ranicki): Herrmann Burrrgerr.

Der dem wiederum irgendwie verschwägerte Fall der üppigen, ausschweifenden, weitschweifigen, zuweilen auch barock genannten, prall-saftigen Epik – nennen wir ihren Eigner den »Prallerzähler« – wird heute, nach dem Ableben von Thelen und Jahnn und Johnson, außer von den etablierten Prallen Grass und Härtling (doch, trotz Abspeckerei: etwas Pralles bleibt an ihm) in spürsam harter Konkurrenz, ja Widersacherei ausgetragen, ja durchgefochten von schweratmenden nacharnoschmidtischen Wortsteinmetzen wie, den Sonderfall Kempowski mal beiseite, Gerold Späth, Nadolny, H.-J. Ortheil und G. Köpf. Während es im analogen Genre des »Leiserzählers« der 80jährige Hermann Lenz noch immer ganz unangefochten treibt.

Wogegen der »Prallerzähler« Köpf eine ganz besondere und irgendwo konkurrenzlose und gleichfalls schwäbisch-emsige Variante vorstellt: Nämlich die des allzeit fidelen Kulturgockels als die barock-antithetische coincidentia oppositorum des so gut wie ständigen Verlierers bei ebenso ständiger, ja beharrlich lachender Winner-Miene rund um die triumphale Nase unter der blitzgescheit schalksfunkelnden Brille rum. Womit Köpf seinem erklärten Vorbild Hemingway tatsächlich und sogar schulmäßig gerecht wird: geschlagen, aber nie k. o. oder so ähnlich – übrigens als Ernests derzeit womöglich sogar letzter und einziger erklärter Fan. Weit und breit sonst keine ichideal- oder gar schulbildende Kraft mehr zu erspüren noch zu erspähen, wie sie in den 50er (Böll! Andersch!) und noch in den 60er Jahren in Deutschland und gerade für unsere trüberen Tassen von Ernie und seinen lakonischen Stilruinen ausging.

Bravourös hält Köpf die Stellung, doch, irgendwo kann man solcher Heroik nicht einmal den Reschpekt versagen.

Der sehr zentrale Prototypus des dichterischen »Warner-Sehers« (poeta vates), eine der, vielleicht seit Homer, nachgerade klassischen Planstellen zeitlosen Literaturantriebs, ist derzeit, ähnlich wie der Weltgeist, wie schon nicht ganz so fatal wie das nationale Gewissen, ziemlich unterbesetzt. Wenn auch mit zweidrei Kräften wiederum lautstark genug, uns doch noch ausreichend und erfreulich konstant zu unterhalten. Wobei es, sportlich reizvoll, im Zuge einer offenbaren und vielleicht ja nur vorübergehenden Formschwäche von Peter Handke (wir erinnern uns seiner dröhnend unvergeßlichen Verdikte wider Waldheim sowie in der Slowenienfrage) für den warnerseherisch ohnehin deutlich führenden und langetablierten Botho Strauß (wir entsinnen uns seiner hochdankenswerten Belehrung 1993 dergestalt, daß »Tragödie« eigentlich »Bocksgesang« bedeute und daß beides gegenwärtig wieder mächtig anschwelle) zu einer neuen Rivalität, zu einem nagelneuen Konkurrenzbocksgespringe gekommen ist, nämlich mit dem gleichfalls immer warnerischeren und seherischeren und aufstrebenderen und allverwendbareren Peter (»Weltwachgeist«) Sloterdijk – doch, das Match Botho/Peter könnte künftig noch sehr sehr kitzelnd werden.

Und dankenswert. Zumal der ursprünglich verschwisterte und allfällig »Engagierte« andererseits wenig Gutes verheißt. Und nämlich nach Ingeborg Drewitz' Abgang und Härtlings doch zuweilen recht störenden Ruderein im Weltgeist- und Prallprosa-Genre – und möglicherweise in der Spätfolge von Adornos Verdammungsdiktum, in Deutschland laufe Engagement eh immer nur auf Geblöke hinaus – hier wirklich gähnende Lücken schmerzen und schmerzliche Lücken gähnen. Zumal Luise Rinser nun wirklich dazu zu alt, Herburger zu vorzeitig gealtert und Delius irgendwie verschwunden ist. Von Bölls Heinrich hier mal trauerrauchend ganz zu schweigen. Und Jandl und O. Pastior, anstatt fünf Jahre nach Erich Frieds Tod sich endlich und energisch um die Planstelle des »Störenfrieds« zu kümmern, heute, alt und satt geworden, beide nur noch den gleichfalls recht beliebten rundum »Lieben« bzw. »Liebsamen« spielen. Derweil H. Ch. Buch, ein engagiertheitsmäßig eigentlich Hochbegabter, sich darauf versteift, den seit Hubert Fichtes Tod etwas verwaisten Posten des »Exotikers« oder »Tropenautors« zu bekleiden. In recht seltsamer, ja fadenscheiniger Koalition mit Bodo Kirchhoff übrigens. Der seinerseits allerdings auch unversehens und gänzlich unverhofft 1993 und i. A. des »Spiegel« eine ganz alte und schon fast vergessene Engagiertheits-Formation des Dich-

ters als zoon politicon verblüffende Urständ posaunen ließ: den seit
Ernst Jünger und Edwin Erich Dwinger und Wippchen von Stet-
tenheim praktisch brachliegenden Job des Dichters als Kriegs- und
Frontberichterstatters. Doch, mit Kirchhoffs auch stilistisch hoch-
erregendem Somalia-Einsatz gewann auch dieser alte schöne
Brauch durchaus ja neue Dignität.

Überhaupt scheinen hier, im Engagementssektor wie in der Be-
troffenheitsbranche, für nachwachsende Mutige und Couragierte
und Kompromißlose heute doch wieder allerlei Blumentöpfe zu
ernten und willkommene Häuflein zu setzen – es sei denn, einer
konzentrierte seine Hoffnungen doch lieber entschlossen in die
personalen Nachfahrensfächer. Für die Planstelle Arno-Schmidt-
Nachfolge jedenfalls erfreulich einträglich und bis auf weiteres auch
beinahe (obschon auch hier der vorerwähnte U. Holbein nachdrän-
gelt) konkurrenzfrei tätig ist Hans Wollschläger, Bamberg; vor allem
seit er im Interview der Welt auch ausreichend oft und nachdrück-
lich zu wissen gab, in ihm habe man den »Statthalter der deutschen
Sprache nach Arno Schmidts Tod« zu ersehen. Wollschläger schlägt
sich aber auch mit Bravour innerhalb der etwas enger werdenden
Buhlschaft um die Karl-Kraus-Platzhalterei, in welcher außer ihm
aber auch noch mindestens Hermann L. Gremliza, Uwe Nettelbeck
und (wenn ich recht unterrichtet bin) ich mitmischen und (klar, nur
chimärisch) sich in die Wolle geraten; während im Rahmen der
Tucholsky-Erbfolge so wahrhaft inhomogen-dissonantische Herrschaften wie Robert Gernhardt, Gerhard Zwerenz, Fritz J. Raddatz
und der Biograf und, ausgerechnet, Prügelstrafenapologet und So-
zialdemokrat Klaus-Peter Schulz führend rivialisierend am Werkeln
sind; Gernhardt wird zuweilen neben Enzensberger und Jens (der
allerdings doch noch mehr Lessing beerbt) auch als Heine-Wieder-
kunft gefeiert – muß sich diesen glanzvollen Glücksruhm aber zumindest in der Einschätzung der sozialdemokratischen und überhaupt unvergleichlichen Stadt Düsseldorf und ihrer gloriosen
Heine-Preis-Jury (Antje Vollmer u.m.a.) mit keinem Geringeren
und Silberlockigeren als dem Präsidenten Weizsäcker teilen. Tja.

Wie? Neinnein, da hat auch der junge und aufstrebende, ja auf-
fahrende U. Holbein vorerst nichts zu bestellen. Es bleibe bei Gern-

hardt und Weizsäcker. Und natürlich Marion Gräfin Dönhoff, die vorausgegangene Heine-Preisträgerin. Und selbstverständlich Wolf Biermann, dem diesjährigen.

Doch, Dönhoff, Weizsäcker, Biermann, das hat was. Unglaublich, aber wahr.

Nicht gar zu üppig bestückt ist augenblicklich die Proust- bzw. Kafka-Nachfolge. Weniger im Formal-Stilistischen, mehr in Air und Imago am ehesten an beide Zartbitterklassiker reicht heran der leider nur als Lyriker hervorgetretene Guntram Vesper – blonde Damen und sinnliche Doktorandinnen an Prousts wieder-künftige Gegenwart glauben macht aber wahlweise auch der vorer-wähnte H. Wollschläger, der aber auch ein Wörtchen in Sachen Rilke- oder (ist ja wurscht) Hofmannsthal- Reinkarnation mitredet; jedenfalls was seine immer noch ephebenhaften Schultern anlangt. Gemeinhin den »Nachdenklich-Sensiblen«, ja zuweilen »betroffen Sensitiven« am besten bringen Jurek Becker (im Halbprofil) und Christoph Hein (von vorne) rüber – Hein könnte sich sogar, bei konzentriertem Training, als Ephebiker und Weiberhinreißer zum ernsthaften Rivalen für Vesper und Wollschläger voranentwickeln. Während der schon aufgeführte Kirchhoff sich im Verein mit sei-nem Verlag jetzt einmal entscheiden muß, ob man mehr den Beau als Macho oder mehr den Softie als Rambo abspielen will, das scheint nämlich scheint's allen Beteiligten noch recht unklar!

Der »Schwierige/Kryptiker« ist momentan mit dem schon als Se-her-Weltgeist im Einsatz befindlichen Sloterdijk und mit Kluge und dem jetzt neuerdings vornamenlosen Kieseritzky etwas ambivalent und nicht restlos überzeugend okkupiert – der genuine und dabei penetrant ins Epiphanische hochgeschraubte »Langweiler« mit Härt-ling, Hilbig, Hamm, Hahn und dem mehrfach vorgenannten Köpf schon fast zu drall und üppig. Als »Anwalt des kleines Mannes« wuseln derzeit in bunter Scheckigkeit und trotz der vorne genannten postmodern-saisonalen Einbußen an Engagement immer noch ganze Heerscharen herum, von Martin Walser bis Piwitt, von Fels bis Zwerenz, Gerhard; vom Sonderfall G. Wallraff hier mal fast zu schweigen.

Die dankbare Charakterrolle resp. Planstelle des »Großen Abendländers« – sie war vordem betreut von so reizvollen Vorzeigefiguren wie Theodor Heuss und Friedrich Heer, Carl Jacob Burckhardt und Ricarda Huch; der »Abendländer« oder auch der spätere und affine »Europäer« – heute gelingen mit Enzenberger einerseits, mit Ernst Jünger andererseits kaum mehr wirklich einleuchtende Besetzungen. Ein Glück, daß es da wenigstens noch den Prof. Jens gibt sowie die Schweizerische »Stiftung für abendländische Besinnung (Stab)«, welche es da im Oktober 1993 tatsächlich fertig und zuwege brachte, in diesem Sinne die bekannte deutsche Autorin Gertrud (»Professor«) Höhler mit 50000 SFr. zu bedenken. Sage und seufze.

Wohingegen W. Jens ja ohnehin und meist im Verein mit seiner Ehefrau und irgendwie weit übers Abendland im engeren Sinn hinaus für die »Fontanesche Gelassenheit« unverbrüchlich und bei jeder Gelegenheit zuständig ist, nein, unter Fontane macht's dieses Tübinger Weltgeistdoppel schon seit Jahren ja nicht mehr. Nein, unterhalb von Fontane geht für die beiden gar nichts mehr.

Dagegen ist E. Jünger noch immer vorzüglich für die Rolle des Meistgehaßten gut. In nachwachsender Konkurrenz und seltsam stringenter Synchronie zu, ein schmuckes Pärchen, – mir, dem Obenunterfertigten. Aus welchen steindummen Gründen nun freilich ich gehaßt werde, weiß genaugenommen niemand.

Und deshalb bin ich, in sonderlicher Simultanität, zuweilen und für viele auch der: Liebste.

Keineswegs unumstritten ist aktuell die Rolle der »First Lady« oder auch »Queen« unserer Literatur. Vom Namen her scheint sich Brigitte Kronauer für Thron und Kothurn am ehesten anzubieten, auch von der figuralen Anmutung und hoheitlichen Werkaura; in der Folge dessen die derzeit recht hochgehandelte Elfriede Jelinek, eine genuin eher »Schnippische« und theatralisch als »Soubrette« oder »Diseuse« Beheimatete, bei weiterer solider Rollenerwartungserfüllung bestenfalls als »Revolverlady« durchgehen mag. Und Ginka Steinwachs es nach dem Exodus von Christa Wolf bestenfalls zur »Fee der deutschen Literatur« (so Großkritikerin Verena Auffermann) bringen kann. Da bleibt dann für Fee Zschocke leider nur mehr die Heike Doutiné. Die dann eben schauen muß, wie sie vielleicht als »Nixe der deutschen Literatur« (so vielleicht Mittelkritikerin Sibylle Cramer) zurechtkommt. Falls Herta Müller sich, wegen gewisser Stilschwankungen, mit dem weniger auratischen Amt der »Frauenwartin der Auslandsdeutschen« abspeisen läßt.

Freilich, ein bißchen sehr mangelt B. Kronauer schon sowohl die fragile Engagiertheit einer I. Drewitz wie andererseits Chr. Wolfs mehr marienartige Reinheit bzw. die fast pathetische Zartheit einer letztlich deshalb auch erbfolgelos verewigten Marie Luise Kaschnitz – was? Nein. Neinnein, Luise Rinser kommt höchstens noch für den Posten der »Grand Old Lady« bzw., wenn's denn sein muß, »Grande Dame« in Betracht, im edlen Wettfight mit vielleicht Hilde Domin und der aber vielleicht schon allzu kessen Heineistin Dönhoff Marion. Und Mitscherlichs Margarete, natürlich. Und Rinser; ach nee, die haben wir ja schon. Demski? Eva Demski? Nein, die soll dann besser die Nachfolge der verstorbenen Anna Wimschneider als Volksschriftstellerin antreten und perfektionieren, das ist auch auflagenmäßig viel gescheiter. Anna Jonas? Muß erst noch Deutsch lernen. Strucks schon fast wieder vergessene Karin? Hat sich inzwischen als tanzende und überhaupt auf Wunsch jederzeit randalierende Talkshow-Fairlady fest etabliert. Nein, Bücher soll die keine mehr verzapfen. Sondern, wenn schon, für die Grünen als nächste Bundespräsidentenratskandidatin o.s.ä. antreten. In der seligen Erinnerungsarbeit an Rinsers Luise (1983).

Der »Pfeifenraucher« vom Dienst? Nun, den stellt nach Frisch' und Andersch' Abgang G. Grass heute fast uneingeschränkt alleine dar. Wie ähnlich die »Baskenmütze« als Symbol von Moralität, Nachdenklichkeit und skrupulös-gutem Gewissen zehn Jahre nach Bölls musterhaften Auftritten von E. Hilsenrath praktisch solo aufgetragen wird. Einigermaßen vakant ist nach dem vorzeitigen Ausscheiden Herrmann Burrrrgerrs die so überaus spektakuläre und tragfähige Planstelle des etwas spekulativen »Hutträgers«, nein, Rühmkorf als chronischer Borsalino-Springinsfeld ist keineswegs eine vollgültige Charge, und die Österreicher von Wolfg. Bauer bis zu Rosei sind da leider viel zu launenhaft. Gänzlich fehlt es momentan am juvenil-aufmüpfigen Genie mit der leicht schwuchtelhaften Baseballmütze – magsein ja durchaus eine Funktion für den etwas angereiften Rainald Goetz, der ja werweiß schon ganz vergessen hat, daß und wie er sich einst, abgesehen von seiner Hirnschlitzerei, in allerlei hochglänzenden Suhrkamp-Broschüren auch als Besitzer eines famosen nackten, wiewohl andererseits doch womöglich nicht so ganz appetitlichen Oberkörpers profiliert und weiterempfohlen hat.

Der »Bartträger« unserer Gegenwartsliteratur? Also der ist nach wie vor, weit vor Handke und Köpf, mit Gerhard Zwerenz am weitaus überzeugendsten präsentiert. Schade nur, daß Zwerenz sich scheint's ganz zurückgezogen hat. Und als, wie man hört, Bademeister in Schmitten (Hochtaunus) sein Auskommen finden soll.

Was bleibet aber?

Viel. Zwar wird noch heftig gefahndet nach der »höchsten moralischen Instanz der Bundesrepublik«, die Heinrich Böll (laut »Capital«, 1993) sogar noch weit über das »Gewissen der Nation« und den möglichst dackeläugigen »guten Nachkriegsdeutschen« (Ausland!!) hinaus gewesen sein soll und die deshalb eigentlich nur mit dem heute amtierenden Sohn Bölls, René, adäquat zu besetzen ist; nachdem sogar der sonst vor fast nichts mehr zurückschreckende Peter Härtling bei dieser Sedisvakanz überfordert abgewunken hat. Aber die nicht ganz so prätentiöse Instanz des »Praeceptor Germaniae« teilen sich derzeit schiedlich und im Rahmen der allgemeinen Kulturgangsterei scheint's einigermaßen friedlich: der allerdings dabei immer leidvoller und grämlicher, ja manchmal schon bedrohlich hinfällig anmutende Dichter Grass; der dafür um so strammere und stämmigere und kerngesündere Verleger Unseld (bei all seinen gleichzeitigen europäischen Großraumstrebungen); und schließlich und immer häufiger und immer ungebetener der Philosoph Habermas. Der aber eigentlich wegen seiner schon gar zu hohen Intellektualität höchstens zum Majordomus taugt. Zumal er ja auch und recht eigentlich hauptamtlich die von ihm dafür eigens kreierte und inzwischen unersetzbare Planstelle Habermas fafnergleich verwest. Und drittens und in Personalunion und als einschlägiger Preisträger die nebengeschäftliche Adorno-Erbschaft.

In welcher Funktion er allerdings, laut »Merkur« 1/84, einer rücksichtslosen Rivalität mit mir, dem Autor dieses Essays, ausgeliefert sich sieht.

Mir, der ich aber gleichzeitig und sperrangelweit über ihn hinaus

auch noch der »deutsche Dostojewski« (Harry Rowohlt u. v. a.) bin.
Ha! – Naja.

Um den derzeit »dicksten Romancier« rangeln sich mit je ca. 3000
Seiten R. Goetz und W. Kempowski; die »Krachnudel« vom Betrieb
wird bis auf weiteres von W. Biermann gekaspert; und als »Schnarch-
sack« eo ipsissimo fungiert im Gegenteil auch künftig und ziemlich
konkurrenzlos der bislang fulminanteste aller bekanntgewordenen
Büchner-Preisträger: Reiner Kunze auf weiterhin höchst sensiblen
Wegen – hierin allenfalls bedroht von den inzwischen allerdings
meist wieder verwehten und erloschenen Namen der Klagenfurter
Preisträger aus der einstigen DDR seit anno '85 – wohingegen in jedem Betracht im Gegenteil M. Reich-Ranicki auch fünf Jahre nach
seiner FAZ-Demission auch weiterhin und bis auf fernste Zukunft
für den Literaturbetrieb außer dem »Mephisto« den »Platzhirschen«
unverzichtbar abgibt. Jetzt allerdings auf seine hochreifen Tage und
im Zuge des ohnchinnig allgemeinen Fernsehgeweses und um nicht
vor innerer Unausgelastetheit zu zerplatzen auch noch die neuzu-
schaffende Stelle des »Elder Ombudsman« übernehmen könnte.
Was immer das nun wieder sein soll.

Schmerzhaft unbetreut ist seit längerem die dem »Aufklärer« (Jens,
Augstein usw.) korrespondativ kontrapunktische und marktstrate-
gisch eigentlich zwingende Planstelle des entschieden hemmungslo-
sen »Muckers« – wer wagt's und heftet unverhofften Lorbeer an die
wahrlich kühne Stirn? Der dem Mucker nicht ganz unverwandte
»Rauner«, eine irgendwie höhere Charge der Warnerei und Mahnerei
und Seherei, hat links vom immer noch unangefochtenen Botho
Strauß mit dem schon mehrfach gestreiften Hans Wollschläger
(»Bannkreis der Besseren Heimat«, 1993) interessanten Zuwachs erfahren; wobei der einstige Arno-Schmidt-Abkömmling, der einzige
vom Meister konzessionierte, sogar kryptoider und irgendwo noch
transzendentativer zu raunen und zu sabbern versteht als der zwar
adornoentsprungene, aber doch zuweilen entschieden Ernst-Wie-
chert-nahe und die Großtradition Karl Gerold wiederheimholende
Botho – möge dieser sich also vorsehen und den Bamberger scharf
in die angestammte Schmidt-Joyce-Kraus-Nabokov-Brabbelkiste
zurückverweisen. Und aber seinerseits klug die Planstelle »Jesus-

Nachfolge« dem dafür noch viel geeigneteren G. Wallraff überlassen und abtreten; jenem also, der als Heiland heute sogar noch den an Trübseligkeit übertreffen sollte, dem er, wie man liest, 1985 und zu Grassens Schmerz sogar den Sarg tragen durfte – seine Johannestaufe, sein Reifezeugnis.

Als »Brecht-Wiederkunft« noch immer haushoch führend: Heiner Müller. Goethe aber? Goethe, um den sich zwei Generationen vorher Th. Mann und Hauptmann kloppten? Nun, da sollte selbst Grass die Finger von lassen – wie auch Jens und Unseld, ich und Habermas. Spätestens seit 1985, als er im IC mit ihm von Hamburg nach Frankfurt in den Schrebergarten hinterm damaligen Hauptbahnhof rauschte, spätestens seit dazumal gebührt der »Goethe« einem noch Größeren. Er ist – Robert Gernhardt hat es als erster erkannt – schon durch den Namen ausgewiesen, ja verraten: Fritz »Joethe« Raddatz. Dochdoch, Fritz J. ist nach wie vor der rechte Stellverweser. Es sei denn, er träte nächstens sein Amt an einen vielleicht, werweiß noch etwas Größeren ab – nennen wir ihn: Theo Sommer. Doch, der wäre, stünde er nicht schon fürs Erbe Krausens und Tucholskys, annähernd noch besser. Als Goethe-Platzwart hic et hunc hienieden. Dann freilich sollte die Darmstädter Akademie sich einen Stoß geben. Und die höchstreife Gräfin Marion die Büchner-Planstelle antreten lassen. Eh' es dann eh zu spät ist und den Krähen Minervas von Buchstaben vollends schwarz vorm Auge wird.

DER ALTE CHINESE

> »O weiter, stiller Friede!
> So tief im Abendrot
> Wie sind wir wandermüde –
> Ist das etwa der Tod?«
> (Eichendorff)

Ein alter Chinese, der schon 1935 zusammen mit Mao den langen Marsch durch den Westteil des Landes angetreten, die blutige Schlacht bei Sütschou mit ausgefochten, endlich die Kulturrevolution durchdrücken geholfen hatte und mittlerweile in der Provinz Yünnan wohnte, fühlte sich Ende der siebziger Jahre von den politischen und ökonomischen Maßnahmen der neuen und fernen Pekinger Regierung aufs schwerste enttäuscht, geschädigt, ja in seiner Eigenschaft als alter verdienter Kämpfer geradezu geprellt und verhöhnt.

Als die Lage des alten Chinesen in seinem kleinen Dorf immer bedrückender und aussichtsloser wurde, beschloß er, nach Peking zu reisen, um dort Beschwerde zu führen über die Maßnahmen der neuen Regierung. Auf daß er die mehr als 2400 Kilometer lange Reise finanzieren konnte, verkaufte der alte Chinese all sein Hab und Gut – Haus, Feld, das geringe Vieh, alles, was ihm im Zuge der Mißwirtschaft der fernen Führung kümmerlich genug noch verblieben war; und er begann, mit dem Erlös als Fahrt- und Zehrgeld, seinen langen, seinen gewissermaßen zweiten langen Marsch.

Oft wanderte der alte Chinese den ganzen Tag, hin und wieder wurde er von einem Gefährt mitgenommen, wenn es gar nicht mehr vorwärts wollte, fuhr er wohl ein Stück mit der Eisenbahn. Insgesamt sechs beschwerliche Monate dauerte die Reise – und als der alte Chinese endlich in der Hauptstadt anlangte, war all sein Geld für Kleidung, Schuhe, die Fahrkarten, Proviant und Logie gerade aufgezehrt. Dennoch guter Dinge betrat der alte Chinese, indem er durch das Tor des himmlischen Friedens schritt, den unermeßlich riesigen und glänzenden Tien-an-Men-Platz, um endlich im Hause des Volkskongresses berechtigte Beschwerde zu führen – vor dem Eingang aber blieb dem alten Chinesen die Erfahrung nicht erspart (und es war wie ein Wetterleuchten, das in Bruchteilen von Sekunden vom Hirn hinab ins Herz kräuselte), daß bereits Hunderte und Tausende herumstanden oder saßen, und zwar aus dem nämlichen Grunde, Beschwerde zu führen wegen ungerechter Behandlung seitens der Regierung.

Da sah der alte Chinese ein, daß all sein langer langer beschwerlicher Marsch vergeblich gewesen war – er verließ also den prächtigen Tien-an-Men-Platz, suchte Zuflucht in einer Seitenstraße, setzte sich mitten in diese, dauerte sich von Minute zu Minute schwerer und begann endlich zu weinen. Zuerst leise und sacht, vorsichtig und fast unvermerkt, dann immer strömender, lauter, lauter, immer lauter und sturzbachähnlicher, immer widerstandsloser und endloser und nimmersatt – zuletzt so machtvoll und herzerweichend, daß sich immer mehr interessierte Menschen um den sitzenden alten Chinesen scharten, um ihm bei diesem einmaligen Weinen zuzusehen oder zuzulauschen, denn es war selbst in dem riesigen Land China ein ungewohnt riesiges Weinen, und sich höchlichst verwunderten. Unter den Zuhörern beim Weinen war aber auch ein westdeutscher Fernsehmann, auch dieser wurde neugierig und fragte den alten Chinesen, warum er denn gar so weine. Als der alte Chinese, sei's aus Schmerz, sei's aus Sturheit, die Auskunft verweigerte, bot der deutsche Fernsehmann 1000 Mark für die Story, falls sie was tauge – so viel könne er, überlegte er rasch, als Informationshonorar für sein 30-Minuten-Feature aus China anläßlich des ersten Staatsbesuches von Hua Kuo Feng (welcher ja eigentlich schuld hatte am Weinen des alten Chinesen, was aber der Fernsehmann noch nicht wußte) in der Bundesrepublik ausgeben, ohne daß die Anstalt groß murrte.

Es kam zu längeren Erklärungen des deutschen Fernsehmannes, die der alte Chinese nicht durchaus alle verstand – nachdem er aber endlich den vorgeschlagenen Handel begriffen hatte, erklärte er sich (und erneut fuhr blitzartig ein Wetterleuchten durch sein Hirn, wenn auch ein kleineres) mit ihm einverstanden. Ließ sich erst einmal in chinesischer Währung auszahlen und begann dann, unter immerwährendem Seufzen und Weinen, welches der deutsche Fernsehmann voll mitfilmte, seine Story zu erzählen, die ungerechten Maßnahmen der Regierung, seinen zermürbenden Marsch von Yünnan nach Peking, sein furchtbares Schicksal beim Beschwerdeführen und endlich seine Einsicht in die Fruchtlosigkeit aller Anstrengungen.

Der Acht-Minuten-Film wurde am 19.10.1979 vom Deutschen Fernsehen ausgestrahlt. Der alte Chinese aber begann wieder heim nach Yünnan zu wandern, hielt die Hand scharf auf das Geld und behielt von ihm am Ende gerade so viel übrig, daß er sich sein Haus, sein Land und sein Vieh wieder zurückkaufen konnte, der neue Besitzer gab es ihm sogar mit einem kleinen Rabatt zurück, weil er nämlich mit dem alten Gelumpe auch nichts anfangen hatte können.

Eine Zwischenfrage: Wenn alles beim Alten geblieben ist und sich aufgehoben hat, wenn aber andererseits der Informationshun-

ger der deutschen Fernsehzuschauer gestillt wurde und seinerseits
der alte Chinese durch die Wanderung seine Gesundheit stärkte,
siehst du wohl, wie das Gute in der Welt ständig zunimmt?

MENSCHENVERACHTEND
Das Blödwort des Jahres

> *»›Menschenverachtend‹ ist heute all das, was dem eiligen
> Allzweck-Ressentiment noch vor kurzem ›zynisch‹
> hieß. Am dichtesten, kompaktesten, unwiderleglichsten
> prangt freilich die pleonastische Synthese, der Doppel-
> moppel ›zynisch und menschenverachtend‹. Gegen dessen
> Reklamation des Guten und Moralischen ist dann
> wirklich kein Kraut von Böse mehr gewachsen; gegen
> ihn streckt man die Waffen.«*
>
> *(Eckhard Henscheid)*

»Ein menschenverachtender Akt« ist im Frühjahr 1989 laut ›Frankfurter Rundschau‹ den Anti-AKW-Gruppen aus der Rhein-Neckar-
Region die Wiederinbetriebnahme des Atomkraftwerks Biblis nach
einer Kette von Störfällen. »Schamlos und menschenverachtend«
finden etwa zur gleichen Zeit Frankfurts Jungsozialisten den aus-
länderfeindlichen Oberbürgermeister-Wahlkampf der lokalen CDU
– gleich darauf wirft die Frankfurter SPD insgesamt der CDU
»menschenverachtende Parolen« vor. Ihrerseits die GAL-Spitzen-
frau Thea Bock bezeichnet das Klima innerhalb der Hamburger
GAL als »menschenverachtend« – wohingegen wiederum für den
›Spiegel‹ die Propaganda der Deutschen Volksunion bei der Europa-
wahl im Juni 1989 als »menschenverachtend« sich darstellt.

Schon im Herbst 1987 hatte Björn Engholm im Zuge und in der
Folge der Kieler Barschel-Sache sich geweigert, die »Sprache der
Menschenverachtung« zu übernehmen; noch etwas früher hatte –
u. v. a. – der Journalist Wolfgang Pohrt die Neutronenbombe als
»menschenverachtend« empfunden und dargetan. Die in den Jahren 1985 ff. hochkommenden Republikaner werden 1988 von der
Bundes-SPD »menschenverachtender Vorurteile« und bald darauf
auch von der CSU einer »menschenverachtenden Sprache« gezie-

hen. Und sie sehen sich dann auch selber nicht viel anders; so etwa, wenn der Bundes-Schatzmeister Erwin Brettschneider seinen Chef Schönhuber einen »menschenverachtenden Nazi« schilt.

In offenkundiger Nachfolge des einst vielfach so genannten »Schweinesystems« Bundesrepublik sprechen Berliner Autonome im Zusammenhang mit dem Hungerstreik von RAF-Gefangenen 1989 von einem »menschenverachtenden System« von Unterdrückung und Gewalt; »menschenverachtend« ist für die FAZ vom 6.10.1989 andererseits die Behandlung von Geistesgestörten im Nationalen Psychiatrischen Krankenhaus auf der griechischen Insel Leros.

Auch FAZ-Leser, wie ähnlich vor allem ›Zeit‹-Leser, sind seit längerer Zeit voll mit bei der Sache; bei der Aufspürung wie bei der Anklage. Gegen die »ungeheuerliche kalte Menschenverachtung« des Iran in der Rushdie-Affäre ergreift Christel Holstein, Hannover, leserbrieflich das Wort; schon vorher, am 24.11.88, durchschaut Ursula Schrage, Würselen, die Abtreibungspolitik der Grünen Jutta Ditfurth als »menschenverachtend«.

Im August 1989 zeiht der Hannoveranische Rep-Sprecher Andreas Dimpfel seinen Parteifreund, den Ex-NPD-Mann Margraf, laut ›Spiegel‹ »menschenverachtender Nazi-Methoden« – »menschenverachtend« war aber auch umgekehrt und laut Generalstaatsanwalt Pfeiffer 1989 ein ›Spiegel‹-Artikel, in welchem dem Generalbundesanwalt Rebmann eine gewisse Trunksucht im Amte zur Last gelegt wird. Zum dritten laut ›Spiegel‹ »menschenverachtend« ist aber auch der zu beobachtende Wortschatz der zur Anzeige gebrachten vermutlichen Wiener Krankenschwester-Mörderin Waltraud. So wie für den Chefredakteur von Radio Bremen, Ulrich Kienzle, das Kidnapper-Duo Rösner/Degowski, dessen TV-abgelichtete Untat ein »abschreckendes Dokument der Menschenverachtung« sei. Wohingegen nun allerdings wiederum für den Rössner-Verteidiger Bossi im nämlichen Kontext der gezielte Todesschuß »idiotisch, menschenverachtend und verantwortungslos« wäre.

Versteht sich, daß da nicht nur für die FAZ auch das Pekinger Massaker vom 4. Juni 1989 auf »pure Menschenverachtung« hinauslief.

Kurzum, das Menschenverachtende ist heute ebenso verbreitet wie – zusammenfassend u. a. das Zynische, das Kalte, das Nazi-

und ›Stürmer‹hafte, Idiotische und Schweinische – das Schlechte
schlechthin; der allseits probate kleinste gemeinsame Nenner der
so oder so Guten und ihrer besserwissenden Entrüstung, ihres
eindrucksvollen Dünkels. Problematisch, ja fast zynisch und menschenverachtend: Die Benutzer, so kommod ihre Motive der Benut-
zung, haben sogar ja vielfach recht – man kann die Rechtschaffen-
heit ihrer Entrüstung meist schwerlich bestreiten; seltener jedenfalls
als beim vorher kurrenten und ja semantisch fast identischen »Zyni-
schen«, das aber nicht erst seit Peter Sloterdijk den Nachteil hatte, in
seiner Bedeutung einiger Ambivalenz zu unterliegen: Es meint
nämlich auch Gutes.

Nicht so das Menschenverachtende. Es benennt das Böse per se,
ab ovo und last but not least von Jugend auf. Ausnahmen gestattet
sind allenfalls im Feuilleton – so, wenn im Zuge einer Rezension
der Herzmanovsky-Orlandoschen Briefe von der FAZ deren »unbekümmert menschenverachtende« Art goutiert, ja fast gelobt
wird.

Ansonsten aber bleibt's dabei, das Menschenverachtende sei
schlicht das Schlechte – auf höherem Niveau. So wie es seinem Ver-
wender erheblichen humanen Adel verleiht, etwas durchaus Prei-
senswertes, so dürfte das Menschenverachtende heute längst selber
preiswürdig geworden sein. In meiner persönlichen Meinungs-
tabelle prangt es als das Dumm- und Totschlagwort des Jahres; wo
nicht des Jahrfünfts; werweiß schon des Jahrzehnts.   (1989)

PS 1990: Es verwundert nur wenig, daß auch nach dieser ersten
Hochblüte bzw. Sammelausbeute vom Sommer 1989 die deutsch-
globalen Menschenverachtungen massiv weitergingen – aber auch
ältere Quellen tauchten in der Folge vor dem interessierten For-
scherauge auf:

Seine neuzeitliche Premiere feierte das Schwerwort »menschenverachtend« schätzungsweise schon vor 20 Jahren, 1969, als die
katholische Wochenzeitung ›Ruhrwort‹ im Kontext der damals berühmten F. J. Straußschen Apo = Tiere-Engführung ein erschrok-
kenes Gebet »Wider die Menschenverächter« abdruckte. Allerdings
schon 1966, so erfährt man jetzt erst aus dem ›Plärrer‹, sollen

die Bonner Parteien »einen menschenverachtenden Wahlkampf« geführt haben.

Seine ganze fürchterliche Virulenz entzündete und entfaltete das Kompositum aber wohl erst in den bräsigschläfrigen, dabei aber mächtig aufgescheuchten 8oer Jahren. Häufig im Rückblick auf früher schon erfolgte Menschenverachtungen, die es nun aber endgültig feiernd zu überwinden (und umgekehrt) galt. »Menschenverachtend« nannte in seiner weltberühmten 8.-Mai-Rede aus dem Jahr 1985 der Präsident Weizsäcker völlig überraschend das Nazi-Regime insgesamt – »menschenverachtenden Sadismus« spezifizierte in eben dieser Bewältigungskontinuität die Autorin Gabriele von Arnim in ihrem Buch ›Das große Schweigen‹ von 1989 nicht weniger verblüffend.

»Menschenverachtung« wittert die Zeitschrift ›Der schweizerische Beobachter‹ im März 1984 hinter einem (dezidiert komisch-reaktionären) Titelbild der ›Titanic‹. Der Vorwurf des sogar »hochgradig Menschenverachtenden« trifft ähnlich den parodierend dümmlichen Zeichner »Paul Päng«, d.i. Robert Gernhardt, am 6.3.87 aus der erbosten Feder eines ›Frankfurter Rundschau‹-Lesers.

Wie schon oben mitgeteilt, lief nicht nur das Pekinger Juni-Massaker für die FAZ auf »pure Menschenverachtung« hinaus – schon ein paar Monate später geißelten die ARD-Tagesthemen vom 24.10.89 Egon Krenz' »menschenverachtende Sympathie für dieses Pekinger Blutbad«. Seinerseits als »Symbol der Menschenverachtung« brandmarkt noch im Dezember 1989 der stets wache ›Rheinische Merkur‹ die schon fast abgerissene Berliner Mauer; wogegen der ›Spiegel‹ sogar noch am 19.3.90 der DDR-Bürokratie »menschenverachtenden Umgang mit den Bürgern« zur Last legt. Nur zu verständlich, daß deshalb schon am 21. Dezember ihrerseits die FAZ-Lokalredaktion anläßlich eines damit vielleicht zusammenhängenden Frankfurter Brandanschlags an die ihrerseits »menschenverachtende Politik der rumänischen Diktatur« erinnert; wobei, genaugenommen, laut ARD-Tagesthemen vom 27.12.89, Rumänien bis dato eine »menschenverachtende Bastion« gewesen war.

Der nämlichen Redaktion war freilich schon am 10.10.1989 die

Pornografie insgesamt als »immer menschenverachtender« vorgekommen.

Daß der Mord an Alfred Herrhausen am 29.11.1989 auf »menschenverachtenden Terrorismus« hinauslief, dies auszusprechen
blieb dem Bundesverband der Deutschen Industrie (BDI) vorbehalten – für die ›Rheinische Post‹ sprach aus der Bad Homburger
Sprengladung »tiefe Menschenverachtung, niederste Gesinnung«.
Was Wunder, daß deshalb auch FAZ-Leser Torben B. Hansen aus
Rosenheim die RAF noch am 5.1.1990 als »menschenverachtend«
einschätzt; während am 27.1.1990 in der ›Frankfurter Rundschau‹
sich namens der »IG behinderter Studentinnen und Studenten«
Peter Dietrich nicht täuschen läßt, sondern die Tötung schwerstbe-
hinderter Menschen respektive die neuere wissenschaftliche Diskussion über eben sie als »menschenverachtend« entlarvt; wogegen
der Ex-›stern‹-Chef Rolf Winter den USA »menschenverachtende
Sozialdefizite« vorhält.

Schon im April 1987 hatte sich auch die ›Titanic‹ nicht entzogen
und, anläßlich seines Ablebens, den TV-Unterhalter H. Rosenthal
als einen »menschenverachtend Lieblosen« bloßgelegt – und schon
am 24.1.1990 faßt in einem Gespräch mit der ›Mittelbadischen Zeitung‹ auch Fritz J. Raddatz nach und stellt angesichts der Diskussion
um die DDR-Verwestlichung und einen human-geläuterten Sozia-
lismus die nicht so ganz durchschaubare und vielleicht auch nur rhe-
torische Schlußfrage: »Was bleibt dann, wenn alles abgebürstet ist an
Menschenverachtung, sozialen Verkrümmungen und wirtschaft-
lichem Bankrott. Ich glaube, nichts.«

In die offenbar recht dialektischen Fallstricke des Gegenstands
gerät kurz darauf auch die große westdeutsche Politik. »Nie wieder
menschenverachtenden Kollektivismus!« kräht im Februar 1990 eine
CDU-Broschüre ›Argumente‹ im Sinne ihrer DDR-Wahlkampf-
hilfe – für derlei christdemokratische Geschichtsfälschung empfin-
det laut ›Spiegel‹ der SPD-Vorsitzende J. Vogel nur »Verachtung«;
also, nachdem ja wohl auch CDU-Menschen Menschen sind, doch
wohl auch: »Menschenverachtung«; und mithin genau das, was nach
dem allgemeinen Gratis-Konsens nicht zuletzt der deutschen Sozial-
demokratie der 80er Jahre das Verbotene, ja Böse schlechthin ist.

Womit sich die logisch-semantische Katze endgültig wenn schon
nicht in den Schwanz, so doch in den Knüppel aus dem Sack beißt;
zumal wenig später dann auch noch der einstige SPD-Spitzenmann
Hans Apel seiner Partei akkurat »menschenverachtende Umgangs-
formen« vorrechnet. Ein Weg aus dem so entstandenen begrifflich-
metaphorischen Dilemma ist vorerst nicht zu erspähen; die Ahnung
einer Überwindung des Konflikts schwant aber immerhin Al Strong
in seinem Roman ›Unter flammender Sonne‹ (1990), indem er diesen, in durchaus adornoisch negativer Dialektik, erst noch zuspitzt:
»Toshke war der grausamste Häuptling der Apachen, ein Menschenverächter, der nicht nur die Weißen abgrundtief haßte, sondern auch
die eigenen Leute und sich selbst.«

DIE KATZEN

Die Katzen sei'n ein Vorbild uns
An Sprungkraft, Eleganz
und Kühle,
An Aberwitz, Mut, Wohlgesinnung,
Bepelzung auch, sei's grau,
sei's golden.
> Gezeichnet: submissest Fritz Wöck

UNKENRUFE

Für Günter Grass
in Solidarität

Quack, quack! Quack quack quaak!
Unk quakquakquak quack-quack-quack
Unck: Subaquaquaquaqua quak sub quak.
Queckquack? Quaaaak! Quuaquaquaquakk.
Quock – quack – quock – quackgrassquackquack!
Quack.

Quack.
Quick? Nöö. Quack. Nicht stern, nicht quick.
Nur bloß quackquackquackquackquack.
Quaque.

FONTANE,
GRASS
UND MANCHES MEHR

Nun kann man zwar sagen, daß ein Volk, welches sich über 250 »Derrick«-Folgen andrehen läßt und klaglos toleriert; daß ein Land, in dem serienweise Witzfiguren wie Schorlemmer, Steffi Graf, Schreinemakers, Claudia Schiffer, Konst. Wecker, F. Beckenbauer, Koschwitz, Kachelmann, Küppersbusch, Süßmuth und Loddamaddäus als neue oder auch nicht mehr ganz so neue Leitfiguren aufgeboten und

aufgedrängt werden; daß in einer Landschaft, in der auch noch der vermutlich falscheste Fünfziger der letzten fünfzig Jahre, Engholm, lange Zeit als Inbild der Integrität und Hoffnungsträgerei durchgeht und für beider Widerlegung ein letztes Mal 40 000 Mark Schmerzenshonorar eintreibt: daß kurzum eine solche Nation und Solidargemeinschaft auch nichts Besseres verdient hat als den ziemlich unsäglichen Romancier G. Grass und den unauflöslich damit fusionierten abgeschmackten, infernalischen, bestialischen, großrättinnenhaften Medienplembembel, der da ab Juli und dann v. a. August-September d. J. das Erscheinen seines entfernt romanartigen Schwerwälzers »Ein weites Feld« begleitete, und der am Ende, z. B. im ›stern‹-Interview, auch noch den damit allerdings vorab sehr einverstandenen und nutznießenden Hauptbetroffenen ein wenig enervierte; etwa dann, wenn dpa schon im Mai nach der ersten Häppchenlesung in Frankfurt einen »Jahrhundertroman« auskräht; und wenn in der Folge dessen die diesmal an Vulgarität, Torheit und Spitzenschreihalsigkeit führende und Raddatz' ehemalige Grassherold-Rolle übernehmende Wochenzeitung ›Die Woche‹ schon weit vor dem Buch-Countdown rumröhrt: »Der Meister ist wieder da!« – obschon, zu sogar Grassens Gram und Interview-Beschwer, der betreffende närrisch gewordene Feuilletonistenschmock da ja nur allenfalls eineinhalb Kapitel des Romans kennen konnte; und Grass ja auch, nach meinem Kenntnisstand, außer mal ganz kurz in Kalkutta, eigentlich nie weg war; sondern der Meister war seit spätestens 1959 und mit etwas wechselndem, aber insgesamt sehr befriedigendem Glück allzeit hart und zäh am Ball des Wichtigmachergeschehens und Weltliteraturdarstellungsgemopses, wenn auch weiterhin ohne den wie nichts Gutes ersehnten Nobelpreisorden; welche gräßliche Unbedarftheit und vollautomatisierte Uninformiertheit aber das Fernsehen sogleich und postwendend eins weiterdrehte und die Nonsensschraube hoch und zu mit dem ARD-Scheißdreck alias Feature namens »Comeback eines Abgeschriebenen« (24.8., völlig im unseligsten Wahn befangen akkurat zu der gleichen Stunde, da, um partout vor Ablauf der Verlags-»Sperrfrist« dran zu sein, im ZDF das »Literarische Quartett« rumkasperte, Reich-Ranicki in seltsamer Doppelkompatibilität mit seinem schon erfolgten ›Spiegel‹-Verriß so bellend köterhaft und krachmacherisch, daß sogar sonst begeistert Ahnungslose sich verwunderten) – wobei dieses »Abgeschriebenen« inzwischen, nach den ersten apriorischen Kritiken und Munkeleien, gewissermaßen aposteriorisch zeitverschoben wieder stimmte, nur das »Comeback« war nun sogar doppelt falsch – »Revival eines Abgeschiedenen« wäre allerdings vielleicht noch einen Tick von einem Hauch narrischer und korrupter gewesen: der Journalismus, Kraus wußte es schon genau, erfindet einfach über Leichen und Legenden schreitend seine eigenen Wirklichkeiten.

Literarisch bedeutet der Grass-Roman über Fontane-Fonty, die abgemeierte DDR, die Treuhand u.m.a. alles in allem einen Rückfall in die Ästhetik der 50er Jahre – laut Autor handelt es sich um ein komplex angelegtes Parlando, in Wahrheit um ein pretiöses, in seiner gnadenlosen Verschwitzt- und Geschraubtheit etwas perplexmachendes Gestopsel –, ein Rückfall um knapp vierzig Jahre, aber auch in seiner öffentlichen Repräsentanz: Daß ein 67jähriger Flachkopf (Grass) und ein 76jähriger Seichtkopf (Reich-Ranicki) im wechselgesangsmäßig immergleichen Duett unter Zuhilfenahme einiger Chargen wieder einmal deutsche Gegenwartsliteratur spielen und streitend austarocken durften – dieser unverhoffte Regreß nicht in die 70er, sondern gleichfalls in die späten 50er Jahre war die literarische Ausbeute der Affaire, des Jahres und womöglich des Jahrzehnts. Und überraschte wohl die beiden Kombattanten gar noch selber: Wer hätte das, bei aller Kalkulierbarkeit des Gedröhns, gedacht.

Ein wenig Ärger blieb. Am 24.8. im ARD-Langzeitgespräch mit, man traut dem Auge und dem Ohr nicht, Ulr. Wickert bringt es Grass, die ersten Verrisse schon im Rucksack und weitere nicht ohne Grund befürchtend, auf und über sich und hat die Stirn, über die ihn jetzt in Deutschland seitens der Kritikerbranche andauernd anwehende »Häme, diese gestaute Mißgunst« Klage zu führen – und wiederholt dies in einem zweiten (der hat ihn jetzt sogar als Coveralternative zu den Tittenärschen entdeckt) ›stern‹-Gespräch – wobei allein die nicht ganz zu lösende Frage zurückblieb und -bleibt: Glaubt er eigentlich wirklich diese sich dummstellende Blauäugigkeit von Katzenjammer? Zumindest manchmal? Nun, der Litera-

turbetrieb, das wußte man auch vorher, ist zwar korrumpiert und
pervertiert ad infinitum, wo er recht hat, hat sogar er recht – aber es
war doch er, Grass, der in einer im Zuge 2000jähriger Kulturgeschichte noch nie dagewesener Manier fast exklusive Nutzbeuter all
des und sei's mit Ranküne gegen den dicken Dichter aufgefahrenen
Medialwahns! Allein am 24.8. gut zwei Stunden Präsenz allein in
ARD/ZDF – Grass, was willst du mehr? Das schaffen weit erträg-
lichere Autoren als er nicht in drei Leben!

Nein, natürlich, Grassens Anfechtungen waren auch nur getürkt,
in Wahrheit fühlte sich dieser allenfalls mit sich selbst allerdings
schwer gestrafte Kaschubenschnauzbart in all dem keifenden Ge-
hample und Gewürge unverkennbar seehundwohl – kaum minder
schweineprächtig fühlten sich Reich-Ranicki und all die anderen
Vollmitquatscher aus dem ersten und dem zweiten Glied – verstört
oder betreten, schrieb ein kluger Schweizer Beobachter, fühlten sich
allein jene, die zu all dem wogenden Quark gar nicht gehört und gefragt worden waren. Wie z. B. ich. Was ich jetzt, spät aber gründlich,
nachgeholt haben möchte.

Der Rest des spätsommerlichen Auf- und Umtriebs war bloß
noch Gequalle. Grass, nachdem er sein Gemurkse präventiv als
sperrig deklariert hatte, sprach ihm nun trotzig erst recht Ewig-
keitswert zu. Verleger Unseld, extra in der ›Bunten‹ um seine Meinung ersucht, gab ihm auf Verdacht recht: »trotz oder wegen
Reich-Ranicki«. Ernst Jünger meldete sich mit Zuspruch für den
jungen Kollegen, obwohl er ihn noch gar nicht gelesen hatte. Einen
»Ansturm der Solidarität mit Grass« gegen die argen Kritiker beobachtete ein Mainzer Buchhändler (dpa). Der Verriß tue dem Buch-
verkauf sogar gut, trotzte eilig der Verleger Steidl – das konnte er
am 29.8. aber noch weiß Gott nicht wissen. Fontane-Freunde
schmollten wegen Grassens Nichtkompetenz. Grass lamentierte
abermals scheinheiliger als je ein Mensch vor ihm, es schiebe sich
heutzutage »in erschreckendem Maß das Sekundäre vor das
Primäre«, das Mediengeschlunze vors edle Werk – darauf, auf diese
Doppelmoral, einen doppelten Grappa. Spätestens als sich das
Ausland grass-solidarisch und hitlerdeutschlandkritisch einmischte,
restlos ahnungslos einbrachte, Frankreich voran (»Europa vertei-

digt Grass«, die FAZ dokumentierte es) – spätestens da war jeder
Fug den Unfug runter.

Für den Humorkritiker und gleichfalls Fontanefreund bleibt bei
dieser seltsamst verschweißelten »Ménage à trois« (Grass über
Grass, Ehefrau Ute Grass und Fontane) gleichwohl eher wenig zu
würdigen, all das grunzdumme Gedengel tat einfach zumeist zu weh
– vermißt hat er aber nicht ohne Wehmut den geschmerzten Auf-
schrei des Ehepaars Walter und Inge Jens, Tübingen, das doch eigentlich auf den Plan gerufen gewesen wäre von Rechts wegen: seit
es nämlich Fontanen vor zehn Jahren selber und gewohnheitsrecht-
lich gepachtet und seither nicht die geringste Gelegenheit ausgelassen hat, angesichts allerlei laufender Bosheiten und Infamien einer
feindlichen Welt sich allzeit selber »Fontanesche Gelassenheit« zu
bescheinigen. Schmiergeld von Grass? Limitierte Exklusiversatz-
rechtsabtretung mit Schweigegeldverpflichtung? Sondergenehmi-
gung durch die alte Gruppe 47 i. R.?

Ach was, nichts dergleichen. In Wirklichkeit las Jens nur ganz
brav und ein bißchen übertrieben philologisch und für etwas Trinkgeld den Roman i. A. des ›stern‹ gegen. Während der genußgestreßte
Romancier gleichzeitig mal wieder drohend mit seinem Exodus aus
Deutschland dröhnend zaunpfahlwinkte. Ach, es ist dies alles doch
nur allzu »albern« (Grass).

II.

BRÜDERINTERESSE

»Weil dieser schöne Wahnsinn das schönste Leben ist«
(Tieck)

Es ist ja nun wirklich die große Frage, ob der Sinn des Lebens, das Glück dieser Erde eher in der Betrachtung und in der Besitznahme einer nackten Frau besteht oder vielmehr in der jahrelangen und zähen Beobachtung zweier älterer Brüder, noch dazu fremder. Viel spricht für das erste, einiges humanistisch Philosophische auch für das zweite – bzw. es ist so, daß das Zerbrechen und Zerstieben von sich'ren, guten, festbewährten Wertaxiomen gerade uns Männer auf dem Scheitelpunkte des Lebens nicht verschont, ach ja, es ist, als ob der Atem schliefe, das Auge tränte und das Ohr sich schlösse vor höllischem Behagen. Die plötzliche Abwesenheit dessen, was abendländische Kultur einen Leitgedanken, Sinnstiftung nennt, ich habe sie vor vielleicht drei Jahren erstmals an mir wahrgenommen, und simultan und damit in Interdependenz eine Indifferenz, eine Indolenz, eine Intransigenz, eine Insuffizienz, eine Intoxikation, überhaupt ein ganzes »In«-Bataillon samt Kopfknistern bis zur wimmernden Betäubung ––

–– lauwarm, bös und schaurigschön: Die Wolken zieh'n dahin, sie zieh'n auch wieder her, gleich darauf sitze ich ganz wundersamer Weise im Kurorchester, wieder ein wenig später liege ich im Bett, ich wache auf drei Stunden nach Mitternacht, das Herz klopft wild und wie entfesselt, ohne daß ich doch im entferntesten die Empfindung hätte, gleich sterben zu müssen, sondern alles braucht seine Zeit... ich tappe in die Küche, mische mir einen Brei aus eiskalter Milch und Cornflakes, löffle ihn schön still benommen, lese dazu noch einmal die Unfall- und Obszönitätsmeldungen in der herumliegenden Tageszeitung, die Taten des Salzbarons Adi oder den Einsatz des neuen Killer-Satelliten, krabble ins Bett zurück, mit nichts weniger als einer Frau im Sinn, die Ehefrau interessiert mich schon gar nicht, die liegt taub und friedlich nebenan und träumt von Dietmar Schönherr, weil sie es selber nur zum »Landsherr« gebracht hat – nein, nicht daß ich mich damals nach den beiden Brüdern geradezu gesehnt hätte, aber warum sollte ich nicht inständig an sie denken, gerade sie, bevor ich mit dem Abklingen meiner heute so genannten Midlife-crisis (ha-haha! Ich kreisle schon seit meinem 21. Lebensjahr so mittelmäßig herum!) an überhaupt nichts mehr dächte, sondern nur noch, nach Greisenart, frisch und fröhlich vor mich hin verwitterte, dem Grauen zu, dem letzten lakigen, getroffen vom Schlaganfall der Seele, Beute eines geistlosen Deus absconditus, simsalabim, dessen chimärische Umrisse zu erkennen mir dann nicht einmal mehr in der Gestalt der holden Brüder erlaubt war; die Brüder waren gewissermaßen meine letzte, meine allerletzte Chance gewesen ... aber ich will nicht länger um den heißen Brei herumreden:

Einzugestehen ist hier nämlich fürs erste eine grobe, feiste Lüge, eine glänzende und gleißende Lesertäuschung. Denn keineswegs – Flucht nach vorn – von einer »Mätresse des Bischofs« handelt mein Buch (woher denn? die sind doch sogar zu dumm, sich so was zu halten!) – sondern tatsächlich und jetzt ohne Flunkerei von der Be-obachtung, Beschreibung und Ausdeutung zweier älterer Brüder, trostlos oder, je nachdem, tröstlich häßlichen sogar, und wen sollen diese beiden Iberer-Brüder schon groß interessieren? Nun, und so bin ich eben auf den rettenden Ausweg mit dem Bischof und seiner mausgrauen Geliebten verfallen, nachdem mir mein ursprüng-licher Arbeitstitel »Zwei Jahre Iberer-Forschung« der Sache zwar wahrhaft angemessen, aber schon gar zu harmlos und das Publi-kum einschläfernd erschienen war. Eine Zeitlang habe ich dann auch mit der den Proust-Leser gefügig machenden Version »A la recherche des Frères Iberer« in Gedanken gespielt oder auch »A la recherche des Iberer-Brüder« oder ganz wild gescheckt »A la re-cherche of Iberer-Brothers in Dünklingen« – doch mit einemmal senkte sich der prickelnd-schlagende Einfall mit dem Sex-Bischof über mich, kurioserweise beim Betrachten eines Zeitungsfotos des wie gesalbt glänzenden neuen Münchner Erzbischofs Ratzinger im Dünklinger Volksblatt gestern nachmittag. Tatsächlich spielt der Bischof in meinem psychologischen Roman nicht die geringste Rolle, mal abgesehen davon, daß wir letzten Endes doch alle mehr oder weniger Opfer des Klerus sind und seines mörderischen Men-schen- und Seelenverschleißes, der mich wohl auch auf die Brüder leitete. Der Titel – er ist also nichts als eine Vignette, Tribut an die leidig ennuyierende Sexualsucht unserer modischen Druckproduktion und diese zugleich bitter decouvrierend. Denn auch Alwins Schäferhundprozeß und die synchrone Demuth-Affaire hätten ja als Kauflocktitel kaum getaugt, und jedenfalls ist es doch ganz schön, daß ich den Sexualtrick gleich auf der dritten Manuskriptseite eingestehe. Leserbetrug nichtsdestoweniger? Nun, das meine ich auch, aber ein heute ganz normaler und ordinärer. Von Joycens »Ulysses« bis hin zu Machwerken wie »Die Angst des Tormanns beim Elfmeter« wölbt sich die Kontinuität des modernen Leser-Titelbetrugs, und wenn Reizwort-Ridikülitäten wie die vom »Arbeiter, der unter die Intellektuellen gefallen ist« straflos verbreitet werden dürfen, dann werde ich mit meinen zwei kardinaldämlichen Schmonzetten ja wohl auch dürfen. An ihnen haftet ja immerhin der rostige Charme des Antiquarischen und Ekklesialen zugleich, und das noch schnuckeligere »Maitresse« habe ich mir ja sogar fast selbstlos versagt. Kurz, in einer Zeit der allgemeinen Volksübertölpelung, der schleichenden, nein rasenden Idiotisierung des öffentlichen Lebens und des ohnehinnigen Wurstseins von Allem und Jedem bestehe eben auch ich auf meiner Chance. Ich habe nun lange genug zugeschaut!

Worum es mir geht: um Aufklärung für möglichst 1 Million Leser, d.h. Käufer; wie es schon Goethe im Falle des »Werther« gefordert, gekriegt und als Norm festgelegt hat. Wenn nur jeder 60. Deutsche sich mein Buch aufschwätzen läßt, bin ich hochzufrieden. Und ich meine, dafür sollte mir jedes Mittel recht sein. Ich zähle jetzt 48 Jahre und muß, ihr Herren Rezensenten und Richter über literarische Integrität, an meinen Lebensabend denken! Goethe muß es wissen. Die Botschaft aber, an der mir liegt, ist über jeden Zweifel erhaben. Wie wunderahnend tippt doch schon Fouqué mein großes Thema an! Der Dichter spricht: »Die *brüderlichste Innigkeit* fand und findet noch jetzt, da beider Locken ergrauen, zwischen ihnen statt. Es ist etwas Herrliches um *liebevolle Treue*, so durch ein Halbjahrhundert fest unter allen wechselnden Stürmen und Strömungen des Geschicks nach dezennienlanger Trennung stets wiederum *einleuchtend* in jugendlicher Frische.«

Ach, Brüder, ja, in jugendlicher Frische treu, wenn's nur bei mir so wär' geblieben auch, und doch und doch, kommt Zeit, kommt Rat …

So muß ich denn, traurig, aber entschlossen, als fast alter Mann über den Sex-Humbug noch ein paar Markstücke herauslocken, denn nicht nur konveniere ich thematisch mit keinerlei Moderichtung, auch stilistisch befinde ich mich zum gegenwärtig herrschenden After-Geschmack so ziemlich in Opposition. Doch schließlich ist der inferiore Titel ja nur transzendierendes Mittel zum sehr edlen Zweck, die Menschheit sanft zum eitlen Golde zu verführen, zu meinem Herzen, zu den Brüdern auch vor allem –– und endlich, darauf bestehe ich, habe ich mein Skript mit der schlagartigen Einführung einer nackten Frau ja doch halbwegs pikant eröffnet und insofern nicht gar zuviel versprochen. Eine zweite und doppelte Leser-Narrung? Na ja schon; aber daran kann man immerhin schon lehrreich ablesen, wohin einen sogar die verlogensten Überschriften treiben, stehen sie erst baumfest da. Und ich will auch gern mal sehen, ob dergleichen Konzessionen an den vulgären Publikumsgeschmack nicht zwischen den romanlich erheblichen Partien hie und da als würzige Pointen sich wiederholen lassen. Denn Brüder hin und her: Wir haben sie doch, zumindest in einer sehr frühen Entwicklungs- und Erkenntnisphase, alle, mal ehrlich, ganz gern gehabt, diese rosa Nackedeis mit ihrem barocken Schenkelgeschäker und ihrem serensinistren Brüstegewackel, ihrem verblasenen, hören Sie mir doch auf! –

– doch jetzt endgültig zu den Brüdern! Es ist eine so dünn- wie schwerblütige Geschichte, die es nun einigermaßen funkelnd zu halten gilt.

*

Die Brüder also: Genau vermöchte ich heute gar nicht mehr zu bestimmen, wann ich ihrer inne ward. Vermutlich wohnten sie zuerst und lange Zeit nur in meinem Unterbewußtsein, und erst allmählich arbeiteten sie sich in die bewußte Verstandesregion vor, bis ich sie anfangs gewissermaßen als – sehr unter Vorbehalt gesagt - Kuriosität wahrnahm: Zwei Männer um die 50 Jahre, vielleicht auch etwas jünger, welche immer und ewig gemeinsam durch die Hauptstraße

Dünklingens gingen, so die längere Achse des Ei-Stadtkerns durch-
streifend. Jawohl, zwei nicht mehr junge, aber auch (dieser Eindruck
formte sich früh) irgendwie alters- und zeitlose Gesellen, die offenbar eng zusammengehörten, sich aber nur soweit ähnlich sahen,
daß es sowohl Brüder als auch na sagen wir Deutsche schlechthin
sein mochten.

Im übrigen, um nochmals darauf zu rekurrieren, ich bin allerdings noch keineswegs sicher, ob meine beiden Reizwörter
»Mätresse« und »Bischof« wirklich so reizend sind, daß sie die Leute
zum ohnmächtigen Geldausgeben hochreißen. Eigentlich, fürchte
ich, dürfte ihnen das kaum gelingen, mich z.B. reizen meist allenfalls noch Wörter wie »Hopp«, »Zack«, »Aua«, »Stefania Sandrelli«,
»Junge Union« oder eben »Iberer-Brüder« bzw. »Fink« und »Kodak«
– doch ich will nicht vorgreifen. Aber nur Mut! Man kann die Einfalt
in Gestalt der Reizwörteranfälligkeit unserer Zeit gar nicht hoch genug taxieren – und loben! Ja, denke ich daran, daß Unsinn wie
»Aspekte«, »Impulse«, »Titel, Thesen, Temperamente«, »Tabu«, »Soziale Frage« und »Sensible Wege« (überhaupt: »sensibel«! Jeder
Knüppel versteht sich heutzutage als »sensibel«, wo nicht gar als
»sensitiv«!) – daß all das Zeug glatt durchgeht und seine Kassen füllt,
dann habe ich Anlaß, mich zu beglückwünschen. Und wenn die
Leute sogar auf ein trüb und doppelt lüsternes »Klassenliebe« hor-
denhaft, ja hammelhaft hereinfal-
len (sicherlich hätte auch Alwin,
läse er anderes als Hemingway,
von soviel sozialistisch-laszivem
Schmäh beweihräuchert, zuge-
griffen) – dann bin ich jetzt doch
sehr zuversichtlich, daß auch
meine episkopale Skandalnudel
ihre Gönner findet, doch doch,
das glaube ich schon.

Aber zurück – ach Gott, wenn
ich vom Schimpfen nur nicht
dauernd so müde würde! – zu den
Brüdern.

SPASS MIT SUHRKAMP
Vor der Buchmesse: Ein Blick ins Programm

>» ... *den Begriff der Moderne zu entfalten* ...«
> *(stw Nr. 103)*

Es mag ja auch an meiner eigenen Regression, meiner fortschreiten-
den Infantilisierung liegen. Aber was mich schon seit Jahren im Bereich des gedruckten Worts am meisten an- und fröhlich macht, das
sind die zweimal jährlich erscheinenden Suhrkamp-Programmvor-
schau-Texte. Doch, über die muß ich immer sehr, mitunter ganz hingegossen lachen. War es zuletzt, im Frühjahr '92, vor allem die Tatsache, daß neun von zehn Titeln des Suhrkamp-Hauptprogramms
die 100-Seiten-Grenze nicht mehr schafften (Handke scheiterte bei
64 bzw. 56 Seiten, Dorst bei 72, Friederike Roth bei 80, M. Walser
bei 80, Elis. Borchers bei 76, Krolow bei 80, Treichel bei 88, Hildesheimer bei 56, Volker Braun bei 40), um dafür natürlich nur um so
prätentiöser und gravitätischer und weltgeistlicher aufzutreten –
– so ist es im Herbst 1992 wieder eher das Wort, das Pretiosum
Wort an sich, was einen wie mich da nach wie vor so hinreißt, was
vor allem die Reihen der Suhrkamp-Wissenschaft so exzeptionell,
so unverzichtbarer denn je macht. Ach, was gibt es da wieder Wunderbares zu bestaunen und uns einzusaugen: eine »Konsensuelle
Vernunft« einerseits, eine Befindlichkeit »Zwischen Wissenschaft
und Ethik« andererseits; »Zur forensischen Funktion der Sprach-
analyse«, aber daneben auch sehr wohl den »Kontext einer allgemeinen Theorie autopoietischer Sozialsysteme«; »Die chinesische Ethik
der Achsenzeit - Eine Rekonstruktion unter dem Aspekt des
Durchbruchs zum postkonventionellen Denken« – aber auch, wieder mehr für dich und mich, »Ethik und Politik« oder eine »Integra-
tive Ethik«; zwar hier einen von Barbara Vinken herausgegebenen
»Dekonstruktiven Feminismus«, dort aber auch zur Beruhigung
dann wieder »Visuelle Konstruktionen jüdischer Geschichte«.
    Kurzum, für jeden was. Für den einen »Allegorie und Melancho-
lie« (es 1704, DM 16) – und für den nochmals gehobenen Ge-
schmack »Saturn und Melancholie« (stw 1010, DM 36).

In durchaus integrativer Rekonstruktion der weiland berühmt-berüchtigten »Suhrkamp-Kultur« der frühen siebziger Jahre mit ihrem überaus benjaminisch illuminierten und luziden Permutations-Rotationsprinzip – »Strukturelle Gewalt«, »Herrschaft und Struktur«, »Struktur der Herrschaftsgewalt«, so lauteten damals die wie berauscht von irgendeinem Computer ausgespuckten Suhrkamp-Titel – im Kontext zu und mit diesem alten poetologischen und vorzüglich szientifistischen Schmäh zeigen sich die Titel-Konstruktionen der frühen Neunziger dieser Ex-Kultur zwar fast rührend anhänglich und noch immer verpflichtet (dies in der ca. vierten Lektoren-Generation!); um sie aber dann doch im nächsten Sprachfunktionsprozeß in eine annähernd komplette Postdekonstruktion vulgo Narrischkeit wenn nicht zu eskalieren so doch zu eskamotieren: Einerseits wird da noch einmal »Geschichte und gesellschaftlicher Widerspruch« vom alten Ludwig von Friedeburg verscherbelt – auf die »institutionelle und kulturelle Dynamik« pocht andererseits und sehr suhrkampreflexiv aber S. N. Eisenstadt –, während im Sinne der »Erreichbarkeit der Gesellschaft« des Peter Fuchs Michael Giesecke den »Sinneswandel, Sprachwandel, Kulturwandel« empfiehlt. Und so sehen dann beide aus: »Kognition und Gesellschaft«; »Phantasie und Kalkül«; »Semiotik«; und, mehr im dichterisch Forensischen: »Surfiction: Hamburger Poetik-Lektionen«. Und: »Reflexionen vor dem Spiegel«, hrsg. von Farideh Akashe-Böhme.

Ob der Dr. hon. causa Siegfried Unseld von alledem wirklich weiß? Ob er den unseligen Unfug wenigstens in Prospektform selber wegliest? Oder doch alle halbe Jahre die Hände vors Gesicht schlägt, welchen rettungslosen Humbug er da angezettelt einst zur –?

Es muß bei Suhrkamp-Wissenschaft heute ein Lektor/Verlagsmanager sitzen, der seine ganze verzweifelte Zuversicht dareinsetzt, Titel oder Untertitel oder zumindest Klappentexte durchzusetzen, in welchen der einst mit Galileis Discorsi initiierte, vor gut zehn Jahren von Habermas restaurierte und auf breiter Front der ohnehin genug leidenden Welt aufgepreßte »Diskurs«-Schmäh zum weltweit letztmals unverbrüchlichen Einsatz kommt; und sei's gegen den Willen vielleicht sogar des Autors: »Der Diskurs des Radikalen« – »Der

neuere theoretische Diskurs über soziale Ungleichheit« – »Erläute-
rungen zur Diskursethik« – »Vertiefung diskursethischer Grundprin-
zipien« – »Diskursive Praktiken« – »Diskussion über Diskursethik« –
»Zur Anwendung der Diskursethik«, insofern es mit dieser gilt,
»Fach-, Diskurs- und Gattungsgrenzen zu überspringen«.

Was ein Schmarren. Was ein heftig und herrlich vergammelter
monströser Stuß. Nein, eben nicht »Diskurs über Diskussions-
ethik«. Sondern es bleibe bei »Diskussion über Diskursethik«. Im
»Geist« (Derrida, stw 995) auch der »Anthropologischen Dimensionen der Geschichte«. Und nicht umgekehrt. Auf daß die »Ironie des
Staates« nie und nimmer »Die Krise der ethnographischen Reprä-
sentation« indiziere. Induziere. Nein, jetzt erst recht: indiziere.
Noch auch die »Emergenz« im Kontext der »Habitusentwicklung
im 19. und 20. Jahrhundert« hintertreibe? Äh: Hintergehe. Ge-
fährde? Extrapoliere. Bzw.: Storniere. Auf dem schwerst weltgeist-
lichen Weg »Zur Konstruktion und Imagination gesellschaftlicher
Einheit«. Mit Björn Engholms Worten: Wat mut, dat mut.

Was ein begeisternder Stiefel, wie von sich selbst begeistert; kalt-
schnäuzig und ruchlos in die Welt gesetzt.

Und ein durchaus traditionsverpflichteter. Adornos angejahrte
»Negative Dialektik« ist mit »Negative Freiheit« sowohl als mit »Dia-
lektischer Negativismus« aus den 60ern in die 90er herübersalviert
worden – allein, auch für die längst vergreiste Postrenovierung kann
man vielleicht noch ein paar Dumme auftun: »Systemische Praxis
und Postmoderne«. Dann aber auch wieder erfrischend, ja ragend
nagelneue Klänge: »Metaphysik und Mantik«. »Zur Rehabilitierung
des animal rationale« von H. Schnädelbach, ja, Schnädelbach, der
sich damit vermutlich habilitiert hat und insofern gut reden hat.
»Die soziale Konstruktion der Transsexualität« (oha! Aids oder
was?). Und nicht zu vergessen: »Sexualität und Aggression aus der
Sicht der Selbstpsychologie« (?? – !). Nämlich vermutlich aus den
Reihen des (aufgepaßt:) »Forums für Philosophie Bad Homburg«,
nämlich seiner Studien a) zur »Zeiterfahrung und Personalität« sowie b) zu »Realismus und Antirealismus«. Von den gleichfalls bei
Suhrkamp niedergekommenen »Texten der Aktionsgruppe Banat«
mal vorerst noch ganz abgesehen.

Was ein Siebenmeilenstiefel. Was ein wie von sich selbst entzündeter arteriopoetisch-autopoietischer Schleim.

Ein immerhin noch aus dem schimmeligen Giftpilz arzneitreibender. An einem fortgeschrittenen Punkte, so registriere ich erstaunt und erfreut, muß man beim Suhrkamp-Prospekt über praktisch alles lachen, über jedes Wort in dieser leider nur halbjährlichen Ikonographie des je akutesten Weltenwahns. Muß lachen, muß richtig infantil lachen darüber, daß es von einem gewissen Juan José Arreola ein »Confabularium« gibt, das aus dem Spanischen zu übersetzen aber niemand anderer geradegestanden hat als Kajo Niggestich. Kajo Niggestich, jawohl. Muß aber auch und noch jenseits der Aktionsgruppe Banat-Bad Homburg als nächster Mückenstich der Übersetzer des bekannten Schamanen und Franzosendarstellers P. Bourdieu »Bernd Schwibs« heißen? Der Simmel-Herausgeber indessen wie entrückt schon Otthein Rammstedt?! Und eben nicht Rammhein Ottstätt! Muß es neben dem platten Hans Jonas im Suhrkamp-Schuppen ausgerechnet auch noch einen Sozialphilosophen »Hans Joas« (nein, kein Druckfehler) geben, wo doch dessen allfällig überfällige Schwarte »Pragmatismus und Gesellschaftstheorie« (was ein ranziger Seich) auch jederzeit der Hans Jonas selber hätte runterreißen können? Und warum, wieso, weshalb heißt, nachdem uns Ingeborg Maus »Zur Aufklärung der Demokratietheorie« verholfen hat, der Herausgeber von »Polizei, Gesellschaft und Herrschaft« (was ein unnachgiebig verrückt-verschmockter Summs) Alf Lüdtke und nicht wenigstens, wenn da schon ein Rückfall in die Marcuse-Adorno-Tage vorliegt, W. Martin Lüdke?

Was ein Schrott.

Aber ein belustigender; wohin auch das entzückte, das verzückte Auge schweift. Ob es z. B. wirklich im Sinne des alten Obergoethisten Dr. Unseld ist, wenn Bodo Morshäuser als eine Art Leitmottoplanke fürs TB-Editorial diesen korrupten Unrat in schauerlichster Schrumpelprosa von sich stemmt: »Der angebliche Stolz einiger, Deutsche zu sein, hat seine aufsehenerregende Wirkung allein vor dem Hintergrund vieler anderer, die sich schämen, Deutsche zu sein.« Nein, schöner, hintergrunddialektischer, autopoietisch ausgeschamter kann man es ja gar nicht mehr herauswürgen – allein,

muß, o Suhrkamp, Ihr Johannes Jansen seine »Aufzeichnungen«
denn wirklich und gußeisern »Reisswolf« nennen, wo sie doch eh
noch vor ihrem Erscheinen drin sein werden? Und Ginka Steinwachs? Veröffentlicht neuerdings bei Suhrkamp ihre »rosa prosa«?
Hm. Muß es nicht doch wenigstens »tota hosa« heißen?

Ja, richtig süchtig kann man dabei werden, inzwischen macht
mich, raddatzisch zu reden, bei Suhrkamp nachgerade alles lächern.
Auch dies, daß das Verzeichnis des Gesamtunrats der Suhrkamp-
TBs Nr. 1-1000 von Elke Habicht stammt. Ja doch, auch dieses
löchert mich sehr lächernd. Weiß der Geier. Und eine neue Autorin
heißt gar – Godela Unseld. Tatsache: Godela Unseld. Seine Tante?
Nichte? Stopferl? Gleichviel, ihr »Plädoyer für den Ausstieg aus unserer technisch-wissenschaftlichen Kultur« finde ich auch ungelesen schon mal ganz-ganz prima.

Unselds Godela... ein Anagramm, auf fränkisch: die neue Gattin, weil... Ulla weder Berkhuhn noch auch Hahn noch Habicht...?
Nicht mal Maus... noch mauseln... Ach, wie freu' ich mich heute
schon wieder aufs nächste Verlags-Konfabularium, im Frühjahr '93!

SUDELBLÄTTER

»Diese drei Autoren (Köpf, Süskind, Th. Becker, Anm. E. H.) wollen uns weder belehren noch erziehen, sie bilden sich nicht ein, sie
könnten die Welt verändern; es ist ihnen auch nicht daran gelegen,
der Kunst neue Wege zu weisen oder die Literatur zu revolutonie-
ren. Alle drei sind sie gebildete Herrn (...) Aber was wollen sie denn
eigentlich, diese neuen Schriftsteller? Nicht mehr und nicht weniger
als erzählen. Wo sie auch ansetzen, es gerät ihnen alles und immer
zur Geschichte und zum Gleichnis, zum Märchen und zur Legende,
zum Sittenbild und zur Genreszene. Das Anekdotische bildet das
Fundament ihrer Epik. Ob der nachdenklich-skurrile Köpf, der so
sinnliche wie musikalische Süskind oder der flotte und fidele ...«

Usw. Viele hielten ja für eine abermalige Parodie von mir auf ihn,
was unser Lautester vom FAZ-Feuilleton wie alle Jahre auch diesmal

wieder in seine sinnfrei donnernde Jahresbilanz hineinwuchtete; aber nein, es war schon sein Pluralis majestatis M. Reich-Ranicki selber, der da so flott und frech und fidel wie allzeit vor sich hin und in die nachdenklichen Köpfe des Landes hineinröhrte – und in der Tat, abgesehen davon, daß den jungen Autoren immer alles auch »zu Fabel und Parabel, zu Hyperbel und Palindrom, zu Anagramm und Amalgam der sinnlich-skurrilsten Art auf dem Fundament musikalischer gleichnishafter Gebildetheit gerät, ohne bildend belehren zu wollen«: Besser hätt' ich's auch nicht gekonnt, besser hätt' ich den ex negativo ins affirmativ Unendliche ausholenden Begriffsschrott auch nicht hingekriegt. Dochdoch, auf unsere Altmeister ist schon Verlaß. Noch in der Nachahmbarkeit bleiben sie unnachahmlich.

Und der Gedanke hat zwar sein Bezwingendes, daß meine Reich-Ranicki-Satiren einfachheitshalber gleich direkt in der FAZ erscheinen; er ist aber zumindest noch verfrüht.

*

Meine persönliche Lieblingstörin Luise Rinser läßt nicht nach: »Ich bin die geborene Rebellin und die geborene Sozialistin«, kräht sie glucksend (und wer je diese Stimme, die einst Hitler pries, leibhaftig hörte, wird sie schwerlich wieder los) – »so war ich, so bin ich. Reue? Das Gesetz, nach dem ich antrete, muß ich erfüllen, koste es, was es wolle.«

Nun, so ist es mal; sie schämt sich eben partout nicht und graust sich vor gar nix mehr. Daß aber ihr Fischer Verlag diesen womöglich widerlichsten Satzauflauf, den je in diesem Dezennium ein deutscher Schriftstellermund ausquakte, nicht nur in seinem letzten Herbstprogramm groß rausbrachte, sondern noch etwas größer gedruckt seinem Frühjahrsprogramm-Cover als Motto nochmals aufverleibte – das nun lehrt und beweist uns wiederum was?

Genau. Das.

Die FAZ hat im Fall dieser so gerade noch verhinderten Bundespräsidentin (oder war's die Bundestagspräsidentin? Na, so genau wird sie das heute auch nicht mehr wissen) fast recht: Gegen so viel gebenedeite Einfalt ist letztlich kein Kraut von Belehrung mehr ge-

wachsen. Allein, es ist eben doch gerade nicht um Einfalt zu tun;
sondern um Dummheit, und deren betäubende Bosheit hat noch
allemal etwas unheilig Heilloses, Verwahrlostes, von Tücke Starren-
des, Teuflisches. Und deshalb wollen wir auch fernerhin diesen von
Lesung zu Lesung, von Buch zu Ehrung zu Friedensfest trippeln-
den Fersen auf den Spuren bleiben.

*

Wenn mir mal jemand sagt, was der inzwischen weltberühmte Satz
des Botho Strauß »Ohne Dialektik denken wir auf Anhieb dümmer;
aber es muß sein: ohne sie!« (aus: ›Paare Passanten‹) – wenn mir jemand erklären kann, was der eigentlich genau bedeutet: Dann kriegt
er von mir bei Erfolgsnachweis auf der Stelle ein Freiabonnement aller künftigen Publikationen des Dichters zu Lebzeiten. Inzwischen
meine ich auch zu wissen, warum's mich immer heftiger weg von der
Schwerliteratur und -philosophie hin zu z. B. Kasparow und Kor-
tschnoi treibt. Da nämlich müssen sich hochgeschraubte Hirnkon-
strukte immer noch und irgendwie durch ein Ergebnis ausweisen.
Im Schwurbel, im »Sudelgeköch« (Lichtenberg) der Feuilletonbrühe
geht's auch ohne. Gut so; denn sonst sähen die Burschen alt aus.

*

Daß bis hin zu Joyce, Proust, Thomas Mann heute schon jedes
zweite Buch speziell der modernen Hochliteratur mit einem knall-
farbigen Foto aus der entsprechenden Verfilmung verunziert, ja
verschauerlicht wird, auch von scheinseriösen Verlagen wie Suhrkamp: Das ersetzt als Buchalltag und Dauerzumutung allzeit die erste Kauf- und Leselust durch eine Ohrfeige aufs düpierte Kultur-
gemüt. Auch die Klappen- und Cover-Texte erzählen weniger von
Swann und Castorp als von deren breitkoloriger Verrührung durch
Schlöndorff und Gottweißnochwen.

Den bislang dumpfsten, nichtswürdigsten und ordinärsten
Schlag in diese Richtung führte, wie so oft, vor einiger Zeit das Haus
Ullstein. Es versah den ebenso kaum-bekannten wie schönen Ro-

man ›Die Geliebte des französischen Leutnants‹ von John Fowles nicht nur mit dem Titel einer farbfotografierten Meryl Streep; sondern vertraute, als wichtigste Information, auch dies noch dem Buchrücken an: »Verfilmt mit Meryl Streep, der Oscar-Preisträgerin aus ›Kramer gegen Kramer‹...«

O Gott. Nächstens werden sie sicher Dostojewskis ›Dämonen‹ mit dem beschwörenden Hinweis verhökern, daß der TV-Darsteller des Stepan Trofimowitsch, Hannes Messemer, in ›Kramer gegen Kramer‹ beinahe eine kleine Nebenrolle gekriegt hätte.

*

»Mein radikalstes, vielleicht mein persönlichstes Buch«: Mit diesen Worten geht F. X. Kroetz via Verlagsreklame entschlossen für sein ›Nicaragua Tagebuch‹ auf den Markt. Drei der sechs Wörtchen müßte man ihm, was immer in dem »Roman« genannten Wechselbalg steht, sofort als ewiges Kainsmal hinter die rotbeschämten Ohren brennen. 1. »Radikal«, weil's das übelste Nullwort der 70/80er Jahre ist. 2. »Persönlich«, weil, wenn's wahr wäre, man gerade damit nicht hausieren ginge. 3. »Vielleicht«, weil er nicht mal genau weiß, was er da herzlich Lausiges zusammenschmarrt. Zusätzlich unschön prangt das aufdringlich doppelte »mein«. Bliebe vom Ganzen das sachlich und sprachlich untadelige »Buch«. Das ich aber nicht mehr haben möchte. Nach dieser Ausgeschamtheitsballung nicht einmal geschenkt.

Zumal der sich der Überschrift anfügende Kroetzsche Selbstanpreisungstext, der u.a. »Politik und Poesie unter einen Hut bringen« (!!) will, präventiv noch instinktsicherer danebenlangt als auf dem Titelbild der pfeifenrauchend-nachsinnige Volksanwaltautor, der sich – nein, einmal auf dem Strich, läßt er wirklich nichts aus – dafür auch noch mit einer zweifelsfrei nicaraguanisch eingefärbten und offensichtlich ihn als Befreier anhimmelnden Marktfrau ablichten ließ.

*

Eine erkennbar sonst nicht unintelligente, durchaus aufgeräumte und überdies komikwillige Dame steckte mir, Humor schön und gut, aber Gerhard Polt sei ihr denn doch zu »zynisch«.

Daß ausgerechnet einer der empfindsamsten, weichherzigsten, fast möchte man sagen: zartesten Wortkünstler, an denen wir uns derzeit trösten dürfen, als Zyniker fehlverstanden wird, obschon er seit einem Jahrzehnt nichts anderes tut als dies: den offiziellen staatskorruptionistischen Zynismus vom Altmühltal über die Aluminiumhauseingangsanlage und das Atomschutzeigenheim bis zur Affäre Wackersdorf zu entlarven und bloßzustellen:

Das legt im Land der High-Techs und der Facharbeiterkulturen abermals die Notwendigkeit nahe, für das schwindende Reich des Common sense Notschulen einzurichten, die den Menschen wenigstens die elementarsten Verständigungswörtchen und ihre Bedeutung zur Not ins Hirn zu nageln befugt sind.

*

In meiner Volontärzeit in Regensburg lernte ich einen dortigen Altjournalisten kennen, der bei seinen Berichten im wesentlichen mit sechs Wörtern auskam: »Veranstaltung«, »Maßnahme«, »durchführen«, »stattfinden«, »teilnehmen« und »Initiative«. Das las sich dann etwa so: »Nach Durchführung der Veranstaltung kommt es zu einer weiteren Initiative mit einer Maßnahme aller Teilnehmer.« Im Zweifelsfall war die gemeinte Maßnahme ein Hochamt im Dom.

Das Wörterbuch des Unmenschen? Aber woher denn. Den verehrlichen Altjournalisten – R.i.P. – sehne ich als richtungsweisend und maßstabsetzend oft zurück; z.B. wenn mich Geschoße wie das folgende aus der ›Süddeutschen Zeitung‹ blenden, nein, in diesem Fall nicht von Kaiser, sondern von Doris Schmidt, welche über »Beuys' religiöse Wurzeln« dies zu Papier bringt:

»Das Missionarische, das Beuys' gesamte Werke« – möglicherweise ein Druckfehler – »gesamte Werke, seinen Objekten wie seinen Aktionen anhaftet, ist legitim. Seine Symbolsuche, die sich immer wieder zum Motiv des Kreuzes wendet, hängt zunächst mit Aufgaben im Bereich der religiösen Thematik zusammen. Die Kreuzform bleibt lange Beuys' zentrales Thema...«

War's b'suffa, dös Madl? Jaja, es is' wirkli a Kreuz mit denane Symbolsuachereien, die wo se aa no an dene Motive hinwend'n!

»O mei o mei« (Karl Valentin) – bei meinem Regensburger Alt-journalisten jedenfalls hätte der Sachverhalt schon mannhafter getönt: »Eine Missionsveranstaltung wird derzeit im Werk von Beuys durchgeführt. Auch zahllose Kreuze nehmen teil. Anschlie-ßend findet noch eine Symbolsuche statt.«

*

›Die Wahrheit über Arnold Hau‹: Das erste große Gemeinschafts-werk der schwerlich je sterblichen Komik-Trias F. W. Bernstein, R. Gernhardt und F. K. Waechter wird dieser Tage 20 Jahre alt und mit ihm – und dies künde ich ex cathedra meiner belletristischen Unfehlbarkeit – eins der schönsten Bücher des sonst eher schalen Säkulums, jawohl des Säkulums.

Ob Sie's glauben oder nicht: Diese Perle hat zwar mit einiger Ver-spätung schöne Auflagen erlebt, aber in zwei Dezennien nicht eine (in Zahlen: keine einzige) ernsthafte, würdige, der edlen Sache halb-wegs angemessene Rezension hinterm Ofen hervorgelockt. Denn »Humor diskreditiert« (Tucholsky): seine Erfinder wie offenbar die Rezensenten.

O Fluch dem deutschen Feuilleton! Fluch und Pfui über die Win-digen, so in den Kulturgazetten und -sendungen den Tag da samt dem Heil zu verpennen! Dreimal verflucht aber alle, die das Werk morgen, einen Tag nach dieser meiner Appellation, noch immer nicht kennen sollten!

*

In der ›Welt‹ geruht P. Handke mitzuteilen, er distanziere sich von den »Götzen einer minderwertigen Aufklärung von Brecht bis Adorno«. Wie pfeilrecht er hat, beweist aber erst der ganze Satz:

»Ein riesiger humaner Bereich ist durch die Götzen einer minder-wertigen Aufklärung von Brecht bis Adorno in Verruf geraten.«

Also, der Kärntner Pariser in Salzburg hat wirklich noch weniger Ahnung, wovon er eigentlich tremoliert, als selbst seine minderwertigsten Feinde ihm zuvermuten möchten. Trotzdem: Was ihm mit dem auch dichterisch exzellierenden »riesigen humanen Bereich« wohl letztlich schwant? Die Humanmedizin? Ein riesiger Komposthaufen? Er sich selber?

Das stimmt aber nicht. Unser Mann ist nämlich im Schwang seiner jahrzehntelangen Einfältigkeit nicht in Verruf geraten; sondern, wenn schon: man hat Verrat an ihm geübt.

*

Und wenn ich mit Menschen- und mit Engelszungen redete: Gerade der »nachmoderne« (Küng) Theologe Küng kapierte gewißlich als allerletzter, wie sehr seine beiden prallen Munds formierten Buchtitel-Fragen »Existiert Gott?« und »Ewiges Leben?« zwei himmelfahrtsmäßig kardinalsteindumme sind; noch föchte es ihn an. Drum sag ich's lieber gleich sackgrob, jenen gleißend Gleisnerischen aus Tübingen abermals zur Ordnung zu rufen und zur Umkehr zu mahnen, ehe es zu spät, ehe ihn der Ganzandere am Schlafittchen greift, ihn in SEIN ewiges Leben zu zerren voll von großer Pein, vielleicht, vielleicht schon eh das Eisen los wird, das ich spiegelnd sich im Neckar blitzen sehe ...

*

Buchmesse 1986: In Frankfurter U-Bahn-Schächten klebt, leider zu klebrig, um übersehen zu werden, inmitten des üblichen buntscheckigen Kulturannoncierungs-Drecks ein ca. 1 mal 1,5 Meter großes blaues Plakat, verantwortet vom S. Fischer Verlag, auf dem das Gedicht ›Unter sterbenden Bäumen‹ von Reiner Kunze zu lesen steht: »Wir haben die erde gekränkt, sie nimmt ihre wunder zurück. Wir, der wunder eines.«

Dochdoch, es ist schon so, das Leben von unsereinem und Konsorten besteht heute zu 33 Prozent darin, den sich täglich offenbarenden und überbordenden Unrat und Unflat der Hirne zu sammeln, um ihn für ewig zu bewahren.

*

Aus Wien schreibt mir namens der Österreichischen Nationalbibliothek, Wien 1, Heldenplatz, Corps de logis (Ringtrakt) der Neuen Hofburg, der Wirkl. Hofrat Dr. Walter G. Wieser, Direktor des Bildarchivs und der Porträtsammlung:

»Euer Hochwohlgeboren! Die Porträtsammlung der Österreichischen Nationalbibliothek ist bemüht, gegenüber reinen Graphiksammlungen einen Vorteil darin wahrzunehmen, daß sie den Dokumentarcharakter ihrer ikonographischen Bestände betont und so in der Lage ist, neben Stichen – jenseits der natürlichen Grenzen eines Kupferstichkabinettes – auch Photos zu berücksichtigen. Indes steht der Möglichkeit, auf diese Weise den Anschluß an die Zeit zu wahren, die Schwierigkeit entgegen, mangels eines entsprechenden Marktes Lichtbilder zeitgenössischer Persönlichkeiten zu beschaffen. Die Porträtsammlung sieht als einzig gangbaren Weg, die in ihren 750 000 Porträts vertretene Universalität menschlicher Leistung auf allen Gebieten zu allen Zeiten und in allen Zonen weiterzupflegen, den der direkten Bitte an jene Persönlichkeiten, deren internationaler Rang die Widmung ihres Bildes an die Sammlung wünschenswert macht. Daher wendet sich die Sammlung mit dieser Bitte heute auch an Sie. Mit Ausnahme eines Rasterdrucks (Autotypie) wäre für die ho. Zwecke Ihr Bild in jeder Technik, vorzugsweise eine unkaschierte Photographie (im Format 13 mal 18, aber auch darüber oder darunter) willkommen. Daneben besonders geschätzt würde noch die eigenhändig geschriebene Bekanntgabe der wesentlichsten biographischen Daten und womöglich auch des Photographen samt Aufnahmejahr: tunlichst entweder auf der Rückseite des Bildes oder auf einem separaten Blatt, das der Autographensammlung des Hauses zugeleitet werden könnte. Die Porträtsammlung dankt für die geneigte Berücksichtigung ihres Ersuchens im voraus auf das verbindlichste. Der Direktor.«

Gepriesen sei der Wirkl. Hofrat Wieser! Gerühmet seine melodisch-melancholisierenden Manierlichkeiten noch in längst postdodereresken Zeiten! Gebenedeiet sei er dafür, daß er, selbst auf die nicht auszuschließende Gefahr hin, den Anschluß an die darunter oder darüber gehende Zeit innerhalb ihrer natürlichen Grenzen zu verlieren, noch immer tunlichst jenen gangbar fixsternschönen

Wortgebilden und -geflechten sich geneigt zeigt, die, ach, ja auch in
Wien schon längst die Schlammfluten der Donau hinabgerauscht
sind; und zwarlich schätzenswert geneigt sich offenbarend zeigt in
akkurat wünschenswertem und unbestechlich pfleglichem Um-
fange vor dem Flor der Universalität betrüblich menschlicher Ver-
geblichkeit an sich in allen Zonen.

Ich jedenfalls habe meinen Vorteil eilends darin wahrgenommen,
Wiesern mein Foto haltstopp: Photo, meine zugangbare Vita und
auch gleich noch meine bestrickte, inflammierte Seele hochselig hin
nach Wien, zum Heldenplatz, zu schicken.

*

Sowie man Filme wie ›La Strada‹, ›Fahrraddiebe‹ und ›La notte‹ nach
dreißig Jahren wiedersieht, man möchte's nicht glauben, wie unglaublich unbedarft, wie namenlos, wie grenzenlos schlecht das alles
ist. Trost für Fellini und Consortes: Das Fernsehen sagt den
Quatsch unbekümmert noch immer als »Meisterwerk« an, und daß
derart ausgerechnet es, das inbegriffliche Leere, bedenkenlos der
Vanitas mundi trotzt, hat schon wieder nahezu was Christliches.

*

Sein Akquisiteur Reiner Kunze kann's 1986; Martin Heidegger
schon 1950:
»Die Kunst läßt die Wahrheit entspringen. Die Kunst erspringt
als stiftende Bewahrung die Wahrheit des Seienden im Werk. Etwas
erspringen, im stiftenden Sprung aus der Wesensherkunft ins Sein
bringen, das meint das Wort Ursprung« (›Holzwege‹, S. 64) – nämlich Eisprung als Urknall orphisch. Heutige junge Menschen, immerhin, haben's gut. Wir mußten den hochverschwurbelten Unfug
im Zuge von Hölderlin-Seminaren noch wirklich pauken, fressen
und – gar glauben!

*

»Ich habe abgeschrieben«, berichtet Benn fast schamlos stolz Oelze (15.8.48), nachdem er von Radio Stuttgart »eine sehr liebenswürdige Einladung, dort Lyrik vorzulesen«, abbekommen hatte.

Es sind die annähernd einzigen und wahren Genugtuungen, fast Triumphgefühle, die den Autoren verbleiben: Wenigstens der priva-ten Eitelkeit zu schmeicheln, indem sie sich gestatten, jenes – hört sich noch dazu gut an: – »Feuilletonisten-Geschmeiß« (an Oelze, 13.5.48), das man heute zum substantiellen Medien-Geschmeiß er-weitern muß, abblitzen zu lassen. Der Triumph aber der triumphalen Trümpfe – Benn kriegte ihn nicht mehr mit: dem Fernsehen sich zu verweigern, sich nicht einzureihen in die tausend Lebensfratzen der ohnehinnigen Äonenschaften aller Schießbudenfiguren dieser Welt.

Nur dem Londoner ›Who's who‹ braucht man sich nicht zu ver-weigern – Benn hat's vorgemacht; im gleichen Brief an Oelze be-richtet er darüber: bärenstolz.

Und aufs Fernsehen wäre er, flüstert mir mein böser Geist, auf-gesprungen wie ein Junger.

*

An die Herren des Deutschen Philologenverbands! Gestatten Sie, aber in Ihrer Verbandszeitschrift ›Die höhere Schule‹ (8/81/253) fin-det sich neben anderen eindrücklichen der Satz: »Der Ausbau des Bildungswesens in quantitativer Hinsicht wurde voll geleistet.«

Meine Herren, der Satz hat etwas maßvoll Überrumpelndes und unmäßig Eindämmendes zugleich, also langsam und der Reihe nach: Da ist also a) ein Wesen, ein Bildungswesen zumal, und das Wesen wird b) ausgebaut. Geht das? Aber ja, da wird das Wesen eben größer, vor allem, wenn es c) quantitativ ausgebaut wird, d.h. präziser: in quantitativer, nein, nicht Rück-, sondern Hinsicht, also in mengenmäßiger, im Gegensatz zum inhaltlichen Ausbau des We-sens wohlgemerkt; d) aber wird dieser mengenmäßige Ausbau des Wesens nicht getan oder vollbracht oder sowas, sondern geleistet, und dies allerdings e) und wie Sie schreiben: voll, was jetzt insgesamt also so viel heißt wie: der volle quantitative Ausbau des Wesens in Leistungshinsicht ist die Bildung.

Gestatten Sie, meine Herren, abschließend noch die Feststellung, daß 1. dieser Satz in keiner ›Bäckerblume‹ steht und in keiner Technokraten- oder gar KZ-Gazette, sondern im offiziellen deutschen Philologenorgan; daß 2. das ganze Blatt gespickt ist mit, ach was, eigentlich nur aus solchen erstklassigen Sätzen besteht; daß 3. meines Wissens Autoren und Leser des Blatts es sind, die unsere Jugend zu Goethe, Fontane, Kafka hinzugeleiten haben – und daß schließlich und 4. und halten zu Gnaden der Scheißdreck ein zu unschuldiger Gegenstand ist, als daß sich unter seiner Zuhilfenahme das Wesen der von Ihnen und Ihrem Blatt geleisteten Bildung qualitativ voll auf die Metapher bringen ließe.

In dieser Hinsicht: Ihr E. H.

(1981)

*

Zärtlichkeit und Schwerdummdeutsch. »Zweiundzwanzig Zentimeter Zärtlichkeit« besang Johannes Mario Simmel 1979 in einem Buchtitel. Er meinte den Schwanz eines Hundes. Was ja noch angeht. Erst danach, so etwa ab 1980, wurde es richtig schlimm.

Schwerdummvokabeln kommen und gehen, anders als das Kleinkroppzeug an rasch wechselndem Unrat, mit dem Wandel der Kurz-Ideologien nur circa alle zehn Jahre. Die Dumm- gleich Erlesenheits-Schlagetote »Sensibilität«, »Verletzlichkeit«, »Betroffenheit« z. B. treiben es als ragende Säulen von Neo-Gewäsch schon seit etwa 1975, jedenfalls auf breiter Imponierfront. Deutlich später, massivst erst seit zwei, drei Jahren, schob, sich mit jenen partiell überlappend, so zäh wie verhängnisvoll ein weiterer Brocken sich nach vorne – zuletzt derart penetrant, daß heute niemand mehr umhin kann, ihn zur Kenntnis, ja wohl oder übel ernst zu nehmen. Es handelt sich um die allseitige – Tusch! – »Zärtlichkeit«.

An sich kein übles, eher ein zartes Wort. Als z. B. Hans Magnus Enzensberger vor rund zehn Jahren, in einer insgesamt eher rebellisch-rabiaten Ära, es hin und wieder in seine Texte einsickern ließ, da strahlte es etwas ab, etwas fast wieder Neues, nur leider halb Vergessenes. Sicherlich, im nachhinein will's scheinen, als hätte es uns

schon damals reichlich verfänglich, ja obskur vorkommen müssen,
wenn z. B. in einer Buchrezension von H. Bölls ›Gruppenbild‹ von
»Anarchie und Zärtlichkeit« die Rede schalmeite – die des alttreu-
deutschen Feuilletonschwafeljargons also. Und als plötzlich sämtliche Filme Eric Rohmers mit Begleitsprüchen eingesäumt waren wie
diesem: »Das Lebensgefühl der 8oer Jahre: modern, kühl, zärtlich
und verzweifelt« – da ging uns spät genug ein Licht auf und langsam
der Hut der Erkenntnis hoch – aber da war der Ofen auch schon
wieder aus, die Brühe am Dampfen und die Zärtlichkeit nämlich
schon wieder vollends am Hund hinter dem genannten Ofen. Als
Inflations- und Dummvokabel hat die »Zärtlichkeit« mit der »Sensibilität« und »Verletzlichkeit« mittlerweile mindestens gleichgezogen.

So unschuldig, ja achtbar sie an sich scheint. Die Zärtlichkeit sei
die »dauerhafte Form der Liebe«, preist Georges Bataille in ›Der hei-
lige Eros‹. Mag ja sein oder so mal gewesen sein: Ihrer Ideologisie-
rung entging sie, zumindest in Deutschland, gleichwohl nicht – wobei
Wort und Sache resp. beider Korruptionskarriere spätestens heute
nicht mehr auseinanderzuhalten sind. Ob es eine mehr oder weniger
christlich-altruistische Wortsuppe war, die da immer heftiger hoch-
siedete; oder eher ein allseitiger Reflex von David Hamiltons Pseu-
doästhetik von Sex mal Sanftheit; ob da ein drittes und viertes gärte
und am langsam sich verdichtenden Übel mitrührte, genug: Ließen
schon kurrent werdende Buchtitel wie Rinsers ›Den Wolf umarmen‹
oder Hütteneggers ›Die sanften Wölfe‹ Arges, nämlich schwererträg-
lich Antithetisches und Anbiederndes erahnen; forderte plötzlich
und in spürbarer Verwirrung der späte H. Böll eine ausgerechnet
»sanfte Republik«, welchen Unfug bald etliche Grüne begeistert auf-
schnappten; drangen jetzt vermehrt auch populärwissenschaftlich-
lebenshelferische Schmonzetten auf den jederzeit für jeden Bleich-
sinn offenstehenden Markt wie etwa Nathalie Brandens ›Liebe für ein
ganzes Leben. Psychologie der Zärtlichkeit‹ (rororo, 1985) oder Man-
fred Mais ›Zärtlichkeit läßt Flügel wachsen – Für eine neue Lebens-
weise‹ (Kreuz-Verlag, 1985); schoben Verlage gaunerische Werbetexte
nach der Art, in einem Buch von Beatrice Ferolli lägen »Zärtlichkeit
und Zerstörung dicht beieinander« (›Buchjournal‹ 5/85) bzw. in
einem Roman der Karin Struck gebe »Ida Helmold alle ihre Liebe

und Zärtlichkeit dem Pferd Finale« – so war es mit dem festlichen
Einzug der deutschen Musikgruppe ›Wind‹ in die Grand-Prix-Eurovi-
sions-Endkämpfe in Göteborg am 4.5.85 auch mit der Lebenspro-
grammatik definitiv soweit: »Sie glauben an die Zärtlichkeit« –

– so weit, daß man sie als neue Religion aber auch sofort wieder
vergessen konnte; bzw. sie befehden mußte. Das tat z. B. Jörg Metes
in seiner mannhaften Analyse dieser »fünf Botschafter der Zärtlichkeit« (Eigendefinition) in der ›Titanic‹ – und er gelangte hinsichtlich
dieser akutesten aller momentanen Zeitgeist-Quatschigkeiten zu
dem Befund: Nachdem heutzutage praktisch jeder zärtlich ist, ist
Zärtlichkeit unanständig.

Und ergo: Wenigstens die infizierten Intellektuellen sollten sich
ab sofort wieder mehr zusammenreißen.

Nicht parierte der Bitte plausiblerweise der Konzertagent Fritz
Rau, der noch im September 1985 in der ZDF-Straftat ›Showplatz
Berlin‹ unerweicht gegenpostulierte: »Die Leute sollen zärtlicher aus
den Konzerten rauskommen« – eine, na wer sagt's denn, echt-zärt-
liche sprachliche Fügung im Rahmen nicht zu vergessen einer Sendung, die das Inbild von neuer Zärtlichkeit, nämlich ungeniert ordinär, ja schon ganz und gar ausgeschamt war.

Denn klardoch: In einer Zeit der Realsatire auf Schritt und
Arschtritt sind die abgewirtschaftetsten Blind- und Leerformeln gerade gut und zynisch genug, die eh waltende Korruption zu fördern
und anzufeuern – und je liebloser und gehaltloser diese Zeit, desto
zärtlicherer Sprüche bedarf sie wohl. Was da scheinbar wieder einmal nach einem Zeitalter der Empfindsamkeit lechzt, ist in Wahrheit – und bestenfalls – nur scharf auf die letzten der einigen Adelsausweis versprechenden Vokabeln; in den mehreren Fällen nicht
einmal das; sondern da quallt und raunzt, gewissermaßen mit einiger Ehrlichkeit, nur noch, sich die Augen und Ohren zuzwickend,
das Weltenunheil selber.

Hier zur Abwechslung quakt es von Zärtlichkeit.

Wohlgemerkt, es sind nicht allein die Blinden und Grünen und
ohnehinnigen Gauner, die derart Unheil zärtlich weiterschüren.
Auch eine Theologieprofessorin etwa, nennen wir sie Dorothee
Sölle, kann's: »Die Erde dreht sich zärtlich.« Und auch die Dichter,

vorgeblich große Witterer, wo nicht Warner, haben scheint's noch nichts gemerkt. Sondern walken munter mit. Wolf Biermann in einem neuen Gedicht: »Wir lächeln uns an / und schweigen dann / mit zärtlicher Bitterkeit.« Ebenso komplett unironisch und ungerührt weiß Peter Härtling heute schon über seinen derzeit entstehenden Roman ›Waiblingers Augen‹: Es werde dies »eine Phantasie, die nichts ausschließt, Brutalität, Gemeinschaft, Zärtlichkeit, Selbstpreisgabe« – wenn das nur mal gut geht.

Schließlich schon 1981 wartete Hans Neuenfels – nebenbei: der Frankfurter Adorno-Preis-Laudator von 1986 – im Rahmen eines inzwischen ziemlich legendären Prosastücks ›Giuseppe e Sylvia‹ mit der folgenden vorerst letzten Pater-Noster-Travestie auf: »Unsere tägliche Zärtlichkeit gib uns heute, unsere Wange, unser Streicheln (...) bitte, bitte, bitte!«

Nein, bitte, bitte, bitte nicht, wir wollen mit diesem Schleim nichts mehr am Hut und schon gar nichts an der Wange haben, nichts mit dieser als Hoch- und Tief-Gefühl auftrumpfenden und sich spreizenden Geisteskrankheit, die uns da noch die letztverbliebenen Refugien des Rückzugs und der Ruhe raubt – aber schon springt vollends glaubwürdig und wie dazu bestellt Neuenfels' Geistesbruder K. Wecker bei und versichert schon 1982 in einer sogenannten Elegie seinem verehrten Geistesschwager Pasolini coram publico dies: »Ich wäre doch so zärtlich gewesen zu dir, Paolo Pasolini« –

– was dem, zu seinem Heil, erspart blieb.

Enzensbergers lyrischer Einspruch von 1957 kriegt im nachhinein doppelt recht: Nicht nur sind Wölfe wider das Vorurteil brüderliche Wesen; gegen die Zärtlichkeit der Lämmer sind sie Schafe, weiß der Geier. Die Lämmer aber lärmen weiter – zärtlichst schon an allen Fronten. Als ›Zeit der Zärtlichkeit‹ wurde 1984 der amerikanische Film ›Terms of Endearment‹ bei uns verscherbelt. »Insel der Zärtlichkeit« nannte sich 1985 ein sogenanntes ›Traumtheater Salome‹. Walt's Gott, die momentane Sucht nach Zuwendung und Zärtlichkeit resp. Zärtlichkeitsbeschwörung hätte die gute alte »Berührungsangst« der 70er Jahre längst spielend, ja rasend dementiert, wären beide eh nicht mehr oder weniger Suggestionen und gelogen. Nur zu logisch, daß deshalb die Münchner ›Abendzeitung‹ im Mai 1985 das

»Männerideal des Jahres« (nein, nichts bleibt einem erspart) so zusammenrafft: »Streicheln bitte und sehr zärtlich sein.« Dem schließt sich Christie Hefner, die neue ›Playboy‹-Chefin, vollinhaltlich an: »Nach dem Feminismus und sexueller Revolution ist es an der Zeit, endlich Zärtlichkeit und Romantik eine Chance (!) zu geben.«

Was Wunder, daß es noch im gleichen Jahr, 1986, in Frankfurt, prangend von den Litfaßsäulen, zu einem Preisausschreiben kommt; zugunsten von ›Rondo‹, dem »zärtlichen Memoire-Ring«.

Nach Cora Stephan (›Ganz entspannt im Supermarkt, Liebe und Leben im ausgehenden Jahrhundert‹, 1985) ist es so, daß derzeit, jenseits der vielen Wirren der 70er Jahre, »Zärtlichkeit« und »Kuschelsex« das »Rennen (machen) gegenüber der alten freudianischen Forderung, nur die genitale sei auch die reife Sexualität«. Wahrscheinlich ist beides heute so gehupt wie gesprungen – und ich meinerseits treffe hier abschließend drei wissenschaftlich äußerst bescheidene Feststellungen:

1. macht das bilanzierende Schreiben über die neue Zärtlichkeit so übers gewohnte Maß hinaus hirnschwurbelig in der Kopfgegend, daß ich mich 2. auch nicht mehr groß darüber wundere, wenn Wolfram Siebeck im ›Kochseminar‹ des ›Zeit-Magazins‹ fordert: »Seid zärtlich zum Spinat!« – denn siehe, dann meint es der Spinat auch zärtlich sehr mit euch; 3. und in der Folge davon läßt sich aber dann auch die Gruppe Loden-Frey in München nicht länger lumpen, sondern nicht sich es nehmen, in eine Klamotten-Broschüre diese Philosophika und Satanika zur Zeit einzurücken:

»Wenn Worte nicht mehr wärmen, bleibt die Hoffnung auf Zärtlichkeit. Jacke und Hose Baroneß. Original Bauernleinen, originell gestylt, echte Hirschhornknöpfe, leger verarbeitet mit modischem feeling.«

Hätte vergleichsweise wohl auch Pasolini ziemlich eingeleuchtet.

*

PS: Der vorangegangene Artikel erschien zuerst am 7.11.86 im Feuilleton der ›Zeit‹. Leser H. W. Cuypers trägt zu Recht die Heiratsanzeigen am 7.11.86 in der ›Zeit‹ (S. 69 ff.) nach:

»..., zärtl.,...«; »... Zärtlichkeit...«; »... Zärtlichkeit,...«; »...
zärtlichen ...«; »..., zärtlich,...«; »..., zärtlichen ...«; »... Zärtlichkeit...«; »... Zärtlichkeit...«; »...zärtl....«; »... zärtlichen ...«; »...
zärtl....«; »...zärtlicher...«; »... Zärtlichkeit...«; »... zärtlich...«;
»Zärtlichkeit...«; »zärtliche ...«; »Zärtlich?«; »Zärtlicher...«.

*

Das Romantische, belehrte Goethe Eckermann, sei das Kranke,
Schwächliche, Lazaretthafte, Kirchhofwiderwärtige, Weinerliche,
Weibliche. Tieck wie die Schlegels vermeinten darin als dem rück-
wärtsgewandten Traum vom Mittelalter das Poetische schlechthin
zu erkennen. Friedrich Schlegel, um nur im deutschen Theorieraum
zu bleiben, hielt im ›Brief über den Roman‹ dafür, romantisch sei,
»was uns einen sentimentalen Stoff in einer phantastischen Form
darstellt (...) was uns anspricht, wo das Gefühl herrscht, und zwar
nicht ein sinnliches, sondern das geistige«. Schlegels ›Lucinde‹ ihrerseits versteht als romantisch »die reizende Verwirrung«, aber auch
den »Immoralismus«. Novalis und andere Frühromantiker witterten
im bzw. erhofften vom Romantischen ein utopisches Moment,
gleichzeitig aber die mystische Liebe. Brentano und Eichendorff
waren nahe dran, im Romantischen ein Substitut für verlorengegan-
gene Religion zu erkennen. Marx und Gefolge schmähten in ihm
das Lager und die Machenschaften der Reaktion. Generell wurde
späterhin das Romantische, für Madame de Staël noch die »moderne« Fortsetzung des Troubadour- und Ritterwesens, als das unendlich Reflektierte verstanden und definiert, im besonderen in der
Gestalt der romantischen Ironie und in weitgehender Konkordanz
mit dem Schillerschen »Sentimentalen« als dem Un-Naiven.

Davon sind nicht einmal der Mond und die Schumann-Eichen-
dorffsche Wünschelrutenzauberei geblieben. Sondern für Broch
meint Romantik probate Flucht in den Garten; für Brecht privile-
giertes Glotzen der Bourgeoisie; durchaus analog ist im Common
sense des Schwachsinns und der Reklame das Romantische das
Heimelige, Gemütliche, Kuschelige, gewissermaßen Nichtganz-
dichte – und in der Sozialpsychologie nicht einmal das. Nach Zick

Rubin, ›Measurement of Romantic Love‹ (1970), ist mit Romantik das »Gefühl des Füreinanderseins« gemeint, also etwa: christliche Nächstenliebe, Agape.

Womit der Kreis allen denkbaren Unfugs ja wohl fugenlos ausgeschritten wäre.

*

Warum Charles Dickens' 1000-Seiter ›David Copperfield‹ ein humoristischer, ironischer, komödiantischer, reifer, rührender, menschlicher, phantastischer usw. Roman sein soll (so z.B. das restlos quatschige Nachwort der Winkler-Ausgabe): Das würde ich ja zu gern mal erfahren. Erfahre es aber nicht. Denn der weltberühmte Roman ist nichts als konfus, spekulativ und grauenhaft ennuyierend. Aber gegen jahrhundertelang sich selbst fortzeugende Legenden ist natürlich kein Kraut von Aufklärung mehr gewachsen; und wenn diese meine Zeilen auch jeden Tag zum Ausklang der ›Tagesschau‹ vorgetragen werden würden.

*

Es hört und hört nicht auf. Am 28.11.1986 veröffentlichte das ›Börsenblatt‹ namens des Suhrkamp Verlags diese Anzeige, die man schon komplett zitieren muß:

»Verehrte Kolleginnen und Kollegen!

Eine bedeutende, umfassende, mit kritisch-revidierten Texten wissenschaftlich edierte Ausgabe des großen Denkers unserer Zeit ist abgeschlossen:
Theodor W. Adorno
Gesammelte Schriften
in 20 Bänden
herausgegeben von Rolf Tiedemann
Die Ausgabe, deren erster Band 1970, ein Jahr nach dem Tod des Autors, erschienen ist, vereinigt in 20 Bänden auf mehr als 10 000 Druckseiten Adornos abgeschlossene Schriften. Es ist eine Art

Ausgabe der letzten Hand, die gleichwohl postum erscheint. Die Ausgabe enthält alle Frühschriften, alle Hauptwerke, die großen Theorien, die soziologischen, kulturkritischen, musikalischen Schriften, die Noten zur Literatur wie die ›Reflexionen aus dem beschädigten Leben‹, und immer wieder Adornos Stellungnahmen zur Zeit, seine ›Eingriffe‹.

Die jetzt erscheinenden Bände 20 1/2 enthalten in den Vermischten Schriften einen bislang unveröffentlichten Text, eine Ansprache Adornos vor Buchhändlern zum Gedenken an Peter Suhrkamp.

Ich könnte mir vorstellen, daß der dauernd mit seinem Selbstverständnis ringende Buchhandel oder doch die Kollegen, denen an einem Selbstverständnis des Buchhandels gelegen ist, mit betroffenem Interesse jene Worte Adornos aus dem Jahre 1959 wieder oder neu zur Kenntnis nehmen möchten. Wir bringen sie hier im Auszug.

Mit freundlichen Grüßen
Ihr Siegfried Unseld«

Man lache hier nicht der »edierten Ausgabe« dieses Hermann-Hesse-Doktoranden (Hesse konnt's ja auch kaum besser); noch der postum erscheinenden letzten Hand, noch des »betroffenen Interesses« – die halbwegs korrekten Sätze dieser im Schweinsgalopp heruntergebrunzten Ferkelei sind ja genauso gemein und schauerreich. Tatsächlich dünkt es uns nicht einmal Bosheit und habituelle Gaunerei, was den Typen des Buchmachers/Verlegers treibt, diesen zumal, und was dann natürlich im Kasus Adorno doppelt zaubrische Blüten treibt – nein, es räuchert hier wirklich die blanke, nackte, lärmig laute Dummheit. Erklärte man's ihm Satz für Satz, was er da wie aufgezogen, ja rasend zusammengeseiert, er begriffe es einfach nicht, hielte es seinerseits für Bosheit, für Sabotage an seinem Lebenswerk, dem Lebenswerk eines Geistträgers, und zwar schimmelt, wie schon mitgeteilt, jetzt auch noch Karl Kraus in seinem Gesamtprogramm herum, postum und im Eingedenken an jenen Peter Suhrkamp, der einst auch Ruis Linser entdeckte und ihr nach vorne half. Denken könnte ich mir, daß der immer noch mit seinem kritisch-revidierten Selbstverständnis ringende Verleger in der Tat und in aller Unschuld, obschon er Adornos Reflexionen aus dem beschädigten Leben weder wieder noch je zuvor zur Kenntnis genommen hat, am Ende wahrlich stolz drauf ist, diese gammelfrohen Sprüche – –

– Kommando zurück: Ich lese gerade den angekündigten und visavis abgedruckten Adorno-Text über Suhrkamp und die Buchhändlerei – hm, der ist ja auch kaum besser –

Ja dann.

*

»Die Möbel erstarrten vor Verwunderung, als ich das Licht anmachte.«

Während sie vorher im Dunkel gemunkelt, geschäkert und, allerlei grummelnd, zum Zeitvertreib leicht gerumpelt hatten.

Von wem aber stammt dies Kleinod, eins unter unzählbaren, an Metapher mal Metaphysik? F.W. Bernstein? Nein, bei dem wirbelt der Wahnsinn, wenn schon, dann noch schräger. Arno Schmidt? Nein, aber den Nobelpreis hat unser Mann selbstverständlich auch nicht gekriegt, nein, für solche Blitzgewitter in Momentaufnahme gibt's keine Nobelpreise; sondern für den schwitzenden Unfug Sartres und Camus', doch, dergleichen mögen sie in Stockholm. Und schon heute weiß keiner mehr, warum.

Taumelig-malstromiger Gedanke, sich auszumalen, daß jener, der solche Schmetterlinge bereits im Frühwerk (›Der Späher‹) zuhauf drachensteigen ließ, wie er's als Admiral grad brauchte, inzwischen schon vergessen, ja womöglich nie publik geworden wäre, hätte ihm nicht eine singuläre Nymphe fast zwangsweise die Zufallskarriere bereitet, zu der ihm die Voyeure und Pornofreunde im Verein mit dem Geist des Trübsinns der späten fünfziger Jahre den dreischneidigen Teppich auslegten; was heute schon wieder unterbliebe, weil Spritzigeres zuhauf vorhanden. Hegels Weltgeistlist tauchend in der Welthirnjauche: Laut sei sie hier belobigt.

*

Eine der tiefsten Rätselhaftigkeiten des Preßwesens, speziell des christlich-konservativen Horizonts, sagen wir des ›Deutschen

Sonntagblatts‹, nistet in dem Zwang: Die geistige Welt von Heidegger bis Sartre, von Cioran bis Pavese, von Musil bis Thomas Bernhard immer wieder und zäh und fast selbstquälerisch den Lesern
vorstellen, ja all diese sogar einer Analyse unterziehen zu wollen;
wo doch deren Fazit a priori schon klar und gar ist: All dies darf
nicht gut und wahr sein – ansonsten wir unseren eigenen Laden ja
gleich dichtmachen könnten. Und insofern ist die ans Schizo-
phrene grenzende Rätselhaftigkeit wiederum keine besonders
enigmatische, ja gar keine. Sondern banale Lebenshilfe. Wie jeder
andere Großpreßunsinn auch. Es giert die naturhaft oder gruppen-
spezifisch vernagelten Leser immerhin noch insoweit nach Leben,
Welt und Freiheit, daß sie erklärt kriegen möchten, alle drei lohnten
letztlich nicht. Sondern Ruhe sei allein in Christo, vulgo Schwachsinn, als der triebdynamisch angestammten Heimat.

*

In einem Funktext hab ich's 1986 abermals (und nutzlos) ausposau-
niert: Daß Dostojewski im Zweifelsfall Karl Valentin näher sei als
Tolstoi und Schiller zusammen. Und schon kömmt das höhere Placet angedonnert: Selbstverständlich starben Dostojewski und Valentin am gleichen Tag, dem 9.2.

*

Ingeborg Bachmann in ›Malina‹ 1971: »Ein Tag wird kommen, an
dem die Frauen rotgoldene Augen haben, rotgoldenes Haar, und die
Poesie ihres Geschlechts wird wiedererschaffen werden ...«
     Furchtbar. Und fast furchtbarer noch der Nachweis, daß der Stuß
nun schon seit mindestens 16 Jahren stiefelt. Und also dieses Jahr
erwachsen wird.
     Hübsch allerdings auch wiederum, daß ein berühmter Erzähler-
wettbewerb ausgerechnet nach der benannt wurde, die am wenigsten erzählen konnte; und letztlich auch nichts zu erzählen hatte.

*

In W. Allens ›Manhattan‹ geht es um eine Liste der überschätztesten Kreativen aller Zeiten – und kein Schwanz von einem Kritiker hat etwas gemerkt. Dabei gehörte dieser Zaunpfahl sogar zu den vergleichsweise humoristischen Winken jenes schwer Erträglichen.

*

Die Überschätztesten der letzten vierzig Jahre neben Allen: Sartre, Camus, Moravia, Calvino, Minetti, Fischer-Dieskau, I. Bergman, S. Kubrick, Böll, Koeppen, Grass, Handke, B. Strauß, Fassbinder – ach je, da bleibt am Ende nix mehr übrig, und 95 von 98,5 Prozent Vergessenswertem ist eh ja längst den Orkus runter.

*

Hingegen Goethes womöglich noch vor den beiden Wanderer-Nachtliedern schönstes Gedicht, »Nähe des Geliebten«, fährt gleich zu Beginn eine unscheinbare, aber deutliche Unlogik auf: »Ich denke dein, wenn mir der Sonne Schimmer im Meere strahlt / Ich denke dein, wenn mir des Mondes Flimmer in Quellen malt.«

Denn weit eher wäre ja wohl dem Mond das Schimmern, der Sonne aber das Flimmern zuzuordnen. Allein, der Klang dominiert hier abermals die Semantik, erst das schwerausholend Schimmernde läßt sich in ein flockigwerdend Flimmerndes auflösen, es ist ja auch nicht der Flutschwall, sondern die Schlammflut und der Schwanzflor, an welche Goethe insgeheimlich dachte, alles andere wäre nicht nur Flickschusterei, sondern ein richtiger Schandfleck.

*

Für meinen Augapfel, den Altspezl und Entertainer M. R.-Ranicki, aber sehe ich mählich ernstere Gefahren heraufziehen. Nicht so sehr, daß ihm die Literatur- und Preßpolitik suae generalitatis sicht- und lesbar immer ennuyierender wird; nicht daß sein zunehmend resoluter Größenwahn in Gestalt chimärischer Unfehlbarkeit mal Ex-cathedra-Pose, bislang nur tragikomisch, immer unfehlbarer ins nur noch Benebelte expandiert; nein, so gern natürlich auch ich den Kahlkopf meines Knallchargierers immer häufiger im Fernsehen herumreihern sehe (oder davon läuten höre): So superieur er prangt und so konkurrenzlos und unbezahlbar er diesem ihm genuin zugehörigen Unfugs- und Schabernack-Medium geworden ist, so sorgsamst, hatte ich gewähnt und gehofft, würde er sich gleichwohl hüten, jene Gaudiburschenrolle ökonomisch zu überziehen; indem er sie, sich offenbarend, schon jeweils apriorisch eingesteht. Leider, er fühlt sich eben zu wohl in alledem, tut er's nicht.

Wenn er im österreichischen Quassel-Forum ›Club 2‹ erst einmal eine halbe Stunde lang schweigt, demonstrativ genervt mit den Fingern auf den Sessel trommelt und ingrimmig gelangweilte Grimassen schneidert, bis er dran ist und loshechelt, so mag das noch »artistisch« (R.-Ranicki) und der g'schlamperten Sache angemessen sein; denn in der Tat harrt ja alles des Einsatzes unseres bewährten Fun- und Troublemakers. Dann aber, wenn er dann, endlich am Zug, eine komplette Stunde lang keine Ruhe mehr gibt, trompetet, röhrt, quengelt, fummelt, niedermacht, trickst und das Wort nicht mehr von den sardonisch schiefgeschleuderten Lippen abgibt; dann fehlt bei aller Schönheit im Detail diesen routinierten Kasperliaden doch das Moment des Überraschenden, Übertölpelnden, der genialen Sekunde, was alles auch Unser Lautester in seiner Funktion und Eigenschaft als Spaßkrachmacher beachten und im Auge behalten müßte – wie Polt, wie Bernstein. Das je eigene Niveau, das er von Böll und Handke heischt: Wir unsererseits haben ein Anrecht darauf, auch von ihm es zu erwarten. Reiße er also künftig heftig sich am Riemen, soll das Alterswerk in doppelter Seichtigkeit nicht schon jetzt versacken!

*

Einiges, viel wäre womöglich zu gewinnen, wenn a) Liebende und liebsame Eheleute einander (mit aber genau diesen Worten) wieder »herzlich zugetan« sein möchten; und b) wenn man nicht nur Schlager, Werbefunk, Folklore, imbezille TV-Krimis als Kitsch und Dreck bezeichnete, sondern sich auch anschickte, die Sanctissima

von der Kunst der Fuge bis zu Beethovens Streichquartetten sporn-
streichs zu beleidigen: Keineswegs Monumente bürgerlicher Emanzipation im Sinne des zu emanzipierenden Materials etc. seien etwa
die letzteren, sondern das Adagio ma non troppe e molto espressivo
des cis-moll-Quartetts op. 131 habe, entgegen Wagners saudummer
Sentimentalisierung, in Wahrheit weder Sinn und Verstand noch
plausible Struktur, im Andante molto cantabile müsse Beethoven
der Sprit ausgegangen sein, und in den angeblich hochraffinierten
Unisono-Oktaven des Final-Allegros habe der Meister (ha-ha-ha!)
wohl vollständig den Arsch offen, den verwichsten, was sollten
denn diese banal effektmacherischen Halbtonschritte, die beschis-
senen – kurz: Herr Peter Jackopp als Retter Beethovens vor der
Inflation und überhaupt der ganzen Kacke?

*

Dostojewskis Iwan Karamasoff zur Gottesfrage: »Siehst du, Ale-
scha, ein russischer Mensch zu sein ist an sich schon nicht gerade
eine geistreiche Sache. Nun sprich denn, womit wollen wir anfangen, gib es selber an. Mit Gott? Gibt es wohl Gott? (...) Ich gestehe
demütig ein, daß ich keinerlei Fähigkeiten besitze, solche Fragen zu
entscheiden (...) Ich erkenne also Gott an, und das nicht nur gerne!
Noch mehr: ich erkenne auch ›Seine‹ Allweisheit an (...) Absichtlich
habe ich dieses Gespräch mit dir so dumm als möglich begonnen
(...) Erstens einmal, um zu beweisen, daß ich ein Russe bin: die rus-
sischen Gespräche über diese Gegenstände werden ja immer so
dumm als möglich geführt. Zweitens aber: je dümmer man beginnt,
um so näher ist man der Sache selber« (5, 111).
    Gott lohne Rußland!

*

»Kein Sex, keine *verdammt gute* Literatur, keine Exzesse, keine geschmäcklerisch artifizielle Yuppi-Schreibe, *kein Geraune im Imperfekt*,
keine Unzucht mit dem Mittelalter, kein Avantgarde-Scheiß, kein
Parfüm, kein Patchwork, kein Cut Up, kein Tschernobyl. Tut mir
leid, Brillenfreunde.«

Proklamation einer Anzeige des Kiepenheuer & Witsch Verlags zu: Joachim Lottmann, »Mai, Juni, Juli, Ein Roman«, 1987; Kursivhervorhebungen im Original.

Der zeigt's ihnen aber. »Kein Sex«: Das könnte gegen H. Miller gehen. »Keine verdammt gute Literatur«: Wahrscheinlich gegen Handke. »Keine Exzesse«: Sicherlich gegen Bukowski. »Keine geschmäcklerisch artifizielle Yuppi-Schreibe«: Zielt wohl gegen R. Goetz und Freunderln. »Kein Geraune im Imperfekt«: Gegen den alten Thomas Mann? »Keine Unzucht mit dem Mittelalter«: Klaro, Eco. »Kein Avantgarde-Scheiß«: Schätzungsweise wohl B. Strauß. »Kein Parfüm«: Süskind, bäh! »Kein Patchwork«: Richtig, Kempowski ist ja nun wirklich nicht gut mehr drauf. »Kein Cut up«: Ror Wolf, sowas Ungeiles! »Kein Tschernobyl«: Christa Wolf, die doofe Schrulle!

Tut mir leid, Brillengents, aber diese hipp- und postgardistische Kack-Schmiere aus der Kiepenheuer & Witsch Fix & Wichs-Reklamefactory bollert einfach zu hammerstark, als daß die dahinter gaunernde Schwarte eine Chance hätte, mithalten zu können.

Stöhn ungelesen also: In die ewigen Jagdgründe.

DREI GEROLD-GEDICHTE (II)

ORTSBESTIMMUNG
Im – wieder einmal – Gedenken an Karl Gerold

Wes Kiesel bin denn ich zuletzt?
Des Rheins? Der Donau? Gar der – Brenz?
Auf Erich Honecker folgte Krenz.
Jener, der Menschenrecht verletzt'!

Was hat Rostock gelehrt, was Hoyerswerda?
So ist die Frage immer falsch gestellt.
»Was wird«, so wird mit Fug gefragt, »aus dieser Welt?«
Die Frage lautet längst nicht länger »Wer da?«

Wann immer Menschen zieh'n wie Vögel gegen West,
So habet acht auf ihre Pässe nicht.
Was ist ein Paß? Ausweis? Ein Stück Papier.

In ihren Herzen, Hirnen vielmehr lest!
Auch seid auf deren *Menschtum* mehr erpicht!
So ich wie du, so wir wie ihr.

IN MEMORIAM:

50 JAHRE NACH HITLERS TOD
Und (fast) 25 Jahre nach demjenigen des sehr verehrten Karl Gerold

Berlin, 8. Mai neunzehnhundertfünfundvierzig:
Deutschland, das Reich am Boden? Ja, weiß Gott.
Das Ausland tobt – die Waffen ruh'n. Der »Führer« tot?
Wer Hitler gänzlich tot glaubt, irrt sich.

Berlin, 8. Wonnemond des Jahres fünfundneunzig:
Üb'rall Feiern, Trauer, Freude, kurz: Gedenken. –
Paulskirche, Frankfurt: Fähnchenschwenken;
Die Menschen über Habermasens große Rede freu'n sich.

Der Mai gekommen? Schlagen Bäume aus?
Gut. Doch wachsen Bäume nicht in' Himmel!
So hellazur er blaut: Es gibt kein Paradies auf Erden.

Auch unter Kohl ist unsicher sehr unser Haus.
In Deutschland gießt sich aus der Menge froh Gewimmel:
Doch ist nicht jeder Feier-Tag schon – Friedens-Schmaus ...

WIR IN EFFIGIE
Meinem überaus großen Lehrer Karl Gerold in Verehrung nachgerufen!

Und wenn der Globus(orbis) auch des Teufels wäre,
Des Teufels namens Herr Milošević,
Voll Skinheads, Hipstern Punkboys ohne jede Ehre,
So ist die Menschlichkeit doch mehr als nur bloß ein Witz.

Was will der Jude denn in seinem Knesset?
Was *dem* sin Uhl, ist *ihm* sin – Arafat ...
Und Mr. Kohl? Miß Thatschers Drohblick leset –
Das Schicksal Großnys liegt am Fuß des Ararat.

Großserbien (so wie Großdeutschland) bleibe ein Phantom –
Was kümmert's mich, wes Lied ich sing?
Was schert es, juckt es schließlich meinen eig'nen Sinn?

»Ausschwitz ist in den Seelen«, heißt's jetzt plötzlich.
Es ist der Pole *wie* der Jude so verletzlich:
Aus Krakau nämlich stammt (anders als Trotzki) – der Pope of
Rome.

DIE WURSTZURÜCKGEHLASSERIN

> *»Wir wären eine katastrophale Planung, hätte uns
> jemand geplant.«*
> *(Rupert Riedl, Die Strategie der Genesis)*

In dem Augenblick, als Mutter die zwei Paar Wiener bestellte: in
einer Art Fulguration von Erkenntnis wußte ich a) genau, warum sie
jetzt Wiener bestellte; und b) ebenso genau, was jetzt kommen
mußte. Ich glaube, ich wußte c) überhaupt alles.

Das Ganze war zur Feier der Silbernen Hochzeit von Vater und
Mutter. Die beiden hatten meine Frau und mich in ein Ausflugslokal auf dem Feldberggipfel eingeladen, ein leuchtender Frühherbst-

tag war aufgezogen – mein Vater, meine Frau und ich hatten sofort
die Spezialität des Hauses geordert: Wildschweinschinken; als Mutter nicht ebenso schnell als vierte mitzog, ahnte ich schon die
Hauptsache – und als sie schließlich und endlich wie tastend, säuer-
lich und kränkelnd leise die Wiener beim Kellner in Auftrag gab,
war mir im Prinzip alles klar. Ihr sei gar nicht gut, lamentierte sie,
kaum daß der Kellner weg war, sofort und schwächlich und mit
dem schönsten ihrer Unglücks- und Katastrophenblicke los – deshalb die Wiener nur: etwas Leichtes, das den Magen nicht im Über-
maße angreife.

Es war vollkommen klar, daß die Frau log und – auch und gerade
an ihrem Freudentag! – bemitleidet werden wollte – aber, ich glaube,
es dauerte dann doch noch zwei Sekunden, bevor mir sowohl Witte-
rung als auch Erfahrung den noch weiter reichenden Grund für
Mutters Renitenz einflüsterte. Es war die pure Perfidie: Sie hatte die
Wiener nur alleiniglich deshalb bestellt, um sich nachher über sie be-
schweren zu können – zu ihrem doppelten Genuß! Denn, natürlich,
auch der Verzicht auf den erwartbar guten Wildschweinschinken
war kalkulierter Genuß; hätte doch dessen Verzehr dem schwerge-
wichtigen Tag einen gar zu sonnigen Anstrich gegeben, und eben
den wollte Mutter nicht, sollte nichts von ihrer Macht abbröckeln,
der Macht, die von ihrem gleichsam wehen Alter (ich glaube 57)
abstrahlte – aber fast sicher bin ich, daß die Freude am Zurückge-
henlassenkönnen der Wurst nebst all den erregenden und abermals
erwartbaren Implikationen jenes andere Vergnügen noca weitaus
überstrahlen sollte. Ein doppelter Himmelslohn gleichsam für den
Verzicht auf den weit schmackhafteren Schinken.

Und genau so kam's denn auch. Das heißt, zuerst kamen unsere
Wildschweinschinkenhappen an, wir drei Besteller langten kräftig
zu und ließen's uns schmecken – und nicht für ausgeschloss‹ n halte
ich es im nachhinein, daß sich ein innerliches Lachen von tiefer Zufriedenheit in Mutters Augenfalten formierte und selbst noch ihre
fetten Lippen kräuselte, kam doch gerade unsere gute Eßlaune den
noch immer verdeckten Strategien der Mutter auf mehrfache Weise
entgegen – jawohl, alle drei lobten wir immer wieder nachhaltig die
Schinkenspeise, was hätten wir auch sonst groß reden sollen? – spä-

testens jetzt aber setzte Mutter wieder verschärft ihre Leidensmiene auf, jenen Blick ins Leere auch, halb zu Vater hin, halb zum Fenster und ins blaue Land hinaus – und da kamen auch schon ihre vier mickrig rosigen Würstchen – Mutter wartete noch ein paar Leidenssekunden ab, äugte weh erledigt auf die schmucklos unappetitlichen Dingerchen, griff zu Messer und Gabel (eigentlich hätte sie hier gut und gerne beides zu Boden fallen lassen können, um uns drei noch mehr in ihren Bann zu ziehen), ich schob mir herzhaft meinen letzten Wildschweinhappen in den Mund, und schon erreichte das erste abgesäbelte Stückchen Wiener den wie schmerzensreich nur leicht geöffneten von Mutter. Insgeheim und unauffällig paßte ich genau auf: Mutter schob den Bissen nur an die Lippen – mit zwei Fingern nahm sie ihn dann von der Gabel und legte ihn wieder auf den Teller zurück. Schüttelte sich leicht, starrte verstockt auf den Teller und murmelte, nein flüsterte, die Wurst sei verdorben. Man könne sie nicht essen, beim besten Willen nicht.

Es war wunderbar mit anzusehen, wie kunstvoll und schrecklos Mutter log. Freilich mußte sie, weil Vater neben ihr nicht aufgepaßt hatte und seinerseits zäh und froh an seinem Schinken weiterkaute, ihre Gaunerei noch zweimal wiederholen, und sodann – war ich nicht ganz sicher, ob Vater voll auf den Zauber reinfiel oder das Drecksspiel, zu beider tiefer Befriedigung, einfach mitmachte; so als ob derlei schon häufig durchgespielt und in allen Varianten erprobt worden sei. Möglich sogar, daß beides der Fall war, daß Vater begeistert mitspielte und in einer raren Art von Selbstbenebelung trotzdem Mutters Gemeinheiten abkaufte – jedenfalls mußte nun er seinerseits erst mal die Wurst kosten – ein Stückchen Wiener flog also mit heftigem und bereits wie zum Tode verdammtem Schwung unter Vaters Schnauzbart, Vaters Mund knabberte und mahlte, mahlte und knabberte und ließ die Zähne hörbar werden – zu allem törichten Überfluß schnupperte nun Vaters alte Adlernase mehrfach und heftig mit ihren Flügeln (die Wurst war im Mund – die andere viel zu weit entfernt, als daß irgend etwas Beleidigendes zu schnuppern gewesen wäre) – und jetzt klaubte auch Vater die zermalmte Wurst wieder aus seinem Mund, griff den Klumpen mit Daumen, Zeigefinger und Mittelfinger, hielt ihn andeutend ein wenig gegen Mutter, dann gegens Tageslicht, dann zu mir und meiner Frau hin, jetzt legte er den Klumpen wie angeekelt auf seinen Teller zurück, schnipselte ihn mit der Gabel von den Wildschweinschinkenresten weg – und bestätigte schnaubend endlich seinerseits: Jawohl, die Wurst sei verdorben! Und kurz darauf hörte ich, meine sogar neuen Schuhe beäugend, das Ganze sei ein Skandal. Jawohl, ein Skandal!

Manchmal überlegte ich, ob innerhalb meiner Elternschaft nicht letztendlich Vater der noch größere Tor ist. Schwer zu sagen. Jedenfalls, während Mutter nach meiner wiederum etwas kopfscheuen Beobachtung schon vollauf zufrieden mit ihrer Tat schien, mußten auf Geheiß des Vaters nun auch meine Frau und ich von der verdorbenen Wurst kosten. Gespannt, wie gefesselt und zugleich entfesselt harrte Vater auf unser Testergebnis – bei Mutter glaubte ich dagegen eine schon wieder eher ungläubig interessierte und, nicht zu vergessen, zugleich schmerzlich beleidigte Miene auszumachen. Natürlich war die Wurst nicht verdorben, was meine Frau und ich alsbald zum Ausdruck brachten. Meine Frau ist ein Schaf; sie ahnte nichts; sie fand die Wurst einfach gut – und bot sich sogar an, die Wurst ihrerseits zu Ende zu essen. Da aber – und dies nun fand ich wirklich überraschend und einfallsreich! – führte Mutter plötzlich ihrerseits nochmals ein Stückchen Wurst in ihren Mund, ja, diesmal wirklich hinein in ihn, sie schien an der Wurst sogar zu lecken und dann tatsächlich etwas zu zerkauen und bewegte sodann – unter Vaters gespanntem, ja fasziniertem Hornbrillenblick – schon nachgerade virtuos die Backenmuskeln hin und wieder und kniff endlich wie entseelt die Augen zusammen – jetzt schien es sie auch noch zu würgen (obschon sie m.W. noch gar keinen Brocken im Magen hatte) – und endlich, wie unter Aufbietung ihrer letzten Lebenskräfte und wie im allerspätesten Augenblick klaubte sie die halbzerquetschte Wurst wieder aus ihren Zähnen hervor. Warf sie auf den Teller zurück, säuberte die Finger ganz rasend an der Papierserviette, zerknüllte diese, legte das Knäuel über die Wiener und die Wienerreste – und warf schließlich ihren Oberkörper zurück. Wie erledigt, wie verkauft und doppelt verraten.

Von ihrem Sohn? Und ihrer Schwiegertochter? Hatte sie Entlarvung ihrer Hochzeitsjubiläumsfreuden gefürchtet und deshalb den zweiten Eßvorgang angestrengt? Oder gefiel ihr einfach das Spiel so gut? Genug, zumindest Vater war ja längst auf ihrer Seite – ja, täuschte ich mich nicht, sah auch er jetzt seinem Sohn und seiner Schwiegertochter wie durch einen scharfen Vorwurf hindurch mit aller herrischen Strenge in die Augen – und so beeilte ich mich denn, nun auch meinerseits zu versichern, ja, möglich sei es durchaus, daß die Wurst verdorben sei. Nur habe nicht jeder die Geschmacksnerven, nuschelte ich etwas bockig, diese Verdorbenheit sofort wahrzunehmen. Wozu mein Vater noch während meiner Rede heftig, zustimmend und zutiefst seinen Sohn billigend mit dem fast haarlosen Kopfe nickte. Mein Vater ist ein ziemlich dummer Hund.

Und meine Mutter eine ausgesprochen blöde Sau. Mit einer gewissen fraglosen Raffinesse freilich. Ich entsinne mich: Schon zehn Minuten später beneidete ich sie sehr um diese. Man mag das Vergnügen, Anteilnahme zu erheischen, kindisch finden. Das Vergnügen, Würste als untauglich zu qualifizieren, grenzt dagegen schon an sublimere Bereiche; zumal zur Silberhochzeit und vor Zeugen. Das Vergnügen schließlich, einen Kellner zu quälen, hat wieder eher etwas Gesundes und hierzulande Bodenständiges:

Denn, klar, es kam, wie's kommen mußte. Vater – in diesem Punkt ist er zuverlässig und mit Mutter aufs beste zusammengespielt; selbst unterstellt, er durchschaute Mutters Gaunereien seinerseits gar nicht – Vater also rief laut und hektisch und dröhnend nach dem Kellner – der Kellner kam durch das noch immer vollkommen leere Ausflugslokal herbeigelaufen – Vater schwang den Oberkörper zu dem Armen herum, Vaterbrille und Kellnerbrille trafen sich in einem zutiefst feindlichen Niemandsland – und schon brüllte Vater los: Wie er, der Kellner, dazu komme, seinen Gästen verdorbene Wurst aufzufahren! Angemeldeten Gästen wohlgemerkt! Und: Weg mit der Wurst da!

Frischer Kartoffelfeuergeruch wehte durchs halboffene Fenster. Der Kellner, schläfrig verblüfft, verteidigte seine Wurst – und in diesem Augenblick, mit dem ersten Ton der Kellnerrede, sah Mutter nochmals vollkommen erledigt zum Fenster hinaus, holte ein Tempotaschentuch aus ihrem Täschchen und fuhr mit ihm über die

Schläfe. Die Wurst, redete der Kellner, während ich abwechselnd Vaters rücksichtslos abrechnenden und Mutters klaglos anklagenden Blick beobachtete, die Wurst sei heute früh erst aus der Schlachterei gekommen. Dutzende von Pensionsgästen hätten sie schon zum Frühstück verzehrt usw. – die Herrschaften, mühte sich der Kellner zusammenfassend, müßten sich täuschen! Hilfesuchend sah der Kellner nun mich an – Vater aber geriet von da an vollends in Rage: Ob die Wurst verdorben und verschimmelt sei, schrie Vater so, daß wohl selbst Mutter leicht erschrak, diese Frage werde zweifellos noch immer am kompetentesten von ihm, dem Vater, und dieser Dame, er zeigte wild auf Mutter, entschieden! Und nicht von irgendwelchem Greisen- und Touristenpack! Er Kellneresel, so der Vater, er Esel solle zum mindesten die ekelhafte Wurst jetzt wieder abräumen und mitsichnehmen! Er Tölpel!

Und seinen schwachsinnigen Kindern zum Fraße vorwerfen, er Kellnerdrecksack, vollendete ich im Geist vergnügt des Vaters rauhe Rede. Ich hatte ihm zuletzt fast andächtig zugehört. Selbst Mutter schien beeindruckt. Fast schon besorgt blickte sie zu ihm hoch.

Noch einmal und schon etwas bußfertiger suchte der Kellner sich zu verteidigen, abermals fuhr ihm der Vater in die Parade und in sein tatsächlich unbeholfenes Gesabber – und dann fügte das schiere Glück etwas ganz Wunderbares: Die Tür flog auf und herein schoß erbarmungslos schwärmend und lärmend eine komplette Hundertschaft alter Menschen beiderlei Geschlechts, ganz offenbar ein Omnibus mit Senioren-Ausflüglern; der saubere Haufen besetzte innerhalb zweier Minuten krachend und flegelnd und rumpelnd sämtliche Tische und Stühle im Lokal und krähte dringend und mit den Armen fuhrwerkend nach Bedienung – und souverän nutzte mein Vater im entstandenen Kuddelmuddel die Chance, den Kellner ein letztes Mal eindringlich anzuherrschen und ihm inmitten seiner Rede 50 Mark hinzupfeffern – damit möge er sich trollen!

Und nun ab mit Ihnen in die Wüste! plärrte Vater grandios ihm nach.

Worauf er, sehr schnaubend und zuweilen, sich an ihm zu weiden, dem entschwindenden Kellner den Kopf nachschleudernd, stracks fortfuhr, seinen Wildschweinschinken zu verdrücken. Plötzlich fiel

ihm da der Gedanke zu, doch wenigstens davon Mutter etwas abzu-
geben – dringlich schob er ihr sogar ein bißchen seinen Teller zu –
jetzt aber vollbrachte Mutter ihr sicherlich schönstes, gegen sich
selbst rücksichtslosestes und deshalb sogar rührendstes Kunst-
stück. Sie biß sich sekundenlang wie wägend auf die Lippen – und
lehnte ab. Murmelte etwas davon, ihr Magen vertrage die Aufregung
nicht. Und deshalb, wenn ich es recht verstand, diesen Schinken
schon gleich gar nicht.

Und äugte leidessatt zur Stubendecke.

Vater aber verfügte scharf sich aufs Klosett.

Ich mußte, während meine Frau und ich zu Ende aßen, sie wirklich bewundern. Sie war zum Ehejubiläum genau so widerlich, wie
ich sie seit, meiner Rechnung nach, 29 Jahren kannte. Ich vermute,
zu Vaters und Mutters Hochzeit war es ganz genauso dreckig und
widerwärtig zugegangen – nur war ich vormaliger Bankert damals
noch zu klein und dumm gewesen, dieses Doppeldreckstück von
einem Elternpaar zu beobachten und zu analysieren. Diese beiden
Arschgesichter!

Immerhin: Mutter gebührt die Krone. Ohne ihre Einfallskraft,
mittels einer kleinen Wurst ihr Hochpläsir zu finden, ja so etwas wie
ein Zipfelchen von Weltherrschaft zu erhaschen und an sich zu
reißen, ohne Mutters Kühnheit, gedanklichen Schwung und Per-
fektion der Ausführung wäre dieser Brüllaffe von einem Vater ganz
sicherlich zu doof gewesen, von sich aus etwas Zunder in sein
brunzdummes Ehejubiläum zu bringen. Sie aber, mit seiner Hilfe
freilich, hatte es geschafft. Um so endlich auch mir den Familienauf-
lauf etwas pikanter und sogar erträglicher zu machen.

Gewiß, ich frage mich, ob Mutter nicht noch besser daran getan
hätte, in diesem Deppenlokal eine Bouillabaisse à la Marseillaise mit
Languste zu bestellen – um so Vaters Protestschreie hervor-
zulocken, falls sie die nicht hatten. Aber nach reiflicher Überlegung
komme ich doch immer wieder zu der Überzeugung, daß ihr Gau-
nerstückchen mit der Wurst noch durchdachter war und ergiebiger;
nämlich reicher an Entfaltungsmöglichkeiten und Facetten.

Zwanzig Minuten später wollte mein Vater beim Kellner
nochmals zahlen. Mein Vater ist schon ein unfehlbar großer Ruck-

sack. Mutter, schon frevlerisch weißgesichtig, machte ihn wie vor Leid hauchend und allerdings schleunigst darauf aufmerksam, daß dies ja schon erledigt sei.

DIE SCHWALBE KEHRT WERWEISS ZURÜCK
Bonns Oper erinnert an Puccinis Operettenflirt »La Rondine«

»Ah, mio sogno!« Strahlender wurde das Leben selbst bei Puccini nie besungen »Ah, mia vita! Folle amore! Folle ebbrezza!« Strahlender, berückender, triumphaler wurde die sich selbst feiernde und genügende Schönheit des Lebens und Lebensgefühls womöglich in der gesamten Opernliteratur nie gesungen, auch nicht einmal in der thematisch ein bißchen verwandten, aber eben mehr hektischfiebrigen Arienstretta der Violetta Valéry; triumphaler, zugleich beseligter und beseligender als in Giacomo Puccinis »Schwalbe – La Rondine« von 1917 ward die wie frühlingsberauschte, die pure Euphorie des Lebens nicht Ton, nie so leuchtend und doch so zart wie in diesem sopranistischen »Ch'il bel sogno di Doretta« zum Eingang der Oper – dabei ist es erst mal keineswegs Sentiment, ungebrochenes Gefühl, sondern eigentlich Rollenliedchen: Magda, die Schwalbe, führt, weil der Poet Prunier nicht weiterweiß, den Traum der imaginierten Figur Doretta aus Laune, Schalk und Animiertheit und allerdings auch wehmütig berauscht durch eine akutisierte Erinnerung zuende, in nochmaliger sehr kapriziöser Brechung: Es ist ein melodisch schöner, vor allem aber im Konstruktiven aparter Einfall Puccinis, das Lied von der erträumten Königshochzeit erst mal etwas schulmäßig kläglich vom Dichter anstimmen zu lassen – welche Weise die traviataähnliche Bankiersfreundin Magda stantepede adaptiert, um sie dann frei in jene beinahe elysäischen Freudenregionen voll der vollends berückten »grazie della primavera« (Prunier) hinauf- und hochzutreiben: »O sogno d'or... sottil carezza! Ahimè!«

Nicht alles, leider, in Puccinis kleiner Oper ist von dieser zudem noch wunderbar zärtlich und raffiniert instrumentierten und eben auch schon in der dramaturgischen Anlage reizend frivolen Hochqualität; natürlich nicht, es wäre ja sonst das Werkchen, das manchen Opernführern mit einigem Grund mehr als Operette gilt (zuerst als solche auch geplant war, nämlich 1913 fürs Wiener Carltheater, ehe es dann gänzlich umgestaltet aus Kriegswirrgründen und sehr passend in Monte Carlo uraufgeführt wurde), kein solches Aschenbrödel selbst unter den etwas rareren Puccini-Werken geblieben. Es scheint, daß nach der deutschen Erstaufführung in Kiel 1927 vor und nach dem Krieg in Deutschland beinahe gänzliche Windstille geherrscht hat; Zeit und Grund genug, daß das die »Oper der Bundeshauptstadt Bonn« in lukrativ klingender »Koproduktion mit der Los Angeles Music Center Opera und der Washington Opera« wieder mal ändern wollte.

Energisch ändern, wenn auch ganz sittsam und ohne Turbulenz. Mit einem gemischt internationalen Ensemble meist derer kurz vorm Star-Ruhm; und der attraktionsförderlichen Regie durch die frühere Opernsängerin Marta Domingo, der Frau des Tenors, der sich anderswo und z.B. auf der CBS-CD für die kleinere Rolle des Liebhabers Ruggero auch schon nicht zu schade war, diesmal aber sich stattdessen tags zuvor in Frankfurt con bravura und mit wieder ein bißchen verbessertem Deutsch im Wagner-Heroenfach hören ließ, vor nicht langer Zeit aber auch – er ist und bleibt agil – erstmals und glanzvoll sämtliche Puccini-Lieder auf CD einsang; für die meisten Puccini-Opern ist seine Stimme inzwischen wohl zu unagil und schwer.

Nicht schlecht macht aber auch Marta Domingo ihre Sache. Sie greift – unter genau genommen dreien – weitgehend auf die zweite Werkfassung zurück, auf die für die Wiener Volksoper von 1920, mit dem vor allem entscheidend geänderten Finale. Puccini war sich da diesmal selber besonders unschlüssig, ja uneins: In Bonn endet die »Schwalbe« ganz offen und bühnenbildlich nebelhaft mit dem Heimgehen der Protagonistin Magda ins – übers? – Meer unter puccinitypischem Glockengebimmel: Was den nassen Suicid – so operetten- wie puccinifern – als denkbare Variante immerhin inkludiert.

Im übrigen hat Frau Domingo mit sog. Regie-Operntheater natürlich nichts im Sinn, und das ist sehr gut so, denn keiner eignet sich zum sog. Aufbrechen, Gegendenstrichbürsten und zum Holzhammer-Zeigefinger so wenig wie der wesentlich atmosphärisch komponierende Puccini, und am wenigsten natürlich diese Halb-Operette mit ihren fließenden Übergängen zur Salonkomödie, zum Konversationsstück und zur Ausstattungsrevue, mit ihren thematisierten Zentralgefühlen von Glanz und Rausch und eben Freude an der Illusion – prompt wird auch Michael Scotts prunkvoll kaminknisternde und paraventfrohe und meerprospektfernwehe Empire-Szene dreimal mit Szenenapplaus abgesegnet.

Wo Ibsen die moderne Frau als Wildente, Tschechow sie mehr als Möwe, Anouilh sie wie einst Eichendorff als Lerche, Wagner sie eher konventionell als Waldvogel (Zeisig? Meise? Girlitz??) sah, da hatte Puccini offenbar immer schon eine besondere Vorliebe für die Metapher von jener Schwalbe, die in einer der bezauberndsten und traurigsten De Curtis-Canzonen »Partirono le rondini« (deutsch grauslig: »Du bist die schönste Frau für mich«) schon musikalische Hochform erreicht (und die erklimmt Carlo Bergonzi hier allerdings noch gut eine Klasse schöner als Domingo) – Puccini selbst brachte den bedeutungsgeladenen Zugvogel auch lang vorher schon erstmals zum Einsatz, im 4. und tödlichen Akt der »Bohème« von 1896, als Schmuckname für die ins Mansardennest zurückzwitschernde Mimi, so charakterisiert sie da etwas ironisch verzagt Rodolfo – im späteren Werk ist dann zum einen die Nordsüdrichtung Paris-Riviera-Paris gemeint, mehr noch aber fliegt die Schwalbe, laut Dichter Prunier, der auch hier Stichwort und Deutung liefert, der Sonne entgegen; was Magda in ihrem Lebensgefühl sofort einleuchtet: »Forse come la rondine«, verspürt sie sich, »migrerò verso il mare, verso un chiaro paese di sogno, verso il sole!« –

– wahrhaftig, stich- und reizwortreicher geht's kaum mehr. Die Mimi-Nähe Magdas ist auch sonst beinahe noch ausgeprägter als die zu Verdis Kurtisane, Magda ist so was wie einst gewesene Grisette – und genau hier liegt aber auch der einzige Einwand gegen die Bonner Besetzung: Die Spanierin Ainhoa Arteta ist und singt schmelzend anmutig, vorzüglich zu Beginn – ist aber eine deutliche Nuance zu jung und zu sehr Mimi; viel mehr femme fragile als fatale – Magda sollte eigentlich ziemlich genau die Balance halten.

Die Sache mit ihrem Kurzausstieg ans Meer von Nizza geht natür-

lich kraftvoll schief, und Magda wahlweise ins Meer oder brav zurück
wie eine Taube (warum hat, die modernen Frauen zu ärgern, eigentlich kein Dichter-Komponist je die mal als Symbol genommen?) –
der Rest aber geht meist schön schräg ab, im Duktus modern, ein
bißchen konvulsivisch und auch tonal bacchantisch – und schon deshalb nicht so genuin operettenförmig, wie Puccini das zuerst vorge-
schwebt haben mag. Fast pure moderne Operette stellt allenfalls das
Schmelz- und Schmalzduett zu Beginn des 3. Akts vor. Manches gemahnt an den bewunderten Freund Lehár, vordringlich, an die »Lu-
stige Witwe« und deren »kleinen Pavillon«, welchen Prunier einmal
gewiß nicht zufällig zitiert (»padiglione«); anderes an Kaffeehaus-
und Salonmusik und allerlei ähnlich leichtfertiges Genre – insofern
meint »La Rondine« gewiß auch »Reaktion auf die abstoßende Musik
von heute« (so schreibt der Komponist stark irreführend, denn er
war ein überaus aktuell gesinnter Mann, an die Freundin Sibyl Selig-
man); aber die Partitur ist andererseits eben auch sehr auf der Höhe,
auch der der Zeit. Vom gerade mal sechs Jahre alten »Rosenkavalier«
übernimmt Puccini einiges an Klang und Stilidee; nach Strauss'
»Ariadne« und vor Bergs »Wozzeck« reichert er das herkömmliche
und zeitgenössisch stark streicherüberreizte Orchester durch den
mondän-aparten Klavierklang an; es hat in dieser Oper die »impres-
sionistischen« Parallel-Terzakkorde im, wie bei Strauss, mehr an-
getäuschten Walzer des 1. Akts, der bald ein Ohrwurm wird für
Magda wie für uns; bei dem in quasiverstimmten Sekunden-Interval-
len nebeneinander herratternden Duettino »No! Tu sapessi« (Li-
sette-Prunier) haben einerseits, worauf Harold C. Schonberg bestand, Verdis Fenton und Nanetta Pate gestanden (der späte Puccini
lernt u. U. auch von der frühen Modernität seines lang toten Halbva-
ters), – andererseits hören wir hier, wenn man so will, eine Art Bito-
nalität, wie sie Puccini ein Jahr später noch viel emphatischer und
effektvoller, nämlich als gänzlich unheimliche Sequenzen in der
grandiosen und gleichfalls vom Publikum und von der Opfernmaffia
lang als Cenerentola maltraitierten »Suor Angelica« wiederverwen-
det: in einer fast schon außerweltlich düsteren Dialogszene, deren
harmonischen Trick der Italiener von einem anderen Halbvater ab-
gelauscht hat: von Wagners »Götterdämmerung« von 1876!

Ganz ohne Zweifel hat »Die Schwalbe« schon wegen dieser interessanten Affinitäten immer wieder mal eine Neubelebung verdient; wie ja überhaupt so ganz langsam auffällt, daß Puccinis weniger populär gewordene Opern kaum oder auch überhaupt nicht schwächer sind als die aller Welt geläufigen: nicht minder stark als die nur besonders runde »Bohème«, die effektvirtuose »Tosca« oder die besonders ehrgeizige »Turandot« von 1926. Auch die der Pariser Schwalbe (Puccinis dritte von insgesamt vier Paris-Opern!) vorausgegangene kalifornische »Fanciulla del West« oder das ganz und gar einzigartige, musikalisch wie epochenphysiognomisch superieure »Trittico« von 1918 sind oder waren lange Zeit beklagenswerte und auch Puccini selbst noch belastende und kränkende Beispiele – zu seinem größten Schmerz hier das am wenigsten ästimierte Mittelstück der »Schwester Angelica«, der genialste Teil. »La Rondine«, angesiedelt im Zweiten Kaiserreich, erreicht zwar weder im Ganzen noch, Dorettas Traum beiseite, je im Detail den Rang dieses Triptychons oder der China-Oper; wurde aber doch, der Bonner Neuversuch beleuchtet es, offensichtlich allzeit unter Wert gehandelt, vermutlich in sich selbst fortzeugendem und folglich potenzierendem Unverstand mal Bühnen-Kleinmut.

Puccinis »Flirt mit der Operette« (so wohl am korrektesten der Biograf Ernst Krause) ist ein Werk des Übergangs und mehr noch der Neugier; der Neugier aus dem bekannten und damals dauerkoketten und bestenfalls demimelancholischen Puccinischen Stoßseufzer heraus, er »habe nichts zu arbeiten« (Brief an Elvira). Mit der »Rondine« hatte, forciert durch den ihm offensichtlich aber nie ganz real werdenden Weltkrieg, dies Gefühl der halb lähmenden, halb animierenden Unentschiedenheit wohl seine Klimax und Krise erreicht, sozusagen auch als Neugier auf die eigene Kuriosität und Originalität: Neugier auf eine werweiß neuartige Form, ja Gattung; Neugier auf neue Koloristik, womöglich raffinierter noch als die der »Fanciulla«, wenn auch nicht ganz so neu wie die neugierig gehörte Arnold Schönbergs (Mahler dagegen kannte Puccini offenbar kaum); Neugier eo ipso. Etwas zwischen »Traviata« (1853) und »Fledermaus« (1874) und Lehárs gigantisch erfolgreicher »Witwe« (1905) sollte es sein, alles klingt tatsächlich irgendwie an alles das an – mehr

telepathisch voraus ans »Land des Lächelns« von 1929 gemahnt das
doppelsymmetrische seriös-serene Liebespaar – das komische (in
Bonn alert und gleichwohl zwiefach kantabel: Inva Mula und Bruce
Fowler). Der Tenor und gar zu naive Galan Ruggero (Marcus Had-
dock: ein Sänger mit Zukunft) erinnert ein paarmal seltsam an die
heroische Geste, an die damals so verstandene futuristische Ästhetik
des Turandot-Calaf – andererseits wälzt sich da eben ein rosenkava-
liermäßig satter Walzer, und im 2. Akt des Luxus-Etablissements
»Bullier« wogt und flegelt ein fledermauspastoses Neuheiden-En-
semble der reinen und flachsinnigsten Genußsucht herum – man
kann es sich schon vorstellen, daß man das Puccini richtig übelnahm,
was er da etwas blauäugig oder auch unschuldslammfromm gar als
indirekt gegen den Krieg geschrieben ausgab, »gegen die schreck-
lichen Dinge des furchtbaren Kriegs«.

Der Streit hält an, ob man das darf – und auch der, was eine
»Commedia lirica« in der »Falstaff«-Linie im genauen Unterschied
zu einer lyrischen Komödie oder eben einer Operette oder einem
Singspiel sei. Sei's drum, so ganz überernst sind die betr. Differen-
zen ja nicht zu nehmen, so wie auch nicht so recht seriös Puccinis
Behandlung der Prostituierten-Problematik nach Verdi und Cilèa
(1902) und Charpentier (1900), alle drei sich abspielend in Paris.
Ernster, sehr ernst wird es mit der eigenen und neuen »Tabarro –
Der Mantel«-Version des Motivs, des größeren Themas nämlich
vom nicht gelebten Leben im vielleicht ohnehin nicht mehr recht
lebenden Leben – die Schwalbe Magda aber kennt das auch ja
schon. Sie möchte leben, kontert sie die Frage ihres sie aushaltenden
Financiers, welche Närrischkeit denn plötzlich über sie gekommen
sei, nämlich im Leben »trovar la vita« (1. Akt, Finale). Ein verwandtes russisches Dramenmotiv drängt und drängelt sich hier in die ver-
istisch-italienische Paris-Oper als ein offenbar international ziemlich kongruentes Epochengefühl: die durchaus Tschechowsche
Herumgetriebenheit zwischen Aufbruchswunsch und Beharr-
zwang – und ja mindestens genauso tschechowsch mahnt Magdas
Schlüsselwort aus dem 3. Akt: »Ich bin müde von all dem« – und dies
Gefühl nun wieder vermischt, ja legiert mit dem alten »Tosca«-Mo-
tiv der beschworenen Ewigkeit von zuendegehender Liebe als ihr

wahrster Ausdruck, als ihre bleibende Präsenz noch über den Abschied und dort sogar über den Tod hinaus: Bei aller Modernität der
immer ein bißchen wie in Schräglage dahersegelnden Melodie und
Ästhetik des späten Puccini und seiner vorgetäuschten Walzer und
sonstigen halbseidenen Reize: in diesem Punkte war er altmodisch
und streng; die Würde dieses übers Opernhafte weit hinaus großen
Gefühls, die ließ er sich nicht abdingen; auch nicht im Fall der leicht-
flügligen Schwalbe.

Die Bonner Oper, ansonsten akut in allerlei von außerhalb
schwer durchschaubare Großskandale und Krafteklats verwickelt,
in denen auch noch der alte Mario del Monaco (gest. 1982) i. V. seines Sohnes und Intendanten Gian-Carlo z. T. eine hochobskure
Rolle spielt – sie hat recht mit der Reanimation getan. Die Heldin
trägt, ihr tenoristischer Gegenpart ist jedenfalls nicht viel haltloser
als sein Prototypus Don Alfredo. Die Musik hat meist Substanz;
was ihr und damit dem operndramatischen Sukzeß streckenweise
schmerzlich mangelt, ist das bei Puccini sonst so ingeniöse Timing,
die Dynamik der Proportionen, mithin die zwingende innere Bewegung. Leider hilft da auch Frau Domingo nicht viel nach. Die Vita-
listischste ist sie wohl eh nicht. Vielleicht findet sie selbst kleinere
Oper einfach viel zu kostbar, um sich an ihr auszutoben. Und da ist
sie heute immerhin schon eine schätzenswerte Ausnahme.

Oder das kommt bei ihr noch.

Der Mutter frommer Brief an die Riviera beschleunigt in einer
Fassung – nicht der in Bonn gebrachten – wiederum ziemlich tra-
viatafixiert das Ende bzw. die Rückkehr der besserbelehrten Rondine. Irgendwarum wollte Puccini und seinem sonst so kongenia-
len Textdichter Giuseppe Adami diesmal kein ganz schlüssiger
Schluß einfallen. Oder sie hatten einfach keine rechte Lust mehr.
Nicht einmal mehr zur hier – wie in der »Bohème« – so naheli-
genden, ja zwingenden melodischen Reminiszenz des 1. Akts, an
den Walzer mit dem wunderbar refrainheiteren »Fanciulla, è sboc-
ciato l'amore«, an das Mädchen, das für diesen Kuß selbstverständlich mit Tränen zahlt. Oder eben an das (selbst beim Rezensions-
schreiben wird es ohrwurmsüchtig wieder vorstellig) hochselige
Liedchen von Magdas Traum zu Dorettas Traum: diesen con dol-

cezza estrema zartleuchtenden, sich wie in leiser Ekstase empor-
schwingenden, sogar von einem gewissen amerikanisch-broad-
waymäßigen Sound inmitten des üblichen Puccini-Idioms rhyth-
misierten melodischen Bogen, der da, beim zweiten »Ah! Ah!« um
eine romantische Terz tonbuchstäblich exsultierend exaltierend,
als der vielleicht hingerissenste, euphorischste, jubilierendste Ton
der gesamten Operngeschichte –

– aber das hatten wir wohl schon. Signifikant für die recht glück-
lose Geschichte dieser Oper nur noch, daß der betr. Ton weniger an
eine zwitschernde Schwalbe als an eine glatt eichendorffisch tirilie-
rende Lerche denken heißt. Aber mit einer solchen »Lodoletta« war
im gleichen Jahr, 1917, schon Konkurrent Mascagni dran. Und die
Schwalbe von da an und wohl darum irgendwie mit Pech behaftet.

DIESE ERWÄHLTE ICH MIR
Zu Ferdinand Georg Waldmüllers »Junge Bäuerin mit drei Kindern«

Ja also, wenn ich mir's aussuchen und mir mit vollem Griff in die
Kunst- und Malereigeschichte eine Frau oder Freundin erwählen
dürfte, dann: nicht die Venus von Milo, nicht die Gioconda; kaum
Feuerbachs Iphigenie, kaum Rubens' Atalanta, schwerlich Picassos
Demoiselles d'Avignon (nämlich die dritte von links); schon eher
die Botticellische Meerentsteigende oder aber die Velazquezsche
Venus mit dem schönen Rücken; vor allem aber, allen voran erwählte, ja erkieste ich – allen anderen voran gern heimführen täte
ich Ferdinand Georg Waldmüllers »Junge Bäuerin« von 1840.

Und das, obschon ich mein ganzes Leben lang fast unerschütterlich auf Blonde reflektiert habe. Allein, gegen diese bäuerlich zart-
dunkle, zierbräunliche Schönheit ist kein Kraut gewachsen. Gegen
das sanfte Gift ihres Porträts hilft nur ein Gegengift: inständiges
Anschaun, stillvergnügtes Versenken. In ein Frauenbild, das einem
schon sehr das Leben zu versüßen vermag. Ein Bild, das schon fast
selber Lebenssinn verleiht.

Eigentlich sind es ja vier Personen, wenn man so will vier

Porträtstudien. Ganz unübersehbar drei stattliche, mollige, überaus profilierte und abgestuft rundliche Kinderköpfe im Vordergrund. Sie wurden meines Wissens von den professionellen Kunstelogisten auch häufig genug gerühmt: der wie im Fotoatelier auf den Betrachter zufahrende Zeigefinger des rechten Lockenkopfs; der wundersam versonnen daumenlutschende Säugling mit seinem fast mythisch halbpräsenten, halb absent tiefträumerischen Blick. Das dritte und älteste Kind kennt die Welt schon und hat drum nur noch die Funktion, nett und pfiffig aus dem Halbschatten des Fensters herauszulinsen. Anders als das 1853 entstandene wesentlich pastosere, »gemaltere« Gegenstück »Kinder im Fenster« empfiehlt sich Waldmüllers frühes Meisterwerk zwar einerseits genau als romantisch-biedermeierlicher Typ des Fensterbilds und des damals rasch immer beliebter werdenden Familienbilds, also als Doppel-Genre in einem; andererseits wirkt es wie ein ganz frühes Foto.

Waldmüller (1793 bis 1865) gilt, so entnehme ich dem herrlichen Epochen-Bildband von Geraldine Norman, »als die umfassendste künstlerische Potenz des österreichischen Biedermeier«. Nun bin ich nicht genügend Fachmann, weder für die Malereigeschichte insgesamt noch gar für Waldmüller, als daß ich genau zu sagen vermöchte, inwieweit der von Metternich zum Akademieprofessor in Wien geschlagene Landschaftsmaler ausschließlich und zentral diesem Biedermeier zuzurechnen ist, inwieweit er nicht eher noch der speziell deutschen Romantik Caspar David Friedrichs und Georg Friedrich Kerstings angehört; ob er drittens nicht doch primär ein erstes Oberhaupt der hier entstehenden und freilich nicht gerade in bäuerlichen Kreisen geläufigen Bauern-Sujetmalerei stellte. Sicher ist, ganz ausgemacht, daß er was von Frauen verstand. Irgendwo könnte ich gelesen haben (bin aber nicht sicher), bei der jungen Bäuerin handle es sich um des Akademiemalers Frau. Diese Mystifikation erklärte manches, machte die »Bäuerin« aber natürlich ja nur noch reizvoller. Die wie künstlich zarten Augenbrauen, der etwas verhangene, leicht indignierte, ja intransigente und doch auch fast trauernde Mona-Lisa-Blick, die im Atmen leicht erregten und also geöffneten vollen Lippen – doch, dies sanft und sänftigend aus dem Halbdunkel Herauslächelnde hat in aller bäuerlichen Bräunlichkeit

Ferdinand Georg Waldmüller,
»Junge Bäuerin mit drei Kindern am Fenster«,
1840, Bayerische Staatsgemäldesammlungen,
Neue Pinakothek, München

auch etwas durchaus erotisch Herausforderisches, weißgott: the portrait wahrlich einer Lady –

– gewiß, auch die fromme Leiblsche und die drall und frech kokettierende Defreggersche Bäuerin gefallen mir gut, sehr gut, nicht unanimierend andererseits auch Waldmüllers berühmteste Porträtstudie, die der Schauspielerin Elise Hofer von 1827 – aber nein, gegen die spätere Bäuerin kommt nichts, kommt ja schon gar nichts an.

Ein camoufliertes Porträt, ein Quadrupelporträt. Im besten Goethestil Steigerung (der Zartheit der Frau) durch Polarität (der wunderbar kugelrund kompakten Kinderköpfe). Und eine zweite Polarität: Das Unterlaufen der Erwartung eines Derb-Rustikalen durch ganz besondere Zartheit, Apartheit, Anmutung des Städtischen und Zivilisatorischen – ja freilich, eigentlich und exakt ist diese Bäuerin Mimi, der Prototyp der Pariser femme fragile, die Murgersche, mal Puccinische décadence und morbidezza in einem –: Dies deutsch-österreichische Seelenvolle oder, noch etwas biedermeierlicher, das aus dem Schwarzwald oder aus Südtirol kommende Gemüthafte schlechthin – konterkariert ist es in einem abermaligen Paradox und in einer zusätzlichen Polarität, einem leicht Kränklichen, einem gleichsam ahnbar Traviatahaften –

– aber apropos, natürlich sind auch Aida, Donna Anna, Pamina und Madama Butterfly aus diesem schönen Gesicht herauszulesen und erstklassig mit ihm zu besetzen, ja sogar Goethes Gretchen, und nicht zuletzt Wagners Evchen – ja, was eigentlich noch alles? Selbstverständlich die Hl. Maria. Schluß mit der Schwärmerei. Zu allermindest ist diese sehr unauslotbare Bäuerin so ungefähr das Gegenläufigste zum landläufig-globalen Dallas- und Denver- und RTL-Plus-Weiberschnallentypus par eminence. Genau.

Sehr schön, sehr subtil, wie Waldmüller die dicken Kinder ins Helle gerückt hat, nur um mit dem Halbdämmer über der visio pulchra der Frau diese zu potenzieren. Und der Gedanke, daß drei so kraftvoll kugelige Kinderköpfe ausgerechnet aus ihrem zarten Leib gekommen sein müssen, er macht das mütterliche Fräulein und sein wunderbar versonnen-versponnenes Air grad noch einmal erotisierender, bezirzender. Der volle Mund, wie spöttisch und nachdenklich geschürzt in der Manier älterer italienischer Madon-

nen, das große Mandelauge ach so tief: Die Bauernfamilie, das bäu-
erliche Idyll, sie sollen (laut Angelika Lorenz: »Das deutsche Fami-
lienbild«) gerade im Fall Waldmüller sinnhaft »sittliche Integrität«
zum Ausdruck bringen? Hah! Schon kein Wort wahr.

Also sagen wir so: Wenn ich nochmals auf Freiersfüßen den
Frauen die Cour machte – diesen schwärmerisch empfindsamen
Kopf einer angeblichen Bäuerin, konglomeriert vielleicht doch mit
dem hell lodernden Leib der Velazquezschen Venus, den würde ich
vom Fleck weg heiraten. Das wär's gewesen.

Genug gegiert, genug gehuldigt.

NACHTS UNTER DEN BÄUMEN
Eine extrem nachdenkliche Betrachtung

Der böhmisch-österreichisch-jüdische Dichter Leo Perutz (1882–
1957) gehört seit vielen Jahren zu meinen obersten Favoriten, er ist
leider immer noch – trotz zum Beispiel Adornos emphatischem
Lob – ein recht unterschätzter, mindergehandelter Autor, und da
freut man sich als sein Fan natürlich über jede neue Publikation von
ihm und über ihn, über jeden Essay und sogar über jedes Fuzzel-
chen als honorable mentioning, und so am Ende auch sogar darüber, daß und wie Edda Stadtelmeyer vom »Buchladen Neuer Weg,
Würzburg« unlängst im Börsenblatt den Debutroman eines mir bis
dahin unbekannten Benjamin Stein in der Version lobt, daß sie an
ihm »eine wunderbare Mischung« aus Bulgakovs »Der Meister und
Margarita« und Perutz' »Nachts unter den Bäumen« preist – freute
sich sogar ganz besonders darüber, daß Perutz endlich einen Erben
gefunden hat und dergestalt gleichzeitig noch mehr unter die Leute
kommt, freute sich seiner ihn ja mächtig aufwertenden Vollendung
zum Trio durch die Handreichung von Bulgakov, freute sich für das
Triptychon Bulgakov-Stein-Perutz wegen seiner magisch-syntheti-
schen, ja gottesaugenhaften Dreiecksgleichschenkeligkeit aus dem
hüftähnlich schöngeschwungenen Füllhorn von Edda Stadtelmeyer
– freute sich, daß dieser Neue Weg zu Perutz geradewegs gerade aus

Würzburg kommt; nur, leider leider – : hat Perutz ein Buch mit dem Titel »Nachts unter den Bäumen« nie geschrieben.

Mit »Nachts«, doch, da war was bei ihm; aber niemals unter den Bäumen. Andererseits stammt »Ganze Tage in den Bäumen« nachweislich von der (neulich schon deshalb zurecht gestorbenen) Marguerite Duras – das kann also Edda Stadtelmeyer nicht gemeint haben. Und auch nicht Perutz' legitimen Geistesbruder Reiner Kunze: denn dessen unsterbliches Gedicht spielt zwar tatsächlich unter – aber es heißt nun mal »Unter sterbenden Bäumen«. Hat die Stadtelmeyer in der Hast vielleicht »Unter dem Milchwald« gemeint? Aber, der Titel ist nicht von Perutz, sondern von Dylan Thomas, so wie »Unter dem Vulkan« von Lowry! »Unter Geiern«? Nein, diesen Titel kennen wir, der ist einwandfrei von Karl May. Und eben nicht von Marx noch Perutz. Von dem stammt aber mit Sicherheit auch nicht der Film »Nacht unter Wölfen«, nein, da bringt die Stadtelmeyer doch nichts durcheinander – und auch nichts mit dem bekannten Pornostreifen »Nackt unter Vogelwilden« bzw. seinem Remake »Unter den baumlangen Skipetaren« – »Nachtasyl« dagegen? Richtig: Gorki. Wie der Russe sagt: »Na dne.« Hm. Und »Nachtflug« von Saint-Sartre-Beaumarchais – »Vol de nuit«, klar doch. Die »Nachtgedanken« aber sind von Edward Young, »Nachtgewächs« von Edda Barnes oder jedenfalls von Dunja Raiter oder Djuna Stadtelmüller – aber halt: Hat der Perutz nicht mal einen Roman »Nachts unter der goldenen Stadtbrücke« geschrieben? Oder jedenfalls einen Novellenkranz »Nachts unter der steinernen Krücke« beziehungsweise respektive »Brille«! Oder freilich vielmehr »Die Nackten unter den Toten der Prager Karlsbrü –« und –

Ach was, die Hella Stadtelbauer soll sich wg. einem so blöden Titel nicht verrückt machen lassen, und von mir hier schon gar nicht. Wenn schon der mächtige Suhrkamp-Insel-Verlag unlängst im Zusammenspiel mit seiner eigenen und ihm assoziierten Presseabteilung den Titel »Die Augen eines Dieners« seines eigenen, ihm lang schon dienenden Autors und Büchnerpreishonoratiors Hermann Lenz aus Jux und Schlamperei öffentlich mit »Mit den Augen eines Dichters« anzeigt, dann wird sich doch unsere Erna wegen so eines blöden Perutzro – –

»Nackt in den nächtlichen Steingärten« heißt er. Doch. Doch-dochdoch. Und eben nicht »Trabber Geierschnabel«. »Nacktschnek-ken bäumen sich auf«, jawohl, das ist es. Sie können es nachprüfen, Leser. Oder aber – tät' vielleicht gar einer sich hochrappeln und nachschauen geh'n im Lexikon oder im Neckermann-Katalog, ob wenigstens der Bulgakov-Titel stimmt? Mir persönlich ist da mehr nach »Meister Magritte«. Oder jedenfalls »Marguerite Duras und der nächtliche Meister aus Deutschland« oder vielmehr –

Die Nacht steht um mein Haus. Auf daß wir geistig nicht um-nachten. Die Nacht schlinge um uns ihr wunderbares Band – und – Ach, Edda!

PS: In einem Brief an die ›taz‹ teilt Edda Stadtelmeyer mit, nicht sie sei schuld; sondern der mit ihren Worten werbende Ammann Verlag habe es zu ver-antworten.

ENTREE LEOBOLD UND ZWEI SCHWESTERN

> *»Der alte Mann machte die Entdeckung, daß der Jugend auf dieser Welt etwas fehlte, durch das die Jugend noch schöner werden würde: gesunde alte Menschen, die sie lieben und ihr beistehen.«*
>
> *(Svevo, Vom guten alten Herrn und vom schönen Mädchen)*

So. D. h. der erste Teil dieser Romanhandlung hat eigentlich nichts mit dem zweiten und dritten im Sinn, aber irgendwie werde ich, der ich mich immer auf meine Ahnungen verlassen habe und nicht schlecht dabei gefahren bin, irgendwie werde ich das Gefühl nicht los, daß alles Seiende geheimnisvoll miteinander verbunden ist, eins mehr, eins weniger, immerhin – – – aber das kann der Leser dann im nachhinein wohl selber besser beurteilen, jedenfalls habe ich mich vor einer halben Stunde, als mir eine der beiden Titel-Schwe-stern über den Weg lief und dämlich-eilig »Hallo!« über die Straße kreischte, die ich fast regelmäßig an Nachmittag zu durchbummeln pflegte, entschlossen, beide mit in die Haupthandlung hineinzu-pferchen und ihnen so gewissermaßen die Ehre zu erweisen, gleich-

sam von einem höheren Standpunkt gelassener Meisterschaft herunter die absolut unverdiente Ehre zu erweisen, vielleicht ist es doch
zu etwas gut, und so kann die Spur von ihren Erdentagen jedenfalls
nicht in Äonen untergehn, jawohl, das ist doch schon mal was.

Außerdem soll ein Roman auf Totalität bedacht sein, mit Georg
Lukács zu reden, dem alten Fuchs unter den Theoretikern, der nun
auch schon gestorben ist ...

Andererseits, fällt mir grad ein, hat der erste Teil meiner Geschichte doch wirklich und insofern mit dem zweiten und dritten zu
tun, als der schon im Untertitel herausgestrichene Alfred Leobold
seinerzeit aus heiterem Himmel mit Sabine, einer der beiden glor-
reichen Schwestern, nach Afrika ausbrechen wollte, übrigens unter
dem Vorwand, ihr diesen bemerkenswerten Kontinent zu zeigen.
Ich finde das schon erstaunlich, daß jemand mit einer jungen Dame
nach Afrika muß, nur um ihr dort unter den Augen der Eingebore-
nen seine sexuelle Aufwartung zu machen, was aber aller Voraus-
sicht nach sowieso nicht klappt, schon weil der Dämon Alkohol
allzu unnachgiebig und brutal seine Fittiche über das saubere Pärchen spannt ... Andererseits: warum eigentlich nicht? Die Welt ist
klein, und wenn es nach Alfred Leobold gegangen wäre, so hätte er
zuallerletzt noch ganz hinreißende Reisen unternommen: Afrika –
– Seattle – – Monterosso – – Prag – – Campill – – Emhof – – Of-
fenbach – – Pertisau – genau, wie zauberische Lichtbahnen ziehen
diese Schlüsselstädte aus dem Leben des Alfred Leobold an meiner
schriftstellerischen Vision vorbei, Fixsterne in einem Spiralnebel
von Sechsämtertropfen, haarsträubenden Weibern und den aller-
greulichsten Teppichen, doch davon später.

Inzwischen ist ja Alfred Leobold gewissermaßen wirklich in
Afrika angelangt, im Schwarzen Erdteil sozusagen, wenn dieses fast
alberne Scherzchen erlaubt ist; und ein Neger soll es auch indirekt
gewesen sein, der ihn dorthin befördert hat. D. h. man weiß es heute
immer noch nicht genau, wen letzten Endes die Verantwortung
trifft, aber immerhin, diese geheime, nur dem dichterischen Auge
wahrnehmbare Symbolik, tief wie das Mittelmeer, das ja nun zweifellos zornig aufgerauscht hätte, wären Sabine und Alfred über seine
hehren Fluten gesegelt ...

Meine Rolle im Zusammenhang der beiden Schwestern war übrigens äußerst schmählich. Das Schönste war, daß ich sie anfangs verwechselte. Ich wollte nämlich die eine, die sich später als Sabine herausstellte, zu einer kleinen abendlichen Spazierfahrt kreuz und quer durch unsere Heimat, das Gebiet um die Stadt Seelburg, abholen – an der Wohnungstür geöffnet wurde mir aber von der anderen, der etwas älteren Schwester, die, wie ich bald darauf erfuhr, auf den Namen Susanne hörte. Ich begrüßte sie aber heiter und quasi schon als die Meine, spitzte – peinlich, peinlich – gleichsam verständnisinnig mein Mündchen zu einem angedeuteten Küßchen in die Frühlingsabendluft und fragte keck, ob sie schon fertig wäre. Sofort lächelte diese junge Dame sozusagen allesverzeihend, gleich als ob mein Debakel dem fortgeschrittenen Dunkel unter der Eingangspforte des gräßlichen Einfamilienhäuschens zugeschrieben werden müßte, wovon leider keine Rede sein konnte, sondern ich erkläre das gleich – – und jedenfalls die junge Dame stellte sich nun, ununterbrochen fortlächelnd, als »Ich bin die Susanne, komm nur rein« vor. Leider verstand ich aber in der inneren Hektik und Erregung nun statt »Susanne« »Tante«, und ich schäkerte also, inzwischen im Wohnungsflur angelangt, flott drauflos und mich weiter ins Unglück hinein, indem ich dieser, wie ich rasch begriff, erlesen schönen jungen Frau ins Madonnengesicht hinein schalmeite, ich würde auch gern einmal »eine solch über die Maßen schätzenswerte Tante« besitzen, ich habe dergleichen mattschimmernde Redensarten von einem Frankfurter Altjournalisten namens Rösselmann abgestaubt. Susanne kapierte zwar buchstäblich in Bruchteilen von Sekunden meinen damit eingeleiteten erotischen Antrag, korrigierte mich aber, allzu überschwänglich lachend und so meine Misere vergrößernd: Sie heiße Susanne und sei die Schwester (mich wundert nachträglich, daß ich jetzt nicht »Esther« verstanden und den nächstbesten biblischen Witz gerissen hatte). Und Sabine werde gleich kommen.

Ab sofort vermochte ich die beiden tatsächlich und mühelos auseinanderzuhalten.

Zumal Sabine gleich darauf ins wohl sogenannte Wohnzimmer schwirrte, ja geradezu lärmte und meinen flink hochschwellenden Gram bestätigte, leider die weit weniger schöne der beiden Schwestern kennengelernt zu haben und künftig beturteln zu sollen – was mich (eigentlich sofort, das muß ich sagen) an einen gewissen italienischen Roman erinnerte, zumal die Koinzidenz der Initialen auch dort schon vorkommt. Allerdings sind es dort vier Schwestern, die allesamt mit A beginnen, und ich erinnerte mich, daß der männliche Held lange darüber reflektiert, wie merkwürdig es doch sei, daß seine Angebetete mit dem ersten Buchstaben des Alphabets ausgestattet sei, sein Vorname aber mit dem letzten, Z. Und das geht natürlich grausam schief. Wie war es aber bei mir? Wer immer mir vergönnt sein würde, Sabine oder Susanne, zusammen mit meinem Eckhard ergäbe das in jedem Fall ein ES. Nun, und dabei konnte man natürlich ebensogut an Sigmund Freud denken wie an ein Kindchen, schwer zu entscheiden ad hoc, wohin es hier ausschlüge. Aber ich wiederhole es: Es (überallhin verfolgt mich schon dieses Wörtchen) ist alles wie eine große, undurchschaubare Symbolik, vermutlich werde ich noch einmal wahnsinnig davon ...

Nun, dort waren es vier Schwestern, aber vielleicht würde mir dieser Gottessegen ja auch noch ins Haus stehen, jetzt war schon alles eins – vermeiden wollte ich (das überlegte ich eine Viertelstunde später) auf alle Fälle den verheerenden Fehler jenes Triestiner Romanmenschen, zuerst alle anderen Schwestern zu umschleichen, um zuletzt bei der häßlichsten zu landen. Das trichterte ich mir sofort ein, obgleich ein Nebengedanke dazwischenglitt: Wieviel besser doch jener Zeno dann mit seiner Augusta gefahren war als mit der schönen Ada. Ach was! Sofort richtete ich alle meine Gedanken und Wünsche zielstrebig auf die schöne Susanne und ihren Erwerb, und wenn ich dann zusätzlich Sabine vorher noch besitzen würde, auch gut. Insgesamt, so fühlte ich rasch und zuverlässig, hatte ich mich da in ein sehr warmes Nest für den nächsten Winter gesetzt. Zumal jeden Augenblick die Tür aufgehen konnte und irgend so eine 14jährige – na sagen wir Sonja oder Sylvia oder Silke herein und im Lauf der Zeit an meine Brust fliegen möchte. Weiß man's, welches Maß an Glück und Vergnügen die Natur in ihrer ganzen Unlogik gerade uns 35jährigen vielleicht noch zugedacht hat?

Es kam aber gleich darauf nur noch ein etwa 16jähriger, fast zwei Meter langer und ungeheuer dünner Bruder ins Zimmer gestrichen, der mich eigenartigerweise mit »Aha!« begrüßte, was anscheinend heißen sollte, daß er, so jung und dumm er war, erstens den erotischen Grundcharakter meines Vormarsches in seine werte Familie klar erkannte und zweitens in jugendlicher Abgebrühtheit dergleichen voll gewohnt sei. Dieser merkwürdige Bruder Eduard drehte nun schlagartig den Fernseher auf und erwies sich im Romanfortgang als nahezu überflüssig. Allerdings brachte er mich einmal, viele Monate später, durch seine unselige jugendliche Einfalt, in eine äußerst unangenehme und schwierige Situation, ja vermutlich sogar um jenes erstrebenswerte Glück, um das es hier schon andauernd geht.

Das ganze ulkige Hauswesen aber gehörte einem Karl Morlock, einem pensionierten Förster oder vielmehr Forstingenieur (was immer das Famoses sein mag) sowie seiner grotesk in die Breite gegangenen Gemahlin, die dennoch der Meinung war, Bluejeans die Ehre geben zu müssen. Diese beiden Alten lernte ich aber an diesem Abend noch nicht kennen, ich kann den Herrschaften aber immerhin hier schon den Vorwurf nicht ersparen, in der Namenswahl ihrer Töchter bizarr danebengegriffen zu haben. Denn dümmere Namen als Sabine und Susanne kann ich mir schwer vorstellen! Dergleichen Stumpfsinn vermochte wohl allein der sog. Pioniergeist der deutschen Nachkriegszeit und des Wiederaufbaus sich auszudenken, um seine unschuldigen Kinder damit zu bemäkeln. Was denn! Bei uns hat es doch ein strammes altdeutsches »Eckhard« auch noch getan – und angeblich bin ich sogar gerade noch um den »Siegfried« herumgekommen! Zumal der Abstieg von der immerhin an Mozart gemahnenden Susanne zur vollends tauben Sabine auf eine fortschreitende Intellektualkatastrophe dieser bravourösen Eltern schließen läßt. Und so was mutete dieser saubere Forstingenieur jetzt *mir* zu, und die arme Kleine hatte praktisch meine andauernde Verdrossenheit auszubaden! Ich möchte wirklich wissen, wie dieser Waldmensch, sollte sie ihm noch vergönnt sein, seine nächste Tochter nennt! Fehlen nur noch die erwähnten Sylvia und Sonja! Pfui Teufel! Im übrigen hatte die ältere, Susanne, wie ich sofort erkannte, keinerlei Affinität mit Mozarts wunderbarer Oper – eine zusätzliche Unverschämtheit also! Kein Vergleich zu der unvergleichlichen Edith Mathis, die dieser Partie den ganzen Charme des unverdorbenen Bürgerkinds verleiht, an dessen liedhaften Gesängen flüchtig ein Moment der Humanität aufgeht, das die entzweite Menschheit selber zu versöhnen scheint, ach Gott – – sondern diese Susanne gemahnte, und dies allerdings, wie sich rasch zeigen sollte, in gefährlicher Weise an Puccinis Mimi in der unsterblichen Darstellung durch Mirella Freni – zu meiner weiblichen Idealgestalt par excellence, ahimè, e finita, o mia vita, ahimè, morir! – – – meinem weiblichen Lieblingsidol, soweit ich dieses zauberhafte Gestaltenpanorama von Antigone über Madame Arnoux, die reizende Witwe Strunz-Zitzelsberger bis zu einer gewissen Monika Viel aus Frankfurt überhaupt noch kritisch genug überblicke. »Sabine« aber finde ich so ziemlich den Gipfel der neueren deutschen Geschmack- und Instinktlosigkeit, niederschmetternder ist allenfalls noch Gabi oder Gaby – sehr erotisierend dagegen, das muß ich zugeben, empfinde ich gleichzeitig Gabriele. Nun, so geht eben die Dialektik der Aufklärung. Ich bitte aber an dieser Stelle alle meine Leserinnen, die zufällig Träger eines der von mir attackierten Namen sind, um Nachsicht. Sie können ja schließlich auch nichts dafür – und ich wäre durchaus geneigt, mit ihnen in ernsthafte Verbindung zu treten, wenn sonst alles stimmt, so wie mich ja auch »Sabine« keineswegs davon abgehalten hat. Ich würde aber allen Müttern und künftigen Müttern bei der Gelegenheit empfehlen, daraus die unerbittlichen Konsequenzen zu ziehen und potentielle Töchter Laurenza oder gleich Lauretta zu taufen. Das ist das größte!

Doch wie auch immer, diese Sabine war ja wohl nun, leider Gottes, mir zugeteilt. Und außerdem, meine leichte Verärgerung verflog bald, denn auch Sabine erwies sich im Dämmerlicht einer Waldschenke, in die mich ein paar Tage vorher der Teppichverkäufer Hans Duschke eingeführt hatte, als durchaus hübsches, frisches Kind mit zudem einem nahezu vollendeten, schlanken, gertengleichen Körperchen, diesmal zu Recht in Bluejeans gefesselt, ja wie in sie hineingeboren – und schlagartig und dröhnend erlebte ich die nicht zu unterschätzenden Vergnügungen im Voraus, die mir sein Genuß demnächst bereiten würde, wenn nichts mehr dazwischenkäme, an Alfred Leobold dachte ich damals freilich am allerwenigsten …

Übrigens hatte ich, um diese noch offenstehende Frage schnell zu klären, Sabine zum Ausklang eines sehr anstrengenden Frühlingsfestchens in einem unserer neueren Seelburger Tanz- und Whisky-Schuppen kennengelernt, einem jener erbarmungslos unübersichtlichen Etablissements, in denen die Jugend heute bevorzugt herumlümmelt, und wir Alten müssen dann halt auch hintappen, um den Anschluß nicht ganz zu verpassen, obgleich mir persönlich der Typ des gediegenen Ratskellers Lutterscher Prägung weit mehr zusagt.

In einem solchen gemütlichen Lokal, dem »Seelburger Hof«, hatte ich übrigens an jenem Nachmittag vor einer größeren Zuhörerschaft Klavier gespielt, die »Rhapsody in Blue«, so gut es ging, und später, als die Fingerchen steif getrunken waren, allerlei Folkloristisches – und zu schlechter Letzt hatte es eine Gruppe von uns älteren Herren eben doch noch in jenen Tanzschuppen, zum Mythos der Jugend, gezogen, und da war ich ganz plötzlich mit dieser Sabine zusammen an einem Tisch gesessen. Daß ich mit ihr an dem fraglichen Abend für den nächsten Tag ein Telefonat vereinbart hatte, ahnte ich noch schwach bzw. erfuhr es am nächsten Tag aus meiner Jackett-Tasche, aus der ich nämlich neugierig ein Zettelchen herausklaubte, auf dem eine mir noch unvertraute und geheimnisvolle Telefonnummer zu lesen war – jetzt kehrte auch mählich die Erinnerung wieder und krabbelte ins Hirn, – ich hatte, noch immer gedämpften Verstands, die Nummer gewählt und war sofort glücklich zum Stelldichein beordert worden. Ich weiß nicht und habe es auch nie mehr erfahren, wie Sabine und ich uns überhaupt in dem elenden Tanzkabinett nähergekommen waren, ich erinnere mich nur eines traumblauen, fast frisch blitzenden Augenpaars und fürchte im übrigen, ein paar unbeschreiblich geistlose Komplimente hatten genügt, das junge Weib in meinen Bann zu zwingen oder doch wenigstens in meine Gefolgschaft. Ja, ich hege sogar den grauenhaften Verdacht (und es wäre mir lieber, ich hätte das lediglich geträumt), daß ich es mit der gesummten Butterfly-Schnulze »Mädchen, in deinen Augen liegt ein Zauber« bewältigt habe. Ich neige ja nicht zum Selbsthaß, aber dämlicher, unqualifizierter geht es ja nicht mehr! Und nichts bezeichnet meiner Meinung nach die allgemeine gesamtgesellschaftliche Niedergangstendenz des neueren Deutschland und möglicherweise der gesamten europäischen Gemeinschaft brutaler als die Geschwindigkeit, die Rapidität und Eilfertigkeit, mit der unsere 15- bis 45jährigen Damen wahllos und schon beim allerersten Vorpreschen uns Herren ihre Adressen und Telefonnummern überantworten.

Dies ist meine feste Überzeugung!

ALTENTOMBOLA UND EISENTFLAMMUNG

24. Dezember. Ach, ich bin noch ganz benebelt, verräuchert von zartester Freude! Der Wintersonne niedre Stirn blinzelt auf mein Schreibgerät, vielwissend rieselt Schnee – nun, kurz und glückselig – die Unseren haben gestern abend etwas unsäglich Schönes zuwege gebracht, etwas unerhört Neues, etwas ganz Keckes, – kurz und crazy, eine – Tombola!

Natürlich, es war keine ganz richtige Tombola, gottseidank, aber immerhin – nun, ausgeheckt hatte den Zauber, soviel ich mitgekriegt habe, Wilhelm Kuddernatsch, angeblich unterstützt von Bäck, der sogar mit einer neuen beigen Schlägermütze aufgetaucht war und wie eine Sportskanone aussah – jedenfalls, gestern am frühen Abend war dann allen telefonisch als Überraschung mitgeteilt worden, wir sollten zum regulären Honoratiorenabend jeweils ein Präsent im Wert von »mindestens 8 Mark« mitbringen, welches dann wiederum »durch Los« weitergeleitet werden sollte ...

Heiland, diese Aufregung! Als ich ins »Paradies« einschnaufte, waren Kuddernatsch' rosige Wangen, Bäck und sogar Fred Wienerl schon heftig am Geheimnissen, anwesend war heute auch ein gewisser Konrad Viktor Meerwald, den ich flüchtig kannte, ein sehr manierlicher, etwas verhohlener und seiner Knittel-Garderobe nach sogar sehr verkommener alter Mann, eine Art Kontaktmann zwischen unserer Lokalpresse, der Gewerkschaft und der österreichischen Handwerkskammer oder etwas Ähnliches – dann kamen gemeinsam Albert Wurm und Alois Freudenhammer, sie brachten

einen irgendwie zeitlosen, aber wohl 60jährigen Herrn mit, den
Tanzlehrer Alfons Bartmann, einen, wie sich erweisen sollte, sinni-
gen Mann und schläfrigen Bonvivanten, angeblich führendes Mitglied unserer berüchtigten Tschibo-Bande, zu der wohl neuerdings
auch Wurm Verbindungen unterhält, was er sich davon erhofft,
weiß ich nicht – Bartmann jedenfalls erwies sich dann mit seiner fast
pomphaft pomadigen Haarpracht und seinem ernsten gefestigten
Antlitz als recht distinkte Erscheinung und sehr anschmiegsame, ja
gewinnende Gestalt, obwohl er in fein dosiertem Lebensüberdruß
den ganzen Abend lang kaum ein Wort sprach, sondern meist an der
schönen altmeisterlichen Stirn herumkratzte. Zuletzt kam noch der
pensionierte Pedell Festl, ein kleiner kaninchenhafter Buckliger, der
sich uns die letzten rauhen Wintermonate über angeschlossen hatte.

Wie gesagt, es war sensu strictu keine Tombola, was die Unseren
da ausgezirkelt hatten – aber das war es dann gerade! Denn entweder hatte Kuddernatsch keinen Schimmer – oder aber er hatte ein
»System« besessen und es dann in seiner Erregung wieder vergessen
– jedenfalls war es das Ziel, die zusammengetragenen Geschenke so
auszutauschen, daß jeder Teilnehmer ein fremdes bekam. Schon der
erste Versuch ging schief. Jedes der neun eingewickelten Geschenke
bekam eine Nummer und wurde alsdann in einen Gemeinschafts-
sack getan. Dann zog jeder von uns Männern – und hier meldete zuerst Meerwald quengelnde Bedenken an, drang aber nicht durch –
gleichfalls eine Nummer, in der Reihenfolge unserer Nummern
sollten wir jetzt »blind« in den Sack fassen und je ein Geschenk her-
ausholen – bald wurde aber klar, daß damit die Geschenknummer
überflüssig sei.

Also machten wir es nochmals, diesmal – mein Vorschlag – ohne
die Geschenknummer. Jetzt aber zeigte es sich, daß unsere Nr. 1,
Bäck, natürlich das fühlbar wuchtigste Geschenk ergriff, nämlich
eine unverkennbare Schnapsflasche, unsere Nr. 2, Festl, die nächst-
größte Flasche, die noch dazu seine eigene war, »da weiß ich, was ich
hab«, sagte Festl glücklich, »Zinn!«

Wir brachen also nochmals ab. Das Ganze wurde um so kritischer, als jetzt drei Männer vom Lebensverweigerertisch heran-
gelockt worden waren, dem schwirrenden Geschehen innerhalb der

ihnen unbegreiflichen chevaleresken Geheimgesellschaft als Zaungäste beizuwohnen, sie standen und schauten unserem ungefügen
Treiben zu, so wie man Kartenspielern über die Schulter äugt, sie
sparten auch nicht mit albernen Kommentaren wie »He! Der kriegt
alles, he!« – und bei all dem wurde wohl dem feinnervigen Kuddernatsch so überlastet im Kopf, daß er, beschwörend die Arme von
sich streckend, uns fast weinend bedeutete, er gebe praktisch auf,
das habe er nicht gewollt! Wir sollten es ihm nicht verargen!

Di meliora! Erbarmend übernahm ich das Kommando, lockte zuerst die drei Infantilen mit einem Liter Pils-Bier zurück an ihren Tisch
– dann versuchte ich mein »drittes System« zu erklären, da fiel mir
Wurm stirnrunzelnd in die Parade, mit der These nämlich, wir seien
neun Mann, »und bei einer ungeraden Zahl wie g'sagt – wie war's
denn dortmals beim Dr. Sechser? Eben! – geht's überhaupt nicht!«

»Dann geh ich halt«, jammerte Kuddernatsch beleidigt los.
»Meine Herren, ich bin …«

»Soll halt«, Bäck versuchte Haltung zu wahren, »der Karl den
zehnten Mann machen!«

»Der hat, Gott 'nei«, natürlich Wurm, »kein Geschenk, hähä!«
Deutlich versuchte er uns zu sabotieren.

»Soll er einfach ein Bier in den Sack tun«, murmelte Alfons Bartmann die ultima ratio.

»Oder drei!« Meerwald mit schepperndem Tenor erwies sich als
sehr eifrige Kraft.

O métaphysique! Mühevoll, etwas linkisch, vermochte ich mich in
Positur zu bringen. Die ungerade Zahl, erläuterte ich, mache gar
nichts, sondern … und nun versuchten wir es so: Jeder Teilnehmer
und jedes Geschenk bekamen unabhängig voneinander per Los
eine Nummer, gleiche Nummern sollten dann zueinanderkommen
bzw. -finden (wahrhaftig, auch in der beschreibenden Chronik fällt
das schwer!) – und das hätte dann auch um ein Haar geklappt, hätte
nicht Bäck aufgrund dieses »Systems« sein eigenes Geschenk, eine
alte Bismarck-Biografie, wie sich später zeigte, selber erhalten.

Misera humana! Ich schämte mich sehr, doch sicherlich die Scham
war es, die mir nun sofort die Lösung eingab, ein »todsicheres System«: Jeder der Unseren sollte eine Nummer ziehen, in der Reihen-

folge dieser Nummern sollten wir uns dann um den Tisch setzen –
und jeder würde das Geschenk seines linken Nachbarn kriegen. So
klappte es dann auch – freilich mit dem Schönheitsfehler, daß jeder
nun seinen Bescherer kannte. Ich konnte immerhin zufrieden sein,
ich kriegte von Bartmann einen illustrierten Prachtband »Unsterbliche Toscana«, mein Klavier-Poesie-Album »Sang und Klang« war
an Meerwald gegangen, der mich auch gleich aufgewühlt drum er-
suchte, es dem österreichischen Handwerkspräsidenten weiterge-
ben zu dürfen, dessen Tochter spiele Klavier, er, Meerwald, könne
mich dafür auch bald bei einer Omnibus-Exkursion der hiesigen
Schöffen nach Wels unterbringen – und Kuddernatsch, dem Festl
einen schönen Batzen Speck verdankte, war so dankbar für meine
Hilfe, daß er mir immer wieder von seinen erhaltenen Plätzchen
zuschob und unbeirrbar einen Cognac daneben schaufelte.

»Und nächstes Jahr, meine Herren – machen wir's gleich von Anfang an so!« rief der Greis selig, die Ohren glühten ihm. Es war inzwischen 11 Uhr geworden.

»Nächstes Jahr – sitzt du nimmer da!« sagte Bäck, offenbar noch
gram, schiefmäulig und recht patzig.

»Warum? Paul? Warum?« rief Kuddernatsch trollisch klagend. Im
Hintergrund war der Wirt aufgetaucht.

»Kommt Zeit, kommt Rat«, resümierte Freudenhammer mat-
schig. Er schien heute nicht seinen besten Tag zu haben.

»Ich darf doch um etwas mehr Zurückhaltung bitten!« rief Karl
Demuth geheimnishaft und 2 Meter 03 hoch in unsere undeutlichen
Weihnachtszärtlichkeiten hinein, und dann sonnig: »Männer! Auch
der Gast hat seine polizeiliche Lärmschwelle!«

»Handbälle?« krähte ich, einer hinterfragenden Eingebung ge-
horchend. Die Bedienung Vroni schien mir heute eine besonders
innige Person. Gern hätt' ich sie wohin gezwickt.

»Karl« erwiderte Freudenhammer sanft sturmhöhenhaft, »Karl,
du bist doch«, holzfuchsartig strich er über seine neugewonnene
Portweinflasche, »Mitglied im Fremdenverkehrsverein. Lieg ich da
richtig?« Es schien nicht eigentlich das zu sein, was Freudenhammer
hatte fragen wollen. Halbentblößten Auges hockte Bartmann. Ob
Kathi wohl bei unseren Soireen wirklich fremdging?

»Jedes Jahr«, nichtsdestoweniger gab Demuth aus acht Metern Abstand laut Bescheid, »zahl ich 118 Mark Beitrag. Jedes Jahr! Und was hab ich? Höh!«

»Uns!« lachte Wurm, der Finsterling. Meerwald sog am Weine. O heiliges Band! Bartmann Alfons gähnte unverschämt, die Mystik der Männerbünde genießend.

»Höh!« Demuth rieb sich die Wange, »euch!«

»Da wundert man sich immer«, wandte Freudenhammer sich an uns, »daß heut' der Fremdenverkehr stagniert. Ich hab neulich den Dr. Zipperer drauf angesprochen. ›Tschicko‹ sagt er zu mir, ›entweder du...‹«

»Seit wann heißt denn du – wie? – Tschibo?« Bäck, verschanzt zuletzt, war neugierig geworden.

»Tschicko!« Fred, der mir bis dahin gar nicht aufgefallen war, ging aufs Ganze. »Weil er«, hastete er, »in der Zeitung immer so einen t-schicken Stil schreibt...« – usw., der landläufige Fotografen-Stumpfsinn folgte, und so nützte ich denn die Gelegenheit, mit dem mir neuen Bartmann über die Krücke »Tschicko« einen Schwatz anzudrehen, das Nötigste über die Tschibo-Bande in Erfahrung zu kriegen – wie brünstig Fred nur wieder quakte! –, indessen Bartmann aber wenig geneigt schien, mich in die Innereien dieser Dunkelleute einzuweihen, so kam ich denn auf Bartmanns Tanzberuf zu sprechen, und da – obacht, Wurm, der Festl sagt jetzt was zum Meerwald! – strich denn Bartmann sacht die Brauen nieder: Platon schon, verwies der Tanzlehrer, habe sich vorteilhaft über den Tanz ausgelassen, desgleichen Paul Valéry, Goethe, – Marx? Streibl? – Thomas Mann, Brecht, – am liebsten aber – Kuddernatsch, Kuddernatsch, du wirst halt bald daheim sein! – halte er es mit Nietzsche.

»Aha!« näselte ich salzig, »und warum?«

»Mensch sein – sagt Nietzsche«, sagte Bartmann wohlverstaut, »heißt Tänzer sein.« Jetzt erkannte ich es: der Beau Bartmann ähnelte stark dem Grafen Almaviva!

»Tanz«, redete ich aber möglichst gescheit daher, »heißt Manifestation der Seele...« – da aber –

– öffnete sich die »Paradies«-Pforte, und herein sprang wer? Wer fiel mit einem – horribile dictu – wahren Panthersprung der satanischen Freude über unseren Herrenhaufen? Wer hatte jetzund noch gefehlt?

»Abermals, meine lieben alten Wichser«, begrüßte uns noch im Nahen der böse strahlende Kerzenhändler Lattern im schwarzen Kapuzenanorak, »wollte ich den Bischof nicht eher heimtun oder suchen, bis ich nicht vorher – ich hab euch auch was mitgebracht!« kündete Lattern noch im erregten Stehen und gab einigen von uns aufgewühlt die Hand, »jedem ein, jedem ein«, die lockende Freude am Bösen schien ihn selbst zu übermannen, »jedem ein Fläscherl Sechsämter! Jedem! Mensch, war das eine Anreise! Die Altmühl ist über ihre Ufer getreten vor schwerer Not! Ich aber«, Lattern schlug flügelartig mit den Ärmchen aus, »bin bei euch!«

Jetzt drückte er auch mir die Hand. Ich wußte vorher nicht, daß man die Falschheit, ja Verworfenheit eines Menschen schon von der ersten Berührung der Hände her geradezu osmotisch erfühlen kann. Ein schwärzlich-gelber Luftzug fuhr durchs »Paradies«. Dann überreichte Lattern jedem der Unseren ein niedliches Fläschchen. Wir sollten diesen »Doppelten« alle zusammen sofort wegtrinken, »das ist die Condit – – die Losung!«

»Prima«, lobte Alfons Bartmann bona fide. »Ganz prima!« schrie ich früh entflammt.

Er sei, berichtete Lattern, und wie Mehltau senkte weiter Schwärze sich auf unsere Ruh, erneut auf dem Wege zum Bischof, diesem »sein Zeug« zu bringen, nämlich Kerzen sowieso und »geweihte Körnlein viel der Zahl«, damit ihm die Beine nicht mehr so weh täten, die »alten und – ich möchte sagen – gilben, gilbknistrigen Knochen«, – doch »halt!« schrie Lattern, er müsse bloß noch schnell in seinen Kombi, was »Schönes« holen – er hupfte wieder hoch und behend aus dem »Paradies« und kam gleich drauf mit zwei riesigen Schmuckkerzen wieder, die seien »gut wider Pest und Höllenqual!« Lattern entzündete sie, ließ Wachs auf den Tisch tropfen, stellte die Kerzen ins Wachs und forderte uns nochmals eindringlich auf, den Sechsämter »ganz schnell wegzuträufeln, dann nützt er was« – dann begann er, vor allem an Albert Wurm und Konrad Viktor Meerwald gewandt:

»Ich sehe euch hier in eurer Gräuslichkeit wie ihr seid: greisig, griesig und doch wunderweh! Und natürlich verfickt bis dorthinaus!

Ich gebe jederzeit falsches Zeugnis. Ich komme«, Lattern wies gegen die Eingangstür, »von dort herein. Ich kenne euch wohl von letztmals her! Prost, Flachwichser! Auf!«

»Prost!« rief Kuddernatsch jetzt allerliebst und semper fidelis.

»Jawohl, grad du!« Der Kerzenhändler toastete ihm schwarz fidel zu und schrie:

»Du bist der allergräuslichstc Hund!« Die Lattern-Kreatur sprang wie bieder auf und setzte sich erneut. Ein Kälbchen wie Kuddernatsch mußte wohl erschrecken. Markerschütternd waberte er mit dem Unterkiefer.

»Und der Bischof?« frug ich räudig. Bartmann rauchte steil, hatte sich längst als sehr guter Gesellschaftsknaster erwiesen. Zermürbter schon sah Bäck jetzt auf.

»Der Bischof?« Lattern sah mich schmutzig an, sein erster Schwung war hin, er ließ sich ins Besinnlichere gleiten. »Der Bischof ist ein alter Hund, auch mahnt ihn unser Neid. Denn der Bischof, meine dürft'gen alten Wichser, verfüge über der Mägdlein und Kitzlein viel. Der Mesner«, Latterns glutvollschlüpfrige Gedanken hatten ihre heimische Bahn gefunden, »der Mesner aber kleide sie am Abend aus, am Morgen wieder an, und so geht's Tag um Tag mit uns – in der Nacht aber«, vollendete der Händler entschlossen, »rausche der Samen, in Ewigkeit amen!« Er strahlte Kuddernatsch verheerend an und kräuselte seinen boshaften Spitzbart.

»Prost!« rief Kuddernatsch geängstigt. Der Goldgrund seiner schüchtern-schönen Seele bebte. »Mein Herr…«

»Ich aber bin der Paladin des Westens«, fuhr der Händler bohrend fort, »wenn alle untreu werden, hilft nur noch der Sechsämter. In diesem Jammertal gedeihe eure Rentnermoral. Ihr tut gut daran. Ich aber verfüge über die Wahrheit – nein, halt! Der Mehrheit. Ich bin erkoren und meine Kür beginnt!«

Und er sprang auf. Und setzte sich erneut. Zwei Stühle weiter fest.

»Raucht er?« Etwas ehrenrührig hielt Alois Freudenhammer Lattern seine Zigarrenschachtel hin.

»Nein! Vater! Nein!« rief Lattern feil zurück, vergaß seine versprochene Kür, senkte die Stimme, starrte in sein eigen Kerzenlicht und sann erneut: »Der Bischof – nein, die Situation ist nicht

danach. Der Bischof mit seinem sparsamen sattsamen Samen ist
auch nicht mehr der Jüngste und der Alte! Aber wir! Aber wir da
sind – ich möchte sagen – geradezu wunderbar alt. Wundersam
alt!«

Lattern und ich lächelten uns an. Er, als ob er sich für seinen See-
lenschmutz, ich, als ob ich mich für meine relative Reinheit entschuldigen wollte – und ihn um so mehr bewundere. Der Kerzenhändler schien verstanden zu haben, denn, obwohl Wurm und
Meerwald jetzt geradezu obszön schwätzten, fuhr er opfernd fort:

»Ich komme von Engelhartszell donauaufwärts gebraust«, berichtete er fast müde, »ein reitender Bote ward mir vorausgepriesen,
ein alter vergilbter Husar und Ladenschwengel und sogar Galgen-
vogel. Kein treuer Mann, er hat – mich versagt«, seufzte Lattern
schwer, trank trostlos an seinem Bier und sann wieder.

Wo der Bote sei, wollte ich frech wissen. Ob Kathi gar des Bischofs Kitzlein war?

»Der Bischof«, entgegnete der aus dem Geschlecht der Kerzenhändler, und in seinem furchenlosen Lenin-Gesicht hauste der dunkel verblendete Schmerz, »hat viel Freude an mir. Ich verrate ihn
nicht und seine Hinterleute. Sondern«, er sann dringlicher, »ich lege
ihm lieber die Lichter und lieblichen Leiber maulfertig aufs Bett, damit er nur noch zustößeln muß und seinen Stopsel jederzeit mit der
Stoppuhr kontrollieren kann – denn, denn in der heutigen Zeit, in
dieser Situation muß er sich sehr arg schonen ...«

Bäck schien ein bißchen zu schlafen, Konrad Viktor Meerwald
quakte zäh. Schwarzer Anzug und weißes Hemd verdammten ihn
zum Streifenskunk, eindeutig!

»Morgen ist Weihnachten«, grübelte Lattern und schien nun sehr
erledigt, ja verzweifelt, »dann fahre ich zum Bischof seinen Saustall,
jawohl«, ausgemergelt saugte er Bier, »anschließend aber immerhin
besuche ich meine Frau, die auch eine Rechtsgrundlage hat, damit
die Vermehrung gesichert ist und ...«

In diesem Augenblick teilte Konrad Viktor Meerwald eifrig
scheppernd mit, ab sofort könnten wir essen und trinken, was wir
wollten: Ab 24 Uhr könne die Kosten des Abends die österreichische Handwerkskammer übernehmen, das habe er mit dem Ge-

schäftsführer Badewitz vereinbart, dem könne er die Rechnung schicken, der könne sie absetzen.

»Absetzen?« Lattern horchte aus seinem Brüten heraus auf, »wer will sich absetzen? Ihr wollt euch absetzen? Ihr Schweine? Ihr Schweine!« schrie der schwarze Mann laut und sehr anzüglich, »ich – ich! – nämlich werde mich bald absetzen!«

Wohin es denn gehe, fragte Albert Wurm matt gut gelaunt. Kuddernatsch schien jetzt recht gegenwärtig. Freudenhammers klares Jakob-Muffel-Auge senkte ernster sich in Lattern.

»Sowieso! Und zumindest finanziell!« rief Lattern so verwahrlost, daß selbst Demuth aufhorchte, »finanziell werde ich mich alsbald absetzen! 10 000 im Monat! Finanziell werde ich euch jetzt alle bald überflügeln! Ich werde euch enteilen! Ihr aber«, die Stimme sank ins Hoffnungslose, »folgt mir nicht nach ...«

In Demuths fernem Auge malte sich erhöhte Sorge. Wohin, um Gotteswillen, fragte ich nochmals anmutig, er denn enteilen wolle? Nach seinem Heimatorte? Seelburg?

»Seelburg? Du Wichser! Jawohl, ich eile morgen nach Seelburg, damit die – Vermehrung seelenruhig geregelt wird, jawohl! Ich bin ein Staatsbürger – der niedlichen Denkungsart! Ich bin kein Wasserganserer wie mancher hier im Saale! Ich aber warne euch! Du kannst mich«, wandte er sich blitzschnell drohend an den schuldlosen Meerwald, »hier nicht in deiner Situation mit deiner miesen Situation verpflocken! Ich warne euch alle! Übermorgen – übermorgen aber werde ich im Paradiese herum ... herum ...«

»Zinteln«, half hier überraschend Alfons Bartmann, gähnte fest. Lattern griff ihn rauh am Arm:

»Zinteln! Jawohl! Das ist die Situation! Zinteln! Ich eile!«

Er sprang auf, es schien ihm etwas Ungefähres eingefallen zu sein, dann setzte er sich wieder und sah uns vorwurfsvoll verhaspelt an. Sexy und feliciter verschlafen stocherte Bäck in seinen Zähnen.

»Seelburg«, setzte Lattern ferociter kämpfend fort, »Seelburg? Das ist heute nicht die Situation! Denn die Situation befindet sich meines Wissens«, er sann sehr lange, »in meiner – Situation ...«

Wahrscheinlich hatte er sagen wollen: Die Kerzen sind in meinem Kombi drin. Aber ist, nach dem Zeugnis des Zen, nicht alles mit jedem verschwistert? Demuth schien beruhigt. Höchlichst neugierig aber hatte Vroni, verschränkten Arms, sich ein paar lauschige Meter hinter dem Bischöflichen postiert, frei zur Vergewaltigung, Sommerauer zum Schmerz …

»Seelburg!« brüllte der Kerzenhändler noch einmal und wie verwest, und dann ganz leise seufzte er: »Das ist meine Situation …«

Beziehungsweise – Lattern lächelte auf einmal sanft und innig – er müsse uns da »was Schönes und Wahres« erzählen. In Seelburg, er rückte die Köpfe von Bartmann und mir an den seinen heran, habe man vor ein paar Monaten »Schweres und Gutes bewirkt«. Dort habe es nämlich einen alten und seit kurzem beurlaubten oder pensionierten »oder jedenfalls aus dem Geschäft entfernten« Teppichhändler gehabt, einen gewissen (wenn ich recht gehört habe) Dutschke oder Doschke – der aber, schmunzelte Lattern vertraulich und schien nun fast nüchtern, habe seit Jahren, und vor allem nach seiner »vielleicht kann man sagen Freisetzung« so laut und unbeherrscht und ununterbrochen gebrüllt, daß nicht einmal seine, Latterns, geweihten Körnlein mehr gewirkt hätten zur Besserung bzw. Beschwörung – und nun habe man sich also im August dazu entschließen müssen, den Alten mit dem Versprechen eines »Höhlenfests« in die Sternsteinhöhle bei Seelburg zu »täuscheln« – man habe ihn hineingeschickt, schnell einen großen Felsbrocken vorgeschoben und sich seiner so ein für allemal entledigt. »Ehrlich wahr!« endete Lattern niedlich und fast unverlogen.

Von Hellhörigkeit geschlagen, war jetzt auch Kuddernatsch' amönes Haupt zu unseren lauschenden gerückt.

»Eine Zeitlang«, fuhr Lattern listig fort, »hat man ihn drin noch brüllen hören und Brüllaffen feilhalten – wie er gemerkt hat, daß jetzt alles anders wird im Leben und alsbald der Höllenschlund«, Lattern keuchte begeistert, »sich auftut! Aber dann ist es ruhiger geworden um den Felsen rund. Im Frühjahr wollen wir wiederum aufmachen und die Gebeine anständig und gebenedeit begradigen und bzw. begraben. Ein unwahrscheinlicher Schreiaff!« wandte der Händler laut sich an den Tanzlehrer. »Das glaubst du gar nicht, wie bei uns in Seelburg gebrüllt wird! Da bin *ich* gar nichts dagegen!«

Zwanzig Jahre in den Tropen, dachte ich sensu allegorico schaudernd, machen einen Menschen weich. Von seinem Rapport entzückt sah der Kerzenhändler um sich und gewahrte die aufmerksam lauschende Vroni. »Fräulein«, grinste er sogleich verkniffen, »kommen S' doch an unsern Tisch – auf einen Schnaps!«

Vroni schwankte graziös. Schwerer seufzte Bartmann harrend. »Didderln! Didderln!« Erst jetzt hatte der Händler Vronis ganze Schmuckheit wahrgenommen und mit ihr das Einziehen der Brunst in seinen zwielichtigen Kopf: »So schöne glockenreine Didderln!« Schlagartig abscheulich verzog sich der zuletzt so zivile Latternsche Mund zu dunkler, ja pechschwarzer Freude; er griff sogar nach hinten: »Wissen S' was? Fräulein? Kommen S' her und trinken S' fest – dann pack ich Sie in meinen Kombi und bring Sie und Ihre Didderln dem Bischof zur Freude dar bzw. dem Domkapitular Brei!« Lattern schien von seinem Plan entflammt. »Zuerst ich – dann der Bischof – dann der Brei! Jawohl! Jetzt kommen S' halt her!«

Nun erst, neuerlich zurück sich stemmend, bemerkte Lattern, daß Vroni während seiner Rede verschwunden war. Ich hatte es genau gesehen: Wie in schmerzender Enttäuschung einer stillen Hoffnung, war sie in die Küche, weg. Lattern aber war verletzt: »Dann fahrst halt nicht mit, Ami-Pritschen, hautige! Wer? Was?« schrie er plötzlich mächtig, »ich warne euch letztmals! Ihr Wichser! Ich bin ein ehrlicher, ich bin der grundehrlichste Typ der ganzen Situation! In meinem Kopfe hupft es auf und nieder, meine verliebten alten Wichser! Heute ist Weihnachten und der Bischof braucht noch eilig meinen Zuspruch, damit er in der Nacht die Mette 'runterzittern und zinteln kann, daß es paßt. Das – meine alten Deppen! – ist«, schrie er fuchsteufelswild, »die Situation!«

Es summte fromm die Christnacht. Muckerischer zwinkerte Bigotterie. Morpheus' Körner tanzten heiter. Freudenhammer hatte die letzten Minuten über ein Etui hervorgezogen und seine Brille aufgetan, um Lattern noch besser betrachten und begreifen zu können. Anheimelnder denn je zahnte Kuddernatsch vor sich hin – so schopenhauerisch, daß ich fast neidisch wurde. Bäcks Anmut quoll in sich zusammen, der Alte hatte einen Riesenrausch.

»Karl!« rief Fred ungezogen sonnig, »einen Schweinebraten – ein Tatarbrot à conto der österreichischen Handwerkskammer!« Ehrenwert nickte Meerwald mit dem Kopf.

»Und für mich«, er keuchte leise vor Keuschheit, »eine Strudel!«
Kuddernatschens Wispern hatte Tropenqualität.

»Für mich«, schrie der Kerzenhändler auflauschend, »eine dreifache Sechsämter-Situation!«

»Den ersten für dich, den zweiten für den Bischof, den dritten
für'n Brei!« rief ich mit ranzigem Humor, und Albert Wurm, gewandt, setzte seine gerissenste Miene auf und spielte heftigst mit
den grauen Haaren. »Damit du heute«, riskierte ich eine ehrabschneiderische Lippe, »noch gut enteilst!«

»Finanziell«, rief Lattern ernst und sehr entschlossen, »pack und
überwinde ich jetzt bald sogar den Bischof! Heute«, er dachte kurz
nach, »ist schon fast Silvester. Das nächste Jahr aber diene, meine
wundersamlichsten Samenwichser, der Wahrheit! Dem Bischof
wird meinerseits enteilt. Und seine wunderlich wuchernden Flitscherln entreiß und enteil' ich ihm dann auch! Das ist die Situation!«

»Nur grammatikalisch«, wandte ich seicht ein, »hinkst halt ein
bißl nach!« War der Bischof also wirklich ein so sexualer Mann? War
ich trotzdem auf der rechten Spur? Freudenhammer, jugendbewegt,
hatte, noch sitzend, seinen braunen Schlapphut auf und seinen erkiesten Schnaps im Arm.

»Was? Wer? Was?« wehrte sich Lattern nervöser, sprang auf und
hoppelte ein paar Meter in Richtung Tresen und Küche, ballte die
Faust und drohte wild: »Komm nur 'raus, Ami-Schicksen-Pritschen-Fotzen, hundsverreckte, dann gehörst mir!«

»Sprachlich«, wiederholte ich karg, »enteilst nicht besonders
schicklich.«

»Wer? Was?« schrie mich Lattern sehr feindlich an, indem er sich
wieder setzte, »ich bin Akademiker! Der Bischof mause mächtiger
herum denn je zuvor! Ich bin Vollblutakademiker! Ich hab's Große
Latinum!« rief er überzeugend, fuhr aber etwas zager fort: »Oder jedenfalls, du Hund, hätt' ich's fast, wenn ich das Kleine hätt', wenn
das damals nicht dazwischengekommen wäre ...«

»Das große Lat-ternum«, spottete ich sacht beruhigend organisch,
»wirst halt haben jure divino ... Der Alwin kann gut Latein ...«

»Aber ich krieg's noch, ich krieg's noch!« Lattern hatte mir nicht
zugehört, »ich hab's praktisch schon durch meine abermalige Fre-

quenz beim Ganz-Anderen, beim Bischof, jawohl!« schwoll die böse Stimme wieder mutvoller an, die falschen Augen drehten sich noch gemeiner im Kreis und ihre Angst strafte die Kühnheit des schwarzgrauen Spitzbartes Lügen, »ich bin – Schlesier! Ich bin die Wahrheit und das Leben! Jawohl!«

Hingegossen lachte Wurm gefeit. Musik klang auf...

»Wenn der Kerl zum Baß greift«, faßte Freudenhammer jetzt ex cathedra zusammen, »dann heißt das, daß alles gut gegangen ist!«

»Der schlechte Wichser...«, hinkte Lattern bitterlich und einsam nach und kurbelte brütend mit dem Finger in der Asche, »der Papst?« Er horchte in seine eigenen inneren Rauchschwaden hinein. »Ich habe schlechte Nachrichten aus dem Lateran. Über ein Kleines noch, so wird es heißen: Habemus Papam – gehabt! Und dann wird sein viel arg Bekümmernis.« Der Kerzenhändler sprach jetzt wie zu sich allein. »Ein neuer Papst aber wird sogleich auferstehen. Denn unter meiner Direktion trete erneut das Konklave zusammen, ich aber bringe die Körnlein, das Konklave zu mahnen und zum kleineren Teil aufzuschrecken, und auf meine Situation hin wähle und wichsle und schweißle es einen neuen Papst zusammen, auf daß der Kerzenhandel blühe immerfort! Ich aber«, Lattern ließ die Stimme wieder schnellen, »krieg's Große Latinum! Die Lateranverträge liegen bei mir unter Dach und Weh...«

Doch der Händler drang nicht mehr durch. Denn inzwischen hatte sich längst ein weiteres Mirakel angebahnt, das Zuckerwerk mit Zimt zu würzen treu. Karl Demuth hatte auf einmal einen Kontrabaß in den Armen, seine Frau aber blies die Mundharmonika – und ganz wie zwei bethlehemische Engel hatten sie sich vor die Unseren gruppiert, Musik zu entsenden – zuerst ein Weihnachtslied »Auf, auf, ihr Hirten!«, dann »Am Brunnen vor dem Tore«, sodann »Rote Rosen, rote Lippen, roter Wein«, zuletzt sogar »Sul mare lucica«, ganz verwegen, ganz unerhört, ganz unverzeihlich situationsbeflissen, und die dicken Finger Demuths hupften schrecklichschräg-gemütvoll über die Saiten, und die Alte säbelte und säbelte taubenhalsfarbig das tollste Rotkehlchenzeug zusammen – es war ganz wundersamlich hehr und feiertümlich schwer verludert – – und schließlich kam alles noch viel purpurner:

Natura nihil facit frustra nec supervacaneum. Auf einmal saßen Meerwald, Kuddernatsch und ich in Latterns Kombi, Lattern und Meerwald vorne, der Greis und ich hinten zwischen den Kisten und Packen Kerzen und Geweihtem, wir rutschten zur Stadt hinaus, fast lieblich und aufgeregt plappernd verhieß Lattern, er müsse uns »jetzt noch schnell was ganz Schönes zeigen, einen hohen Ort«, nämlich, enthüllte er, einen kleinen gefrorenen Weiher, den er schon bei der Herkunft kurz vor Dünklingen gesehen und entdeckt habe, und wir alle würden staunen, was er, Lattern, da »bewirke«, und von dort aus würde er nämlich gleich zum Bischof weitermachen. Meerwald sagte mir aufmerksam, daß im Zuge der geplanten Fahrt nach Wels auch verschiedene Veranstaltungen und Maßnahmen mit dem österreichischen Kanzleramt und der Welser Weinkönigin zur Durchführung kämen, Lattern fuhr wie der Leibhaftige über das Glatteis dahin, dann nickten Kuddernatsch und ich ein bißchen ein, und plötzlich hielten wir.

O würde doch der Mensch nicht durch der Zeit, des Raumes Hinterlist betört! Bedauernswerter Einstein! Lattern hatte recht geweissagt: Es war ein hoher Ort, es war von sonderlicher, abseitiger, ja so abwegiger Schöne, daß ich sofort Kuddernatschens Hand ergriff. Der Himmel taute sternenklar, der Mond trug einen geistlichdünnen Hof. Lattern, bienenemsig, hatte sofort mit großem Schwung und Ehrgeiz aus einem Kanister Benzin über die kleine weißgefrorene Spiegeldecke des Sees gegossen, jetzt warf er schamanenhaft und ohne Scheu ein Streichholz drauf – und siehe, es begann zu flimmern und zu funzeln, ein Flächenbrand mit blasser lilablauer Flamme, gelben Zungen, weich und schmeichelnd, harmlos sengend, furchtbar furchtlos – selbst Lattern schien vor Freude zu erstarren. Ach! Nächt'ge Sanftheit hallte schauernd, wundersame Blasen tauchten in uns auf, holde Winke blauten, Tränensäcke schimmerten viel Hoffnung wider, so gilb, so fromm, so gut, daß ich, im Feuerschein der glühend sinkenden Schneeflocken, Kuddernatschen rauher in das Händchen griff und mir fast mein Chemiestudium und Kathi ihre unselige Ehe mit mir verzieh.

REGINA COELI, LAETARE! LAETARE!

Ich fror wie ein Schullehrer. Der Mond strich voll und weißer durch die Wolkenscharten, die ausgeschnitt'nen Ränder brachen seinen Schein. Etwas fahler nesselte das Feuer jetzt, Lattern goß erneut Benzin hinzu, freudig gelber lohte rasch das Züngeln wieder. Meerwald schaute schläfernd vor sich hin, in den flackergelben Schnee. Kuddernatsch dagegeen, der vielleicht sogar immer abenteuersüchtiger wurde, wischte sich die Augen und gedachte seiner Tochter, der der letzte Gruß wohl galt. Der große Jäger zitterte wie fürchtig, Beteigeuze schämte sich sogar. »Halt!« rief Lattern, lief zu seinem Kombi, brachte vier Fackeln an und drückte sie uns in die Hand. Kundig ward auch daraus Feuer. Es schauerte gleich noch einmal so schön. Selbst Lattern war wie ernst und wortkarg jetzt geworden – er murmelte nur noch kurz und fast lautlos die verzeihliche Lüge, daß der Weiher ihm gehöre. Fester drückte ich mein Toscana-Buch ans Herz. Ach, Kathi! Wenn jetzt noch Mozart dastünde und eine von Latterns Fackeln hielte, ich würde sofort maustot umsinken. Engelschwingen knackten leis und ferne. Obwohl es niemand sehen konnte, machte ich ein möglichst bleich Gesicht. Denn Mimikri ist alles. Nicht Mimesis? Die Nemesis – o Ewigkeit, du Donnerwort – würd' dann schon irgendwie gehemmt:

SANTA MARIA, MATER DEI!

Gegen halb 4 Uhr fuhr uns Lattern nach Dünklingen zurück. Es war eiskalt geworden. Lattern schien an Schlaf nicht mehr zu denken, wußte vielleicht gar nicht, was das ist – er machte aber irgendwie den Eindruck, als sei er nicht ganz zufrieden mit seinem Werk. Mich drängte es trotzdem, mich bei ihm zu bedanken, zärtlich fragte ich also, ob er, Lattern, uns wirklich und endgültig enteilen oder doch später wiederkehren werde, zu feurigem Tun.

»Ich künde dir«, sagte Lattern, und der schwarze Himmel wurde wankelmütiger, »jetzt etwas mit Kümmernis, aber Hochaktuelles und sogar Intelligentes zur Situation. Was ich jetzt sage, ist gereift. Ich aber sage dir: Du bist der allerblödeste Sausauhund von allen!

Du! So. Der Rest ist Sache der Situation! Und jetzt hopp! Raus! Geh
heim, alter Wichser!«

DIE OBERPFALZ

Das Schlimme am heutigen Bayern ist, daß es so fast fugenlos folk-
lorisiert erscheint und daherkommt; daß die Schönheit seiner Landschaft, daß die Kraft und Gemütsamkeit seiner Sprache von der Politik bis vor allem hinein in die Reklamewelt so beinahe restlos durch
eine Kitschmelange aus wahrem Volkstum und durchaus unwahrer
Folklore okkupiert und verwässert und damit tendenziell schon unerträglich geworden sind. Für meine Heimat, die Oberpfalz, speziell die
mittlere, rund um meine Geburtsstadt Amberg, gilt das zwar im min-
deren und milderen Maße als vergleichsweise für München und Bad
Tölz; aber es wäre Unsinn, ja eine weitere Beleidigung dieser Region,
jene Erbsünde unserer Tage übersehen und übertünchen zu wollen.
   Die Oberpfalz – sie gilt als herb und lieblich, als karg und mit ver-
borgenen Reizen fast geschamig wuchernd –, und ich denke: hier
treffen sich einmal Legende und Klischee und die pure Wahrheit gar
nicht schlecht. Wahrscheinlich ist es ja in der ganzen Welt, wenn
diese nicht von Menschenhand verschandelt wird, gleich schön;
aber die Oberpfalz noch schöner. Die Region südlich von Amberg
gemahnt zuweilen an die wilden Mittelgebirge des Peloponnes und
an die sanft grünen Matten der Toscana zugleich – ach was Grie-
chenland und Italien – sollen die sich doch mit der Oberpfalz ver-
gleichen! Und im Vergleich mit dem Arno schneidet die eiskalte,
wunderbar mäandernde Lauterach in jedem Fall besser ab – ja, und
einiges an der Juralandschaft erinnert auch an die Rocky Mountains
und Grand Canyons von Arizona – naja, das wissen die nördlich
und südlich von Amberg stationierten Amis – und der berühmteste
war um 1955 Elvis Presley ihmselber – natürlich weniger zu schätzen. Um so mehr das Unikum des in Amberg gebrauten dunklen
Weizenbiers. Von diesem Elixier und Arkanum schwärmen die alten GIs, wie man hört, fernhinträumend noch auf dem Totenbett.

Schön ist die sanft hügelige Landschaft der mittleren Oberpfalz, schön sind ihre noch lebendigen Mundarten und sehr geeignet für zartes Lyrisches. Schön die oft ganz kleinen weißen Wallfahrtskirchen, die da auf Namen wie Maria Ort oder Maria Schnee hören; sehr schön in der Tat oft schon die schieren Ortsnamen, so da lauten Tabernackel, Pommelsbrunn, Wurmrausch oder auch Wurstbachtal – aber apropos: Die Würste, die Bratwürste beim hochsommerlichen Bergwallfahrtsfest in Amberg, Sulzbach oder auch auf dem Frohnberg, die sind am allerschönsten ja vielleicht. Am andachtzwingendsten; gleichsam säkularisierte Andacht. Und da wiederum die allerschönsten, andachtvollsten sind wohl die der Metzgerei Siegert aus dem nahen Hahnbach –

– nein, nichts gegen die lebenslustschürende Firma Siegert, aber es gibt doch etwas noch Schöneres. Einen Geruch – nur einen Geruch. Das Schönste ist der Geruch, der Duft, der zwischen Juni und September einem oberpfälzischen Bauernhof manchmal und jedenfalls an besonderen Glückstagen entströmt: Ein Duft- und Geruchsgemisch aus trockenem Heu und Kirchweihkücheln, aus honigsüßem Hornklee und heißer Brennessel, Stall- und Mistgeruch ist dabei und unter Umständen auch etwas Schweinebraten, dann wohl hefesäuerliches Brot und vielleicht staubvermischtes Stroh, Brennessel hatten wir schon, ja und dann auch womöglich schon ein würziger Hauch Kartoffelfeuer – kurzum: ein Geruch schöner als aller Lavendel, Jasmin und Moschus, schöner als der ganze Orient, größer als der Duft der restlichen Welt.

Kurzummerdum: Ein Geruch wie Gott.

VIER ANEKDOTEN

Der frühere Bundestrainer Sepp Herberger wurde einmal gefragt, wann eigentlich ein Fußballspiel vorbei sei. »Erst nach 90 Minuten«, antwortete Herberger, ohne zu zögern. Der Satz ist seitdem zu einem geflügelten Wort geworden.

AUF DER FRANKFURTER DIPPEHESS 1967

„Wir unterbrechen unser Rock'n'Roll-Potpourri für eine
dringende Suchdurchsage: Herr Theodor W. Adorno möchte bitte
zum Auto der Familie Habermas kommen, die wollen heim."

Um die verzweifelte Stimmung, welche die »Frankfurter Schule« um das Jahr 1933 herum befallen hatte, etwas aufzulockern, veranstaltete Max Horkheimer eines schönen Tages einen kleinen Wettstreit. Derjenige sollte Sieger und der beste Kritische Theoretiker sein, der das Reflexivum »sich« am weitesten postponieren (nachstellen) konnte. »Das hört *sich* gut an!« rief Erich Fromm und schied sofort aus. »Jetzt wird *sich* mal zeigen«, schrie begeistert Herbert Marcuse, »wer was drauf hat im Kopf!« – und natürlich sah damit auch Marcuse kein Land. Etwas geschickter stellte sich Walter (»Benjamin«) Benjamin an, der mit einem »Der Marxismus muß mit dem Judentum *sich* verbrüdern!« zum Erfolg zu kommen hoffte. Habermas hatte offensichtlich die Regel mißverstanden oder was, jedenfalls schied er mit seinem Beitrag »*Sich* denken, bringt wahre Selbstreflexion des Geistes« aus, und auch Pollock brachte es mit einem »Gott ist an *sich* im Himmel« nicht recht weit, ja er wurde sogar mit Schulverweis bedroht (nachher wollte er es ironisch verstanden haben usw., was aber vor allem Marcuse bestritt, während Fromm irgendwie mit der ganzen Welt verkracht war und nur verbissen an seiner Rache bzw. einem Bleistift kaute) – jedenfalls legte nun lächelnd Max Horkheimer mit dem Satz »Die Judenfrage erweist in der Tat als Wendepunkt *sich* der Geschichte« einen echten Hammer vor, indessen –

– nicht zu glauben, daß auch dies noch übertroffen werden konnte: Sieger wurde und sein Meisterstück machte nämlich Adorno mit dem seither geflügelten Satz: »Das unpersönliche Reflexivum erweist in der Tat noch zu Zeiten der Ohnmacht wie der Barbarei als Kulmination und integrales Kriterium Kritischer Theorie *sich*.«

Selten ein schönerer, ein rührenderer Anblick als der, da Max Horkheimer mit den Worten »Brav, sehr brav« dem Jüngeren über den schon haarlosen Kopf strich und ihm als Siegestrophäe Fritzi Massary überreichte.

*

Schon am Tübinger Stift, als er es noch mit Schelling und Hölderlin hatte, beschäftigte Hegel sich stark mit der Aufhebung der Selbst-

entfremdung bzw. der Rückkehr des Geistes zu sich selbst. »Das
wissende Sich-selbst-gleichsein in anderen ist – si diis placet – das
An- und-für-sich des Geistes«, sann Hegel eines Tags. »Mit anderen
Worten: Was nicht vernünftig ist, hat keine Wahrheit, oder was nicht
begriffen ist, ist nicht.«

»Genau!« rief Schelling, »Fritz gibt und du hebst ab.«

*

Dr. Ossip Bernstein, auf die Frage eines Freundes, warum er eine
völlig ausgeglichene Partie nicht remis gebe: »Remis geben? Aber
warum – ist denn damit schon jemals eine Partie gewonnen worden?«

LITERATUR VS. KABARETT
Nahezu persönliche Anmerkungen
zu einer recht obsoleten, ja ziemlich steindummen Gattung

Dieses Gesocks, das sich für etwas Geld noch vor jede TV-Linse
hockt und unter Namen wie Hans Scheibner, Helmut Ruge oder
auch – unglaublich, aber noch eine Etage drunter – Gabi Loder-
meier (jawohl, so heißt sie wirklich) sein verbales Gehampel, sein
deprimierendes Doppelsinn- und Wortspielgekasper, seine krach-
erbsenscharfen Schüsse aus der Wortkanone (so eine einschlägige
Kolumne des ›stern‹), seinen linkisch namenlosen Stiefel abzufeu-
ern, seine Mediokritäten bis Sklerositäten von W. Schneyder bis
L. Lorentz, dies prototypisch kabarettistisch Knallköpfige und
gleichzeitig Kotzbrockige, blindlingisch allzeit bejubelt von einem
jämmerlichen, scheint's noch mit jeder Zumutung zufriedenen
Stammpublikum und emphatischer noch von sich selber und dem
eigenen Stamm, diesen im steten Namenwechsel ewiggleichen
Witz- und Abgreifer- und Absahnerfiguren eines gottverlassenen
Gratisweltgeistes und – – Aber vielleicht gehe ich hier doch allzu
schnell in medias res.

*

Ähnlich wie es zwischen Literatur und Theater wunderlicherweise so gut wie gar keinen Draht und keine Wellenlänge gibt, so wie auch diese beiden eigentlich zwei isolierte Gattungen sind, es nur recht scheinbar und jedenfalls äußerst brüchig einen gemeinsamen Dachverband, eine Verbindungsschiene, das Wort, hat: So auch letztlich keinen zwischen Dichtung/Literatur und der zuweilen auch auf den Namen und Obernamen Kleinkunst hörenden Gattung Kabarett. Aus ihren Sprechtexten, vor allem aus den immer notorischer und mehrbändiger werdenden Memoiren ihrer Leitfiguren geht vor allem eins klar hervor: Sie wissen nichts, sie kennen nichts, sie haben nichts gelernt – selbst von Shakespeare, Goethe, Heine, Tucholsky, Polgar, Kraus haben sie eigentlich nur vom Hörensagen gelesen, Troglodyten in ihrem eigenen kleinen und finsteren oder vielmehr dämmrigen Reich – warum aber, um alles in der Welt, soll dann ich umgekehrt mich fürs deutsche Kabarett interessieren und seine bestenfalls hochbescheidenen Leistungen, wenn sich dieses Kabarett umgekehrt für mich und meine hochbedeutenden Leistungen nicht die Bohne erwärmen kann? Ja nicht einmal für sein eigenes und, neben Polt, einziges Säkulargenie der letzten Dezennien: den allerdings die beschaulich selbstzufriedenen Grenzen eben dieses Kabaretts ständig und inständig transzendierenden Heino Jaeger; den es, einen Star der siebziger Jahre, vielmehr inzwischen glatt vergessen hat; schlimmer, nachdrücklicher als seinerzeit von der Öffentlichkeit Mozart vergessen wurde; den man zwar anonym verscharrte, aber schon am nächsten Tag nicht nur dem Kulturbetrieb, sondern nolens-volens dem Gedächtnis der Menschheit wieder einverleibte.

Insofern immerhin: ein Fortschritt, ein Segen für den ja trotzdem hoffentlich nicht gänzlich sterblichen Heino Jaeger.

*

Die Wortspielhölle: »Carmina Urana«, »Rationaltheater«, »Pro Test«, »Marx und Murks«, »Kinder von Murks und Lola Lola«, »Tadel verpflichtet«, »SAT-tes Chaos I«, »Cassa Blanca«, »Die Niegelungen«, »Rot für die Welt«, »Stierisch ernst«, »D-Montage«, »Was gibt's Neuss«, »Münchner Lach- und Schießgesellschaft«, »statt-theater fassungslos«, »Das Röcheln der Mona Lisa«, »Maden in Germany«, »Kabarett Linksru(h)m«, »Wipfelstürme«, »Die unsägliche Seichtigkeit des Seins«, »Eine kleine Machtmusik«, »Verschärft die Lachsamkeit«, »Warten auf Demo«, »Vorwiegend weiter«, »An der schönen lauen Donau«, »Energie, vorkommen« (diese Zusammenstellung z. T. mit Hilfe einer viel größeren Dokumentation in der ›Titanic‹ 4/92 –

– damit soll's erst mal genug sein mit nichterfundenen einschlägigen Firmen- und Programmtiteln, seit ca. 187 Jahren haben wir sie zu erdulden, die nimmersatt inferioren, infernalischen, die Seichhaftigkeit des Seins überbrummenden Weltgeistflüge dieses grenzensprengenden Kalibers – dabei ist der alte Robert Gernhardtsche Seufzervorschlag »Kabarette sich, wer kann« von 1969 zwar nach einem Vierteljahrhundert scheint's noch immer nicht realisiert, aber dafür wird die Kraft seiner Hilfsschreifassungslosigkeit immer uran-, ja plutoniumstierischer. Und noch ist ja nichts verloren, noch muß ja nach dem Vierten Murphyschen Gesetz jedeaberauchjede kleisterdumme Klebrigkeit durch den würgenden Wortspielfleischwolf gemangelt werden; doch, auch nach einer späten Weisung Franz Kafkas muß man ja, um das Schlechte immer besser zu ertragen, erst einmal durch das Allerschlechteste durch – ja, freilich, es ist wie ein Virus, wie eine Epidemie, wie ein gesamtgesellschaftlicher Alzheimer, der da das neu-, aber letztlich vor allem sehr altdeutsche Kabarett noch über die allerdings sonst ärgsten verwandte Betroffenheitsquasselszene von Dorothee Alt über Carmen Böll bis zu Uta Höhler-Drewermann hinaushebt – ach, kann ich da, acht Jahre später, nur einem eigenen Ächzer zum Beschluß einer längeren Studie über den erbarmungslosesten aller neudeutschen Satiriker und Kabarettisten und Kleinkünstler, H. D. Hüsch, nochmals nachächzen, ach, wer gibt uns vor dem jammervollen Hintergrund all des Unflats unseren alten Herbert Hiesel wieder!

*

Nach der Veröffentlichung der besagten Hüsch & Co.-Studie 1985 rückte der mitverantwortliche »Verlag ›pläne‹ GmbH« Dortmund als

Riposte eine mich des Selbsttors bezichtigende Anzeige in die ›Titanic‹ ein: Ich hätte, so die Anzeige völlig korrekt, Schneyder bezeichnet als »vollends lästig«, Hüsch als »den Unausstehlichsten«, Wecker als den »unbedarftesten aller Blödmänner«, Heidenreich, Kittner, Ruge et. al. in toto als »Kraut- und Rübenquatschis aller Couleur« und gar als »Pack«, das sich verträgt und bestens wechselseitig trägt – – naja, der recht elegische Witz ist nur, daß mir selber, und mit mir einigen begreifenden Nachzüglern, das alles nach acht Jahren gleich noch mehr einleuchtet – ich hätte es nur noch deutlicher sagen können, ja müssen. Und auch, was ich im spotlightverkürzten Aufriß über die Hintergrundskausalitäten als Verdacht angedeutet hatte, bezeichnet ja nur zu richtig die richtige Richtung: »Die Erbärmlichkeit des deutschen Kabarett- und Kleinkunst-Publikums ist in Wahrheit das Thema. Ihr selbstgeschaffenes ›Umfeld‹ ist es, welches der Branche ihre Unverschämtheiten nicht nur gestattet, sondern bestdotiert noch abkauft. Noch jeder Dreck und Rotz und Schleim geht hier als Kabarett und Satire und gar Aufklärung durch – Wortspiele, die keine Sau erträgt, Aphorismen, die nicht einmal sie selber ertrügen« – –

– obwohl sie ja, da hab ich sie nun doch vielleicht unterschätzt, sehrsehr viel vertragen. Kurz: Alles Wort für Wort noch immer wahr, ich hätte es damals nur um 30 Prozent härter formulieren müssen. Jetzt, in der nochmals verfinsterten Ära Scheibner/Lodermeier, ist es zu spät, ist eh all's zu spät, Hegels Minerva ratzt ja längst… hingestreckt von der selbst ihr nicht mehr ansehbaren Blödheit unter ihren verzweiflungsvoll wippenden Schwingen. Auf nach Feuerland! Oder wohin auch immer.

*

Richtig, es gibt abseits der Wortspielinfernos des altneudeutschen Kabaretts, das ja selbst noch die konkurrierende Reklame (»schuhverlässig« – »eisgeliebt«) knapp in den Dämmerschatten des unablässig Schwerkreativen rückt, – sehr richtig, es gibt da ja immerhin noch den Jonas. Den Jonas, der uns nicht ganz verkommen läßt. Den Bruno Jonas, der, nach einigen Anlaufschwierigkeiten, heute an guten Tagen an den jüngeren Dieter Hildebrandt erinnert und, ideell Seit' an Seit' mit Polt (soweit dieser als Kabarettist agiert), nahezu glaubhaft den Nachweis zu führen sich untersteht, daß Geist, ja also sogar Kabarett, theoretisch und praktisch notfalls sogar im Fernsehen geht.

Tja. Aber soll ich jetzt wirklich wegen eines einzigen und – innerhalb der aktuell Aktiven – schon singulären Jonas meine nur allzu gutdurchwachsenen Meinungen aufgeben? Ändern? Ich doch nicht. Käme ja dann noch mehr alles durcheinander.

Und außerdem: hab ich den Jonas schon lang nicht mehr im Fernsehkasten gesehen und gehört!? Wird ihm doch nichts Unfreundliches passiert sein?

*

Das österreichische Satirekabarett der fünfziger Jahre? Ja. Helmut Qualtingers Herr Karl? Aber immer. Ja auch noch zum damals und ursprünglich gut erträglichen Ruhrpott-Realitäten Menschbleiber Tegtmeier des Jürgen v. Manger. »Lach- und Schieß« der fünfziger und sechziger Jahre: Eine nicht üble Erinnerung. Irgendwann kam dann das neue deutsche Kabarett der späten Siebziger, also Matthias Beltz, Karl Napp, linksradikales Blasorchester, Panikdingsda o.s.ä. – ich weiß, um aufrichtig zu sein, auch nicht mehr so genau die Namen und Etiketten, hab wohl auch damals schon der ganzen neuen Chose ziemlich mißtraut, und es hat sich dieses Neue dann ja auch schleunigst und jedenfalls überwiegend als das saudumme Steinalte rausgestellt, keinen Deut törichter, aber auch keinen klüger als der urschleimkabarettistische Altkäse des alterslos vor sich hin dumpfenden Düsseldorfer Kom(m)ödchens und verwandter, jeden Zahn der Zeit kraft schierer Sturheit spielend aussitzender Stachelschweine und anderer schon fast pararegierungsamtlicher Unterhaltungsgremien und Betätigungsinstitute – auch wenn sich die ewig prasselnden Reizwortkaskaden als akklamationsbedingende Reflexe jetzt doch mählich bequemten, von »Atomkrieg« und »Notstandsgesetze« ebenso beifallsgewohnt zu »Beton« und »Tschernobyl« und »WAA« hinüberzuwechseln.

Aber nein, all diesen hoffnungsträgerisch angetretenen, inzwischen längst wieder von der Furie des Versackens eingeholten kabarettistischen Innovationskrampf mit seinem hurtig changierenden Titel- und Themengeraffel kann selbst mein zementstark urangestähltes Gedächtnis nicht mehr bewahren. Warum sollte es auch. Krieg ich ja doch, wenn ich auch diesen Scheiß noch auseinandernehme, keinen Dank für. Sondern nur wieder jene Brummer entgegenkatapultiert, die mich mit schöner und zäher Regelmäßigkeit nach meiner aufklärenden »Aufopferungsarbeit« (Horst Eberhard Richter; ja, er ist doch unser Bester, auch als Kabarettist) jeweils pfeilgrad treffen, kaum habe ich die Hüsche dieser Welt als bombensichere Rohrkrepierer hochgehen lassen: »Killer«, »Nazijornalismus«, »Stürmerstil«, »Scheißartikel«, »Arschloch«. Leider, sie danken's einem nicht, die Aufklärung. Am wenigsten jene, die einen dazu immer zwingen.

*

Gemeinsame Interessen von Dichtung und Kabarettsatire? Aber woher. Sie wursteln halt beide maulwurfemsig vor sich hin. Ad infinitum und mit prima Scheuklappen eingedeckt. Zugegeben: daß es die aktuelle deutsche Literatur insgesamt verständiger, formal phantasievoller, inhaltlich substantieller täte, das vermag ich freilich auch nicht zu bestätigen.

*

Es ist nicht zu leugnen, daß der jüngere D. Hildebrandt samt seiner »Lach- und Schießgesellschaft« 1958 ff. ein gesamtgesellschaftlicher Aktivposten war; viel und schwer Dankenswertes auch zu meiner Ich-Findung und -Werdung und -Stärkung beigesteuert hat; daß mich seine silvesterlichen Fernsehsolos auch noch ca. 1965−70 ja durchaus inflammiert haben; und wenn der Mann das Bundesverdienstkreuz nicht schon haben sollte, kriegt er es dafür − dafür! − gewiß zu recht; doch, und daß er's nicht nähme, da braucht man sich immer weniger Sorgen zu machen, im Alter werden sie alle schwach, und Schalksnarren gieren ja ganz besonders heftig nach allerlei Böllerschüssen zum Begräbnis. Allein, der junge Hildebrandt half – so jung und dumm ich war, ich ahnte etwas dergleichen – damals durchaus und sehr dabei, die Adenauer-Zeit einigermaßen schadlos zu überstehen, ganz anders z. B. Bölls junger Heinrich, und genau darum geht's mir jetzt: Die publizistisch polemisierenden Trotteleien, die mich 1991 nach meiner schriftlichen Invektive wider den verstorbenen Nobelpreisträger H. Böll vorzüglich und mehrfach aus der nimmermüd spitzen und törichten Feder des Kabarettisten und Kolumnisten W. Schneyder ereilten, sie wurden in gewisser Weise noch übertroffen durch die fernsehinterviewlichen (ARD/TTT, August 1991) des Böll-Fans Hildebrandt; der sich da, anläßlich eines kameragewappelten Besuchs des Jens-Sohns Tilman, nicht entbarmte noch entdackelte, vor immerhin ca. 10 Millionen TV-Halbhinhörenden und vor dem Hintergrundbonus seiner beträchtlichen Medienpopularität prima populistische Ressentiments gegen einen Böll-Feind, mich, zu zündeln, deren bedenkenloser Denunziationsgehalt dem Charme ihrer schamlosen und ungetrübten Sachkenntnisferne in nichts nachgab. Seine Freundschaft mit Böll, so der sicht- und hörbar überforderte Altsatiriker, gebiete ihm die Empfehlung, mir, dem Feind und Beleidiger dieses Großen, »das Maul zu stopfen«.

Eigenartiges Gemüt eines verdienten Nachkriegsdemokraten und unverbrüchlichen Apologeten von Meinungsfreiheit, gerade gegen die Großen und Mächtigen des Landes. Nur zu plausibel, daß sich der nämliche Kabarettist noch im nächsten Jahr auch zur bedingungslosen Verehrung des Präsidenten Weizsäcker und seiner höheren Kitschabstrahlung entschloß. Nun könnte man natürlich auch die Frage drechseln, warum, weshalb, wieso das Fernsehen zu einer in der Tat recht heiklen literaturkritischen Spezialthematik den Kabarettisten Hildebrandt und nicht besser den Pfarrer von Ramersdorf zu Rate zieht und Meinung beziehen heißt: Vielleicht erahnt man aber spätestens hier und jetzt, daß und warum mein persönliches Geborgenheitsgefühl im auratischen Ambiente des doch scheinbar artverwandten deutschen Kabaretts kein allzu gewisses und affines ist. Und dabei braucht ja doch auch unsereins wenn schon nicht Böllsche, so doch mindestens Blochsche Heimat.

*

Als am 24. September 1992 in Hildebrandts ARD-Satire-Sendung im Kontext der Rostocker Übergriffe ein alt und erbaulich fett gewordener Konst. Wecker es in Tat und Wahrheit fertig und über sich brachte, sein uraltes und schon seinerzeit brunzdummes »Willi«-Lied irgendeinem, soweit ich den Kasus kapiert habe, von Ostdeutschen geschundenen Neger Amadeo o. s. ä. zuliebe neu und leicht variiert am Klavier zu rezitieren – da, allerspätestens da, fiel es mir wie zentnerschwere Schuppen von den Lauschern und letztendlich doch recht leicht, endgültigst meinen definitiven Abschied von der vor allem televisionären neuen deutschen Kabarettsatire einzureichen. Nichts gegen offene Schamlosigkeit, wenig gegen »zynische Menschenverachtung« – alles aber dagegen, mich für komplett imbezill verkaufen zu wollen. Ausgerechnet mich.

*

Das neue deutsche Kabarett? Daß ich nicht lache. Dann schon lieber Kohl live. Oder eben halt die alten F. J. Straußschen Glanztaten und Bierzeltrumpeleien als Video.

AUFTRITT: DER PAPST

Bimbambimbam! Bimbambimbam! Das kam mitnichten aus dem Kopf. Der Lärm kam mehr von draußen! Bimbambombam! Hammer ging zum Fenster, riß es auf. Ein strahlend schöner Frühherbsttag – bimbam – bombam! Durchs Glockengeläut aus San Pancrazio hindurch kam zusätzlicher Lärm nun aus der Gasse näher, gassenaufwärts immer näher. Menschen standen vor den Häusern, in Trauben am Hotelvorplatz. Glockenläuten, Autohupen; Menschenrufe, Kin

derlachen. In das Bimbam der Glocken mengte sich kaum deutbare
Musik – etwas wie Fanfare und zugleich doch Walzer –

Es schien sich um eine Prozession zu
handeln. Im Schrittempo kamen vier Poli-
zisten auf Motorrädern die Via Gombito
hochgekrochen, passierten schon den
Brunnen. Einzelne Menschen winkten aus
hohen gelben Häusern. Nach einem kleinen Vakuum folgten den Polizisten drei ältere Würdenträger mit einer großen goldenen Fahne, dann kamen gut drei Dutzend
Kommunionkinder mit Kerzen, Mäd-
chenbräute erst, dann Knaben. Das Ganze
hatte durchaus seine Ordnung, aber gleichzeitig schwoll etwas wie
inneres Jauchzen aller aktiv und passiv Beteiligten gleichsam aus allen Ecken an – die zentrale Quelle der Freude war freilich noch nicht
auszumachen.

Es folgte ein Trupp Erwachsener, meist reife Männer, acht, neun
Frauen. Wieder mochte es sich um besonders Erwählte handeln:
Amtsinhaber, Rentner, Hebammen, einstige Soldaten. Von allen
Seiten öffneten sich Fenster. Hammers Hals hing weit nach unten.

Aus dem Hinterhalt der Gasse begann jetzt plötzlich etwas
Trumpfartiges zu blasen, an Frohheit dem Hochzeitsmarsch von
Mendelssohn nicht ganz unähnlich; nur viel breiter, langsamer.
Gleichzeitig zogen nun etwa sechzig Männer in Nachthemden die
Gasse hoch – drei am Hotelvorplatz postierte Polizisten salutierten

ihnen. Die Männer trugen ihre Hände ge-
faltet, schauten auf den Gassenboden, laut
in die Musik rein betend. Dann kam wiederum ein Luftloch – das Summen auf der
Gasse, aus den Fenstern aber steigerte sich
zum Kreischen. Ein schwarzes Auto – im
Zeitlupentempo kam es hinter der Mauer
hervor – ein Mercedesstern – Jubel schwoll
– und dann sah Hammer: Ihn.

Im Schrittempo rollte der schwarze

Mercedes 300 auf das Goldene Lamm zu – erreichte Ebels sehr schief und lustlos vor dem Hotel geparkten beigen 220er. Und blieb dann kurzum stehen. Ein Chauffeur und ein Beifahrer verhüllten sich hinter schwarzen Brillen. Im Heckabteil aber stand unverrückbar: Johannes Paul II. Und schwang sein Taschentüchlein um und um.

Neben dem Papst stand, einen Kopf größer, noch ein Mann. Er streichelte dem Papst zärtlich und hätschelnd etwas über den Unterarm. Hammer erkannte ihn sofort. Es war der Erzbischof Paul Casimir Marcinkus, genannt ›Gorilla‹ oder auch ›Paul der Schreckliche‹. Hammer entsann sich ganz genau. Er war der Leibwächter des Papstes, Finanzmanager des Vatikan und Direktor des ›Instituts für religiöse Werke‹; im Vorjahr stark in den Skandal rund um den Bankier Calvi und seine Banco Ambrosiano in Mailand verwickelt – der, laut Presse, einzige, der im Vatikan etwas von Finanzen verstand. Das Bild des in Cicero bei Chicago gebürtigen ehemaligen Boxers war vor Jahresfrist massiv durch die Zeitungen gegangen.

Hammer stand glücksübersät und schaute. Die kleine Stockung des Zugs erlaubte genaueste Einsichten. Der Papst hatte ein lila Käppi auf, über dem weißgolden betreßten Nachthemd schlackerte ein Kettchen mit einem Kreuze. Er schien nicht ganz anwesend, schien nicht zu wissen, wo er war. Er machte den Eindruck, als stünde er kurz vor einem Nervenzusammenbruch, habe sich aber aus purer Freundlichkeit entschlossen, irgendwie auf teufelkommraus weiterzumachen. Wippend, fächelnd hob er dauernd rundum seine Hand mit dem Taschentuch gegen die Zaungäste, die salutierenden Polizisten und die Fenster hin. Griente lautlos, wie verzückt. Ganz anders Paul Marcinkus. Gewandet in einen schwarzen, sehr zivilen und fast schicken Anzug paßte er auf, hielt den Papst am Arme fest – und schien gleichzeitig sogar die allergrößte Freude an ihm zu haben. Nur einmal, als er halb sich drehte, sah man, daß sein Hosenhintern sehr schlaff nach unten durchhing.

Bimbambombam. Sonne stieß in Hammers Auge. Musik schwoll weiter an ins Wirre – gleichzeitig fuhr der Mercedes wieder an. Wupp! Der Papst kippte verblüfft nach hinten – Marcinkus fing ihn sicher ab. Johannes Paul II. gewann mühsam wieder etwas Haltung, wippte mit dem Quadratschädel, suchte nach einer geeigneten Tätigkeit. Halb bewußtlos reckte er die dauerhaft leicht einwärts gewölbte Hand jetzt ohne das Taschentüchlein, welches beim Kippen entflogen sein mochte – im Übereifer grüßend, segnend. An Marcinkus indessen vermeinte Hammer für Sekundenbruchteile tatsächlich das Bonitätsflair und die fetengestählten Tränensäcke Iwan D. Herstatts wiederzuerkennen; das unbestechliche Auge war freilich das von Danny Dattel.

Im Entschwinden blieb der Mercedes nochmals stehen – aus unbekannten Gründen rangierte er fünf Meter retour. Der Papst ward wieder sichtbar, schwankte und vertat sich – Marcinkus ging erneut dazwischen. Klaubte den Papst scharmant zurecht. Der Papst rappelte sich empor und schloß verhuscht die Augen. Gleich tat er sie wieder auf, entdeckte endlich – Hammer.

Hammer sah, wie er den Kopf etwas schräg legte, gleichzeitig beide Arme wider ihn, Hammer, hob. Schelmisch zwickte er die Augen zusammen; klappte sie zwinkernd wieder auf. Die polnische Kartoffel zahnte wie ein Maikäfer, führte drei Finger an den Mund und warf endlich und vollends betäubt eine angedeutete Kußhand zu Hammers Fenster hoch und gleichzeitig ins strahlend Blaue.

Hammer hob nun auch den Arm. Und zwinkerte beherzt zurück.

JESUS, JENS, SCHREIBER USF.
Ein aktueller Blick aufs akute Gesocks

Die folgende Anzeige war am 12. Dezember 1992 im »Schwäbischen Tagblatt« zu lesen:

Neu – Walter Jens: Die sieben letzten Worte am Kreuz

Eine bibliophile Kostbarkeit, Bleisatz auf schwarzem Bütten, sieben Farbbildtafeln und sieben Schwarzweißbilder (einzeln eingeklebt), mit integrierter CD im Passepartout-Rahmen. Ein Buch in sorgfältiger buchbinderischer Verarbeitung, weitgehend in Handarbeit gefertigt. Inhalt der CD: Walter Jens spricht seine Texte im Wechsel mit den sieben Sätzen von Joseph Haydns opus 51. Es spielt das Münchener Kammerorchester unter Hans Stadlmair.

Sodann zitiert die Anzeige halbfett:

»Nicht platte Aktualität ergibt sich aus der Verschränkung von Haydns kostbarer Musik mit den Worten von Walter Jens, die das Kreuzigungsszenario in die blutige Nähe unseres 20. Jahrhunderts rücken ... sondern eine doppelte Vergrößerung: Die Sätze Joseph Haydns erscheinen durch die sie umhüllenden Worte wie expressive gesteigerte Klangskulpturen, ihre harmonische Schönheit gibt Schründe frei. Die Rede des heutigen Betrachters der Passion Jesu gewinnt im Wechsel mit der und durch die Musik eine kathartische, emotionale Kraft des Mitleidens. Das ganze ein Melodram des leisen, des bedächtigen Gedenkens letzter Worte im Angesicht der Gewalt von Menschen an Menschen.«

Wolfgang Schreiber, Süddeutsche Zeitung

Der Anzeigentext endet:

Walter Jens: Die sieben Worte am Kreuz · 1992 · 64S. · 16x24 cm, geb. mit Fadenheftung · Schutzumschlag – ISBN 3-89391-803-5 (ohne CD) DM 118,–. ISBN 3-89391-804-3 (mit CD) 158,–. Zu beziehen durch alle Buchhandlungen. ars una Literatur und Wissenschaft. Heimgartenweg 7 · 8027 Neuried bei München. Tel. (0 89) 75 33 42 – Fax (0 89) 75 43 70

*

Gewaltig endete so das Jahr. Aber ob das alles wahr sein darf?

Ob eins wirklich 69einhalb Jahre alt werden muß, um gegen das Ende zu auch noch diesen neutestamentlichen Compactdisc-Haufen in die Welt zu setzen? Ob einer tatsächlich Großschriftsteller, Rhetorikprofessor und PEN-Präsident gar sein und gewesen sein muß, um, vor nix mehr sich grausend, auch davor nicht länger zurückzuschrecken? Muß einer wirklich die klassische Antike samt deutscher Aufklärung von Aristophanes bis Lessing intus haben und lebenslang vor sich her tragen, muß so einer partout mit dem Segen der – wessen denn sonst – SPD ein Heine-Preisträger und Büchner-Alternativpreis-Preisträger gewesen sein, auf daß er, der neben Bruder Küng zweite Teil der weltberühmten schwäbischen Dioskuren, auf den Ausklang hin diese wahrhaft bleisatzschwere bibliophile Kostbarkeit ins Passepartout des sonst eher leishals verwehenden Jahres stemmt, ja letztlich stemmen muß?

Von Schreibers Wolfgang fast zu schweigen. Aber nur fast. War die »Süddeutsche Zeitung« nicht in eisgrauen Vorzeiten mal eine halbwegs lesbare und vernünftige Zeitung, wenn schon keine aufgeklärte und aufklärende, so wenigstens das vertrauenbildende Gerücht dessen? Wenn schon nicht gleich kathartisch, so doch hin und wieder mit uns emotional mitleidend.

Aufklärung 1992: Der wie zwischen Jens und Schreiber aufgedreht abgekartete Unfug der als kritische Gesinnung sich camouflierenden und beteuernden Bigotterie, welche den altneuen frommen Seelen aus Tübingen wie München da angedreht wird, rotzfrech als heiteres Melodram vom Angesicht der Gewalt von Menschen an Menschen in eben dieses hohnlachend.

So soll's sein.

Was noch soll man sagen zu diesem Dreifach-Schleim aus den geläufigen Gurgeln der Schreiber, Jens und ars-una-Wissenschaft? Das der Scham so aufgeräumt wie aufgemöbelt schon Entrückte nur noch zitieren – als der Menschheit säkulares Kainsmal späteren Geschlechtern zu Spaß und Lehr'? Eine Horde eher schönbergisch denn haydnhaft vorgehender Klageweiber einberufen?

Oder doch besser gleich das Reichsnotwehrerschießungskommando G. Bastian unsel. zur Sache schreiten lassen, die blutige Nähe unseres 20. Jahrhunderts expressivis verbis et armis con amore sowie con passione vorzuführen?

Sieben Schwarzweißbilder vor dem Hintergrund eines riesigen farbigen: Ein wahrhaft eindrucksvolles Outing, jawohl, als spätabendliche Selbstpreisgabe hat er uns da jesusmäßig vorgelegt, der Tübinger Tycoon und Seniorschmock, auf schwarzem Bütten und deshalb jenseits der platten Aktualität, auf seine hochreifen Tage der darüber allerdings nicht mal allzu frappiert staunenden Gottesnation vorzuführen, wie man noch acht Jahre vor der nächsten Jahrtausendwende mit erbaulichen Traktätchen-Nippes und im Verbund mit der SZ und mit op. 51 jenen das – wahlweise mit oder ohne CD-Aufpreis – Geld aus der Tasche zieht, die es allerdings – und insofern hat er recht, der alte Aufklärungsapostel – auch gar nicht besser verdient haben.

Allerdings, ob vor dieser greisen Einsicht eins, noch einmal, wirklich ein dreiviertel Leben lang Antike, Humanismus und lateini-

sches Mittelalter lehren muß, ehe er diesen werweiß letztwörtlichen
Seich als jüngster Platzwart Jesus' frömmelnd von sich sprotzt?
Sollte da eins nicht doch besser schon mit 30 abtreten? Andersrum:
Sollte man nachwachsende junge Menschen da nicht besser gleich
auf den Talkmaster hin studieren lassen, der »Totalität der Kultur-
industrie« (Horkheimer/Adorno) wenigstens ex negativo vergleichsweise halbwegs resistent zu trotzen?

Expressiv gesteigerte Klangstrukturen, nein, -skulpturen: Man
muß den Jens-Schreiber-Jesus-Dreck wirklich einmal komplett ab-
schreiben, um eine Ahnung von den in ihm freigelegten Schreiber-
schen Schründen zu verspüren, den Supernovas, den Schwarzen
Löchern im Weltraum dieses simultan etwas in Schräglage über
dem Neckar schwebenden Geistes und seines Talmi-Heilands. Wer
lacht da noch über den Rinser- und Sölle-Quatsch? Den unlängst
geburtstagsmäßig wiederbelebten Böll-Kitsch? Nein, dieser aller-
jüngste paranazarenisch neogolgathanische Oberscheißdreck im
Wechsel mit der und durch die so ungeschützte wie tantiemenfreie
Musik: der kann sich sehr stramm riechen lassen.

Darf man ihn ihnen verargen, den beiden Jesus-Spießern? Gewiß, etwas scheint da evolutionsontogenetisch aus dem Ruder seines eigenen Lebensleims gelaufen zu sein, bei unserem unbegreiflichen PEN- und Heine-Lessing-Dunkelmann. Aber andererseits
hat ein kostbar bibliophiler Messias wie er gerade jetzt, da dieses Leben sich neigt und die ewige Nacht sich ankündigt, gerade in seinen
schon exaltiert rücksichtsfreien und vollends gerontokratischen
Narreteien auch wieder etwas recht Überzeugendes und Erhellen-
des, und auch ein Ausbund von Journalismus wie Schreiber leuchtet
glatt und voll ein, doch, diese ganze schon schlaraffisch dumm-
brummende Geistesgaunerbrühe, so sich da von der Schwäbischen
Alb bis zu den Voralpen hin wälzt, die gefällt uns ja sehr gut, uns, die
wir ja doch von einem späten und fernen und metachristlichen Gott
als »Sammler von Menschengreueln« (Karl Kraus 437,31) bestimmt
und eingeteilt sind, uns, denen so bekümmert wie zuweilen beklommen beschieden ist, an den krähenden Sünden anderer reuig unsere
eigenen zu ermessen – und die wir aber ja letztlich gar nicht
schlecht, sondern weidlich davon leben.

Beim Feueratem Jensens und beim Barte Schreibers: Eigentlich fehlt mir in der neuen ars-una-Edition ja nur und allerdings doch sehr, daß, nun Polen eh offen, im Zuge einer noch unerbittlicheren und unbefangeneren Haydn-Spezialversion der kulturschlammgestählte Justus Frantz noch dirigiert und ein davon wiederum hingerissener Helmut Schmidt den Orgelpart heruntergeigt.

Arsch una compactdiscitur: Der Herr Jesus wird aber jetzt schon eine rechte Freude haben mit dem Kreuzigungsszenario, nein, -scenario seiner vorerst letzten Kreuzbeiständer.

Nein, F. Beckenbauer hat überhaupt nicht recht mit seinem jüngst vorgetragenen Statement, in W. Jens habe man einen gänzlich »unerheblichen« (Beckenbauer) Denker zu erkennen. Aber auch die Vokabel Arschgeige trifft es ja nicht vollends. Dazu ist das Jens-Haydnsche Gesamtkunstwerk zu einerseits posaunenhaft, andererseits doch zu klangskulpturenexpressiv und faxig.

LATEINISCHDEUTSCH

Viel edles Wortmaterial machte in den letzten Monaten die deutsche Gegenwartsliteratur gleichsam klingender. *»Animal triste«* nennt sich mit leisem, unendlich kostbarwehem Oberton das jüngste romansimile Skriptum der ehemals mehr ostdeutsch-proletarischen Dichterin Monika Maron; *»Morbus Kitahara«* mit unverkennbar scientifischem Unterton das prätendierte Opus summum des österreichischen Dichters Christoph Ransmayr; der schon ältere, gleichfalls austrische Poet Peter Rosei veröffentlicht dieser Tage den Roman in drei Teilen *»Persona«*; und der erst 1964, aber offenbar trotz seinem täuschenden Namen gleichfalls in Kakanien geborene und bisher weniger hervorgetretene Raoul Schrott legt mit seinem unlängst zu Innsbruck erschienenen Prosaband *»Finis terrae«* den Grundstein zu seiner abendländischen Weltkarriere, läßt damit das hörbar assoziierte, aber eben noch mehr deutschsprachige Opus maximum »Die letzte Welt« seines erfolgreichen Landsmanns Ransmayr so spürbar wie dezidiert hinter sich – und wird ergo prompt von der »Neuen Zürcher« als »Sprachereignis« gefeiert, ja fast coelebriert.

»*Der Campus*« betitelte sich schon 1995 gleichfalls ausreichend lateinisch der Debutroman des Dietrich Schwanitz über eben den Campus; mit »*Rumor*« griff auch der nachmals an aristokratischer Aura ohnehin und eo ipso uneinholbare Botho Strauß erstmals 1980 zu seiner wahren Muttersprache; und »*Wir in effigie*« benannte schon ein Jahr später Hans Wollschläger den ersten Vorabdruck seines in extenso 1982 ersterschienenen Teil-Großromans »Herzgewächse oder Der Fall Adams«, dessen Doppel- bzw. Dreifach-Titel zwar leider nun nicht mehr Latein, dafür aber immerhin eine siebenfache Zitatanspielung ist. Aber mindestens.

Und darüber hinaus sehr schön, ja glorios in der Tradition steht von Wollschlägers Lehrer-Magister Arno Schmidt und seines Säkularromans »*Kaff auch Mare Crisium*«; mehr und fast konziser vielleicht noch in der von Ernst Wiecherts »*Missa sine nomine*« (1950); von Werner Bergengruens unvergeßbarem Gedichtband »*Dies irae*« (1946); und natürlich – allem voran und noch deziser und genuiner – in jener der unverweslichen Thomas Mannschen München-Novelle »*Gladius Dei*« von 1902 –

– letztlich aber auch noch vorallemer in der alten, hohen, ja hehren Dichttradition von H. Sienkiewicz' »*Quo vadis*« (1896), von Theo Sommers »*Quo vadis, Germania?*« (1989) sowie überhaupt des Publius Cornelius Tacitus »*De origine et situ Germaniae*« (88 p. Chr.), und alle drei procura wiederaufnehmend. Da kann natürlich ein albernes Italienisch wie das von Eckhard Henscheids »*Dolce Madonna Bionda*« (1983) oder aber das noch ordinärere Französisch einer Angela Präsent und ihrer vulgären »*Au Contraire*«-Demimonde partout à la longue nicht mithalten, mais non.

Rechnet man noch Christa Wolfs zuletzt erschienene Meisterprosa »*Medea*« in der Kausalfolge ihrer früheren epischen »*Kassandra*« als im weitesten Sinn Latein hinzu sowie Eva Demskis »*Afra*«: so ist zurzeit respektive hic et nunc des humanistisch-antikischen Singens und Tönens und Klingens und Dröhnens sine fine gar kein Ende.

Über einen »neuerdings in der deutschen Literatur erhobenen vornehmen Ton« ärgerte sich schon 1987 der Kritiker J. Drews; mit

der vielleicht unverhofften, jedenfalls ganz verheerenden Folge
diesbezüglich nicht mehr abreißender Literatur-Grundsatzdebatten
pro und contra. Sic oder sic: Jetzt wird's also noch vornehmer –
wurde es schon. Immerhin, einiges steht noch aus, etliches ist noch
unerledigt: Mit *»Et in Arcadia ego«* sollte z. B. endlich mal ein Mutiger
und zugleich Hochgebildeter Wolf v. Niebelschützens leider einge-
deutschte Version von 1951 nachbessern – *»Sic rebus stantibus«* stünde
per exemplum einem noch mehr zum Ad-hoc-Realpolitiker unserer
Res publica gereiften Botho Strauß überaus fesch zu Gesicht. Sodann wären noch zu tätigen: *»Ceterum censeo Carthaginem esse delen-
dam«*; als Franz-Josef-Strauß-Roman möglichst *»Pacta sunt servanda«*;
von einem noch nagelneueren österreichischen Jungautor erwartet
man *»Tu felix Austria, scribe«*; Gerhard Schröders Autobiographie
»Veni vidi vici« steht aus; sowie mit *»In hoc signo vinces«* ein Winzer-
roman der schon besonders dröhnend gebildeten Sorte.

Und schließlich *»Quousque tandem Catilina abuteris patientia nostra«* –
nein, der wegen der Länge dann vielleicht besser doch nicht.

Realiter vorgeprescht ist mittlerweile die deutsche Lateinerriege
schon wieder mit dem nominell dafür de facto besonders bene prä-
destinierten Victor Klemperer und seinem *»Curriculum Vitae –* Erinnerungen 1881–1918« – »Memorabilia« oder wenigstens »Memoran-
dum« wäre naturaliter noch stringenter, ja triumphal victorianischer
im Sinne so eines trumpfenden Diarium tremendae maiestatis.
Indessen der 1953 in Freiburg geborene und heute schon in Los
Angeles lebende Patrick Roth neuerdings mit *»Corpus Christi«* die
»Geschichte einer Verunsicherung« vorlegt: »Ein Toter gibt Rätsel
auf: Corpus Christi – Corpus delicti. Der Leichnam Jesu ist verschwunden.« Ja, und so könnte es denn weitergehen mit der deutschen Gegenwartsliteratur, jawohl weiterkurrikularen non solum
sinecura sed etiam per saecula saeculorum, bis es dann eines Tages
doch noch zum *»Morbus Alzheimerensis progrediensis totalis«* et cetera
kommt, weiterdichten delirierend ad infinitum, dem allzu flink pro-
gnostizierten Exitus des Occidents zu widerstehen.

Wäre weiter Steigerung, Eskalation, Sublimation denkbar? Jawohl, sie ist es; alles Deutsche wie sogar das Lateinische verblaßt immer noch glanzlos vor dem Nochälteren, dem Nochhumaneren, ge-

nau, dem Nochantikhellenischeren – und immerhin einen mutigen Schritt in diese erwünschte allerschönste Richtung vorangeschritten ist einst der uns schon vorgestellte Hans Wollschläger, der in seinem Opus summum maximum »Herzgewächse« sogar noch sein eigenes »*Wir in effigie*«-Dictum hinter sich gelassen und seinem Großroman ein nein nicht hebräisches, nicht phönizisch-spätägyptisches Motto vorausgestemmt hat, dessen authentische Wortgestalt sogar in Großbuchstaben wahrhaft überrumpelnd zu drucken die Druckerei seines Haffmans Verlags sich 1982 nicht hat lumpen lassen – das wir aber in unserem Setzkasten hier im Original nicht haben, so daß wir uns also mit seiner Transfiguration in den lateinischen Letternbereich metempsychotisch notbehelfen müssen: – »*Medeis apsychologikos eisito*« – und das heißt nichts anderes als sage und schreibe: »Es möge kein Nichtpsychologe eintreten!«

Lese und staune Bauklötze. Einen Haken freilich hat die Sache: Das Wollschlägersche Romanpandaimonium ist seit 1958, also seit mehr als sieben Lustren, praktisch noch immer ungeschrieben, unvollendet. Wo liegt der Denkfehler? Sollte es sich schleunigst konsequent in »Kyrie eleison« umbetiteln? Nun, vorerst sprangen für ihn, Wollschläger, in diesem Bücherwinter, drei andere und jüngere schon in die Bresche – ecce, »*Thanatos*« heißt schon unerträglich freudkenntnisreich der nagelneue Roman des Helmut Krausser, und nach dem Urteil des »Zeit«-Rezensenten handelt es sich dabei um »524 Seiten genialisch zerzauster Streberprosa im stillen Auftrag der Selbstadelung«; Michael Köhlmeier veröffentlicht mit »Telemach« einen Schelmenroman in der heureka, Homernachfolge; und, evoë: »*Eos' Gelüst*« gar schreibt sich der 1995 erschienene Roman des erst 1950 in Viersen am Niederrhein geborenen Reinhard Kaiser, und bei diesem oder dieser *Eos* handelt es sich also doch tatsächlich, wie der Verlag auf dem Klappentext so freiwillig wie freihändig mitteilt, um die »rosenfingrige, gelbgewandete Göttin der Morgenröte«.

Jawohl, genau, ein Kaiser aus Viersen am Niederrhein könnte, ja müßte es sein, der uns da im lasterhaft lüsternen, ja lüstrigen Verein mit seiner Eos das selige Arkadien glanzbestückt zurückbeschert. Zur gleißenden Überwindung endlich auch noch unseres allzu kleinen Latinums.

UNSELDS VERMÄHLUNG
In memoriam Buchmesse 1981

Soeben lese ich, aus Buchmessenanlaß, die glänzende Satire zum
Wesen des Suhrkamp-Verlags wieder, die, gleichfalls aus Buchmessenanlaß, vor fünf Jahren statt hatte: Suhrkamps Kooperation mit
der Lebensmittelvertriebskette Aldi – eine der besten Satiren bzw.
Satireaktionen der Nachkriegszeit, gewiß die beste der mir bekannten nicht wenigen Suhrkamp-Verscheißerungen.

Tief suhrkampisch empfunden Dr. Siegfried Unselds edelgaune-
rischer Begründungstext zu diesem ungewöhnlichen und gewiß kul-
turinnovatorischen Schritt, nämlich der Etablierung einer »edition
sual«. Präzise: Dr. Theo Albrechts Replik, betreffend das Wesen des
Hardselling, des Monopolismus und der gepflegten Verpackung; er-
innernswert der Verwirrunfug, welchen die Aktion 1981 während
der Messe bei den Suhrkamp-Leuten anzettelte; und partiell genial
die dem bekannten Suhrkamp-Styling nachgepäppelten Werbe- und
Anreißtexte zum »sual«-Debutprogramm: von »Peter Handke,
Höchlichste Heimat, Gipfelbucheintragen auf dem Großglockner,
72 S., 28 DM« über »Thomas Brasch, Berlin, Scheißdreieck« und
»Alexander Kluge, Nebensinn, 1998 S., ca. 7,50 DM« bis hin zu
»Siegfried Unseld, Warum ist Kafka kein Suhrkamp-Autor? Rede
vor der interamerikanischen Gesellschaft für Triebabwehr in Den-
ver/Colorado, 28 S., Schweinsleder, ca. 47 DM, im Sonderangebot«.

Gewiß, in manchem hat sich die berühmte »Suhrkamp-Kultur«
seit fünf Jahren schon wieder gewandelt, hat sich dem üblichen Kul-
turdreck sehr opportun- und occasionistisch etwas angeglichen oder
ist noch stromlinienförmiger, auch »postmoderner« geworden –
und Handke inzwischen noch imperialer und infantiler. Aber die
Texte sind immer noch schön und irgendwo ewig-aktuell. Erinnert
wollte ich an sie immerhin haben und sie recht verspätet loben. Und
die Frage zu bedenken geben, ob sich's nicht lohnen könnte, die
Broschüre wiederaufzulegen und dem Buchmarkt zur Verfügung zu
stellen. Warum z.B. nicht durch den Wagenbach-Verlag? Der wird
schon wissen, warum.

LARS CLAUSEN ZUM 60. GEBURTSTAG

Daß der Prof. Lars Clausen in der Soziologie ein großes Tier ist, habe ich mir sagen lassen. Daß er als semiprofessioneller Arno Schmidt-, Schefer- und überhaupt Literaturforscher seinen zubemessenen Forschungsauftrag erweitert, habe ich gleichfalls läuten hören, nein, ich habe es nachgeprüft: stimmt. Was ich hier aber zu seinem 60. Wiegenfest in meinem eigenen Bekenntnisauftrag einer immerhin kleinen Öffentlichkeit mitteilen will, ja muß, weil ich es nämlich schmerzhaft am eigenen Leib, an der eigenen Leibseele verspürt habe: Es ist dieser Prof. L. Clausen ein ebenso sadistischer Schachspieler wie miserabler Gastgeber. Bisher einmal in sieben Partien in zwei Serien überließ er, wohlgemerkt bei Heimvorteil (Hamburg bzw. Bargfeld), mir ein nur allzu verdientes Remis – nie verziehen sei ihm aber vor allem, wie er mich zuletzt, am 30.12.1990, unter schmählicher Verletzung jeglicher Gastfreundschaft in seinem Landhaus in der Heide niedermachte. Dreimal hatte er mich schon, brutal schmunzelnd, ausgespielt, in der vierten Partie stand ich bei Qualitätsvorteil schon eindeutig »strategisch auf Gewinn« (Schacher-Jargon) – beseelt von einem Vernichtungswillen, der dem eines Kasparow, ja Robert Fischer in nichts nachsteht, trickste, anstatt seinen Gastgeberpflichten zu genügen und deshalb sogar erleichtert aufzugeben, dieser Soziologe und sog. »Katastrophenforscher« so lange und so inständig herum, bis ich meinen Vorteil durch ein paar aus meiner Erschrockenheit erwachsenen Mißgriffe vergeigt hatte, bis er mich endlich auch da zum 4:0 noch abgefieselt und abgemetzelt hatte. Gnadenlos wie mein Computer. Da hätte ich ja gleich gegen den spielen können.

Allein, er, Clausen, hat damit mein Ego doch nicht brechen können. Zerknirschten Herzens, mit knirschenden Zähnen steht es hiermit bolzgerade wieder auf. Rächend mich mit diesem Artikel. Zum Geburtstag dieses Bösen.

FAZ-MAGAZIN-FRAGEBOGEN
Eckhard Henscheid, Schriftsteller

Der Fragebogen, den der Schriftsteller Marcel Proust in seinem Leben gleich zweimal ausfüllte, war in den Salons der Vergangenheit ein beliebtes Gesellschaftsspiel. Wir spielen es weiter: heitere und heikle Fragen als Herausforderung an Geist und Witz.

Einerseits graut den FAZ-Magazin-Redakteuren zwar offenkundig selber und nicht unerheblich vor jenen Wichtigkeitsvertretern, Indiebrustwerfern und Bedeutsamkeitskaspern, so da seit einem Dezennium den altproustischen Fragebogen so leidenschaftlich gerne wie leserseits unverzichtbar für die Freitagsbeilage ausfüllen; und man schätzt deshalb sehr die konterkarierenden Stimmen von Schriftstellern, Satirikern und sonstigen Spaßmachern, welche da das betreffende Betroffenheitsgefinstere rund um die ewiggleichen Meistgehaßten der Geschichte (Hitler, Stalin, neuerdings Saddam Hussein – bald, sobald es sich herumgesprochen hat: Lenin) und die entsprechenden Lieblingsheldinnen in der Wirklichkeit (Mutter Teresa, meine Frau, Rosa Benelux o. s. ä) wenigstens ab und zu etwas auflichten und mit zwei, drei Funken Witz, Frechheit, Subversion erhellen. Andererseits schleudert eben dieser Fragebogen seine Redakteure dann erst recht in allerlei Gewissens- und Entscheidungskonflikte:

Viermal seit 1983 bat das FAZ-Magazin den Schriftsteller Eckhard Henscheid um einen ausgefüllten Fragebogen. Als dieser im September 1990, weich geworden, endlich ausfüllte, war es auch wieder nicht recht recht, und das Hochglanzblatt hat sich erwartungsgemäß nicht drucken trauen dürfen mögen. Aus plausiblen Gründen. Zwar gehört die FAZ zuweilen – neben (eine seltsame Gemeinschaft) ›konkret‹ und ›taz‹ und ›Titanic‹ – durchaus zu jener kleinen Fronde deutscher Preßprodukte, die da dem allgemeinen Gutheits-Laber-Fortschritts-Edelressentiment-Syndrom-Gegackere der Zeit (und eben auch der ›Zeit‹) wenigstens manches Mal und wenigstens halbwegs entschlossen Opposition und Obstruktion entgegenstemmen. Aber im allfälligen Zweifelsfall dann eben doch nicht.

Nicht so vollständig medial versierte Leser seien dahingehend unterrichtet, daß das bei Henscheid zentral thematisierte und rumorende Pärchen Otl und Inge Aicher-Scholl eines ist, welches u.v.a in der ›Zeit‹ glatte 1 ½ Druckseiten lag gesamtregielich und -verantwortlich Dutzende schwerdummdeutscher Großappelle ausgesuchter Vorzeigerüstungsgegner (Drewitz, H.-E. Richter, Rinser, Dr. Alt, Albertz – praktisch die komplette Quatsch-Corona) betreibt und veröffentlicht.

Eine entschärfte Version erbat das FAZ-Magazin. Dafür aber nun war wiederum dem E. Henscheid sein eigenes Artefakt zu kostbar:

Was ist für Sie das größte Unglück?
Der Tod (durch Erschießen, Erhängen usw.).
Wo möchten Sie leben?
In Weißrußland oder in Rosenheim.
Was ist für Sie das vollkommene irdische Glück?
Freiheit (»Freedom«).
Welche Fehler entschuldigen Sie am ehesten?
Gorbatschows momentane Formkrise.
Ihre liebsten Romanhelden?
Die Gebrüder Raskolnikoff. Der Verschollene. Tokeah or the white rose (Charles Sealsfield).
Ihre Lieblingsgestalt in der Geschichte?
Der alte Raskolnikoff.
Ihre Lieblingsheldinnen in der Wirklichkeit?
Petra Karin Kelly, Inge Aicher-Scholl.
Ihre Lieblingsheldinnen in der Dichtung?
Lisa, Lola, Lolita, Aida, Lotte, Montezuma.
Ihre Lieblingsmaler?
Dürer, Klee, Otl Aicher.
Ihr Lieblingskomponist?
Mozart, Schostakowitsch, Giselher Klebe, Orff.
Welche Eigenschaften schätzen Sie bei einem Mann am meisten?
Weiße Weste.
Welche Eigenschaften schätzen Sie bei einer Frau am meisten?
Rosenlippen.

Ihre Lieblingstugend?

Weisheit.

Ihre Lieblingsbeschäftigung?

Rosen züchten (weiße).

Wer oder was hätten Sie sein mögen?

Inge oder Hans Scholl.

Ihr Hauptcharakterzug?

Verwegenheit, fast Tapferkeit.

Was schätzen Sie bei Ihren Freunden am meisten?

Haß auf Hitler (Nazis).

Ihr größter Fehler?

Feigheit (vor Hitler u. a.).

Ihr Traum vom Glück?

Otl Aicher heiratet Inge Aicher-Scholl.

Was wäre für Sie das größte Unglück?

Hitlers (oder Bormanns!) Wiederkunft.

Was möchten Sie sein?

Bismarck oder (wahlweise) K. Adenauer (oder Mende).

Ihre Lieblingsfarbe?

Bismarckblau.

Ihre Lieblingsblume?

Bismarcklilie (oder besser doch: die weiße Rose).

Ihr Lieblingsvogel?

Bisamadler bzw. Weißmeerscholle.

Ihr Lieblingsschriftsteller?

Inge Aicher-Scholl.

Ihr Lieblingslyriker?

Christa Wolf-Ferrari (Cabrio) sowie Rose Ausländer und ihr Gedicht »Weiße Rosen aus Athen«.

Ihre Helden in der Wirklichkeit?

Inge Aicher-Scholl, Peter Weiß, Rosi Mittermaier.

Ihre Heldinnen in der Geschichte?

Sophie Scholl u. v. a.

Ihre Lieblingsnamen?

Inge, Otl, Aicher und Scholl.

Was verabscheuen Sie am meisten?

Geschwister Hans und Sophie Scholl (»Juwelen-Scholl«).
Welche geschichtlichen Gestalten verachten Sie am meisten?
Inge und Otl Aicher-Scholl.
Welche militärischen Leistungen bewundern Sie am meisten?
Beckenbauers Sechserabwehrreihe gegen Holland (2:1).
Welche Reform bewundern Sie am meisten?
Simon Mayrs Opernreform (»La rosa rossa e la rosa bianca«).
Welche natürliche Gabe möchten Sie besitzen?
Aussehen wie A. Hitler (oder Saddat Husserl).
Wie möchten Sie sterben?
*Schmerzhaft, ja qualvoll (Alzheimersche Meise bzw. so wie O. Lafontaine
neulich fast).*
Ihre gegenwärtige Geistesverfassung?
B'suff'n und gefaßt (wie Otl u. Inge Aicher-Scholl).
Ihr Motto?
*Im Weißen Rössl am Wolfgangsee, da steht das Glück vor der Tür (Aicher-
Scholl).*

ICH MÖCHTE NICHT STERBEN

> *»Gott will ich niemals lassen,*
> *als Vorsteher ihn halten.«*   (Hölderlin, Ödipus)
>
> *»Alles Böse ist ein Nichts.«* (Herder)

Ich möchte nicht sterben,
weil ich dann ja
nicht mehr hören kann:
1. B. Smetana, Vyšehrad, die Bläser-Terzsexten, Takt 14 ff.
2. Freischütz-Ouvertüre, Waldhornsolo, Takt 10 ff.
3. Tosca, 3. Akt: Hirtenlied und Glockengebimmel
4. Alphornmusik aus Graubünden
5. Oberon-Ouvertüre
6. Mahler, Posthorn-Solo aus 3,3
7. Tormento von Tosti
8. Adagio mesto aus Brahms op. 40, vor allem Takt 59 und 63
9. Joseph Strauß, Dorfschwalben aus Österreich in der Liedfassung,

vor allem: »Wenn dann im Nesterl sich was regt, die junge Brut sich
schon bewegt...«

10. Johann Strauß Sohn, Zithersolo aus den Geschichten aus dem
Wienerwald

11. La voce che adoro

12. Dvořáks Mondlied: »Měsíčku na nebi hlubokem... Měsíčku,
postůj chvili... řekni mi, kdeje můj milý... áh, áh, äh!«

PFARRER SOMMERAUER ANTWORTET

Die Hängematte, in der mein Rancher lag, ward schwer vor Schläf-
rigkeit und Lust zum Expedieren.

Noch etwas ereignete sich damals, mein Glück abzudichten. Es
traf sich, daß noch ein Mann in mein Leben trat, seine Rundheit zu
vertiefen, nein, wortwörtlich abzurunden, ein geistlicher Herr, den
ich hier meinen Lesern, entgeht ihnen schon die Mätresse, nicht
vorenthalten möchte. Er fiel mir wohl erstmals im Mai auf, dann
wieder einen Monat später, offenbar betreute er alle Monate eine
Sendung – kurz, im Fernsehen, das ich sonst, abgesehen von der
Kriminalserie »Task Force Police«, eigentlich nur geringfügig wahr-
nehme und wahrnahm, hantierte damals ein überaus eigenwilliger
Mann herum, ein gewisser Adolf Sommerauer – und es mag sein,
daß mich zuerst auch sein doppelt und klösterlich sommerlicher
Name wohltuend in Bann schlug: deutlicher ins Bewußtsein trat mir
der Alte, dessen bin ich sicher, im Anschluß an eine Fußball-Euro-
papokal-Übertragung, als er nämlich nach den Stimmen der Trainer
sofort loslegte – obwohl mich solche redseligen Knüppel eigentlich
immer sehr gefangennehmen und ich ja damals auch schon auf einer
einsamen Höhe meiner neuen Katholizität stand, hörte ich zuerst
nicht genau auf den feuchten Unsinn. Erst als mehrmals hintereinander die Worte »Sex« und »Sexy-Rummel« und sogar »Busen« aus
dem Kasten quakten, sah ich genauer hin und nahm zuerst einmal
wahr, daß der Fernsehgeistliche tatsächlich einen Kopf wie ein Fußball aufhatte, ein verschrumpelter Fußball, dem halb die Luft ausgegangen war, ähnlich der Stadtform Dünklingens –

– und dann wurde immer klarer, daß der zähe Alte die Sexualität aus neuerer christlicher Sicht behandelte, eine Viertel-, eine Halbestunde lang, die Sexualität, die ihn offenbar sehr juckte und plagte, denn er wackelte immer heftiger mit dem argen Schrumpelkopf, und dann endlich erzählte der als »Pfarrer Sommerauer« Angekündigte, er habe da einen Brief von einer schwer verzweifelten Frau gekriegt – und jetzt rollte er langsam den Brief vor den Augen der Kamera auf, setzte stöhnend die Brille auf und suchte mit den alten Augen eine Weile die verräterische Textstelle:

»Und da schreibt mir die Frau, der Name tut nichts zur Sache, schreibt mir also die Frau, sehr geehrter Pfarrer Sommerauer, schreibt sie, ich bin verzweifelt, schreibt sie.« Sommerauer blickte verzweifelt in die Kamera, seufzte wie erschöpft und fuhr fort: »Ich bin verzweifelt. Ich habe nämlich nur Busengröße 4!« Sommerauer sah mich ernst an, seufzte noch steiler und schien um Jahre gealtert. »Mein Mann aber, schreibt die Frau da weiter«, fast verächtlich schnippte er ein wenig an dem Blatt, »will«, er sah wieder in den Kasten, aber jetzt hatte er es wie verzagend wieder vergessen und sah erneut ins Blatt, »mein Mann will« – es dauerte etwa sechs Sekunden, bis er es wieder gefunden hatte – »Busengröße 7!« Jetzt aber legte Sommerauer den Kopf ganz erbärmlich schief, sah erneut in die Kamera und streckte vor Ermattung sogar ein wenig die Zunge vor:

»Busengröße 7!« wiederholte Sommerauer fast hallend, setzte die Brille ab und siehe, ohne Brille war der Kopf ein einziger schwerer Tränenrucksack, da setzte er die Brille wieder auf: »Und dann schreibt mir die Frau – ich kann und mag nicht sagen«, jammerte Sommerauer, und der lichte Haarschopf bebte stöhnend mit, »aus welcher Stadt sie schreibt, es könnte ja auch – jede Stadt sein, und dann schreibt also die Frau: Lieber Pfarrer Sommerauer, soll ich – soll ich meinen Busen meinem Mann zuliebe spritzen?«

Kathi hatte die Augen geschlossen. Schlief sie wirklich? In der Küche braute Monika Milchtee. Jetzt unerwartet gelang dem Fernsehpfarrer eine neue Steigerung von Bekümmertheit. »Was soll ich«, Brille ab, »dazu sagen, liebe Hörerinnen und Hörer«, er seufzte, »und Zuschauerinnen und Zuschauer? Was soll ich als Pfarrer dazu sagen?

Ich bin ein alter Mann«, weinte Sommerauer hart und spielte zäh mit seiner Brille auf dem Schreibzeug, dann ließ er den Kopf gewissermaßen nach schräg unten in die Kamera plumpsen: »Wenn die eheliche Liebe, die heute sogenannte« – und jetzt sah er ganz unsinnig und zudem brillenlos suchend noch einmal in den angeblichen Brief – »die heute sogenannte Sexualität nur immer aus – Busen, Busengrößen und Busenspritzen besteht – und«, merkwürdiges Decrescendo, »existiert«, und jetzt war es, als ob, wiederum Crescendo, das Spirituelle sich vollends mit dem tränenreich Gemütsvergammelten vermählte, »dann kann ich als Pfarrer nur sagen und fragen: Was ist das für eine Liebe oder sogenannte Sexualität?«

Kathi schien wirklich zu schlummern, als Sommerauer seine Skepsis begründete; wäre sie erwacht, ich hätte sofort nach meinem Schopenhauer gegriffen.

»Busengröße 4 oder 5 oder 7«, tobte der Kugelrunde maßlos weiter, »oder 6 oder 8 oder 10«, jetzt verlor er sich, obwohl scheinbar abwehrend, sogar im Sinnenrausch, »was soll ich als Pfarrer dazu sagen und der Frau helfen? Busen und immer Busen!« Die Backen vibrierten in frommer Leidenschaft, er seufzte ganz ätherisch und setzte die Brille wieder auf und nahm sie wieder ab: »Ich fürchte, liebe Frau«, und schrecklich rieb der Daumen übers freie Auge, das andere war geschlossen, »ich fürchte, bei Ihnen überwuchert – überwuchert die Sorge um den Buhusen eine Möglichkeit der«, er wehseufzte und greinte jetzt schon ganz unverschämt – »Liebe!« »Liebe!« rief Sommerauer noch einmal laut, bei dem Wort aber verriet sich der alte Wurstel klar, denn eindeutig glitschig formierten seine dicken Hände einen – Buhusen! So daß Sommerauers folgende Ausführungen über den Unterschied von Liebe und Sexualität, in denen auch nochmals der »Sexy-Rummel« zur Diskussion gestellt wurde, etwas an Glaubwürdigkeit verloren. »Der Sexy-Rummel!« rief der Greis mehrfach und war offenbar völlig verhext durch die Laszivität des bloßen Worts – und auch vom »Busen« mochte er sich noch längst nicht trennen – aber dann, endlich nach 30 Minuten, am Ende der Sendung, sagte Sommerauer ebenso resignierend wie resümierend urplötzlich etwas sehr Schönes und Wahres: »Ihren Kummer, Ihren Kummer, liebe und verehrte Zuschauer und Zuschauerinnen, können Sie jedenfalls durch das Spritzen des Busens nicht heilen!«

Er ließ noch für einige Sekunden und fast glaubwürdig sein ganzes Leid im Kugelkopfe auf- und niedersausen, dann war die Sendung aus (...)

Einen Monat später traf es sich erneut. Ich lauerte Sommerauer schon seit Tagen auf – und wurde nicht enttäuscht. Der Fußball hub an mit recht allgemeinen Gedanken über Alt und Jung und über den »Nebel unserer Geschäftigkeiten« – aber sehr bald und unverkennbar gierig sogar kam er dann auf seine letzte Sendung zurück, seufzte wie verraten und verdammt und erzählte, er habe ungeheuer viele zustimmende, aber auch ablehnende Briefe gekriegt, vor allem wegen seiner Ausführungen über – Sommerauer sah wie erledigt, achselzuckend in den Kasten, »die Busengrößen«, die nach Meinung vieler Fernsehteilnehmer einen Fernsehpfarrer nichts angingen. »Aber, meine Hörerinnen und Zuhörer«, verteidigte das Dickerl sichtlich stolz seinen Mut und seine vor keiner Aktualität zurückschreckende Kampfbereitschaft und schnaufte verwahrlost auf und durch, »das angebliche nichtige und nebensächliche Thema der«, er sah kurz und wie leidend auf seinen Schreibblock, »Busen«, er nahm die Brille herunter, »hat auch einen Geistlichen wie mich zu interessieren. Ich kann nicht«, er beschleunigte das Tempo und forcierte die Dynamik, als ob die Pfarrersjacke ihm zu eng würde, »über modernes Christentum reden, wenn ich die – Sexualität ausklammere, wie sie in unseren modernen Heimen und – Wohnungen besteht und«, wahrscheinlich meinte er die Probleme der Sexualität, »viel Leid – Leid! – hervorrufen!« Und wiederum begann er schnaubend und ächzend über »Busen« und »Sexy« zu winseln, die beiden Worte raubten ihm einfach die Reste von Verstand, die tiefste Eitelkeit angesichts seiner selbstlos-rücksichtslosen Kühnheit gleißte, ja gliß abermals um das gelbe Nasengebüsch, – und erst zehn Minuten später bequemte er sich, zu einem anderen Thema zu wechseln, zu der wünschenswerten und sonderbarer Weise »ausgerechnet von mir« von einem Zuschauer verlangten Freilassung des Stellvertretenden Führers Heß.

»Aber was soll ich«, jaulte Sommerauer schräg auf, »als Pfarrer

tun? Ich wünsche mir selbstverständlich – auch! – die Freilassung
von« – er sah auf sein Blatt, sah verstört wieder hoch und abermals
auf sein Blatt – »Heß. Heß! Aber man überschätzt doch einfach
meine Kraft, meine Möglichkeiten, wenn man das von mir verlangt!
Ich bin kein Politiker und Fachmann!« wehrte sich Sommerauer,
und jetzt wackelten seine Backen wieder wie in übergroßer Demut:
»Heß! Ich kann nur zu meinem Herrgott sagen, Herrgott, kann ich
sagen, ich bitte dich um die Freilassung dieses Gefangenen! Realer –
realer! – sind meine Möglichkeiten schon in – scheinbaren! – nichti-
gen Sachen wie«, er stutzte scheint's über seine eigene Verworfenheit, »Busen – und Busengrößen, so lächerlich es diesem oder jenem vorkommen mag. Aber der Kummer – und wenn es um den
kleinen Buhusen ist«, heulte Sommerauer jetzt schon ganz verzweifelt, »die Sexualität ist heute . . .«

Und abermals incipit lamentatio Jeremiae. Wunderbar!

WIE MAN EINE *DAME* VERRÄUMT
Anleitungen zu einer Vollzugsverbesserung der Liebe

Ja, Kaufhofweiber und Ladenpudel umlegen, das könnt Ihr. Friseu-
sen anmachen, Coiffeusen-Mösen aufreißen, Nail-Studio-Besitze-
rinnen niederbügeln, da seid Ihr stark. Die 38 normalen Positionen
habt Ihr drauf, und die 224 abartigen sowieso. Und dennoch sage
ich Euch: Ihr habt erstens alle Dreck im Hirn und zweitens keine
Ahnung. Keine – null! – Ahnung nämlich, wie man, im Unterschied
zu all diesen Karins und Gabis und neuerdings Nadines eine richtige DAME verräumt!

Wer? Wieso? Was eine DAME ist? Also, dann sag' ich's Euch: Eine
DAME ist etwas ganz anderes als Eure Ehetrampeln daheim, Eure
g'schlamperten Verhältnisse im Boutiquen-Shop ums Eck. Und entsprechend will eine DAME auch ganz anders aufgeknüppelt werden!
Ganz anders 'naufgestochen will die werden, he! Aber ehrlich!

Wie dann aber? Nun, für den unverdienten Fall, daß Euch irgendwann mal eine solche DAME über den Weg läuft und von einem von

Euch Hammeln eine Nummer verlangt, dann unterscheiden wir hier erst einmal im Sinne der heiligen Zahl 3 das Körperliche, das Geistige und schließlich das Seelische. Und nun genauestens aufgepaßt!

1. Nierenschutz

Soweit es sich also um eine DAME handelt, so vereinige man sich mit ihr im Zuge der wünschenswerten Antipatriarchalität und indem man die DAME stets über sich legt zur umgekehrten Missionarsposition. Sobald dies gelungen, wird von der Taille der DAME abwärts und über den häufig alabasterartigen Arsch der DAME hinweg eine wärmende Zudecke gebreitet, im Sommer genügt u. U. auch ein schneeweißes Linnentuch. Das Manöver verfolgt erkennbar einen doppelten Zweck:

Erstens schützt es die in der Regel zarte und gesundheitlich anfällige DAME vor einer Nierenerkältung, vor einem Nierenkatarrh, vor jenem Übel, das nicht selten seinerseits die übelsten Folgen zeitigt wie etwa die Harnwegsinfektion oder aber auch die Urindurchdringung mit Eiweiß und Blut. Die Nieren, beiderseits in Höhe der zwölften Rippe gelegen, sollen ja im Gegenteil den Harn aus dem Blute absondern, sind unsere wichtigsten Ausscheidungsorgane für Gifte und Stoffwechselschlacken. Eine Nierenentzündung (Nephritis), eine durch Erkältung oder Infektion hervorgerufene Erkrankung – wer könnte sie sich, zumal heute, leisten? Eine Nierenkolik, eine Schrumpfniere, eine Wanderniere, Nierensteine aus Harnsäurekristallen oder oxalsaurem Kalk, entstanden durch Entmischung des Harns in der Niere bzw. im Nierenbecken, u. U. auch in der Harnblase – lächerlich machte sich, wer ausgerechnet diesen hochgefährlichen Stoffwechselanfälligkeiten nicht die nötige Aufmerksamkeit erwiese. Zumal bei einer DAME: Die Niere wäre ja wohl das letzte Organ, mit dem zu spaßen ist!

Zweitens aber und andererseits bereitet die Linnendecke im Zuge des bekannten Hin und Her und Auf und Nieder der DAME ein durchaus schönes Glücksgefühl (Hautreibegefühlslibido) bis hin zur vollkommenen Euphorie – was sich natürlich letztlich und reziprok wiederum mit Gewinn auf Euch resp. uns Stecher überträgt (Projektion). Es ist wie das Säuseln des Zephirs im stillen Hain, wie

der Sonne Spiel mit den gekräuselten Wellen der lieblichen Bucht;
zuweilen meint man fast, daß man vielleicht vergehen möchte.
Alles klar? Er unten, sie oben. Klassische Antipatriarchatsstel-
lung – dann alles gründlich fest verkeilt. Zuletzt die Linnendecke
drüber. Jetzt wärmen – reiben – wärmen – reiben. Jawohl. Ganz
gemächlich, keine Eile. Wärmen – reiben – wärmen – reiben. Hochzufrieden wird Euch resp. uns die DAME, wenn es denn wirklich
eine ist, gleich nochmals drüber-, d. h. drunterrutschen lassen.

2. Musikalisches Ambiente

Okay, bei Euren McDonalds- und Berufsschulratzen, da tut es als
musikalisches Drumherum Beat oder Softpop oder Heavy Metal o.
dgl. Indiskutables. Oder gar Kuschelrock oder »Tanzmusik bei Kerzenlicht« oder, wenn's ganz blöd kommt, auch nur »Bubi, Bubi,
noch einmal, es war so wunderschön«. Bei einer DAME aber – merkt
Euch das, Ihr Blödeln! – kommt man damit nicht aus. Kommt man
damit nicht durch. Denn eine DAME hat immer, bevor sie hinters
Rammeln kam, sich mit guter, mit wertvoller, mit klassischer Musik
abgegeben, sich dieser praktisch hingegeben. Dieses klassische
Erbe, das muß man wissen, bringt die DAME also quasi zum Nageln
mit.

So, nun wird vielleicht ein ganz Schlauer sagen: Na gut, dann
knall ich ihr eben den Ravel-Bolero drauf oder das Klavierkonzert
von Tschaikowsky rein, das bringt's immer. Okay, Boys, dazu kann
ich Euch nur zwitschern: Damit könnt Ihr vielleicht die Pimper-
Vroni aus Witzlhof hereinlegen und zum Stopfen kriegen – niemals
aber eine echte DAME! O Gott, dieser Tran- und Slawensack Tschaikowsky! Diese so unselig triviale Bläserintroduktion! Und dann
diese eselig klappernden gigantomanischen, ja protofaschistischen
Klavierakkordblöcke! Wang waung wong wang waung! Und dann
erst: was ein schlechtfolkloristisch kommerzspekulatives Neben-
thema! Was eine kitschig affektierte und abgreiferische Solo-Ka-
denz. Lächerlich. Unmöglich. Jede anständige DAME wird da aufste-
hen und zu zahlen verlangen.

Mozarts ›Dies irae‹ aus dem ›Requiem‹? Gut, bon, okay, Strobachs
Lothar hat damit in den verquälten 6oer Jahren, in dieser verdruck-

sten Kolle-Ära, so diesen oder jenen Achtungserfolg bei DAMEN –
selbst bei (jedenfalls angeblichen!) DAMEN – buchen können, ich
aber gebe Euch einen anderen Rat. Ich nämlich sage Euch: Cher-
chez – Brahms. Nämlich: Das 2. Klavierkonzert. Das 2. op. 83 in
B-Dur, vom Meister in der glücklichsten Phase seines Lebens kom-
poniert, am Mondsee im Salzkammergut, da kammergut, haha! –
ein Spitzenwerk der Spätromantik, und noch heute: herrlich wie der
junge Tag! Ah! Dieser wunderbar sanft ausgreifende, dieser natur-
schön innige Hornruf des Beginns! Die Sehnsucht nach der Blauen
Blume, fürwahr, sie ist ihm ins Gesicht geschrieben! Und dann erst
der wahrlich laszivisch zart nach oben plätschernde Antwortkom-
mentar des vollgriffigen Pianosatzes! Ein Geben und ein Nehmen,
wie mit der DAME, die da längst, gut nierengeschützt, schon nackert
auf Euch draufliegt!

Bei der sodann chocartig einsetzenden großen und hochvirtuo-
sen (kaum spielbare Handüberkreuzungen!) Klavierkadenz verhar-
ren wir ein wenig in gelassener Ruhe, insofern diese pianistisch wild
prometheushaften Prankengebärden des Trotzes und der romantisch ritterlichen Kampfeslust von der DAME und von Euch alten
Galgenschwengeln mimetisch-spieltechnisch nicht oder kaum nach-
zuvollziehen sind. Volle Pulle geht es aber dann wieder los und weiter
beim Orchestertutti. Da muß dann freilich Euer Riemen längst
drinne sein, da muß die Einführung echt abgeschlossen sein. Denn
jetzt heißt es, im breiten ¾ Takt die Sache immer schön gleichmäßig
durchziehen und beim harmonisch extrem raffinierten Klavier-Pas-
sagenwerk gegen Ende der Exposition steigern! Und dann möglichst
nochmals neue Emphase bei den chromatischen Läufen der Durchführung mit ihren vielfachen und schwindelmachenden enharmonischen Brechungen! Entscheidend indessen ist, daß Ihr beim
Zurücktauchen der silbrig-pretiösen Klaviertriolen in den neuerlichen blaublumigen Hornruf der Reprise gleichfalls wieder in Eurer
Ausgangsposition angelangt seid – allerdings und freilich: noch ehe
es zum Abspritzen gekommen ist! Derartige symbolisch-synästheti-
sche Synchronien mögen ja speziell DAMEN durchaus gerne.

So, jetzt aber bereiten wir uns langsam auf den Ernstfall, auf das
musikalisch genau abgestimmte Heraussprengen der milchig-

weißen Spermien (Sperma) vor. Nicht ganz unproblematisch, denn Gelegenheit, Anlaß wäre bei dieser herrlich herbstlich golden fließenden und vorüberrauschenden Musik mit ihren blinkenden Lichtern, mit ihren irisierenden Echos und bergschluchtförmigen Hallräumen natürlich jederzeit. Auf daß aber die Formstrenge der Analogie gewahrt bleibe, sparen wir möglichst im Verein mit der DAME unseren Höhepunkt für den der Coda-Stretta auf – für den Augenblick mithin, da das Soloinstrument nach mehreren vollrohr sexy, ja richtig crazy elektrisierenden Oktaventrillern mächtig und in satten B-Dur-Akkordhämmern über drei Oktaven hinweg – wow! – nach oben donnert – jetzt, jawohl, genau! Aah! Aaaaah! Gott, was ein Sprutz, wer hätte das vermutet.

Abschließend und in der Tat kommen wir um die Interpretenfrage nicht herum. Soll man sich mehr der »jugendlich-feurigen« (Joachim Kaiser) Einspielung mit Swjatoslaw Richter anvertrauen oder eher doch der »verdisch-briohaften« (J. Kaiser) Horowitzens? Nun, ich persönlich empfehle die mehr »verschlossen-verdrossene« (J. Kaiser) Aufnahme mit dem späten, inzwischen leider längst verstorbenen Wilhelm Backhaus: Nicht nur reflektiert gerade sie den nordisch-umwölkten, ja gewissermaßen möwenumkreischten Geist Johannes Brahms' am alleradäquatesten; ihr herbzarter Reiz erhöht nicht zuletzt auch im Sinne der Goetheschen Lehre der Steigerung durch Polarität die – übers blank Geschlechtliche hinausragende – Freude der DAME; und somit, so oder so, letztlich auch wieder die unsere; auf die es, Friends, ja doch vor allem ankommt, oder?

3. Immanenter appetitus und intentio unionis

Na gut, das wären also erst mal und fürs Gröbste Nierenschutz und Brahms. Wer aber nun meint, damit hat sich's aber auch, der mag vielleicht einen guten Preiselbeerplatz wissen; von den Wünschen und zum Teil abgründigen, ja abartigen Sehnsüchten einer DAME versteht er aber einen feuchten (!) Scheißdreck. Um nämlich ebendiese DAME im Bürschteln voll zufriedenzustellen, müssen wir schon während des Rammelns und abweichend von der antik-lateinischen ars amandi im Sinne der modernen ordo amoris die Bezirke des Geistigseelischen sehr wohl im Auge behalten. Denn ganz im aufgeklärten Sinne Peter Abaelards, ja in Wahrheit zurückgehend auf den Codex Theodosianus, besitzt eine DAME durchaus Anspruch auf jenes personale Ernstgenommenwerden noch im Genommenwerden, von welchem schon genaugenommen jener hochscholastische Nominalismus kündet, der da die falsche Analogie der ziemend-geziemlichen Liebe als eines »Hängens-an« etwas bloßsubjektiv Befriedigendem (febris inflamaria) zu negieren sich untersteht; und dies ganz entschieden.

Sondern die Liebe, Ihr Hunde, ist vielmehr und bei all ihrer Historizität als Antwort auch eine Wertantwort, nämlich: ratio als ingenium animae. Und umgekehrt: laus amoris als neue religio. Noch inmitten des Pimperns und Hackens muß sich das Wertfundament der Liebe stets mit der vollen flagranten Thematizität der geliebten Person auf uns verbinden; und umgekehrt, natürlich.

Denn zu Recht hält schon der Corpus iuris von 533 fest, daß die Gesamtschönheit (pulchritudo) Folge – und eben nicht der Grund! – der Liebe ist. Liebe aber nämlich meint, wie Wilhelm von Ockham wohl als erster wußte, jene Geeignetheit, einen immanenten appetitus im Sinne der intentio unionis zu stillen und gleichwohl eben diese beiden als amoris appetitus verjüngend abermals zu gebären. Dies wiederum erklärt ihre Zuordnung im Reich immanenter Bestrebungen sowohl als im Reich der sogenannten Wertantworten. Wobei die objektive Zuordnung dabei nicht oder kaum im Kontext theologischer Strebungen erfolgt, sondern vielmehr in dem zentraler Wertantworten; gleichsam um des Wertes seiner selber willen.

Und noch also unterdessen wir schon den Brahms auflegen, müssen wir immer bedenken und ggf. der DAME zu verstehen geben, daß der Beitrag des Subjekts in jeder der uns bekannten Wertantworten über die Teilnahme am Objekt hinausgeht (Transzendenz). Denn laut Magister Odofredus ist Liebe immer – und auch – der Gegensatz von Willkür (penetratio sine conceptio), obschon sie eigentlich am wenigsten appreciativ ist und zu sein hat! So – und nur so – löst sich auch die scheinbar-scheinhafte Antinomie der Liebe – mit der erwünschten Resultante: Die Gabe der Liebe (O diese Brahmsschen enharmonischen Rückungen! O dieser linnentuchgeschützt keusch sanftausschwingende Rücken!) ist gleichsam das Aktualisieren des

Besten in uns als Wertantwort und – zugleich Überwertantwort (Jean Quidort). Und das freut wiederum die DAME.

So, nun aber konzentrieren wir uns, indessen wir das Linnentuch leicht zu bewegen anheben, freilich ganz auf die verschiedenen Dimensionen der Transzendenz, auf das Mehr an Hingabe innerhalb der Wertantwort der allgemeinen terra incognita amoris, nämlich nach der consuetudo antiqua (usus longevus). Ist das soweit erledigt, beachten wir a) sorgfältig die Abweichungen der Brahmsschen Kopfsatz-Reprise und b) und noch sorgsamer die Beteiligung des ergötzten Herzens als die zweite Dimension des Mehr an Wertantwort. Strikt vermeiden wir dabei freilich die Verwechslung von selbstbezogenem (acedia bzw. atra cura) und wahrem Glück (consolatio animae). Wann aber soll Glück dann eine Rolle spielen?

Nun, wir haben es hier mit einem verbreiteten Mißverständnis im Zuge der allgemeinen intentio unionis zu tun. Nämlich eben diese meint in Wahrheit nichts anderes als eine Steigerung der Transzendenz und Hingabe (Caritas!) der Liebe (amor fatal) sowie die Unverträglichkeit zwischen wirklicher Liebes-Unio und Egoismus (egoistischem Versacken). Denn beachte gut: Die Unerfülltheit der Sehnsucht – von Brahms dann vor allem auch im dritten Satz im Zuge der Paraphrasen von »Immer leiser wird mein Schlummer« thematisiert – ist ja eben *kein* Wesensmerkmal der uns bekannten intentio unionis als letzter und rücksichtsloser Konsequenz der schwer spitzen *und* ordinären ordo amoris!!

Nicht ungern freilich wird die DAME *auch* hören, daß die der Liebe zugrundeliegende Kluft und die gleichzeitig in ihr liegende Überbrückung (Pontifex) dieser Kluft zwischen meinem objektiven Gut und dem für andere Personen vorbehaltenen einen gewissen, aber unleugbaren Zusammenhang konstituieren. Denn *natürlich* gibt es einen Unterschied zwischen gemeinsamer Freude und der Freude ob oder vielmehr über das für den Geliebten Erfreuliche. Dies eben aber führt nun zu jenen ja durchaus obskurantischen Affektationen, die einzigartige Transzendenz der Liebe (jede niederbayerische Stallmagd wär' mir manchmal lieber als so eine DAME als Stopferl) im Affiziertwerden durch Freuden und Leiden der Geliebten auf eher niedere Phänomene zurückzuführen (Cave diabolum).

So, aber jetzt, während der Nierenschutz sich schon gut eingespielt hat und unterdessen der Backhaus die Passagen verdrossener (taedium tristitiae) noch perlen läßt – jetzt richten wir den Blick kurz weg von der unmittelbaren intentio unionis – hin auf die in der intentio benevolentiae beheimatete sittliche Güte, so da über die reine Wertantwort weit hinausgeht: sowie auf den irrigen Versuch, die Liebe aus der Selbstliebe ontisch abzuleiten – welchen absolut untauglichen Versuch am falschen Objekt (Casta diva) wir sofort im Lichte eben der intentio benevolentiae und im Geist des Opus Dei (capelli biondi usw.) sowie im Sinne des bekannten doctor subtilis Petrus Venerabilis (1092–1156) zu entkräften vermögen. Triumph der wahren vita moderna!

4. Bilanz

Abschließend allerdings konzentrieren wir nun freilich unser und das Interesse der DAME vor allem auf das Mein der konstitutiven Zugehörigkeit zur eignen Person respektive auf das in der Besitzbeziehung gelegene Mein und das im Teilsein-von-etwas entspringende Mein-Dein. Denn natürlich, selbstverständlich, klar doch gibt es ein Eigenleben sowohl im engeren (vulva diabola) als auch im weiteren (cuius regio, eius religio) Sinn. Hinzu kommt hier oft die Ur-Gegebenheit des Heimaterlebnisses sowie »das darin wurzelnde Mein« (Bruno von Querfurt). Mein – wohlgemerkt im sensu strictu von Eigen-Leben oder auch Ei-Genleben, nicht aber von Egozentrismus (Merke: Media in vita mortui sumus). Ein letztes Mal erwähnen wir gleichzeitig an dieser Stelle der DAME gegenüber das Aufgesogenwerden, ja buchstäblich Aufgehen im Unterleib sprich: Leben anderer, schon aber ertönt erneut Brahms' Hornruf, weicher noch und geschmeidiger als beim ersten Male – denn richtig: Hier handelt es sich ja keineswegs nur mehr um puren Hedonismus neque blanken Eudaimonismus: hier geht es vielmehr ganz wesentlich um die gegenseitige Durchdringung von Eigenleben und Transzendenz in der schlechterdings *sittlichen* Sphäre. Kapiert, Ihr alten Rübenschweine? Ihr Sauhammeln, aufgepaßt: Das Erlöschen des Eigenlebens ist die gänzlich unverhoffte Folge – die Hingabe des Eigen-Lebens als einzigartige Dimension der Hingabe in der »Liebe-zu« (Dietrich von Hildebrandt, Regensburg 1971). Etwas Geileres aber gibt es nicht, auch nicht für eine DAME, der wir jetzt, schon kurz vorm Klimakterium pardon: kurz vor der Klimax auch noch rasch die geheimen Zusammenhänge und Widerspiele von natürlicher »und übernatürlicher Liebe« (Ferry Krawatzko) erläutern, von Treue und Kontinuität (Habemus Papam) einerseits, von Treue und Exklusivität andererseits – – und wenn es dann aber der blöden Gurke noch immer nicht kommt, wenn sie jetzt noch immer, zusammenzuckend unter jedem Brahmsschen Pralltriller, angstübertüncht die Wärmedecke übern alabasterprallen Arsch zieht: Dann, Kameraden, geben wir es auf. Dann lassen wir den Fall auf sich beruhen, ziehen rüstig sogleich hinaus ins weite Land und singen laut, doch frohvergnügt alsbald das überaus schöne Lied des Dichters J. v. Eichendorff:

»Der Morgen, das ist meine Freude.
Da steig ich in stiller Stund
Auf den höchsten Berg in der Weite.
Grüß dich, Deutschland,
Aus Herzensgrund!«

TIPS FÜR LEBEMÄNNER

Wie macht man Weiber prompt gefügig? Nun, auf diese wichtigste aller Fragen gibt es natürlich zahllose Antworten, eins aber scheint doch immer noch am besten zu funktionieren: »Auf dumme Komplimente fällt nur selten eine nicht herein.« So wird's gemacht, so ist es gut. Vorteilhaft ist auch diese Technik: »Auf dumme Komplimente fällt selten nur eine nicht herein.« Denn alle anderen fallen, und auch die eine meist. Sehr gut ist gleichfalls: »Auf dumme Komplimente fällt selten nicht nur eine herein.« Fraglicher wird's bei dieser Lösung: »Auf dumme Komplimente fällt nicht selten nur eine herein.« Immerhin: eine! Sehr problematisch aber scheint diese Strategie: »Auf dumme Komplimente fällt nur selten nicht eine herein.« Und schon allzu unüberschaubar wird die Lage mit diesem Trick: »Auf dumme Komplimente fällt nicht eine selten nur herein.« Um so erfreulicher und bombensicherer deshalb diese Lösung: »Auf selten dumme Komplimente fällt nur eine nicht herein.« Denn auf diese eine ist letztlich auch gepfiffen.

Man sieht, praktisch geht fast alles. Nur eins sollte der ausgebuffte Weiberhengst nicht machen: »Auf dumme Seltenkomplimente herein nur fällt nicht eine alte Sau.« Nein, so geht's nicht. So geht nicht's.

III.

HERMANNS EINKEHR

Feinster Bohnenkaffee, angezeigt auf einer silbernen Tafel im Fenster der Wirtschaft, war es vielleicht gewesen, was Hermann letzten Endes zur schließlichen Einkehr in die Pensionsgaststätte Hubmeier in der Entengasse bewogen und veranlaßt hatte, auf daß er dort seinen zumindest vorübergehenden Aufenthalt nehme. Der Hausflur war schön kühl, aber schon hier stellte sich diese Gaststätte allerdings auch als eine Metzgerei heraus, denn die rechte Tür im Hausgang führte in die Gaststube, die linke freilich in die Metzgereiabteilung, beides stand auf jeweils einem Emailschildchen zu lesen. Der Hausflur war leer, und tatsächlich roch es von links kommend nach allerlei Wurst und Fleisch, wenn auch nur in verhaltenen Spuren. Ein bißchen eingeschüchtert und schon entmutigt blieb Hermann im Hausgang stehen, überlegte es sich noch einmal und tupfte sich den Schweiß von der Stirn, denn von der ersten ungefähren Stadtbegehung war ihm schon ordentlich heiß geworden. Auch bangte ihm auf einmal vor einem schon wieder neuen Logiezimmer, so unerläßlich es auch sein mochte. Aus der Gaststube drang ein Niesen, dann ein kurzes hartes Husten. Einer plötzlichen Bewegung folgend, machte Hermann kehrt, schlug die Schwungtürflügel auseinander und trat durch die offene Haustür wiederum ins Freie. Nah schlug eine Kirchuhr. Hermann sah in den blauen Himmel nach der Sonne, es mußte wohl längst Mittag sein, da aber kam schon jener Mann im blauen Kittel auf ihn zu, den er vorhin an der sehr nahen Straßenecke hatte stehen und rauchen sehen. Es war ein schon älterer Mann von untersetzter und sehr gedrungener Gestalt, er trug einen blauen Mantel oder Arbeitskittel, der ihm von den Schultern bis zu den Knien gerade reichte. Hermann stand auf der obersten der drei Haustürstaffeln, schon aber hatte sich der Blaue unterhalb und fünf Schritte entfernt aufgebaut, er saugte wie nachdenklich an seiner Zigarette, nahm Hermann genauer in Augenschein und redete ihn dann sofort dahingehend an, doch, er sei sich ganz sicher, er kenne ihn, Hermann, von der Hitlerjugend her. Der Blaue zog wieder an seiner Zigarette und legte, um Hermann gut zu sehen, den Kopf und Rumpf etwas nach hinten. Jawohl, sagte der Mann wie aufwieglerisch, da sei gar keine Täuschung möglich, ganz einwandfrei erkenne er ihn, Hermann, schon jetzt wieder.

Hermanns Herz klopfte. Er wußte nicht recht, was er dagegenhalten sollte, im gleichen Augenblick aber ersah er, etwas seitwärts links hinter dem Rücken des Blaugekleideten, in einem winzigen Vorgärtchen, hinter einem niedrigen Eisenstangenzaun das Tier. Es war eine gelbe, eine rötlichblonde Katze, eine offensichtlich recht mollige Katze, die sich da im fast kniehohen Grase wälzelte und sonnte und plötzlich aber auf die Beine sprang und zu ihm, Hermann, und dem blauen Mann herüberschaute. Für eine Weile stand die Katze ganz gebannt, dann legte sie sich wieder hin, um sich weiterhin zu wälzeln. Immer wieder sah man im Grün den gelbrötlichen Pelz und ein paar Beine, wie sie wohlig in die Luft sich reckten.

Der kleine, aber überaus stämmige Mann im blauen Kittel hatte inzwischen sein rechtes Bein gegen die Türstaffeln gestemmt, oben stand noch immer Hermann. Der Blaue sog einen letzten Zug aus seiner Zigarette und schnipste den Filter sodann auf das sonnige, blankglänzende Kopfsteinpflaster. Schon allzu süß lächelnd sah er von unten wieder Hermann an, um ihn genauer noch zu mustern. Doch, er, der Blaue, sei sich vollkommen sicher. Es müsse 1942 oder höchstens 1943 gewesen sein, daß er und Hermann sich bei der Hitlerjugend kennengelernt hatten. Ganz sicher sei er. Der blaue Mann warf den runden Kopf mit den wenigen, aber straff gebürsteten schwarzen Haaren wieder leicht zurück, es schien, als ob er gleichzeitig in die Sonne und spöttisch und doch unerbittlich Hermann zublinzele. Der Himmel war fast gänzlich blau, nur zwei leichte Wölkchen schwebten hoch über einem Dachgiebel. Die kurzen Beine des Blauen waren vom Knie an nackt und ziemlich krumm und haarig, sie staken aber in Sandalen.

Der Blaue hatte sich eine neue Zigarette angezündet, saugte und beschattete Hermann eine kurze Weile schweigend. Da stand die Katze wieder aufrecht. Sie schien die Ohren zu spitzen, sah Hermann gleichfalls inständig und aufmerksam ins Auge, dann gähnte sie unversehens. Der Blaue schien allerlei zu überlegen, in seinen

Erinnerungen stillvergnügt zu wühlen. Aus dem Gaststättenflur, womöglich auch aus dem Gassenfenster, sickerte eine Welle feiner Bratensoße, vielleicht durchmischt ja auch mit Kaffeeduft, vielleicht mit Bier. Der Blaue trat wieder einen Schritt auf Hermann hin, er schmunzelte ganz heiter. Ob er, Hermann, sich denn gar nicht seiner entsinnen könne, fuhr er zu fragen fort und stemmte das andere Bein gegen die untere Treppenstaffel, an das Gauführertreffen 1942. Er lächelte zweideutig, nahm einen Zug aus der Zigarette, blies Rauch auf Hermann zu und zeigte dann sogar ein wenig die vorgeschobenen Unterzähne. Sodann klaubte er aus seiner blauen Manteltasche ein eingeklapptes Metermaß, öffnete es zum Teil, nahm Hermann in aller Gemütsruhe noch einmal in Augenschein und hielt wie spielerisch das jetzt zur Hälfte ausgezogene Metermaß auf Hermann hin. Als ob er Anstalten mache, Hermann damit alles zu beweisen und sich seiner zu bemächtigen.

Noch immer hatte Hermann sich nicht ganz gefangen. Sondern schüttelte nur immerzu den Kopf. Stärker klopfte ihm das Herz. Viel hätte er darum gegeben, säße er jetzt schon bei Hubmeier drinnen, hätte er gewußt, wie sich schleunigst loszureißen. Der Blaue hatte sein Metermaß wieder zusammengeklappt, schaute unbeteiligt nach links und einem an ihm vorbei um die Ecke biegenden Lieferwagen nach, mit beiden Sandalen drückte er dann die sicherlich nur halbgerauchte und zu Boden geworfene Zigarette aus. Fast anhänglich und keineswegs erkennbar mißgünstig sah er dann Hermann wieder an. Hermann stand und überlegte. Er fror ein bißchen, gleich als ob ihn etwas an den Armen kitzele. Längst zwar wußte er, daß er 1942 noch gar nicht auf der Welt gewesen war. Sein angegrautes Haar und sein unrasierter Zustand mochten den im blauen Mantel irregeführt haben. Doch bangte ihm vor diesem Mann, vor dieser unverhofften Begegnung. Noch einmal und verwirrt den Kopf schüttelnd, erkannte Hermann gleichzeitig, daß die Katze nun überhaupt nicht mehr zu sehen war. Der Blaue verschränkte gemütlich beide Arme und stellte dazu die Beine breiter. Das sei doch ausgeschlossen, daß er, Hermann, sich nicht an ihn erinnere, sagte er, schmeichelnd und fast schwülstig lächelnd. Hermann nahm seine Kraft zusammen. Das könne nicht sein, versetzte er mit Nach-

druck, denn er sei hier nicht geboren. Sondern in Thannsüß in Franken. Und auch dort nur aufgewachsen!

Jetzt schüttelte der Blaue seinen Kopf, ungläubig und es gleichsam besser wissend. Hermann verspürte, daß seine Entschuldigung oder Rechtfertigung nicht stichgehalten hatte. Der Blaue schmunzelte überlegen, unerschüttert. Hermann wollte nochmals erläuternd nachfassen, er wußte indessen, daß nichts Rechtes mehr aus seinem Munde kommen wollte. Der Blaue schien sich ganz geruhsam auf weitere und unentrinnbare Befragungen einzurichten, schon hatte er hüstelnd seine Zigarettenpackung wieder in der Hand. Hermanns Herz pochte schlimmer. Dann, um nicht schon jetzt den kürzeren zu ziehen, gab er sich endlich einen Schubs. Er nickte dem Blauen möglichst anständig zu, warf sein an die Haustür gelehntes Reisetaschenbündel über die Schulter und nickte nochmals grüßend. Der Blaue schien verdutzt und streckte eilig einen Arm vor. Schon aber hatte Hermann abgedreht. Schlug die Schwungtüren zurück und stand wiederum im kühlen Schutz des Hausgangs. Hermann lauschte nach draußen. Achtsam vermeinte er zu hören, wie die Sandalen seines Feindes sich etwas klappernd jetzt entfernten. Es kam ihm der Verdacht, daß der Blaue dabei leise pfiff, ihm verhalten nachpfiff, durchaus nicht in freundlicher Gesinnung. Hermann hütete sich, es nachzuprüfen, und wartete noch, bis das Herzklopfen nachließ. Aus der Metzgerei drang jetzt Duft von Essig und vielleicht auch Zwiebeln. Aus der Gaststube war zuerst ein einzelndes Kichern zu vernehmen, dann etwas wie vorwurfsvolles Winseln. Hermann zauderte noch immer. Er dachte an die goldene Katze. Schließlich gab er sich einen zweiten Ruck. Alle Vorsichtsmaßregeln waren getroffen. Und bei der Hitlerjugend war er wahrlich nie gewesen. Mutig und mög-lichst unbefangen öffnete Hermann die Tür zur Gaststube und glitt hinein.

Ein Gast in Fensternähe streckte sofort nach Hermann hin seinen zur Faust geballten Arm aus. Aber das war wohl nur ein Zufall. Behutsam machte Hermann die Tür hinter sich zu und spürte, wie sich in ihm schon viel entspannte. Noch im Stehen erkannte er, daß die Gaststube gut besucht schon war. Licht fiel hell durchs Fenster.

Um sich keine weitere Blöße zu geben, ließ Hermann gleich rechts neben der Tür sich fürs erste nieder.

Hermann saß und schaute um sich. Es saßen zu dieser Zeit in der Speisegaststätte Hubmeier schon an die neun, zehn Menschen. Alles war fürs erste nicht leicht zu begreifen. Sicherlich sieben Personen hatten sich um jenen einzigen großen Rundtisch geschart, der schräg gegenüber der Eingangstür stand. Es waren dies Menschen recht unterschiedlichen Alters. Hinter den Stuhlbeinen von drei der Sitzenden lehnten jeweils große helle Einkaufstüten, zwei weiße und eine himmelblaue, mit draufgedruckten Firmennamen. Die anderen Tische in der Stube waren langgezogen. Es waren ihrer wohl fünf, mindestens drei waren noch kenntlich unbesetzt. Hermann legte seine Jacke ab und beide Arme auf den Tisch. Möglichst ungezwungen, unaufdringlich saß er.

Die beiden Fenster zur Gasse hin standen nur leicht geöffnet. Schöne gelbe Kringel malte im Hereinfallen die Mittagssonne vor allem auf das braune Holz des runden, deckenlosen Tisches mit den sechs oder sieben Gästen. Einer der Köpfe drehte sich kurzzeitig nach Hermann um, die anderen nahmen fortplaudernd nicht weiter von ihm Notiz. Zwei nicht mehr junge Frauen lachten fast gemeinsam auf, aber gewiß nicht über Hermann, ihn. Die dickere nahm dann einen erbaulichen Schluck aus einer vor ihr stehenden Halbliterflasche. Die andere rieb sich vergnügt den Bauch. Sie hatte eine rosa Bluse an und wackelte vor Lachen immer noch.

Nach hinten zu, erkannte Hermann bald, endete die Gaststube mit ein paar Stühlen, einem Kanonenofen und einer Art Bretterwandverschlag, welcher seinerseits in einen Vorhang überging. Anziehend kam von dorther schon ein Duft, vielleicht von einer angebratenen Wurst. Jetzt erst ersah Hermann die alte Frau unter dem Ofenrohr. Sie saß auf einem Stuhl neben dem schwarzen Ofen und freilich etwas abgewandt. Ihr Stuhl und der Ofen bildeten zusammen so etwas wie eine Nische. Es war eine recht mollige und schon sehr alte Frau. Der Mund stand ihr halboffen, viel sprach dafür, daß sie ein bißchen schlief. Die Beine erreichten den Boden mit den Fußspitzen nur mit Mühe so gerade noch. Es waren pantoffelähnliche Hausschuhe, was die Greisin trug. Hermann gewann schon

bald den Eindruck, daß die alte Frau zum Personal, zum Hausbe-
stand gehörte. Im Schlummern rieb sie sich die Nase mit dem
Handballen. Gewiß war es eine Angehörige, vielleicht handelte es
sich um die Großmutter.

Noch immer rann von Hermann etwas Schweiß. Mit seinem Taschentuch wischte er ihn von Stirn und Hals und beschaute zugleich
die schöne Vitrine aus hellem Holz, die links von ihm stand, zwischen Eingangstür und Schanktisch. Ein Schankbüfettchen war es
eher, ein paar Kästen und eine große Vase mit Feldblumen standen
darauf. Die Großmutter hatte noch immer die Augen geschlossen,
gleichwohl zog sie jetzt mit der Rechten einen Fußschemel zu sich
heran. Sie tat kurz die Augen auf, stellte beide Beine auf den Sche-
mel, die Knie unter dem schwarzen Rock klappten kraftlos auseinander, dann schloß sie wieder ihre Augen. Schattig, fast lichtlos war
es in diesem Teil der Stube. Am Rundtisch stießen zwei Männer
miteinander an. Auch sie tranken aus der Flasche. Hinter dem Büfett hervortretend, kam ein Hund auf Hermann zugetrottet. Es war
ein sicherlich sehr alter, weißlichgrauer, zotteliger Spitz. In einiger
Entfernung blieb er vor Hermann stehen, um ihn zu beäugen.
Dann kam er doch noch näher und schnuffelte an Hermanns Schu-
hen, doch wohl mehr gewohnheitsmäßig und interesselos. Das
weißliche und auch gelbliche Tier machte wieder kehrt, überlegte
stehenbleibend und mit dem Schwanze wedelnd den Fortgang und
begab sich nach hinterhalb zur Großmutter.

Einer der Männer am Rundtisch besaß lustig funkelnde Augen
und dazu riesige buschige Brauen. Hermann gewann den Eindruck,
er wollte beide Frauen mit etwas foppen. Gutgelaunt stieß er seinen
Nachbarn in die Seite. Dieser hustete, es war nicht ganz klar, ob im
Spaß oder im Ernst. Der Spitz kratzte am Stuhlbein der Großmutter. Mit einer recht mürrischen Armbewegung wehrte sich die
Großmutter dagegen und gegen das Aufwachen. Dann schlug sie
gleichwohl beide Augen auf, rieb sie und erhob sich. Ungläubig und
grämlich um sich äugend, machte sie ein paar Schritte in den Vordergrund, kratzte sich am Ohr, schaute nach links und rechts, schüttelte den Kopf und erkannte schließlich Hermann. Hermann nickte
ihr ermutigt zu. Die Großmutter schlurfte ein paar weitere Schritte

auf ihn hin und rief dann aber Hermann zu, es dauere noch ein bißchen, der Wirt und die Wirtin müßten aber gleich wieder da sein, sie seien beide nur in den Keller oder aufs Amt gegangen, vielleicht aber auch auf die Sparkasse zum Hüttner. Während sie redete, hatte der Hund an das Holz der Eingangstür gekratzt, die Großmutter sah es und drückte ihm die Klinke nieder, mit seiner Schnauze öffnete der Spitz die angelehnte Türe und verschwand dann bis auf weiteres.

Längst hatte sich Hermann von der Erinnerung an den blauen Mann soweit erholt und war ganz ruhig und gefaßt geworden. Noch während am großen Rundtisch die beiden Frauen und der Brauenbuschige flüsterten und dann zugleich wieder loslachten, beschied er die Großmutter, ihm eile es ja überhaupt nicht. Die Großmutter zuckte im Überdruß die Schultern und begab sich stockend wieder nach hintenhin zu ihrem Sitzplatz.

Für einen kleinen Augenblick verschwand das Sonnenlicht, dann war es wieder da. Forschend glitten Hermanns Augen über die Hubmeierschen Tische und Einrichtungen hin. Bald hatte sich in Hermann der Eindruck zur Gewißheit verfestigt, daß es sich insgesamt um eine sehr ansehnliche Gaststube handelte. Alles war sehr sauber. Das braune Holz der Tische, die Büfett-Anrichte und der große Schrank hinter dem Rundtisch, alles glänzte überaus poliert und reinlich. Auf dem langgezogenen und momentan unbesetzten Tisch genau in der Stubenmitte stand sogar ein kleines Fernsehgerät mit einem Tragegriff und zwei jetzt eingezogenen Antennenstäben. Rechts seitlich über dem Rundtisch mit den sechs Mittagsgästen hing gleich neben dem Kruzifix im dicken schwarzen Rahmen eine große und wohl schon ältere Photographie. Sie zeigte einen schicklich gesetzten Mann mit durchaus stolzem Blick. Es mochte sich um den Gründer oder den jetzigen Besitzer handeln. Kurzzeitig wurde Hermann den Verdacht nicht los, er sei gewiß schon einmal hiergewesen. Trotzdem konnte das auch kaum sein. Höchstens in seiner Kindheit. Zusammen mit seinem Großvater. Da war er sicherlich schon einmal hiergewesen.

Das wunderte ihn andererseits. Denn erst vorgestern war es doch geschehen, daß ihm der hiesige Pensions- und Gaststättenbetrieb Hubmeier empfohlen worden war, von einem Straubinger Kameraden. Dort bei Hubmeier, hatte der Kamerad ihm anvertraut, könne man jederzeit gut speisen, das Schnitzel sogar noch für 5 Mark 20. Bei Hubmeier, hatte Erich ihm gesagt, finde man immer den richtigen Anschluß, und was die Übernachtung angehe, so sei der Preis dort sehr erträglich. Für gewöhnlich verlange man bei Hubmeier für die Logie mit Kaffeefrühstück nur 7 Mark. Ganz prima sei dort alles.

Der mit den buschigen Brauen hustete heftig, jäh kicherte die dicke Frau. Die Erinnerung an das Kätzchen kehrte Hermann wieder, gern hätte er es wohl gestreichelt. Gleichzeitig wurde ihm derweil immer klarer, daß die andere Frau vom Rundtisch nun schon seit geraumer Zeit davon Mitteilung machte, nächstens fahre sie auf Urlaub nach Schweden. Nach Schweden fahre sie diesmal, jawohl, rief sie beharrlich, jetzt erst recht, wahrscheinlich im September. Zwei oder drei Männer lachten. Warum sie nicht nach Schweden fahren solle, rief die Frau schon barsch und zornig, jetzt wolle sie ihr Leben auch genießen. Jawohl, das mache sie!

Nun kam der Spitz in die Stube zurück, anscheinend war er durch die zweite Tür hinter der Büfett-Schenke eingedrungen. Er schlich nach hinten und legte sich unter den Stuhl, auf dem vor einer Minute noch die Großmutter gesessen hatte. Diese war fürs erste unerkannt verschwunden.

Ob wer mitfahre nach Schweden, fragte nun eine neue Männerstimme. Jemand lachte gurgelnd. Die Frau, die nach Schweden wollte, hatte, von der Seite gesehen, ein hartes, ja böses Gesicht. Entschlossen starr hielt sie den Kopf hoch und schaute hochmütig drein. Ob ein Mann mitfahre und sie begleite, begehrte eine wieder andere, Hermann nun schon bekannte Stimme zu wissen. Nach Hermanns Eindruck geriet die Befragte nun sehr in Aufregung, denn ihre Stimme kreischte fast. In Schweden, schrie die Frau sehr laut und aufgewiegelt, in Schweden gebe es Männer genug, Männer, die sich ihrer jederzeit annähmen, jawohl!

Während jetzt ein paar Männerstimmen durcheinander lachten und zum Teil gutartig und heiter Zweifel anmeldeten, derweil nickte nun die andere und dickere Frau wohl Zustimmung und Beifall. Etwas polterte zu Boden, die Dicke hob es wieder auf. Ihr nackter Arm patschte der Freundin auf den Rücken, die Haut war fleckig braun, die Fingernägel rot bemalt. Der Hals der Dicken zeigte einen Ausschlag. Scheinbar lachten ihre Augen, kummergewohnt doch schien Hermann ihre ganze Miene.

Da habe sie überhaupt keine Probleme in Schweden, zeterte die erste Frau noch einmal los und schlug sogar hart auf den Holztisch. So heftig sie schlug, es schien ihre Vorfreude dennoch schon getrübt, die Frau vergrämt und auch verbittert. In Schweden, wiederholte sie noch einmal ruppig, wenn sie nur ihren Dackel mitnehme, dann fehle es ihr an gar nichts.

Jetzt fuhr ein Lichtstrahl flüchtig zuckend über die Gardinen der beiden Straßenfenster hin, er surrte über die gelbbestrichene Holzwandverkleidung hoch und löste sich dort schließlich züngelnd auf. Seitlich rechts über dem Rundtisch aber verweilten, Hermann gegenüber, sechs kleine Lichtrechtecke, leichthin schaukelnd und auch fließend. Noch einmal trat die Großmutter an Hermann heran und fragte nach seinen Wünschen. Zweimal hörte man die Kirchturmuhr jetzt schlagen, wohl war es schon halb eins. Hermann trug seinen Wunsch nach Bohnenkaffee vor und wennmöglich einer Kleinigkeit zum Essen. Wiederum und mürrisch, wie längst der Sache überdrüssig, entgegnete die Großmutter, er und sie, also die Eheleute Hubmeier, müßten ja jeden Moment schon wieder da sein. Gleichfalls der gelbgräuliche und gewiß schon recht betagte Spitz war jetzt wieder zu Hermanns Tisch gekommen und ließ die Blicke zwischen dem Gast und der Großmutter mehrfach hin- und wiederschweifen. Die Großmutter sah zur Tür hin und glättete die Lippen stumm bewegend ihre wollig schwarzen Ärmel. Sie schien schon ziemlich ratlos. Auch Hermann sank ein bißchen mehr das Herz. In Schweden, wiederholte die Reiselustige und kreischte jetzt beinahe, in Schweden könne man jederzeit Männer kennenlernen, jede Menge. Wild griff sie nach ihrer Bierflasche und nahm einen bedenkenlosen Schluck daraus. Jede Menge Männer, das wisse sie von ihrer Schwester, he!

Zwei, drei der Männer meckerten gemächlich. Gereizt, womöglich schon überreizt und mit zerrütteten Nerven schraubte die Frau Kopf und Rumpf herum und sah scharf auf Hermann hin. Mit Argwohn, ja mit einer schon kaum verkennbaren Feindseligkeit starrte sie ihn unverhohlen an. Über den schlaff hängenden Backen die Augen schauten trüb und zänkisch. Die Haut war etwas gelblich, die Lippen waren rosarot bemalt und zuckten schlimm. Die Tür ging auf, und herein traten zwei alte Menschen, ein Mann und eine Frau. Die Frau ging voraus und schien etwas atemlos, der Mann half sich mit einem Krückstock vorwärts. Der Hund bellte zweimal auf. Da seien sie schon, der Chef und die Chefin, sagte die Großmutter auf Hermann hin, von ihrer Ratlosigkeit erlöst. Gleich rief sie auch den beiden Eingetretenen etwas zu, was Hermann nicht verstand. Mit dem Zeigefinger deutete sie hin auf ihn. Noch im selben Augenblick sprang die Frau, die nach Schweden fahren wollte, von ihrem Stuhl hoch, sie packte ihe vollgepackte Einkaufstüte und stürzte, zwischen den beiden Hubmeier hindurch, mit häßlich wutverzerrten Zügen aus der Gaststube, den grauen Spitz mit einem Bein zur Seite drückend. Großmutter, schon wieder etwas weiter hinterhalb, schüttelte verzagt fast schon den Kopf.

Unverweilt trat nun das Ehepaar Hubmeier zu Hermann nahe an den Tisch, drückte diesem kurz nacheinander die Hand und stellte sich vor. Das hier sei ihr Mann, sagte die Frau und kniff diesen recht eigensinnig am Pulloverärmel, sie selber sei Frl. Anni. Frl. Annis Mund lächelte überaus begütigend auf Hermann hin, ihre Augen hinter der Brille waren noch nicht recht zu erkennen. Hubmeier schnaufte und stand zum Willkomm etwas übergebeugt, nach vorn gekrümmt über seinen Stock. Er war eine Winzigkeit kleiner als seine Frau; als er nach hinten zum Büfett abdrehte, war deutlich zu sehen, daß er mitsamt seinem Krückstock hinkte und das linke Bein nachzog. Das Bein oder beide Beine schienen stark zu lahmen, Hubmeier tat sich mit dem Gehen schwer, werweiß war es eine Kriegsverletzung. Sehr gedrungen wirkte die untersetzte Gestalt, die jetzt auch schon hinterm Büfett erschien. Indessen Frl. Anni ungesäumt Hermanns Bestellung von Bohnenkaffee entgegennahm, humpelte Hubmeier wieder hervor und schaltete den kleinen Fernsehapparat auf dem Mitteltisch an. Einen Augenblick lang waren schwarzweiße und bewegte Bilder zu sehen, stampfende Pferde wohl und Pulverdampf, auch eine Reihe Revolverschüsse ließ sich hören. Hubmeier, im Stehen auf den Stock gestützt, sah ein Weilchen interessiert zu, dann schaltete er wieder aus und humpelte nach hinten. Seiner Miene nach zu schließen, war er vollkommen befriedigt. Es war gewiß zur Prüfung nur gewesen.

Weniger ihm, Hubmeier, sah die große Photographie an der Wand ähnlich, sondern eher schon Frl. Anni. Längst war diese nach draußen geeilt, mit einem rasch umgeknöpften weißen Schürzenkittel fand sie sich soeben wieder ein. Der Kaffee komme gleich, teilte sie Hermann emsig mit, sie habe auch gleich ein Kännchen zubereitet, eine Tasse bei der Hitze lohne nicht. Frl. Anni trippelte schräg durch die Stube und zog an einer Schnur am Fenster, sofort ging darüber der Ventilator an. Etwa gleichzeitig verschwand Hubmeier hinter dem dunklen Vorhang hinterhalb des Ofens. Hermanns Zutrauen wuchs, als schon wenig später, herbeigeschafft durch Frl. Anni selber, das Kaffeekännchen bei ihm ankam. Frl. Anni mußte gleich wieder weg, Hermann aber, vor Durst, trank in kürzester Zeit die beiden Tassen aus. Der Kaffee duftete köstlich und schmeckte auch recht gut. Jetzt bereute es Hermann schon fast nicht mehr, daß er hier eingekehrt, daß er hier Station gemacht hatte. Statt wie vorgesehen noch heute über Tabernackel nach Nürnberg zu gelangen. Oder nach Gutdünken wenigstens bis Pommelsbrunn. Kleine Schweißperlen zwar traten auf Hermanns Stirn und Schläfen. Aber es waren sicherlich solche, die sich vom Kaffee herschrieben und vom Wohlgefühl. Der Hund lag vor dem Schankbüfett. Zutraulich sah er mehrfach hoch zu Hermann und leckte biegsam seine Vorderpfoten. Ein wenig ängstlich wurde Hermann gleichwohl wieder, wenn er an die neue Spielzeit dachte, an die Zukunft. Den Abgang von Reuter und Grahammer hätte der Club ja sehr gut wohl verkraften können. Aber den Wechsel Andersens zur Eintracht, den hätte es ja durchaus nicht gebraucht.

Sowie Frl. Anni das Kaffeegeschirr abräumte, nahm Hermann sich ein Herz und trug seine Bitte um Logie und Einquartierung vor. Frl. Anni war sogleich einverstanden, bestand aber darauf, er, Hermann, solle vorher noch etwas speisen. Frl. Anni lief weg, schaltete den Ventilator aus und schob, sie verabschiedend, zwei der Männer, die den Rundtisch verließen, mit sanftem Druck zur Tür hinaus. Sodann brachte sie eine schwarze Tafel, die vorher schon auf dem Büfett gelehnt hatte, herbei und hielt sie Hermann hin. Mit Kreide war darauf geschrieben, daß man heute für besonders empfehlenswert erachte Schaschlick für 2 Mark 80, Saure Lunge für 1 Mark 90 sowie Cürry Wurst für 2 Mark 50. Gleich werde es jetzt wieder etwas ruhiger und leidlich erträglich im Lokal, vertraute Frl. Anni Hermann weich und etwas singend an, da könne er dann in angemessener Ruhe essen. Hermann nahm sich zusammen und ließ sich auf ein Schaschlick ein sowie ein Cola. Frl. Anni wippte mehrmals freudig einverstanden mit dem Kopf und lächelte. Vorher aber zeige sie, sagte sie, ihm noch schnellstens seine Kammer, damit auch das erledigt sei. Vier der sechs gelben Lichtflecken an der Wand verschwanden jetzt, kamen aber sogleich eilig wieder. Ein wahrscheinlich neuer und aufs erste Ansehen hin recht struppiger Gast tauchte in der Türe und dann hinter Frl. Annis Rücken auf und wollte in der Stube Platz nehmen, schon aber humpelte Hubmeier von hinten herbei und hob sogar den Stock ein bißchen. Es kam zu einem kleinen Gerangel und Wortwechsel, bald aber schob Hubmeier, mit der rechten Hand auf die Türklinke gestützt, mit dem von der Linken gehaltenen Stock den Mann wieder zur Tür hinaus, in nicht geringem Zorn dem Verschwindenden den Holzstecken nachschwingend.

Ganz ähnlich wie Frl. Anni besaß Hubmeier eine mehr hohe und sogar etwas schnarrende und quengelnde, gleichwohl sehr durchsetzungsgewohnte und entscheidungsbefugte Stimme. Unbeschadet der Tageswärme hatte der Wirt einen himmelblauen Pullover oberhalb der braunen langen Hose an. Noch von der Anstrengung her schwer atmend, hinkte er wiederum nach hinten.

Seine Kammer im zweiten Stock oberhalb der Gaststube gefiel Hermann gar nicht schlecht. Frl. Anni klopfte ein bißchen die Bettdecke zurecht und öffnete sogar das schmale Fenster, in dem es auch zwei Blumenstöcke mit roten und mit weißen Nelken gab. Die Pensionsgaststätte Hubmeier, so teilte Frl. Anni Hermann beflissen mit, verfüge hier im Haus und in zwei Häusern nebenan über genau zwanzig Einzelzimmer, davon seien meist siebzehn auf Dauer an Festgäste vermacht. Drei Kammern stünden jeweils kurzfristig zur Verfügung. Man habe, eröffnete Frl. Anni mit feiner und wieder sehr singender Stimme Hermann, sich kürzlich wegen der allgemeinen Teuerung auch zu einer Erhöhung des Nachtpreises von 7 auf 7 Mark 50 entschließen müssen. Sie, Frl. Anni, habe es nicht gern getan, aber sie und ihr Mann müßten auch an das Alter denken und die Vorsorge. Hubmeier sei bald 76 und von recht angegriffener Gesundheit, sie selber fast 73 Jahre alt. Wer wisse, wie lange das Ganze in dieser Weise noch zu halten sei.

Frl. Anni lüftete, aber mehr pro forma, ein bißchen das Bettlaken, schloß das Fenster wieder und fuhr eilfertig durch ihre graubräunlichen Ringellöckchen. Es war eine altersbedingt etwas beleibte, jedoch auch zarte und fast zierliche und behende Frau. Sehr sauber nahm sich ihre weiße Kittelschürze aus. In den schwarzen Halbschuhen steckten hellbraune Strümpfe und grünbraune Ringelsöckchen zugleich. Zumal ja, faßte Frl. Anni nach und sah geflissentlich zu Hermann hoch, Hubmeier sowohl mit der Gicht als mit den Folgen eines Unfalls geplagt sei, wie er, Hermann, ja längst wisse.

Über dem Kopfkissenteil seines Bettes sah Hermann einen silbrigen Flaschenbieröffner hängen, an einem Bindfaden, der seinerseits mit einem Reißzweck an der Wand befestigt war. Hermann postierte seinen Reisesack neben das Waschbecken. Ein gar nicht kleiner schwarzer Käfer kletterte soeben entschlossen in das Ausgußloch. Das Bett machte einen schon etwas gebrechlichen Eindruck, die Kissen gleichwohl leuchteten recht rein. Mit dem Nachtkästchen schien es eine besondere Bewandtnis zu haben, das Schubfach und der untere Teil waren mit Holzwolle ausgestopft. Frl. Anni wunderte sich auch darüber. Ihr Bruder, ihr jüngster Bruder, vertraute sie Hermann rasch und atemlos fast an, sei Theologieprofessor in Passau, ein berühmter Mann. Der werde demnächst auch 70 und wahrscheinlich hierher auf Rente gehen, zu ihnen, Hubmeier, zur Pflege ziehen. Immer wieder würden ja Festgästekammern frei, sagte Frl. Anni. Hier zum Beispiel habe zuletzt ein alter Gerichtsassessor gewohnt, der sei im Juni erst gestorben, hier in dieser Kammer, erst vor einem guten Monat. Und vorher sei es ein Steuerberater gewesen, auch ihn habe man hier tot vorgefunden, gleichfalls hier in dieser Kammer. Sie, Frl. Anni, habe dann sein ganzes Geraffel wegschaffen müssen,

alles hin zur Caritas. Mit Ausnahme seiner Bücher. Die seien noch
im Schrank. Lauter Bücher, beteuerte Frl. Anni und schnaufte heftig auf und durch, habe man nach dessen Tod hier in der Kammer
gefunden, lauter Bücher. Da habe man die Bescherung gehabt. Und
alle Bücher einfach in den Schrank getan. Wenn er, Hermann,
wolle, könne er heute nacht drin lesen, der Schlüssel vom Schrank,
der stecke ja. Schon monatelang habe der Mann die Kammer nicht
mehr verlassen gehabt. Nur um Wurst zu holen, sei er ab und zu
nach unten gekommen. Überstudiert sei der Mann gewesen, erei-
ferte sich Frl. Anni, und nicht als einziger der Gäste. Lauter Bücher
habe er im Kopf gehabt. Viel habe auch der andere, der Saller, immer gelesen, der verstorbene Assessor. Auch ihr Bruder lese fast
zuviel. Alle seien heute überstudiert, alle überstudiert, rief Frl. Anni
heftig, vorwurfsvoll, fast schon in Wut auf Hermann hin. Alle überstudiert!

PEGNITZ-SAGEN
Von der Quelle bis Hersbruck

Der Hirschbach durch das Dorf Eschenbach kurz vor Erreichnis
der Pegnitz führte eines Tages Hochwasser, welches auch in den
Keller eines Anwesens eindrang. Zwar erinnerte man sich seitens
der Bewohner an die so notwendig gewordene Errettung der Hühner, man vergaß aber in der Hast der Hauskatze. Allein, diese vermochte sich aus eigenen Stücken auf einen Fußschemel zu retten,
auf dem sie dann sogleich den Hirschbach hinab und pegnitzzu
schwamm. Dem Zeugnis älterer Bewohner zufolge hat das Tier das
betr. Hauswesen später nie wieder betreten.

*

In der Griesmühle nahe Rupprechtstegen kam es einst zu einem er-
bitterten Kampf zwischen den dort ansässigen fünf Zicklein und
den gleichfalls hier wohnhaften dreizehn Gänsen. Man kann die

Verbittertheit dieses Ringens nur mit den bekannten jahrelangen Auseinandersetzungen zwischen Ostblock und westlichem Natobündnis in Vergleichung bringen.

Die Mühle steht seit praktisch 1962 leer.

*

Unterhalb der alten sagenumwobenen Burg Veldenstein oberhalb Neuhaus (Franken) wurde früher einmal von heimattreuen Neuhausern ein Zoo installiert. Unter den dort aufhältigen Tieren befand sich auch ein kleiner Eisbär, der aber mit den heimischen Tieren gut zurecht kam. Nur als eines Morgens drei Rentner, von der Societäts- und Versuchsbrauerei Neuhaus kommend, wo sie einen Kasten Bier weggerichtet hatten, den Eisbär als »Scheißbär« verspotteten, gab er ihnen einen Tatzenstreich.

*

Bei der Stadt Pegnitz ist die Pegnitz (genannt: Bangatz) noch ganz klein und vorher unterirdisch. Lange Zeit rechnete man stark damit, daß in diesem unterirdischen Teile Gnomen, Schrazeln und Elfen ihr Wesen treiben. In Wahrheit aber hat, wie man heute weiß, man mit unterirdischen Dohlen und sogar Wölfen zu rechnen. – Andere Auslegungen erzählt man sich in Bayreuther Kreisen.

*

Ein verwitweter Professor ging eines Tages bei Ranna an der 85 km langen, hier verhältnismäßig jungen Pegnitz auf und ab und sah den Forellen beim Springen zu. Dabei fiel er selber ums Haar in den braungrün sich schlängelnden Fluß (Mäander) und glitt in der Folge aus. Später stellte sich heraus, daß es sich um einen Professor aus Erlangen oder aus Berlin gehandelt haben könnte.

*

Vom Ratzenhof unterhalb des Ossinger-Bergs ein Bauer war über den bekannten Zagelweiher und später den Igelsee nach Artels-hofen unterwegs. Kurz vor seinem Ziel, bei der Schlangenfichte (Höhe Windloch), glaubte er sich von einem Schrazel oder Wichtel genarrt. Denn plötzlich – es war unterdes »stukfinsta« (stockfinster) geworden – pickte ihn etwas gegens Ouawaschl (Ohrwaschel), so-dann heftig gegens Hirn. In Artelshofen klärte man ihn auf, daß es aber in Wahrheit der berühmte Gockelhahn von Artelshofen war, der sich die meiste Zeit aushäusig ernährt.

Der Mann erschrak zutiefst. Er sah den Ratzenhof nie wieder.

*

Unterhalb des Großpfennigs (gen. auch »Löwengrund«) liegt die Stadt Velden. König Ludwig I. verlieh ihr 1810 Stadtrecht (unter Montgelas). Berühmt ist die Stadt heute wegen dem bekannten Schwan von Velden, jener, der schon so manchen kecken Pegnitz-durchschwimmer und Wassersportler das wilde Grausen lehrte. Der sog. »Lungerer von Velden«, ein geschätzte 53 Jahre alter Mann, der täglich von 15 bis 20 Uhr, sommers auch bis 22.30 Uhr am Marktplatz von Velden steht, will uns glauben machen, daß schon sein Großvater (gest. 1936 im span. Bürgerkrieg: Legion Condor) den Schwan gekannt und mit ihm gekämpft hat.

Schwäne werden oft über Gebühr alt.

*

Woher sich der Name Alfalter herschreibt, galt lange Jahrhunderte als unerklärlich. Neuerdings weiß man andererseits, daß einst in eisgrauer Vorzeit in dieser Kurve der Pegnitz unermeßliche Schwärme Admiralsfalter sich ausbreiteten. Durch Wortschrumpfung ergab sich später daraus wahrscheinlich Alfalter.

Heute sieht man im Wirtshaus von Alfalter unterdessen nur noch eine große Fleischfliege, genau über dem Stammtisch, an welchem, wenn er allein ist, meist auch der Wirt sitzt. Die Fleischfliege soll sich seit Jahren schon nicht mehr bewegt haben. Jedenfalls nicht untertags.

*

Dort, wo einst in Vorvätertagen die Pegnitzmanndln unschätzbare Goldvorräte gehortet hatten, um für den Notfall gerüstet zu sein, dort liegt heute der schönste Ort an der Pegnitz, die malerisch gelegene und hingebreitete Ansiedlung Lungsdorf. Normalerweise fließt dort der Wein in Strömen, und es wird den Gästen niemals sauer.

Neulich lief ein kleiner brauner Dackel ebenso neugierig wie mutwillig über die Lungsdorfer Pegnitzbrücke (ein Steg ist es eigentlich nur) auf die Wiese, um sich dort zu walzeln. Die steinalte, fast zahnlose Austragsmuhme vom Anwesen gegenüber war es, die das muntere Tier wieder auf die andere Seite des Flusses lockte. Der Dackel hatte haargenau ihre Stimme wiedererkannt.

Unter »Muhme« versteht man im Pegnitzgebiet vor allem nahe und weitschichtige Verwandte weiblichen Geschlechts, egal ob väterlicher- oder mütterlicherseits.

*

Unter den geselligen und gesellschaftlichen Kreisen in der Pegnitz-metropole Hersbruck liegen seit jeher der 11-Uhr-Club, der Schrau-benclub und die Hersbrucker Kunstdrucker in hartem »Clinch«. Zum Teil nahmen die Konkurrenz und die Katzbalgereien direkt wilde Auswüchse an. Zum Beispiel damals, als der Drucker Tobisch »ums Orschlecken« beinahe vom 11-Uhr-Club »angeworben« worden wäre, jenem also, der jeden Samstag jahreinjahraus um 11 Uhr am Hersbrucker Marktplatz »ä Fässle« (50 l) aufmacht, um dann eine Zeitlang dort zu verweilen. Bis eines Tages die »Kunstdrucker« es waren, die auf die »goldrichtige und pfenniggute« Idee verfielen, im Rahmen eines »Lampion-Sommernachtsfests« (Jam-Session) alle 3 Gruppierungen »unter einem Hut« zu versöhnen. Hätten nicht Leuchtkäfer dem »Landrat« Loos und seinem »Star-Kumpel« »Michel« Gölling den Weg durch den finsteren Mauerweg zum Süd-Tor gewiesen, werweiß hätten die beiden ihr Auto »niemals« wieder-gefunden, aber ehrlich!

*

In Güntersthal nahebei Velden geht es um. Nicht allein sieht man dort Drudeln (Truden) und Irrwische (Schrazeln, Feuchtln) weizen (d. i. spuken) und die dort lebenden Menschen zum Narren haben; man kennt dort in den geradzahligen Sommernächten um Johanni herum auch häufig tanzende Lichtlein (Kagerlichtlein), die als uner-löste Seelen einen Hüpfer über die Pegnitz machen, wenn es früher einmal Streitigkeiten gegeben hat oder wenn das gelbe Bier ausgeht; sowie ähnliche schreckhafte Vorgänge.

Vor Zeiten sollen an der nämlichen Stelle auch glühend feurige Männlein beobachtet worden sein, welche den Menschen, wofern diese einen Starrsinn haben und also im Kreise herumgehen, auf den Buckel zu sitzen kommen, den Betreffenden aus Mutwillen im Genick kratzen und zwicken und sich eins lachen, mit sehr feinen Stimmen.

Vor vielen Jahren ging ein Mann nächtlich von Güntersthal nach Häuslfeld (1 km), der begegnete aber mitten im Korn einem Igel. Da erkannte er, daß es der Teufel selber war. Gleich darauf hub es heftig zu regnen an. Es war die Tränenflut der armen Seelen, welche sein Vergehen verweinten. Der Mann verzagte, stieß schwere Seufzer aus und fiel vor Schreck tot um und starb.

Wir sollen rechtzeitig nach Hause gehen und uns nicht durch Igel irreführen lassen.

*

Wo die Pegnitz die große Rechtskurve macht, um sich später in Fürth mit der Rednitz zur Regnitz zu vermählen, um sich als ebendiese später in den Main zu ergießen, welcher sodann, in Mainz endlich mit dem Rhein vereint, bald darauf die Nordsee und das offene Meer erreicht, dort liegt, von Enten aller Couleur umschwommen, das Örtlein Hohenstadt. Was Wunder, daß sich in Hohenstadt auch schon die Eisenbahnlinien Bayreuth–Nürnberg und Furth im Wald–Nürnberg zusammenschließen, wenn auch nicht ganz. Sondern erst in Hersbruck so richtig bzw. erst nach Hersbruck. Denn: »Helsbluck lechts del Pegnitz odel links del Pegnitz?« wird in Peking am Bahnhof zurückgeforscht, wenn ein alter Hersbrucker nach Hersbruck lösen will.

Allerdings erreicht man Hersbruck in diesem Fall nicht über Bayreuth. Sondern am besten fährt man Peking–Taschkent–Charkow–Prag–Furth i. W.–Hohenstadt.

*

In Enzendorf dagegen war es, wo einst ein wahnsinniger Auflauf entstand, als, anlegend an die dortige Behelfsbrücke, ein Boot festmachte und ankerte, wozu in verfänglicher Weise auch ein riesiger rotbrauner Schäferhund zur Begrüßung herbeigeeilt war, erregt bis zur Verdammnis mit dem Schweife wedelnd, und, wiewohl gänzlich lautlos, die Vorgänge am Ufer mit seiner Aufmerksamkeit begleitete und einsäumte, ohne doch gänzlich die wachen Augen von jenem Baby zu lassen, welches ihm von beherzten Uferbewohnern im Kinderwagen und für etliche Stunden zu seinem Schutze anvertraut worden war.

Der Name des Tiers war freilich »Achim«.

*

Sprichwörtlich geworden ist der Fleiß der Rupprechtstegener Bienen. Unmittelbar gegenüber von Rupprechtstegen liegt, annähernd versteckt zwischen den Büschen und Bäumen und Brombeeren, der alte Rupprechtstegener Bahnhof. Heute ist es still geworden um ihn. Er ist stillgelegt. Nichtsdestoweniger befindet sich eine kleine moderne Bahnstation beiläufig 80 Meter unterhalb südwärts. Auch ein Wasserfall, von Rupprechtstegener Bienen umsummt, hält sich schon seit 1904.

Dort, wo es nachts oft so scheint, als ob sich der bleiche Mond in der schon fast schweigenden, nur noch sehr sanft murmelnden Pegnitz kugelt, dort hat es zuweilen auch allerhand Hexenweiblein hinterhalb, auf Besen durch den Bergtann reitend – die sogenannten Rupprechtstegener Zapfenhexlein.

*

In Düsselbach lebte einst ein braver Müller, der, durch Not gezwungen, sein Kindlein Erika an einen durchreisenden Handelsmann aus Kummerthal versetzte, vereitelnd dergestalt der damals allgemeinen und unerbittlichen Notausfurchungen allergröbste Not. Notgedrungen erbot sich der zuständige Pfarrer, dem Gebot der Frohbotschaft spähend nachzuhelfen, jenen Elterlichen gegenüber, so da wegen ihrer Verfehlung unter Ächzen und Stöhnen tränend saßen, dem Wunsch nach halbwegs christlicher Begierdetaufe schleusenöffnend zu willfahren, sowie dem untreuen Hausierer, dessen Hartköpfigkeit, so harsch sie auch bedingt, dem Würdenträger bitterlichst ans Herz griff, es unter Vermeidung von weiteren Ärgernissen unversehrt anheimzustellen, dem Kinde im Falle seines schleunigen Wiederverkaufs in Hartmannshof gegen guterdings sechs Säulein (Suckel) Gerechtigkeit widerfahren zu lassen in der Bedrängnis – wie gegen Gott, so gegen jedermann und so auch gegen das rosafarben holde Kindlein.

Später wurde das Kindlein dann Erster Präsident der Vereinigten Staaten von Amerika. Sein Name ist: George Washington.

*

Ein Jägersmann ging einst auf Dachsen aus. Bald danach, die Sonne stand schon hoch am Himmel, traf er auf ein großes Loch. »Komm nur vorra!« so rief er, der, nichts Böses ahnend, sondern belebt von frischem Mut, sich vor dem Loch postiert schon hatte. Es kam aber kein Dachs, sondern die Eisenbahn hervor, der Expreßzug Bayreuth–Nürnberg–Stuttgart, welcher den Jägersmann alsgleich erfaßte, zerfleischte und zerspellte. Ihn zu ehren, wenn schon nicht gänzlich vergessen zu machen, gründete der Vogt von Vorra hier später den großen Vorra-Tunnel von 182 Meter über dem Meeresspiegel.

EINE FRAU IST WIE EIN MANN, DER
Prima neue 1a-Aphorismen zur Zeit

Unsere Zeit ist fraglos eine insgesamt faszinierende. Ihre allergrößten Faszinosa sind mit Gewißheit 1. die Atomraketen nebst Null-Lösung; 2. nach wie vor die Sexualität; 3. aber die Fluten von Aphorismen und Epigrammen, die Tag für Tag, Woche für Monat mit schier unglaublicher Macht, Zähigkeit, Unwiderstehlichkeit und Gewaltherrschaft unsere inländischen Journale überströmen, überrollen und übermannen. Wobei, wie man ganz richtig ahnt, die betroffenen und betreffenden Blätter wohl allenfalls 10 Prozent dessen zum Abdruck freigeben, was ihnen von Werner Schneyder bis zum engagierten Hauptschullehrer, von berufsmäßigen und eher dilettierenden Spezialisten der Aphorismus-Zunft, eingesandt, ohne Unterlaß die Schreibtische penetriert.

Diese Aphorismen nennen sich wahlweise »Sprüche zum Sonntag«, »Worte und Widerworte«, oder gar »Schüsse aus der Wortkanone« – sie sind im allgemeinen hochkritisch, schwernotpolitisch und tiefaufklärerisch, sie sind eine bis fünf Druckzeilen lang, balancierend zwischen Witz und Unnachgiebigkeit, zwischen namenloser Eleganz und geradezu indolenter Idiosynkrasie – und sie sind sich vor allem zum Verwechseln ähnlich: so der Forderung nach Demokratisierung von Literatur als Avantgarde vorangaloppierend.

Ein paar originelle Prachtexemplare in Kleinstauswahl: »Die Gleichheit vor dem Gesetz krankt an der Ungleichheit der Rechtsprechung.« »Mangel an gegenwärtiger Aktivität provoziert zukünftige Radioaktivität.« »Deutschsein heißt auch, Gemüt durch Gemütlichkeit voll ersetzen zu können«; alle Zitate entnommen einer jüngeren Ausgabe der ›Frankfurter Rundschau‹ – und dort findet sich auch der folgende herztausige Edelstein: »Der Krieg ist nicht der Vater aller Dinge, sondern der Sohn unserer mangelnden Einsicht in sie.«

Genau.

Lange Zeit über hielt ich ja diese Spezies von Lebensweisheit in ihrer formalen Bescheidenheit, ihrer gußeisernen Wahr-Deuterei und in ihrer ridikülös-kraftmeiernden Espritgeschütteltheit für die obsoleteste, nichtigste und gammeligste Form aller gegenwärtigen Literaturanstrengungen (als ob sich Lichtenberg und Karl Kraus ewig und einen Tag ins Gehtnichtmehr aufwärmen ließen; aber reden wir nicht von der derart implizit exekutierten Beleidigung dieser Armen, sondern kommen wir lieber wieder zum Positiven:) – aber jetzt, auf meine alten Tage, hat es auch bei mir doch noch geschnackelt, jetzt hab ich's zum erstenmal selber probiert, man kann ja nie wissen, wie die Zeiten werden und wohin die ganze Richtung ausschlägt und wie man sich eines schlechten Tages mühevoll über Wasser halten muß, kurz: da ist eben die Beherrschung möglichst vieler formaler Virtuositäten angezeigt – und siehe, auf Anhieb hat's denn auch bei mir gefunkt! Und wie!

Das heißt, genauer gesagt: nach drei Anläufen. »Das stärkste an der menschlichen Schwäche ist«, hab ich mir als Debüt-Aufgabe gestellt – was? Wie weiter? »Daß das Tier noch allemal den kürzeren zieht«? Neinnein, so nicht – da fehlt fatal die obligate Aphorismen-Humanitas. »Der Geist«? Quatsch. »Daß bei schummeligem Starkstrom auch die dicksten Frauen immer noch ganz schön schwach werden«? Pfuiteufel, so doch nicht. Aber... könnte... könnte das nicht die Lösung sein? »Das stärkste an der menschlichen Schwäche ist, daß sie die – unmenschliche Stärke schwach macht« – exakt! ›Zauberflöte‹, 1. Akt, Taminos Flötenspiel – da ist der trantriefende Tiefsinn ebenso drin wie die nimmermüde Eleganz im antithetisch-

paradoxen Spiel der Sprache mit sich selber, Mutter Teresa ebenso
wie F. J. Strauß – und nach diesem Aufwärmen lief's auch schon wie
geschmiert – und fast auf Anhieb haben nun die folgenden Raketen
und Kometenkaliber die durch und durch inspirierte Retorte meiner geradezu spitzenklöpplerischen Schreibmaschine ›Raison &
Charme‹ verlassen, die Welt zur Ordnung rufend:

»Wirtschaftlichkeit der Städte hat ihre Unwirtlichkeit zur Folge.«
– »Auf der Startbahn West startet der Fortschritt« – in den blauen
Dampf der neuen Zigarettenmarke West? Nee, einfacher ist besser:
»in den Rückschritt.« – »Zu viel Radiohören verführt oft zum Einverständnis mit der Radioaktivität.« – »Mittelstreckenraketen gehen
oft auch lange Strecken und verkürzen unser Leben unmittelbar.« –
»Im Fernsehen kann man fern sehen – sieht man aber auch das
Nahe, das Nächste, – den Nächsten?« – »Die Oberstufenreform auf
den Gymnasien ist die oberste Stufe der Reform – in der Realität
aber oft unterste Subkultur; mit anderen Worten: nicht gut.«

Gehorchen diese Paradigmata einer glänzenden Personalunion
von Paradox und Wortspiel, von Wörtlichkeit und Unwörtlichkeit,
so bezaubern mich an meinen folgenden Versuchseinspielungen
vor allem die Artistik der Projektion, die Inversion von Ding an sich
und Metapher: »Der Kamm ist die Zahnbürste der Haare.« – »Das
Schamhaar ist der Schnurrbart des Unterleibs.« – »Der Geschlechts-
verkehr« – oha, jetzt wird's heikel, aber Spannung muß eben auch
bei der Aufklärung = Emanzipation sein – »ist der Straßenverkehr
im Schlafzimmer – viel Lärm und nichts dahinter.«

Alles mitgekriegt, Leser? Naja, war ja auch nicht allzu schwer,
hätte, zugegeben, auch noch von Lilli Palmer oder dem erlauchten
W. Schneyder sein können – eine dritte, schon sehr verzwickte Gattung von Aphorismus aber lebt von der Kombination, der Kreu-
zung beider bisheriger Techniken – auch sie scheint, obwohl sie uns
einerseits an die Grenzen des menschlichen Geistes führt, andererseits wunderbar beliebig reproduzierbar; sie hat indessen schon
leichte Tendenz zum Dämonisch-Metaphysischen, mit der Gefahr
des Überlappens ins unmittelbar Transzendental-Numinöse hinein:
»Die Freiheitlich Demokratische Grundordnung ordnete die Freiheit der Demokraten wahrhaft in Grund und Boden« (oder gar

»Grund- und Bodenspekulation«? – nein, wäre zu chuzpiös). – »Der
Türke ist der Kümmeltürke unserer Zivilisation« (Zivilisation ggf.
auch in Gänsefüßchen). – »Bildung ist heute meist Ver-Bildung –
durch die ›Bild‹-Zeitung.« – »Der Kommunist ist oft der Wolfspelz
im Schaf des Kapitalisten.« »Im«? Nicht »des Schafs des Kapi...«?
Egal, Hauptsache, die Gesinnung haut irgendwie hin – und besonders stolz wie eine Haubitze bin ich jedenfalls auf die nun folgende,
topraffinierte, hoch angereizte, aber sieghaft heimgefahrene Aphi-
Serie über die – Lehrer, jawohl, die Lehrer, eben die, die, wie man
weiß, ja die neue Aphorismen-Hochkultur zu entscheidenden Teilen mit geboren haben. Als da wären: »Lehrer unterrichten. Und
richten.« – »Lehrer unterrichten und richten in den Schülern manchen Schaden an.« Oder, noch waghalsiger: »Lehrer unterrichten
und richten, über jene richtend, in den Schülerseelen große Leere
an.« – »Lehrer und leere Köpfe – ist die homophone Konkordanz
im Zeitalter Karl Krausens wirklich nur ein komischer Zufall?« –
»Die innere Leere der Lehrer richtet meist ihren Unterricht zu-
grunde – mitsamt den Rahmen-Richtlinien...«

Usw., von da an ist dann auch nur noch ein Schritt zu meinen bis-
herigen Bestleistungen: »Eine Frau ist wie ein Mann, der eine Frau
hat.« (Dochdoch, stimmt schon, glauben Sie's nur.) »Liebe ist, wenn
die Liebe den Haß besiegt.« – »Irrenhäuser sind die Trauben, die
dem Normalen, der aber in Wahrheit der Un-Normale ist, nämlich
der Wolf im Fuchspelz, zu hoch hängen.« – »Der Neger bleibt auch
dann noch immer Neger, wenn er sich wäscht.« – »Kinder sind die
Erwachsenen von morgen.« – »Eine Frau ist wie eine silberne Schale
aus Schamhaar. In die wir Männer unsere Eier nicht und nicht
hineinbringen. Und auch nicht sollen.« – »Die größten Kartoffeln
haben den Vater zum Krieg aller Dinge.« – »Neger sind wie Juden.«
– »Liebe ist, was für die Eifersucht die Currywurst ist: scharf aber
bitter.« – »Neger sind die Frauen der Juden. Unserer Zeit.« – und
endlich die Conclusio: »Deutschsein heißt Lehrersein – und alle
Lehrer sind wie Neger: ihre Zukunft ist dunkel. Vor allem bei Lehr-
amtsanwärtern.« Aber apropos Lehrer – fassen wir das bisher Ge-
lernte zusammen: »Diese Aphorismen sind nicht nur gut, sondern
auch gut gegeben.« Oder mit dem Präsidenten der Neuen Frankfur-

ter Schule zu reden: »Vor den Erfolg haben die Götter den Scheiß gesetzt.« So – Lernende, und nun sollten Sie mal Ihre ersten Versuche tätigen. Am besten, indem Sie in der Zeitung einen halben Aphorismus lesen oder sich vorlesen lassen – und den Rest dazubasteln. Wir beginnen mit Einfachem: »Strauß und Vogel bilden zusammen« – was? Richtig, »eine typische Vogel-Strauß-Politik.« – »Ehrgeiz ist um so erfolgsversprechender, je …« Lösung W. Schneyder: »… je mehr mit der Ehre gegeizt wird.« Und Ihre Lösung? »… je mehr Versprechen … äh: Versprecher im Sinne Freuds … die Freude am Erfolg … ähäh …« Nix ähäh! Weitermachen! Sie wissen doch: »Wer A sagt, muß auch Phorismus sagen!«

MEINE JAHRE MIT HELMUT KOHL
>Zeit<-Umfrage »Eine Ära geht zuende«

Also, ob da wirklich eine »Ära zu Ende geht«, dessen bin ich mir, ein halbes Jahr vor der Wahl und bei bester Gesundheit des äratischen Hauptdarstellers, ja keineswegs so sicher; auch nicht recht, ob das eine »schöne Zeit« war, ob, was nachkommt, »schrecklich« wird oder es schon immer war, alles sehr offene Fragen, von mir, dem arm und bescheiden Abseitsstehenden, am wenigsten zu klären – zumal dann, wenn ich da spüre, wie, sollte jetzt wirklich eine Ära enden, ich in ein offenes Loch zu fallen drohe, noch im Fallen vom eisigen Wind eines Horror vacui behaucht, gepackt vom Schrecken und gleichzeitig dem Boden gewohnter, sicherer Realität entzogen, schauernd erspürend ahnungsvoll ein Leben ohne die Gewißheit namens Kohl und seiner Kanzlerschaft und – –

Mit anderen Worten:

Wacheren Lesern meiner großen Kohl-Jugendbiografie von 1985 entging schon damals nicht eine gewisse Neugier, ja Grundsympathie, ein elementares Wohlwollen für diesen Mann und Menschen, jenseits aller unverbrüchlicher und unbarmherziger Kohl-Kritik; und heute, nach neun Jahren weiterer Reifung und Blickschärfung, führt kein Weg mehr dran vorbei, daß diese Sympathie ja so wenig mehr latent wie an ihr zu rütteln ist, doch, so weit, gehe ich nur so gewissenhaft wie intimst mit mir zurate, so weit ist es gekommen, hat es kommen müssen, Wiedervereinigung hin und blühende Landschaften im Osten hin und kreuzweis und – kurzum:

Jener, der mir schon 1972 als kommender CDU-Chef scheinbar zufällig bei einem eher ländlichen Wahlkampfauftritt wie allen anderen Herumstehern auch so kraftvoll wie unausweichlich in die Pratze griff, mich zu begrüßen und früher oder später in seine Obhut zu nehmen; der, der noch vor zwei Jahren auf der Buchmesse nicht anstand, fast ebenso wahllos meine überaus kritische Kohl-Biografie mit seinem Kohl-Krakel absegnend zu signieren: kein Zweifel mehr, sein Charme, lang und zäh genug ausgesessen, hat längst auch einen Widerspenstigen wie mich besiegt und unterjocht. Definitiv. Auch mich.

Der allerdings, überdenke ich es heute nochmals, dem Rätsel Kohl schon immer ein bißchen verfallen war, seinem gewissermaßen negativ dialektischen Geheimnis. Etwa dem seines seltsamen Erfolgs. Der da beginnt mit den sagenhaften Untiefen seiner legendär brummwuchtigen Heidelberger Doktorarbeit (ich besitze 1 Expl.!) und zügig fortfährt zur scheint's nur allzu idealtypisch-normalen Nachkriegspolitikerlaufbahn im allgemeinen Rahmen der Gnade der Spätgeburt und der seit frühester Jugend konsequent durchgezogenen Imagepflege als spätzuckmayerisch fröhlicher Weinberg (obwohl die Heimat Ludwigshafen flach wie ein Brett vorm Kopf ist) – doch, schon immer, auch damals schon, 1982 ff. und auf dem Höhepunkt der ersten allseitigen Kohl-Bespöttelung (die allerdings so ganz grundlos auch wieder nicht war), strahlte dieser Oggers- bzw. gebürtige Friesenheimer für mich etwas ab, das mit Begriffen kaum, mit »kritischer Reflexion« (Habermas u. a.) schwerlich – – ja, und inzwischen hab ich im Nachgang meiner biografischen Anstrengungen auch noch in jenem Deidesheimer Spitzenlokal zu Mittag gegessen, worein Kohl seinen sämtlichen Staatsgäste mitleidlos zu Pfälzer Saumagen zu schleifen pflegt. Und: es hat mir sogar prima geschmeckt.

Natürlich, ganz eingewickelt hat er mich und meine kritische Grundausrüstung doch noch nicht. Natürlich, Kohl ist und bleibt

auch immer Haupt- und Staatsexempel für den neudeutschen Auf-
steigertypus aus dem älteren Angestelltenmilieu, fast hemmungslos
erfolgs- und karrierefixiert, als Leitfigur ausgerüstet mit populären
und manchmal auch allzu folkloristischen Attitüden, der Bauern-
schlau als Bonvivant und Parvenu, der Jedermann als Weltpolitik – –
allein, ein schierer Opportunist war Kohl wohl nie, noch übers
erträgliche Maß hinaus Schleimer (wie so mancher aus der heutigen
Enkel- und Toscana-SPD); sondern stets sehr eins mit sich selber,
Entität sui generis und natura naturans und magna cum voce oder
wenigstens corpore o.s.ä. – auch wenn man nun nicht unbedingt
wie neulich und reichlich verheuchelt Th. Waigel in ranschmeißeri-
sche Entzückensschreie über dieses baumlang »gestandene Manns-
bild« ausrasten sollte.

Manches hat Kohl in Lob und Tadel »und umgekehrt« (H. Kohl)
nicht verdient; z.B. nicht, daß man ihn neulich ausgerechnet seitens
der komplett unbefugten Wiesbadener Sprachgesellschaft ausgerechnet da mit dem »Unwort des Jahres« strafend abmahnte, wo er
mit seinem Diktum vom »kollektiven Freizeitpark« ausgerechnet
mal was Elegantes, fast Witziges, Tucholskynahes zuwege gebracht
hatte; dies Kohl-Mißverständnis, eins unter vielen, sei hier für die
noch später Geborenen immerhin klagend festgehalten.

Nicht vergessen sei allerdings auch umgekehrt z.B. die dumm-
deutschunsterblichkeitsverdächtige »Solidaritätsaufgabe der Tagesordnung der Zukunft« vom CDU-Parteitag 1985. Auch wenn die
»Aufgabenzukunft der Solidarität der Tagesordnung« vielleicht
noch den »Hauch einer Nuance« (Kohl) einleuchtender gewesen
wäre. Pfälzischer. Irgendwie identischer, moppelhafter. Gesamt-
kunstwerklicher auch im Sinne der schwallvollen Wiedervereinigung. Ja, und all das soll nun schmachvoll enden und zuende gehn.
Tja. Ein kaum gewohnter Schauer faßt mich an. Jedoch, ehe ich hier
abermals mit der sanft hingerissenen Wehmut des Scheidens in den
Schründen eines schauderhaften Horror semiamandi mich verliere,
ende ich eilig lieber doch im Vorabendlichen, im Ambivalenten, im
– hm: essentiell Kohlschen »sowohl als auch« (a.a.O.).

WOCHE CONTRA ZEIT

Die deutsche Wochenzeitung ›Die Woche‹ wurde Anfang 1993 in die Welt geschickt, weil die altetablierte Konkurrenz ›Die Zeit‹ nach Meinung der ›Woche‹-Gründer viel zu wenig bunt und mit viel zu langen Artikeln belastet war. Heute hat sich die große Anfangsaufregung schon wieder ziemlich gelegt, viele meinen jetzt sogar schon wieder, daß die ›Woche‹ eigentlich schon gar zu bunt sei und daß man die ewig langen Artikel der ›Zeit‹ eigentlich ganz gerne lese –

– nun, mir selber sind beide Blätter genau gleich lieb, weil ich sie beide nicht gar zu regelmäßig lese und weil sie mich beide zuletzt gleichermaßen gut behandelt haben, einmal als Buchautor, einmal als journalistischen Polemiker – und wenn ich also heute als Parameter und Vergleichsobjekt die jeweiligen Ausgaben vom 1. bzw. 2. Juli heranziehe, da wird mir also einerseits in der ›Woche‹ der Klagenfurter Dichervorlesewettbewerb genau so kompetent und brillant niedergemacht, wie man das seit ziemlich genau 1980 schon kennt, einigermaßen überraschungslos also – vor allem und andererseits aus dem berühmten Feuilleton der ›Zeit‹-Redaktion. Die sich aber diesmal ganz verweigert – möglicherweise aus Degoutiertheit schon und Arroganz.

Dafür will mir aber dieses legendäre ›Zeit‹-Feuilleton auf sage und schreibe zwei Druckseiten zum ungefähr 47. Male weismachen, daß Bernhard Minetti ein ganz toller und zudem tiefsinniger Schauspieler ist – ich freilich werd's auch beim 53. Male nicht glauben. Nicht im Feuilleton, sondern herausgehoben auf Seite 1 der ›Zeit‹ äußert sich der Theaterkritiker Benjamin Henrichs zum hochakuten Berliner Theater-Skandalon, nämlich zur extrem tragischen Schließung des Schiller-Theaters und empfiehlt zur allgemeinen Rettung des allgemeinen und auch ihn seit Jahrzehnten ernährenden Theaterbetriebs wortwörtlich und im vollen Ernst: »Deshalb gehen Sie doch einmal ins Theater. Und wenn Sie keine Lust haben, ins Theater zu gehen: Gehen Sie einmal um Ihr Theater herum! Es lohnt sich.«

Und während mir noch ein kleines Mühlrad nicht ums Theater, aber doch den Kopf herumgeht, schon charakterisiert der Co-Leitartikel nebenan die aktuelle Politik Bill Clintons mit dem raffinierten, hochartistischen, noch nie dagewesen virtuosen Paradoxon: »Hart aus Schwäche« – was die ›Woche‹ ihrerseits auf Seite 1 nur mit der farbig ausgedruckten Novität einer ja hochüberfälligen Statistik namens »Problem der Woche« kontern kann, ja doch, Probleme, sieben an der Zahl von der »Ausländerfeindlichkeit« bis zur »Staatsverschuldung« – Probleme werden jetzt auch nur mehr eine Woche alt, dann kommen neue.

Das gerade kann man von den ›Zeit‹-Chefs nicht sagen: Die dortige Führungscorona von Verleger Bucerius über die Gräfin Marion Dönhoff und den Ex-Kanzler Helmut Schmidt bis hin zu Theo-Ted Sommer zählt im Schnitt circa 88 Jahre und dient davon wohl jeweils die Hälfte schon dem hanseatisch-vornehmen Wochenblatt und achtet schon deshalb der kurzlebigen Wochenprobleme bereits kaum mehr. Genau dies Manko ersetzt nun die ›Woche‹ geschickt wiederum durch innovatorischen journalistischen Drive dergestalt, daß sie z. B. eine Doris Henkel in einer Reportage die Tennisspielerin Steffi Graf als »sensibel und verletzlich« feiert – ausgerechnet Steffi Graf, diese Synthese aus einer Kraftmaschine und einem Kampfbüffel. Tja.

Kurzum, ich bin mit beiden Blättern als Informations- und Meinungsbildungsquelle gleichermaßen hochzufrieden, vor allem, so lang sie auch mit mir hochzufrieden sind – und da fällt mir leider ein: Seit ca ¼ Jahr schweigen sich aber schon beide über mich zäh aus. Und featuren dagegen Graf und den Greis Minetti. Wo ich doch viel interessanter bin! Skandal! Gräfin Marion! Chefredakteur Bissinger! J'appelle! J'accuse! So geht's ja nun wirklich nicht! Nach dem Berliner Theaterskandal nun noch einer im Hamburger Pressewesen! Das kann sich dieses Land nicht leisten!! Ich lege Wert auf Abhilfe und Abbitte! Ehe ich sauer werde und aus Protest ums Hamburger Theater herumgehen muß!

WUT UND TRAUER
Ein Essay

»Ich möchte meiner Bestürzung ein Gefühl von Trauer hinzufügen!« rief ein bekannter deutscher Schriftsteller im Juni 1986 beim PEN-Kongreß. Ob er nicht selber traurig wird über einem derartigen Satzgestelze, über einem solchen Krampf?

Für Gottfried Benn lag 1944 »in jeder Haltung Trauer« (Brief an Oelze, Nr. 267), und er hielt auch alle Gedichte für »traurig«. Franz Schubert empfand ähnlich alle Musik; fröhliche gebe es nicht.

»Trauer« geradezu en masse verspürten Jugendliche der Zürcher Protestbewegung 1980; Trauer über US-Imperialismus, Trauer über das totalitäre Gehabe des Schweizer Staates resp. des kapitalistischen Systems, Trauer über den Zustand der Welt. Der Wissenschaftsjournalist Dieter E. Zimmer, der die entsprechenden Zitate in einem ›Zeit‹-Aufsatz von 1981 überlieferte, sah hierin eine Wiederkunft, »eine Rehabilitation des Fühlens, die überall im Gange ist« und letztlich zur Freude Anlaß gebe.

»Uns bleibt nur Trauer«, resümierte Helmut Schön nach dem ver-

lorenen Österreich-Spiel (2 : 3) bei der WM 1978. Ein Satz, der
Beckenbauer heute schon nicht mehr einfiele; und nicht nur wegen
seines noch geringeren Vokabulars, nein, recht hat er vollkommen:
Mit Trauer haben weder die Kindereien von 1978 noch die Derwall-
schen von 1982 noch die kürzlichen von 1986 in Mexiko zu tun.

»Und dann werd i traurig«, seufzt Qualtingers nicht partout un-
sympathische Spießer-Inkarnation Herr Karl, »und wenn i traurig
bin, muaß i fressn!«

Trauer soll – nach mancher Sachverständigenmeinung noch vor
der Liebe – das tiefste Gefühl der Menschen, vielleicht aller Krea-
turen sein. Die Frage bleibt nur, ob es sie eigentlich noch gibt. Ob es
nicht vielmehr Gefasel, Schrott, Kitsch ist, was sich da ewig und
einen Tag mit Trauer gern verwechseln möchte.

»Dem gleich fehlet die Trauer«, so endet Hölderlins um 1800 entstandene Hymne ›Mnemosyne‹, die das Verfallen des göttlichen
Eingedenkens beklagt. Betrauert? Den Hölderlin-Worten nach zu
schließen offenbar doch nicht. Mag sein, daß Alexander und Margarete Mitscherlich 1967 jene Zeile im Ohr hatten, als sie mit ›Die Un-
fähigkeit zu trauern‹ einen der sprichwörtlichsten Buchtitel der
Nachkriegszeit kreierten. Gemeint war dabei die fehlende Trauer
der Deutschen um den erlittenen Verlust des Führers Hitler als des
langjährigen kollektiven Ich-Ideals – mit der weiteren Folge von
mangelnder »Trauerarbeit« hinsichtlich der Nazi-Erbschaft insgesamt. Statt Trauer »über eine nationale Katastrophe größten Aus-
maßes« erlebe man, so die Autoren, »Verleugnung, Verdrängung des
Faschismus, seine Entwirklichung«.

Daran – auch wenn der Gedankengang ab ovo etwas wirr sich
darstellte und Mitscherlichs leider hinterlassene Margarete sich seiner partout nicht mehr genau erinnert – daran war damals wohl viel
wahr. Wahr ist aber auch, daß der von Freud adaptierte und recht
tautologische Begriff der »Trauerarbeit«, welchen auch der Nürn-
berger Kulturreferent überaus schätzt, ein eher deutsch-unseliger
war. Denn bald folgten »Verdrängungsarbeit«, »Stolzarbeit«, »Erinnerungsarbeit«, »Glücksarbeit« und – jawohl, auch die Theologen
standen jetzt Gewehr bei Fuß – »Bibelarbeit«. Und zweitens werde
ich den Verdacht nicht los, daß die nach-mitscherlichischen Trauer-

anstrengungen der Deutschen noch peinlicher ausfielen als der vorherige Trauermangel. Wenn Trauerverlust nach Freud »Selbstentwertung« ist, dann war die neue autosuggestive Trauerarbeit erlesener Kreise bald nur noch Ritual, Pose; und als solche noch verlogener.

Nietzsche, und ihm folgten darin viele, erklärte die moderne Welt für tragikfrei, also auch: trauerunfähig. Man kann's kunstgeschichtlich gut nachverspüren. Iphigeniens Abschied, Paminas g-moll-Arie reden nicht nur von ihr, sie sind Ton für Ton Trauer. Wagners sogenannter »Trauermarsch« aus der ›Götterdämmerung‹ ist bei aller Kunstanstrengung ein kraftlos-plattes, aufgesetztes Potpourri; Signal dafür, daß es sich mit der Trauer ausgetrauert hat? Wie mit der Seele insgesamt und sowieso?

Die neuere Psychologie erzählt uns von 2 Trauertypen und 4 Phasen des Trauerns, zeigt aber keine rechte Lust mehr, sich mit seinem Wesen, mit seiner Metaphysik zu befassen. Über die letztere lehren uns noch immer am meisten die Theorien des Trauerspiels von Aristoteles bis Kant und Schiller. Laut Gottsched z. B. zielt Aristoteles' »Trauer« auf die Vorwegnahme »eigener Trübsale« hin und, über den Umweg der »Gemütsbewegung«, letztlich auf »Tugend«. Im heutigen, die Zeitseele korrekt spiegelnden Großdrama ›Dallas‹ oder ›Denver‹ führt kein noch so harter Schicksalsprügelschlag zu Trauer; von Tugend ganz zu schweigen. Sondern kraftvoll und metaphysikfrei wird weitergetrickst – und allenfalls die »Wut« (siehe unten) bewirkt nennenswerte seelische Expressionen.

Und trotzdem ist Trauer, wie man allseits hört, momentan stark en vogue. Ich glaube davon – erst mal kein Wort. Trauer ausgerechnet in dieser spätindustriellen und angeblich postmodernen Wegwerfgesellschaft?! Die spirituelle Bindung an etwas wesentlich Spirituelles, Religionsnahes?! Trauer als das tödliche Komplement von Sehnsucht, die's ja auch längst nicht mehr gibt?! Oder eben nur ein vages Bedürfnis nach den großen »opernhaften« Gefühlen?

Weniger denn je scheinen sich die Psycho- und Biologen einig darüber, was »Trauer« eigentlich sei. Eine elementär-einfältige Empfindung? Vielmehr eine »gemischte«? Trauerspiel-Theoretiker neigen wohl eher zum ersten, Naturwissenschaftler zur Annahme einer komplizierten Melange: Trauer als riesiger Verlustschmerz, als quasi ich-stärkende »Ich-Verarmung« (Freud) – aber auch Angst vorm Schmerz, pragmatisch orientierte Angst vor Lebensunbequemlichkeiten; Trauer also als etwas durchaus moralisch und gefühlig Disparates?

Ich kenne zwei großartige Romane zum Thema: Marlen Haushofers ›Die Wand‹ und László Némeths ›Trauer‹. Beide Male steht Trauer für das unwiederbringlich abgeschiedene, bis hin zum Wahnsinn stumme, aber noch im Untergehen stolze Leben. Poetischer Traum eines antiken Empfindens? Spielte Némeths Roman nicht 1935, sondern 1986, ich wäre geneigter, wieder der Trauer über den Weg zu trauen. Indessen: Fernsehen, Zeitungen, fast alle Bücher sabotieren tagtäglich diesen hehren Glauben. Dummheit dieses Stils und Trauer gehen nicht zusammen. Auch und vor allem dann nicht, wenn die Zeitung jeden Dreck gleich »tragisch« nennt.

Trauer also ein Leerwort, ein Blind-Cliché, ein Erlesenheits-Ticket? Zu der Annahme neigte allzeit die Kritische Theorie um Adorno, im Visier die allseitige Deformation des Lebens, seine »Verdinglichung« und fortschreitende »Instrumentalisierung«. Von »Tränen, die man nicht mehr weint« redete Beckett – und Camus' Roman ›Der Fremde‹ handelte von dessen ihn selber überraschender Trauerlosigkeit beim Tod der Mutter. Aber neigen nicht Philosophie und Poesie zum Übertreiben? Wenn ich kürzlich in der ›Zeit‹ unter der Überschrift »Trauere bitte etwas schneller« über das schreckliche Los der Witwen und Witwer lese, dann bin ich doch wieder sicher: daß diese täglich real geweinten Tränen »authentisch« sind; solche der Trauer und des Schmerzens, nicht anders als die trostlosen, die in der antiken Tragödie sich Luft verschaffen.

Es gibt etwas der Trauer Verwandtes, das oft auf den gleichen Namen hört – und doch etwas anderes meint. »Unter der alleroberflächlichsten Lebenskruste«, schreibt Benn am 13.8.40 an Oelze, »tritt einem eine Trauer des Daseins entgegen, die unüberwindlich ist, gar nicht mehr in Worte zu fassen und unstillbar.« Trauer dieser Art hört oft auch im Deutschen auf den knalldeutschen Namen Tristesse – und von dieser rühren und röhren nach Chopin und F. Sagan sozusagen zeitlos die Mode und ihre Gecken.

Heines »Ich weiß nicht, was soll es bedeuten, daß ich so traurig bin« ist wohl ihr deutsches Urbild: das Traurige als das Unbestimmte, das sich buchstäblich im Rhein Verwässernde. Man scheidet legitim auch zwischen Trauer und Melancholie; aber hier geraten wir in ein derartiges Definitions-Kuddelmuddel, daß wir dieses gleich besser wieder verlassen – in Richtung reiner Schleim: »Traurig bin ich sowieso«, schnulzt ein starkes Jahrhundert nach Heinrich Heine Wegners Bettina – und da stimmt denn endlich gar nichts mehr, und das »sowieso« ist wie eine Kanonisierung der Wischiwaschi-Transusigkeit, auf welche »Trauer« jetzt definitiv heruntergekommen ist.

Inflation vermeldet noch bestechlicher jenes bekannte Begriffspärchen »Wut und Trauer«, welches, vielleicht erstmals gesichtet in einer Frankfurter Anti-Atom-Rede 1962, vor allem seit Meinhofs und Dutschkes Tod wütet; triumphal, berserkerhaft, ein neudeutscher Adelsausweis für höchste Betroffenheit betroffs Alles und Jedes; favorisiert von Schriftstellern, von Christian Geißler bis Gerhard Köpf; ein wahres Hurenpärchen, für den Linken Hermann L. Gremliza politisch um so »reaktionärer«, je links- und sturzbetroffener seine Benutzer sich verstehen.

»Wut und Trauer« äußerten die schon erwähnten Zürcher Protest-Jugendlichen in allen Formationen von »Trauer, Ohnmacht, Wut« bis »Wut, Angst und Trauer«. Von »Wut und Trauer« strotzten abermals die ›taz‹-Leserbriefe nach dem Bekanntwerden von Tschernobyl. »Wut und Trauer« bekundete im Zuge der bösen Nachrüstung 1983 ausgerechnet der SPD-Verteidigungsminister und Kommißkopf Apel. Die pure Blind-, Alibi- oder Renommierfloskel, hinter der nichts mehr steht; kein Gedanke und schon gar kein reklamiertes Gefühl. Als Brandt einst in Warschau auf die Knie fiel: Es war sicherlich nicht Trauer, aber ein respektables Symbol für sie. Wenn Zürcher Jugendliche Trauer und Wut in sich vorzufinden glauben, dann ist Flüchten angezeigt oder der sehnliche Wunsch, die Leute möchten endlich den Rand halten. Nicht uninteressant, daß mit dem Duo »Wut und Trauer« der US-Psychiater Robert Plutchik die Eifersucht definiert. Wäre also womöglich das Hassen des »Systems« – sei's Zürich 1980, sei's Wackersdorf 1986 – im Grunde Eifersucht auf jenes »System«? Das einen nicht mehr zum Zuge kommen läßt? Seltsam.

Sind Wut und Trauer beim Menschen nicht mehr zu retten, so am Ende aber bei den Tieren? Von buchstäblich gebrochenen Herzen bei Vogelwitwen berichtet Konrad Lorenz – und in seinem schönen Buch ›So kommt der Mensch zur Sprache‹ (1986) erzählt Dieter E. Zimmer von einer Versuchsreihe, mit Affen symbolsprachlich zu kommunizieren, die Ende der 60er Jahre berühmt wurde. Dabei kam es auch zu einem wunderbaren Dialog zwischen dem Gorillamädchen Koko und seiner Pflegerin Penny, welche am Vortag von Koko gekratzt worden war:

Penny: *Was hast du mit Penny gemacht?*

Koko: *Beißen.*

Penny: *Du gibst es zu?*

Koko: *Leidtun beißen kratzen.*

Penny: *Warum beißen?*

Koko: *Weil wütend.*

Penny: *Warum wütend?*

Koko: *Nicht wissen.*

Wut und Trauer – nach deren Ehrenrettung durch Koko nehme ich fast alles zurück. Und noch während ich diesen herztausigen Dialog abschreibe, fällt's mir wie Schuppen von den kritisch-theoretisch verblendeten Augen: wie dumm und falsch meine Skepsis hinsichtlich Wut und Trauer. Wie Koko wütend auf Penny, so ich gestern wütend und traurig. Über viel Kaputtmachen. Nämlich meines Lieblingsfeldwegs nahe der Stadt, wo ich Kindheit. Sinnlos und dumm – dumm kaputtmachen nur für neuen Autobahnzubringer und Zubringerzubringer. Trauer. Und Eckhard schon wissen, woher. Gleich müssen weinen. Und also hören lieber schreiben auf.

WELTALL – PRO UND CONTRA
Gedanken und Reflexionen

Was ist eigentlich mit dem Weltall los? Man sieht nichts, man hört nichts, und schmecken tut man schon gleich rein gar nichts ...
Verdächtig verdächtig. Und doch, was schadet's eigentlich? Gönnt uns doch sein, des Universums, Schweigen Zeit und Muße für andere, gewichtigere, gesellschaftlich brennendere Probleme. Z. B. für mein Lieblingsidol Monika (Tel. 06 11/72 74 83. Aber ja nicht anrufen, Kameraden, die Tante versteht keinen Spaß und ist dann sehr böse). Oder aber für die Besserung der Müllabfuhr, nein, die ist heute schon nicht mehr zu retten, das nehme ich zurück, vielmehr: die virulente Trainerfrage beim FC Bayern. Noch sitzt Dettmar Cramer fest im Sattel. Aber schwer Angst hat er doch. Wird er noch sitzen, wenn dieser Essay in Satz geht? Wenn er dem Leser, dem ich hiermit besonders herzlich die Schulter tätschle, auf den Frühstückstisch flattert? Da haben wir sie, die Relativität der Zeit, und schon sind wir wieder mitten im Kosmos mit seinen großartigen Sternen und Sternenhaufen und frappanten Sternennebeln ... Beteigeuze ... Orion ... Kassiopeia ... Soraja – und wie sie alle heißen. Ich sage nur: Zauberhaft, apart, charmant, charmant; ehrlich ...
Natürlichnatürlich: Natürlich hat das Weltall auch seine unweigerlich schwachen Seiten. Alles letztlich kreisrund, kugelig – keine Quader, nicht einmal Ellipsen und Sarkasmen, geschweige denn Weiber – eigentlich ein bißchen einfältig für einen Schöpfer, der sich damit dick tut. Wie wird er sich dereinst aus der Affaire ziehen, wenn er einmal vor den höchsten Richterstuhl treten muß? So fragen Christ und Marxist sich gleichermaßen angeödet. Überhaupt der Marxismus! Ich hab mal einen Marxisten gekannt, der – ach, da möcht' ich gar nicht erst mit anfangen, *zu* doof ...
Das ewig kreisende Schweigen der Sphärenharmonien. Wolken ziehn wie schwere Träume. Was aber macht Cramer, wenn Neudecker Merkel holt? Gladbach? Seattle? Andererseits ist es ja doch so: Im groben sieht das Weltall so aus: Unser Sonnensystem ist eins unter hundert Milliarden innerhalb der Milchstraße. Die Milch-

straße, die ist wiederum eine unter hundert Milliarden Galaxien.
Dann ist das Weltall praktisch aus. D. h. es krümmt sich, soviel ich
weiß, in sich selber zurück oder wie oder was, jedenfalls ist das dann
die vierte Dimension alias Gott. Einstein hat das begriffen; ich
früher mal zum Teil; Dettmar Cramer wird es nicht schaffen. Es ist
auch kaum zu packen, das ewig kreisende, elend durcheinanderflut-
schende, den Gegner täuschende, tückische Pässe eröffnende quir-
lige Licht- und Materie-Zeug da droben, verdammt! Ein bißchen
einfacher hätte es der megalomanische, ja recht eigentlich sadisti-
sche HERRE dem Dettmar Cramer schon machen können, wenn der
nachts im Bettchen, albträumend unter der steten Gefahr, klamm-
heimlich seine Weltelf formuliert. Ich an seiner Stelle würde jedenfalls vorschlagen:

Tor: Jaschin
Abwehr: Schnellinger, Beckenbauer, Moore, Facchetti
Mittelfeld: Haller, di Stefano, Pelé
Angriff: Cruiff, Eusebio, Gento.

So, und jetzt noch schnell die Schöpfung loben, damit kein Zorn-
gericht auf diesen Essay niederprasselt:

Königin Sonne! O schweigende Pracht! Sichtbar und unsichtbar
zugleich! O geniale Schöpfung eines noch genialeren Mannes, der
noch viel Genialeres hätte machen können, wenn er nur gewollt
hätte, jawohl! Herrscher über den Polarstern! Dein ist die Macht
und die Herrlichkeit, die Herrschaft über den Frosch wie über die
Pleiaden! Die Weltelf Dettmar Cramers aber hat keinen schwachen
Punkt und dafür sogar noch einen Haufen ausgezeichnete Ersatz-
leute wie Banks, Garrincha, Puskas, Müller! Du bist überhaupt der
Größte! Schweigende Pracht, unendliche, unverwelkte, tadellose ...!

Ausklingen lassen. So. Das dürfte genügen. Und daß mir *ja keiner*
jetzt 72 74 83 anruft!

ZWEIMAL H. BÖLL

Nachdem die deutsche Justiz durch drei bzw. vier Instanzen hindurch des Autors Meinung zu diesem Böll-Roman nicht oder nur geschwärzt zuließ, dachte dieser gleich besser komplett um – wie folgt:

Heinrich Böll
Und sagte kein einziges Wort
Werke 1951–54/Romane und Erzählungen/Hrsg. von Bernd Balzer/
Köln: Kiepenhauer & Witsch

Es ist schon schlechterhin phantastisch, was für ein ▮▮▮▮▮▮▮▮▮ ▮▮▮▮▮▮▮▮▮▮▮▮▮▮▮▮▮▮▮▮▮ Autor schon der junge Böll war, vom alten fast zu schweigen – und mehr noch: Er war, gegen's allzeit und bis heute kurrente Klischee und mit Sicherheit gegen seine eigene Selbsteinschätzung, auch▮▮▮▮▮▮▮ Daß ein derartiger▮▮▮▮▮ ▮▮▮▮▮▮▮▮▮▮▮▮▮▮▮▮▮▮▮▮▮▮ ▮▮▮▮ den Nobelpreis erringen durfte; daß Hunderttausende lebenslang katholisch belämmerte und verheuchelte Idioten jahrzehntelang den ▮▮▮▮▮ ▮▮▮▮▮▮▮▮▮▮▮▮▮▮▮▮ weglasen; daß heute noch die Grünen auf eben ihm Stiftungshäuser erbauen – ist das nicht alles wunderbar?

Die Literatursoziologie und die Germanistik – falls es die noch gibt – sind abermals aufgerufen.

PS: *Haus ohne Hüter* und *Das Brot der frühen Jahre* dürften, so ahne ich kraft einer Halberinnerung, übrigens noch blöder sein; und eben das ist gleich noch wunderbarer.

Die Schwärzungen mußten auf Antrag von Herrn René Böll nach einem Beschluß des Landgerichts Berlin vom 20.8.91 vorgenommen werden.

Der Rabe 30, 1991

Heinrich Böll
Und sagte kein einziges Wort
Werke 1951–54

Beim nochmaligen – vierten Lesen von H. Bölls jugendlichem Meisterroman *Und sagte kein einziges Wort* fiel's mir, in erschreckender Korrektur zu meinen früheren Eindrücken, wie Schuppen von den Zähnen: Was war das ein talentierter Autor! Schon so früh so talentiert! Und dabei ja ganz und gar nicht steindumm! Sondern richtiggehend steingescheit. Und solche (Welt-)Kenntnisse! Und wie fern jeglicher Verlogenheit der junge Böll schon, vom alten fast zu schweigen, im Sinne seines eigenen Klischees operiert! Böll korrupt? Hah! Daß ich nicht lache! Fern jeder Korruptivität schiebt er sich des Wegs und durch diesen phantastischen Roman hindurch, o ja! Jenseits jeglicher Talentfreiheit, der pathologischen ebenso wie der harmlosen, he! Böll ein »Knallkopf« (E. Henscheid)? »Aber wo« (A. Streibl).

Die Literatursoziologie und die Germanistik (falls es die noch geben tut) sind abermals aufgerufen, vor diesem ganzganz prima Autor das taube Auge zu senken und gleichzeitig heftigst in die Knie zu gehen.

Der Rabe 36, 1993

WoS' SIEBENSACHEN

Eine kurze medienbezügliche Schlußbilanz meiner juristischen
Auseinandersetzung mit H. und R. Böll (1991–93)

Unter den mancherlei unqualifizierten und inferioren journalistischen Einlassungen zum unlängst zu Ende gegangenen Rechtsstreit
H. bzw. R. Böll vs. Haffmans/Henscheid die – knapp vor einem un-
geheuerlichen TTT-Film mit dem Höhepunkt einer ganz und gar un-
verantwortlichen, nämlich sachkenntnislosen Bekundung des SPD-
und Fernsehkabarettisten Dieter Hildebrandt; knapp auch vor den
mehrfachen boulevardjournalistischen Stellungnahmen des artverwandten und vollends lästigen Werner Schneyder mit ey; sehr knapp
sogar vor einem fugenlos inkommensurablen Porträt der »Emma«,
welches mich als »Giftzwerg aus der Oberpfalz« überführt – fahrläs-
sigste und fulminanteste, die unbegreiflichste und letztlich doch auch
entschieden trottelhafteste stand in der ›Frankfurter Rundschau‹ auf
der Seite 3, sie stammt von WoS (Wolfram Schütte) – und allein die
ersten eineinhalb Absätze (15 Zeilen, 3 Sätze) enthalten sage und
schreibe sieben satte Torheiten respektive Fehler: *Wenn Literaten Lite-*
raten Literaten nennen – so der Literat Tucholsky über seinesgleichen lachend –,
will einer den anderen im öffentlichen Bewußtsein schmähend herabsetzen. Denn
welcher »Literat« will schon einer sein, wenn er sich für etwas Besseres, nämlich
einen Dichter hält? Mit dem »Wiener Schmäh«, einer wechselseitigen üblen
Nachrede, die durch die stilistische Tatsache, daß sie so übel nicht formuliert ist,
Witz besitzt, hatte die »altfränkische Schmähung« nichts zu tun, mit der Eckart
Henscheid aus Amberg über den toten Heinrich Böll hergefallen war (…)
Nämlich, man erinnert sich, im Frühjahr 1991 und schwer
meuchlings; wobei es dann im Sommer/Herbst 1991 wegen fraglicher Vokabeln wie »verlogen«, »korrupt«, »pathologisch«, »Knallkopf« usw. seitens des Böll-Sohns René zu einer Einstweiligen Verfügung und in den weiteren Folgen zu einer Unterlassungsklage
gekommen war, welcher drittinstanzlich Anfang 1992 vom Bundes-
verfassungsgericht rechtgegeben wurde. WoS' Glosse hat von all jenen juristischen u. a. Implikationen nachweislich wenig Schimmer;
verfährt aber dafür umso souveräner:

1. hat das Tucholsky-Zitat nichts, aber auch gar nichts mit dem in Rede stehenden Streit und Rechtsstreit zu tun, in dem es um ganz anderes als um die verblasene Prestigefrage Dichter/Literat ging;

2. ging es natürlich auch nicht um den Streit zweier Autoren, sondern um den eines Autors mit einem Autor-Sohn und -Erben;

3. ist das Tucholsky-Zitat zu Recht nicht in Gänsefüßchen gesetzt; es stimmt auch nicht;

4. hat der juristisch zu definierende und möglichst zu präzisierende Terminus der »Schmähkritik« weder sachlich noch auch nur entfernt etymologisch irgend etwas zu tun mit dem »Wiener Schmäh«; noch hat dieser mit dem Casus Böll irgendetwas zu schaffen;

5. weiß WoS selbstverständlich auch nicht, was wienerisch »einen Schmä(h) führen« genau gesagt bedeutet; nämlich etwas ganz anderes, als er meint. Von der für einen alten Feuilletonhasen wahrhaft schmählich formulierten »journalistischen Tatsache« hier mal nicht »lachend«, sondern stöhnend fast ganz zu schweigen.

6. Weder liegt mein Geburtsort Amberg, wie WoS offenkundig wähnt, in Franken; sondern im Gegenteil in der feindlichen Oberpfalz; noch wäre sonst irgendein sinnhaltiger Bezug zum »Altfränkischen« zu erspähen; im Gegenteil, meine Böll-Schmähung war, wenn überhaupt, eher neuabendländisch.

7. Was wunder, daß WoS auch — und dies, obschon er fünfzehn Jahre lang damit meine Artikel für die ›Frankfurter Rundschau‹ absegnete — meinen Namen nicht korrekt zu schreiben vermag; sondern — und da steckt wirklich keine denunziatorische Ranküne mehr dahinter, denn die wäre sonst schon allzu beflissen übererfüllt — schmachvoll genug gleich zwei Fehler dabei macht.

So schreiben sie dahin, und alle Tage. Derart und aufs schönste auch die alte Faustregel des von ihr hinreichend oft betroffenen Robert Gernhardt kanonisierend, daß unsereins von der eigenen linksliberalen Verwandtschaftsbagage (von der FR bis zur taz) noch allemal die unverhofftesten und bedenkenlosesten Rufmorde zu erwarten hat.

Und doch stimmt das nicht ganz; und doch fand auch WoS noch seinen Meister: RTL-Plus-Köln trug mir kurz vor Redaktionsschluß an und auf, im Rahmen einer Art gerade neu kreierten Spielshow »Presseopfer klagen an« (o. s. ä) mich in Sachen Henscheid vs. Böll zur Verfügung zu halten; im Zuge der allgemeinen Realitäts- und Fernsehsimulation solle da ich den Täter, Bölls René wohl das Opfer mimen; zum würdig adäquaten Abschluß eines Rechtsstreits.

Derart nicht nur O. Lafontaines Wort vom »Schweinejournalismus« als Makulatur hinter sich zu lassen; sondern werweiß gar noch Wolfgang Schüttels besinnungslosen Schmarrn.

DREIMAL R. WAGNER

WAGNER, HITLER, UNSINN

Daß »ein Werk von grundtiefer Wärme, Freude und Menschlichkeit« (Frederic Spotts), daß eine Oper, die ausgerechnet der sogenannte große Spötter Shaw widerstandslos als »einen Schatz von allem Lieblichen und Glücklichen in der Musik« beschwärmte, – daß Richard Wagners »Die Meistersinger von Nürnberg« also seit einem runden Dreivierteljahrhundert als »nationalistisch« (so u. v. a. Peter Viereck in: Musik-Konzepte 5, edition text + kritik) denunziert werden, als die deutscheste aller Wagner-Opern, als Vorwegnahme der Reichsparteitagsaufmärsche, insgesamt als »Glorifizierung des deutschen heldenhaften Willens« (so eine Bayreuth-Kritik 1937), als insgesamt höchst verdächtig mithin zumindest und auch noch heute, und dies vor allem anderen allein deshalb, weil Hitler (und, noch viel perverser und verlogener, Goebbels) sie als seine Lieblingsoper deklarierte und, vornehmlich vor dem Texthintergrund des Sachs-Lutherschen »Wach auf«-Chors, zur alljährlichen festspieldeutschländischen Nationalerweckung instrumentalisierte: Dies Gerücht wird, je leichter es eigentlich zu widerlegen ist, in einer Art selffulfilling prophecy als Lüge desto zäher und in der Folge doppelt närrischer. Und also vermutlich überlebenskräftiger.

In Wahrheit ist diese komische Oper Wagners (übrigens keineswegs seine einzige, auch der »Ring« gehört zu 51 Prozent der Hoch-

komik an) keinen Takt, keinen Satz, keine Sekunde lang ¨natio-
nalistisch˙ noch chauvinistisch noch pr faschistisch noch auch nur
besonders patriotisch—abgesehen von der seitens Wagner etwas
verdrossen hingeschlunzten Schlußansprache Hans Sachsens von
wegen dem ins deutsche Reich gepflanzten ¨welschen Dunst und
Tand˙—aber auch das ist nicht nationalistisch, sofern man in Rechnung stellt, daß Sachs zwar auch partiell Wagners Sprachrohr vorstellt, aber immerhin ja wohl Rollenprosa redet und eben durch sie
sich selber sinnig charakterisiert: auch der historische Hans Sachs
war ja wohl nicht unbedingt urbaner Kosmopolit, wie heute so
mancher philosemitisch-multikulturelle Kulturdezernent und Wag-
ner- und Hitlerentlarver auf einen Streich.

Interessanter als dieser sich selbst fortzeugende Unfug purer Ig-
noranz sind in Frederic Spotts ¨Bayreuth—A History of the Wagner
Festival˙ Details wie z.B. das, daß der Musikkritiker Walter Abend-
roth, nachdem er 1934 die ¨unverg ngliche Deutschheit˙ der Bayreuther ¨Meistersinger˙ meistbesungen hatte, noch 1956 angesichts
der neuen Wieland Wagnerschen L sungen die liberalen Leser der
Zeit samt Richard Wagner vor diesem b sen Enkel zu sch tzen
sich aufwarf. Immerhin, da blieb ein deutscher Mann sich treu. Andere Kritiker und Wortf hrer schwenkten z gig um.

RUSSELS ¨RING˙

Als ziemlich inspirationsfern, ja konzeptlos tadelte ich unl ngst die
Loriotsche ¨Ring des Nibelungen˙-CD-Version, zu loben sind an
ihr allenfalls Einzelimpromptus wie das, daß Siegfried in diesem
¨Ring˙ mit Gutrune die einzige Frau heiratet, die zuf llig nicht seine
Tante ist.

Allein, per Zufall kam ich ihm drauf: Nicht einmal dieser Einfall
ist von ihm, B low, sondern (und ein zitierender Quellenvermerk
h tte keinen Deut geschadet) wenn nicht schon von Shaw oder einem
anderen fr hen Wagner-Spaßmacher, so sp testens von der eng-
lisch-amerikanischen Opern ngerkomikerin Anna Russell. Die in

den 40/50er Jahren mit gesungen/gesprochenen Opern-Albereien ein wenn nicht neues, so wohl einigermaßen unbesetztes Metier auftat, bald ein nur allzu willig kicherndes und dauergackerndes Publikum fand – und in ihrer immerhin nur 20minütigen »Ring«-Version aber auch nicht viel komischer ist als v. Bülows. Mein einziger Spontan-Lacher: Die Vorstellung jener wagnerischen Gibichungen-Tochter Gutrune als Gutrune Gibich. Es klingt immer wie »Gutrune G. Bitch« gleich Hündin. Und damit lüftet die Russell ja vielleicht wirklich den erklärenden Schleier über jenem sonst doch recht rätselhaftem Wagner-Eigenbau.

Sonst bringt die »The Anna Russell Album«-CD nicht gar viel Freude. Gekauft hab ich sie mir auf den begeisterten Rat einer guten Freundin. Merke: Man soll guten Freundinnen nichts glauben. Und Frauen insgesamt schon gar nichts.

EWIGER SCHWACHSINN

In der Berliner Götz-Friedrich-Inszenierung von Wagners »Ring« ist, dargestellt von Peter Hofmann, der Heldentenor und Wälsung und Wotanssohn Siegmund nicht nur dieser; sondern laut dem überaus üppig bebilderten und betexteten Beibuch zur Inszenierung (Paul Neff Verlag) auch, nach dem Willen der Regie-Dramaturgie, u. a. »ein kaputter Friedenskämpfer. Ein Don Quixote, der Verdun, Stalingrad, Vietnam durchlitten hat. Der Göttersohn mit dem Ethos einer Tolstoi-Figur.«

Ähnlich nämlich Dostojewskis Radames. Also praktisch Aida ante portas von Auschwitz. Kurzum Lola – und mithin Lolo, Lale Andersen, Lilo Pulver, Lolita, Lulu, Lieselotte von der Pfalz (der verlorene 70er Krieg!), also letztlich Karlheinz Böhm alias Romy Schneider als Elisabeth Flickenschildt i. A. Peter Hofmann jr.

UNSER LAUTESTER DEMISSIONIERT
Marcel Reich-Ranicki – auf diesen Fels baute Gott seine Literaturabteilung

Vor fast zwanzig Jahren formulierte Peter Handke den Verdacht, es sei schwer, über Reich-Ranicki keine Satire zu schreiben. Vor fast zehn Jahren faßte Christian Schultz-Gerstein im ›Spiegel‹ nach, es sei schwer, über Reich-Ranicki überhaupt noch zu schreiben. Mir selber, der vor gleichfalls zehn Jahren der Attraktion des Mannes erlag und der sich deshalb sporadisch-kontinuierlich immer wieder mal ihm schriftlich zuwandte, verschlägt es, gebeutelt zwischen Lust und Langeweile, auch langsam das Unken. Was, um Himmelswillen, soll man über ihn noch schreiben, da allen am Geschwätz Beteiligten, so sie nicht komplett aufs Dach gefallen sind, längst alles bekannt ist?

Wahrscheinlich muß man ihn loben.

Zumal epochaler Anlaß besteht:

Seit Anfang des Jahres verwest Marcel Reich-Ranicki, 67, die FAZ-Literatur-Abteilung, wie man liest, nur noch interimistisch – ein passender Nachfolger scheint, was man hört, von den Herausgebern nach unermeßlichen Geheimniskrämereien endlich vorstellig geworden zu sein – nein, der Vorgänger Karl Heinz Bohrer ist es nicht, es wäre zu schön gewesen. Noch deckt seinen Namen der Mantel einer vermutlich komplizierten allseitigen Scham – vor allem der, daß der Mann eigentlich jetzt schon abdanken kann: So idealtypisch kongruent mit seiner Dekade, mit der FAZ und mit sich selbst wird der Neue eh nie. Gelobt sei schon deshalb sein Vorgänger, »der wunderbar temperamentvolle Mann und forensisch hochbegabte Streiter für alle Belange der Literatur« (Kollege Rupert Skasa-Weiß, mit nur äußerst leiser Ironie).

In der Meinung etlicher anderer Kritikerkollegen von Wolfram Schütte bis Schultz-Gerstein hat Marcel Reich-Ranicki, vor allem seit er für die ›Frankfurter Allgemeine‹ firmiert, das Niveau der deutschen Literaturkritik, wie sie in den 70er Jahren nach neuen Höhen und Ausdrucksmöglichkeiten schielte, seit ca. 1975 mit steigendem Erfolg auf den Standard von ca. 1955 oder gar 1930 zurückgedrückt. Gut so;

wahrscheinlich wäre sonst alles zu kompliziert, zu hochgeschraubt und noch scharlatanesker geworden – letztlich ist ja Poesie eh zeitlos, alles andere chices Proletengeschwätz, und aktuelle Literaturkritik hat höchstenfalls so oder ähnlich antithetisch sich zu bewähren: »In Peter Rühmkorf verehren wir den Poeta doctus ebenso wie den Bürgerschreck, den Magister ludens nicht weniger als den fröhlichen Taugenichts, den unermüdlichen Aufklärer ebenso wie den unsicheren Kantonisten...« (so oder so ähnlich RR zum 50. Geburtstag von Rühmkorf 1979; leider wurde der zehnminütige Wahnsinn scheint's nie gedruckt, und ich muß aus der Erinnerung zitieren).

Loben muß man Reich-Ranicki auch für seine jenseits solcher Antithesen-Artistik simultane und ungescheut funktionärsmäßige Weinbauernperspektive von Literatur: »Dies ist ein schlechter Bücherherbst.« Denn wahrscheinlich, wenn ich heute die Wahl habe, das Buchhandelsbörsenblatt oder ein Mitteilungsorgan der Riesling-Hersteller zu abonnieren, dann weiß ich, was ich zu tun habe – und eigentlich könnten die beiden eh längst fusionieren.

Schon zu besten Dienstzeiten eigentlich genug gelobt wurde unser sog. Kritikerpapst ob seines allseits attestierten hohen Unterhaltungswerts, welcher uns jetzt, da eine Ära sich gegen Abend neigt, absehbar schwerer fehlen wird, als selbst seine Freunde längst befürchten. Loben muß man Reich-Ranicki ob seines spätestens 1987 ratifizierten Nachweises, daß Klagenfurt ohne ihn eben doch nix wert ist; auch wenn ein Komiker-Talent wie Karasek, ein Wort des Co-Juroren Demetz aufzugreifen, in den nächsten Jahren noch entschlossener in die zurückgelassene, unsichtbare gegenwärtige Hülle steigen wird. Gelobt und gepriesen – eh ich's vergesse, weil's fast zu bekannt ist – sei R.-Ranicki für die kulturproduktive Leistung, die Gattung Literaturkritik, so schlicht er sie verstand, andererseits wieder so anproblematisiert zu haben wie Benn und Musil ihrerseits die Literatur. Seit R.-Ranicki frägt sich's wieder mal forciert: Ist der Kritiker essentiell eine Unterhaltungsnudel? Ein Konditionsathlet? Ein phylogenetischer Börsenmakler? Ein Clown, ein Faktotum der allzeit kreglen Welt? Oder doch eher nur ein Telefonist?

Loben muß man R.-Ranicki für dies Polytalent im Zuge einer offensichtlich grenzenlosen Vitalität, loben ihn – oder wahlweise Gott

– für seinen wunderbar bauerntheatermäßig mephistophelischen
Kopf samt den diesem gehorchenden Grimassen, für das perni-
ziöse Mundspiel zumal. Das schönste aber ist, wie er – etwa, wenn
andere quatschen – den Schädel knuddelt und knetet: als ob er wahrhaftig Gedanken aus diesem herauslocken wollte, obschon keiner
so gut weiß wie er, daß keine drin sind. Einschränkend tadeln
möchte ich in diesem Zusammenhang gleichwohl und bei allem
grundsätzlichen Wohlgefallen R.-Ranickis jüngste Fernsehshows:
Allzu wahllos-gelangweilt harrte er da nur noch auf seinen eigenen
endlichen Einsatz als Gaudibursch und Stimmungskanone, allzu
erwartbar schnarrte er dann los, allzu siegessicher seinen allbekann-
ten Stiefel runter. Fürs Altenteil sei er beschworen: Auch ein genuiner Komiker wie er hat, nicht anders als Chaplin und Otto, die Ökonomie, das Timing, seine Mitkaspern zu beachten!

Um so eindringlicher, ziehe ich heute die Bilanz eines Dezenni-
ums, die argumentativen Leistungen des Kritikerpapstes. Fast über
seine Verhältnisse raffiniert die von ihm wesentlich kreierte oder
doch perfektionierte Kunst einer Literaturkritik ex negativo: Eine
FAZ-Seite mit der Aufzählung dessen zu füllen, was alles *nicht* im
Buch der Ulla Hahn vorkommt. Auf der anderen Seite stand Ra-
nicki auch immer wieder mal und wie auf Abbestellung für
Merksätze von hoher gedanklicher Durchdrungenheit pfeilgerade:
»Es ist immer noch besser, ein gutes Buch wird gekauft und nicht
gelesen, als wenn es erst gar nicht verkauft wird« – genau, so ist es,
und das akkurat gleiche sagte dann vorher auch schon der Suhr-
kamp-Verkaufschef Honnefelder, nur etwas kunstreicher und die
Zahnärzte noch charmierender.

Apropos Zahnärzte, Bonner Wende usw.: Ausdrücklich loben
möchte ich hier Reich-Ranicki, wie schon einmal, dafür, daß er uns
von sich aus nie mit seiner Warschauer-Getto-Vergangenheit genervt hat – andere, die nicht mal drin waren, leben, damit hausie-
rengehend, lebenslang von diesem Bon. Obwohl: Etwas Konster-
nierendes hat es ja andersrum schon, wie bei einem Mann seiner
Biografie ein jeder Anhauch von Marx, ja jede leiseste Spur eines irgendwie politisch situierten Literaturbegriffs unhörbar und unsichtbar bleibt – statt dessen ein tendenziell vollkommen luftleerer

Raum, den allein sein Instinkt, sein obsoleter Geschmacksstandard zu füllen hat: »Ein gutttes Buch« – »Neeein, das ist keine guttte Littterraturrr!«

So soll's sein: Die Lautstärke gibt den Ausschlag. Sei's medial, sei's lieber noch naturhaft vokal und brachial. Im Casino-Ton erschalle folgerichtig »Offizierscasino-Bildung« (Schultz-Gerstein), identisch mit dem »hartköpfigen Altherrenschmonzus aus der Volkshochschule von 1930, der ihm durch die Rübe rauscht« (Eckhard Henscheid).

Denn der schafft klare Fronten. Wie sie uns in der vorkohlschen Ära oft so schmerzlich mangelten. Neindoch, Herr Schütte, glauben Sie's nur: Adorno und Benjamin mit etwas Jean Paul durchschüttelt – da liegt partout kein Segen drin.

Womit wir aber auch beim Raddatz wären. Loben muß man RR dafür, daß er, anders als jener und trotz allen deckungsgleichen Größenwahns, zum einen nie, aber auch wirklich nie in die Idee sich verrannt, vollends auf den Strich zu gehen und einen Roman herunterzukaspern; seine einzige Gemeinsamkeit mit Karl Kraus. Loben muß man RR zweitens dafür, wie leidenschaftlich und gnadenlos er Untaten des Hamburger Gegenpapstes und Oberschluris jeweils verfolgte und ahndete oder durch Minderfedern ahnden ließ – loben auch dann, wenn ihm über dem Rotanstreichen des Raddatz offenbar dessen Grandioses entging. Der Raddatz, nicht faul, aber nahm den Handschuh auf und revanchierte sich kürzlich mit der für seine Verhältnisse schönen Metapher, sein alter Haupt- und Staatsfeind sei ein »Illiterat« schlechthin, er schreibe »mit dem Telefon«.

Wir unsererseits, neutral, halten hier fest: Daß sie das beide tun; der eine etwas fixer, der andere ungleich lauter.

Reich-Ranickis zahlreiche Feinde und Kämpfe: Sie angezettelt, ausgetragen und durchgewürgt zu haben, sei unserem Frühpensionierten nie vergessen, dafür sei ihm besonderer Dank gesagt. Dürrenmatt und Handke, Andersch und M. Walser, um nur die populärsten der meist simultanen Fälle in Erinnerung zu rufen: Gepriesen seien Kampfeslust und Kampfesmut, es mit all den Pappkameraden aufzunehmen, für nichts und wieder nichts, wie es uns aus der zeitlichen Distanz dünken möchte – und fast noch lauterer Ruhm geredet sei

Reich-Ranickis felsenfestunerschütterlichem, noch heute wirksamem Hirnschwurbel dergestalt: in all den Kämpfen obsiegt, in der Sache recht behalten zu haben.

Gepriesen seien Eitelkeit und Größenwahn jenseits jeder Selbstironie, deren Reich-Ranicki sonst zuweilen fähig scheint. Nachweislich hält er jeweils seine Eloge oder seinen Verriß für beträchtlicher, für bleibender als das Epos selber: »Lesen Sie meinen Andersch-Verriß! Ein miserables Buch! Nein, das Buch von Andersch brauchen Sie gar nicht zu lesen! Lesen Sie meinen Verriß!«

In diesem Fall parierte ich ihm sogar. Dochdoch, ruckelt man nur die langjährig verschrumpelte eigene Optik zurecht: Alles, alles muß man in der Rückschau an ihm loben. Ihn loben ob seiner bigamistischen Spätverheiratung mit Ulla Hahn, welcher (wer hätte sich sonst um die gekümmert?) er öffentlich, in der FAZ, wortwörtlich »rote Rosen« überreicht und der er, nach fünf Jahren Konkubinat und trotz aller gelegentlicher Schäferstündchen mit Sarah Kirsch, trotz allem Hohn und Spott, hemmungslos die Treue und damit die Stellung hält. So wie unser Mann, nach Wolfgang Pohrts schöner Beobachtung, zuletzt nur noch mit dem Löwenmut der puren Verzweiflung Autoren »entdeckt« und seinerseits gelobt hat, nämlich die harmreichsten Luschen, die ihm vors Auge kamen: exklusiv deshalb, weil er sich nun mal entschlossen und für sie entschieden hatte – und weil er andererseits noch allzeit unfähig war, im nachwachsenden Schriftkunsttum des Landes, was seines Amtes gewesen wäre, je wirklich Lobenswertes zu erspähen – richtig, jetzt rede ich u. a. auch von mir.

Ja doch, gelobt hat er seinerseits viel und immer die Falschen, so wie er nämlich, der Legende zuwider (und insofern führt Schultz-Gersteins ansonsten noch verbindlicher Aufsatz wegen seines Titels vom »furchtbaren Kunstrichter« nochmals fatal in die Irre) eigentlich immer mehr ein emphatischer, engagierter, ja enragierter Lober war denn ein Beckmesser und Richter; auch wenn umgekehrt und allerdings diese Loberei mit der Vernichterei eins und gehupft wie gesprungen ist: Denn selten diente beides je anderem als der Machtdemonstration, zu der Reich-Ranicki (in einem kürzlichen Interview mit dem ›Wiener‹) auch vorbildlich gußeisern steht. Dazu nämlich, einem staunenden Land und einem am Ende darob gleichfalls staunenden Reich-Ranicki vorzuführen, was sich alles hochpushen läßt, wenn eins nur über die Power verfügt, Teil der ökonomischen Macht eines kalkreaktionären Blatts zu sein, dem kunstwillige Oberärzte, pensionierte Generäle und amtierende Buchhändler eben mehr glauben als Schultz-Gerstein, Pohrt und mir zusammen – aus teils plausiblen, teils wundersam inkommensurablen Gründen wird halt immer noch jeder FAZ-Schrott abgekauft. Keine Doktorarbeit wird sie je ganz ausleuchten; Reich-Ranicki kennt sie wohl auch nur sehr oberflächlich – seine Größe und sein abermalig Löbliches ist es, derlei auch nicht allzu genau überdenken zu mögen. Sondern die Macht viel lieber ehern festzuhalten.

Ein schwerer Intrigant soll er, laut Raddatz, sein, der was davon verstehen dürfte. Auch das ist gut so, es wird heute, von Reiner Pfeiffer abgesehen, eh 'zu wenig intrigiert. Loben und preisen muß man Reich-Ranicki parallel dafür, wie umsichtig, und genuin offizierskasinomilitärisch er, in den letzten Jahren immer straffer, seine Unterkritiker, seine Hauptscharfmacher und Wadlbeißer herangezüchtet, auf Zack gebracht hat. Alles, was etwaige autonome Positionen okkupierte, schied systemlogisch aus der FAZ-Kritikerriege aus – was blieb, pariert blind, die gewünschte Marschrichtung wenn nicht wissend, so doch telepathisch ahnend. Einem jeden der Burschen ist klar, was die Ökonomie aus Honorar und Publizitätsprestige geschlagen hat. Wehe dem Jungautor, der der Hilfe dieses erlauchten Gremiums bedürfen sollte. Macht er sich irgend unbeliebt, genauso klanglos verschwindet er im Orkus wie jene, die als Rezensenten nicht auf Linie schreiben. Fast alle unter den letzteren tun es vorbildlich – und ich weiß, wovon ich rede. Reich-Ranickis derzeit am perfektesten funktionierende Schranze, der Tübinger Rhetorik-Professor Gert Ueding, tat mir jüngst im Zusammenhang mit irgendwelchen Klagenfurter Schwerintrigen die Freude an, in mir einen »Klamaukschriftsteller« zu erkennen. Obschon er nachweislich noch keine Zeile von mir gelesen hat. Und obschon »Krawallschriftsteller« noch einen Tick präziser wäre. Aber für einen neudeutschen Kathederfrosch: nicht schlecht. Und – um noch für fünf Sekunden in meinen eigenen Erfahrungen zu verweilen –: Totgeschwiegen wird von der FAZ keiner; auch nicht ihr ärgster Feind. Sondern mindestens jedes sechste Buch wird glatt besprochen: jeweils vom willigsten und somamabulisch einfühlsamsten der auf Verfügungen wartenden Lakaien. Dies für die branchenfremderen der Leser.

Es gibt Marcel Reich-Ranicki nächstens einen Laden ab, den er in gut zehn Jahren bravourös, virtuos und hemmungslos auf Vordermann und Gleichklang gebracht hat. Lob sei ihm auch dafür. Bei der ›Frankfurter Rundschau‹ ist vergleichsweise nur Chaos wahrzunehmen: zehn Meter hohes Niveaugeschaukel.

Zu rühmen ist Reich-Ranicki kurzum für den Nachweis, daß in Dingen der Kultur kein etwaiger demokratischer oder kollektiver Weltgeist das Sagen haben darf; sondern jeweils unser Lautester, er selber; wo kämen wir sonst hin. Die Denkart überzeugt am Ende noch die Renitentesten, jene, um die sich vorgeblich alles dreht. Am machtvollsten zu loben, zu preisen, dankend zu feiern ist zum Beschluß einer Ära die Tatsache, daß ein schierer Mythos vom Großkritiker es vermag, deutsche Schwerdichter gleich serienweise narrisch zu machen. Der eine, Brinkmann, droht RR im Rahmen einer erstaunlich falschen Metapher den symbolischen Tod durch Erschießen an; der andere, Goetz, ritzt sich, jenem zu gefallen, in Klagenfurt mit dem Rasiermesser ins Hirn; Martin Walser gesteht, noch nagend an einem besonders dummen Verriß, öffentlich Albträume ein, die RR als Hauptfigur haben; und Koeppen kapituliert: »Er schreibt über mich, also bin ich.«

So viel zum Stand des deutschen Obrigkeitsverächters.

Zum Ausklang seines Frankfurter allgemeinen Wirkens hat Marcel Reich-Ranicki hintereinander die Familie Thomas Mann, Hölderlin und Heinrich Mann abgefackelt – um im letzteren Fall in den Genuß zu kommen, den Kollegen Schütte ein letztes Mal aus der Reserve und zu einer freilich kaum gehörten Gegenpolemik zu locken. Im Casus Hölderlin = Hölderlin-Preis (ausgerechnet der Schranzen-Stadt Bad Homburg) wird RR ein schon zu Lebzeiten hallendes Echo seines Wirkens und seiner schwerlich sterblichen Denkart gern und womöglich sogar schmunzelnd vernommen haben: Ihn, der zuweilen wohl zwei Dutzend Literatur-Jurys unisono überwachte, braucht es schon gar nicht mehr: Die Handvoll vormaliger Protegés von Hahn bis Köpf und Burger verleiht sich zwischen Bad Homburg und Bergen Enkheim die Gelder ungescheut schon selbander und hält sich 1987 wechselseitig Lob- und Dankesreden: Mit Sprüchen, die mir, dem Gedächtnisstarken, recht bekannt vorkommen: Sie stehen wortwörtlich schon in meiner RR-Burger-Parodie von 1984; und ergo in der FAZ von 1980–82.

Das Erbe steht, die Gesinnung stimmt, die Dreistigkeit wird, werweiß, sogar nochmals zulegen, auch ohne ihn. Frägt sich gleichwohl: Wohin mit unserem Pensionisten? – der Mann scheint hochvital wie je. Wir wollen nicht verzagen – nichts spricht dafür, daß wir ihn künftig missen müssen. »Das Cäsarengehabe eines Conferenciers« (Mathias Bröckers in ›konkret‹) – wo wäre es besser aufgehoben als im großen Maul des Fernsehens. Substantiell gehört es eh längst in die Röhre, heute zwingender noch als vor zehn Jahren. Ein Alterswerk von schmelzendster Reife mag da brüllend auf uns zuwalken. Wir werden es zu gegebener Zeit nochmals zu loben wissen.

FRANZ KAFKA VERFILMT
SEINEN ›LANDARZT‹

»Das Knittern war kein
Irrtum gewesen«
(Schmidt, Zettels Traum, S. 964)

Es war Kafkas eigener Fehler gewesen. Es war Franz Kafkas großer Fehler gewesen, daß er der Expedition nicht nur sein gleichsam seelisches Einverständnis erteilt, sondern sich, wie hingerissen, sei's von taubem Weh, sei's vom blanken Übermut, auch noch praktisch, ja körperlich an ihr beteiligt hatte, zu seiner noch einmal geschürten Pein. Es war vielleicht der Fehler seines Lebens, jenes Lebens, in dem es auch sonst so grausam viele Fehler gab. Kafka hätte es wissen, hätte sie immerhin ahnen müssen, die Tücken jener rosig unheilstarken Wallung, die das schöne Beisammensein mit dem eigenen Alleinsein lösend, Hoffnung auf was immer säuselnd, gaukelnd ins Verderben doch nur schleppte. Doch Kafka ahnte zwar, sah beinahe alle sich anbahnenden Ungenauigkeiten und Schrecknisse scharf voraus – und kühn machte er trotzdem mit. Und seltsam, weit und breit kein Freund Max Brod, der ihn zeitig gewarnt, der ihm in die Flanke gefallen, der ihn noch zurückgehalten hätte.

Und vor allem, allem voran, hätte Kafka auf alle Fälle die Begegnung mit dem Versicherungsagenten vermeiden müssen, dies voran. Sie nämlich war das Allerschlimmste.

Oder waren es doch vielmehr die Schullehrer? Ihr Projekt? Der Plan, die Sache in Italien selber?

Dabei hatte alles so harmlos einerseits, so fast verheißungsvoll, annähernd kitzelnd angefangen! Drei Prager Junglehrer der Grundschule, Winni, Ulli und Diddi, waren eines Tages ins Café Arco gekommen und hatten sich an Franz Kafka herangemacht mit der Anfrage, ob er, Kafka, ihnen dreien »das Recht bzw. die Konzession« erteile, seine, Kafkas, Erzählung ›Ein Landarzt‹ zu verfilmen, jene, so die Lehrer eilig, durchaus schwierige, aber gerade darum ja so attraktive Erzählung also, die zwar im offiziellen Prager Kulturleben kaum durchgeschlagen habe, die aber, so die Lehrer hastend weiter, in aufgeschlossenen Prager und böhmischen Kreisen, wie sie wüßten, schon andererseits besonderes Ansehen genieße, die »Aura des Außergewöhnlichen« versprühe, »das Siegel von Authentizität« trage, ja »praktisch ein Geheimtip« sei.

Sonne schien Franz Kafka mager in die Augen, eifrig redeten die drei Lehrer weiter. Erstaunt, aber freilich, als ob er es erwartet habe, hörte Kafka zu, etwas unscharf, wie von weitem – eine seltene Art von Gutmütigkeit fühlte er durch seine Glieder schweben, aber auch etwas wie innerste Beschwingtheit war im Körperinnern zu vernehmen und vermischte sich mit dem kleinen allgemeinen Kaffeehauslärm – einer gewissen heiteren und unverbindlichen Neugierde gab Kafka Raum, als er den Lehrern gegenüber ein paar behutsame Rückfragen entrichtete, betreffend, für den Fall des Falles, seine rechtliche Position oder, genauer, seine Verantwortlichkeit für die absehbaren und unabsehbaren Folgen des Projekts – die Frage nach der Gage, die ihn leicht beben machte, unterdrückte Kafka, indessen sein Geist zum Doppelspiel Passagen der Erzäh-

lung ihm vorplauderte – und dann, weil die Lehrer plötzlich dringend wegmußten, stimmte Kafka dem Plan wie von ungefähr im
Grundsatz zu – sollten die drei damit doch machen, was sie wollten,
so schalt und beschwichtigte Kafka sich gleichzeitig zwei Stunden
später, die Karlsbrücke überquerend, auf dem Heimweg spottend,
fast ohne Bedenken schon – und er mußte ganz schnell lachen.
Lautlos hallend lachte der Versucher mit, war er sich doch Kafkas
fast schon sicher, erraffend Hand und Herz rasch dessen, der ihm
den kleinen Finger bot, im wütend rohen Würgegriff.

Denn kaum hatten die drei Schullehrer Kafkas grundsätzliches
und mündliches Einverständnis, schon ließen sie es sich in einem
Vorvertrag schriftlich bestätigen. Die Lehrer äußerten in dem zwei-
seitigen getippten Brief, sie würden sich weitgehend an Kafkas Text-
vorlage halten, diese freilich im Sinne der spezifischen Struktur des
Films andererseits zu ändern sich gezwungen sehen, dies sei auch
schon im Rahmen eines Rohdrehbuchs geschehen, das Kafka jederzeit einsehen könne – umgekehrt, so hieß es auf dem Durchschlags-
papier, »verzichtet der Unterzeichnete auf alle Vetorechte hinsichtlich der subjektiven und innovatorischen Gestaltung des Stoffes
und seiner mythischen Implikationen. Einkünfte aus Nebenrechten
werden im Verhältnis 50 : 50 aufgeteilt.«

Kafka, weil er gerade viel zu überdenken hatte, unterschrieb recht
eilends und nicht ganz anwesend, im Schriftzug auch ein wenig ver-
stellt, sich im Fall des Falles vielleicht sogar herausreden zu können,
wenigstens zur Hälfte – und er legte den Brief seiner Hauswirtin
fast leichten Sinns zur Post bereit. Am anderen Tag bereute Kafka,
dann, als er aber sechs Wochen lang nichts weiter hörte, hoffte er
insgeheim auf ein für alle Seiten schmerzloses Entschwinden der
Angelegenheit, auf ein geräuschfreies Verglühen der Affaire vielleicht durch gewisse neue Gedankengänge seitens der Lehrer, durch
die Preisgabe ihrer ersten Stoffwahl, ja durch bloße Vergeßlichkeit,
die alle bereits der Sache einverleibten seelischen Energien zuschanden werden ließ und der Unschädlichkeit zurückbescherte –

– indessen, drei Tage vor Pfingsten zwangen die Junglehrer Kafka
telefonisch, ihn sofort in seiner Wohnung besuchen kommen zu dürfen – die Filmsache habe sich inzwischen weitgehend konkretisiert.

Kafka empfing die Lehrer sorgenvoll und überwach. Winni, Ulli und Diddi, die beiden ersteren backenbärtig, der dritte zudem mit einem kecken Schnauzer geziert, rauchten starke, französische Arbeiterzigaretten und wirkten dann sogleich auf den Dichter ein, natürlich solle er auch noch am Drehbuch mitarbeiten, das Treatment von 22 Seiten stehe zwar schon, sei praktisch identisch mit dem Rohdrehbuch, aber das Ganze, vor allem die »Übersetzung« sei ja noch keineswegs »perfekt« – an diesem Buch, deutete Ulli an und schnippte zwei Finger gegeneinander, fehle noch das gewisse Etwas, man komme nur noch nicht drauf, was – jenes Etwas, das wahrscheinlich nur er, Kafka, selber zu leisten vermöge – das Ding, der Film, solle übrigens schätzungsweise 45 Minuten lang werden, eine Länge also, die derzeit beim Prager Fernsehen am besten ankomme und also am ehesten zu verkaufen sei. Man habe, fuhr Diddi fort, auch schon »sehr gute Connections zum Ersten oder zumindest zum Dritten Programm« knüpfen können, besonders Klammroth, der Redakteur des ›Kleinen Fernsehspiels‹ von Radio Preßburg, habe sich neulich in Pilsen beim dortigen Masaryk-Film-Festival ›Der besondere Film‹ außerordentlich interessiert gezeigt, Klammroth also, erläuterte Winni, ein ebenso »cleverer wie absolut integrer Mann« – und »naja also«, rief Winni, schon von daher sei es natürlich viel besser, wenn er, Kafka, noch »ein wenig am Drehbuch mit herumfeile«, »taktisch besser«, ergänzte Ulli flink, während er sich, die Augen wie in unterrichtsgeplagter Benommenheit zusammenkneifend, unter Kafkas schon wieder etwas ermüdetem Blick vom braunen Flaschenbier nachgoß.

Kafka stand auf und trat ans Fenster. Warf einen langen Blick aufs seltsam schimmernd frühlingsleicht erregte Prag, aufs schiefe Alchimistengäßchen, indessen sich in der Scheibe zur gleichen Zeit Augenbrauen von großer moralischer Zartheit spiegelten. Natürlich, sagte sich Kafka, sollte man jetzt sofort alles kurz und klein schlagen, allein, auch dies wäre ja nur Schwäche. Mildes Kopfweh rüttelte an Kafka. Während er die Wange kühlend an das Glas nun schmiegte, beobachtete er im Licht der schon gar zu früh sinkenden Sonne, wie ein alter krummer Mann ein sehr kindliches Mädchen überholte, das deshalb vor Erstaunen stehenblieb. Eindringlich beschworen die Lehrer den Dichter, es sei übrigens keineswegs zufällig, daß man gerade auf den ›Landarzt‹ verfallen sei und in ihn so große Erwartungen setze. Aufgewühlt drehte der alte Mann sich nun nach dem Mädchen um, und dann war es Kafka nicht ganz deutlich, ob er nach ihm oder dem Mädchen drohend seine Faust schwang, bevor sein Schatten um die Ecke bog – das Mädchen aber hüpfte frisch ins Nachbarhaus.

Tatsächlich, fuhr Winni ohne Scheuklappen fort, sei sein, Kafkas, Gesamtwerk, wie neulich auch der amerikanische Avantgarde-Kritiker Ronald S. Busch geschrieben habe, »praktisch unverfilmbar«, nämlich, sprang Ulli wie abgesprochen in die Bresche, »zu symbolisch bzw. andersherum zu sophisticated«. Der ›Landarzt‹ aber bilde, so Diddi, »eine echte Ausnahme, einen Glücksfall«, er dränge, ja schreie geradezu nach Verfilmung, nach dem, so Ulli, »Element Visualisierung und das heißt echte Kommunikation«. Für einige Sekunden begann sich Kafka vorsichtig zu wundern, denn er seinerseits hielt nun gerade den ›Landarzt‹ für eins seiner »absolut unverfilmbarsten Prosawerke« (und bei diesen drei letzten Worten schauerte Kafka rasch wohlig erschreckt zusammen) – indessen, die Schullehrer hatten sich anscheinend jetzt erst richtig warmgeredet.

So wie sein, Kafkas, Text momentan dastehe, sagte Ulli, sei er »natürlich noch nichts für den Film«. Aber kraft gewisser und allerdings keineswegs unriskanter Überarbeitungen der Handlung, des Personals und der Szenerie, die eben das Treatment bzw. Rohdrehbuch schon teils erfaßt habe, sei die Story durchaus filmfähig zu machen, »filmreif umzusetzen«. Sie, die Lehrer, hätten also schon mal, erklärte Diddi schneller rauchend, sein, Kafkas, Erzählungskonzept, also »das Realistische« ins »mehr Symbolische d. h. Verfremdete« transponiert und projiziert, so Winni – bzw. so übernehmend Ulli, »praktisch filmisch potenziert« – und dies bedeute also: Mit diesem Konzept bzw. Rohdrehbuch in der Tasche fahre man also in acht Wochen nach Italien, nämlich nach Apulien, auf den Gargano – »wird prima«, versicherte sehr freundlich Diddi – um dort, erläuterte, Franz Kafka noch nicht ganz einsichtig, Ulli, »die Schneesymbolik von Ihrem ›Landarzt‹ adäquat durch unheimliche Hitze, also

praktisch Tropen, zu transportieren bzw. also zu transponieren jedenfalls«. Dort, auf dem Stiefelsporn Gargano also, auf einem Winni
schon bekannten Zeltplatz direkt am Meer, werde dann das endgültige Drehbuch verabschiedet und anschließend heruntergefilmt, zugleich könne man da natürlich »erstklassig Urlaub machen«, ergänzte
Ulli – ungefähr zwanzig junge Leute aus Prag und Umgebung hätten
ihre Beteiligung auch schon hundertprozentig zugesagt.

ROSSMANNS HOCHZEIT

Alles war von Frau Eberwein fernmündlich aufs beste vorbereitet
worden. Auch die telephonische Trauzeugenschaft hatte sich nach
der Auskunft des Kirchenpförtners längst erledigt. Der zuständige
Geistliche der Abyssinischen Baptistenkirche, Powell, stand, so
stellte sich heraus, in seiner Eigenschaft als Traupriester nebenbei

auch noch als Trauzeuge im besonderen Auftrage gerade. Bunte, etwas faschingshafte Glas- und Porzellankugeln baumelten rund um den Altar. Powell, ein Mann mit sehr pomadisiertem Krümelhaar und edel geschwungenen Lippen, erstattete eine kurze Andacht, hantierte auch etwas mit Brot und allerdings rotem Wein herum, schließlich berührte er Karl ein wenig mit seinem Meßstab und erhob sich endlich so heißblütig von seinem Priesterthron, als wäre dies der sichere Siedepunkt auch seines Lebens. »Ich bin der lieblichste Kerl!« rief er aufgerichtet hoch oben auf seinem Altar den Neuvermählten mit Donnerstimme zu, klopfte sich mit den Knöcheln gegen die nachthemdbekleidete Brust und versetzte, schon sichtbar außer Rand und Band, auch seinem violetten Meßbuch einen leichten Schlag. Dann winkte er die Eheleute zu sich heran und flüsterte ihnen ins Ohr: »Ich möchte euch umkosen und umtosen! Umgurren und umsurren! Umgirren und umflirren! Verflucht sei, wer's nicht glaubt! Aber ehrlich!«

Eins und eins ist ohnehin gleich, dachte Karl etwas belustigt und staunte über seine Verworfenheit. Was ihn ernsthaft lediglich befremdete, war der Fernsehkasten auf der mittleren Altarstufe, in dem gleichfalls und gleichzeitig Powell zu sehen war, wie er halblaut um Frieden und um Gelder warb und dabei mit großem Hallo sein schönes Gebiß entblößte. Schwärze der Nacht füllte das runde Fenster hinter dem Altar. Kathis Haare dufteten nach Heidekraut und Waldmeister. Leise fauchte auswärts Wind.

Nach dem Abschluß seiner Zeremonie lächelte Powell breit und satt und hochzufrieden, zu jeder Zeit hätte dieses Lächeln zum lauten Lachen bersten können, schien es Karl. Er nahm das Lächeln gleichwohl auf. Kathis Schlehenaugen fanden Grund zum hellen Kichern.

Im allgemeinen Teil zeigte nun Adam Clayton Powell den neuen Eheleuten seinen schönen geistlichen Empfangsraum. Zahlreiche Bilder und Photographien hingen an den Wänden, Bilder, die allesamt ihn, Powell, betrafen, wie er kämpferisch die Fäuste ballte, den Körper in Angriffshaltung brachte, tiefernst vor Groll und hingerissen von gewaltiger Erweckungsbereitschaft. Powells Schuhe traten bei der Vorführung so lautlos auf, als seien sie sicherlich nie bezahlt worden, der Kopf machte mit noch verhaltener Glut Honneurs auf

Kathi hin. Auf anderen Photographien sah man Powell in geselligem Kreise, ab und zu ein Auge zugezwickt, dann auch wieder beide, dergleichen Karl mehrfach heute schon gesehen hatte. Ein Kinngrübchen gewahrte er an seiner Frau, Powell betätschelte es leicht und kitzelte Kathi schon in der Achsel. Es gab noch andere Bilder, die Powell, welcher auch nebenbei ein Ehrenvoller Kongreßmann war, gemeinsam mit den Präsidenten Kennedy, Johnson und Nixon darstellten, einmal gar allein mit Frau Kennedy, die ihm freilich kaum gewachsen schien und vielleicht auch keine allzu große Lust zum Widerstand mehr hatte. Ein andermal, auf einem besonders kostbaren Stück, war Powells Antlitz tatsächlich mit Kreide und Öl auf Samt oder Pelz oder dergleichen gemalt, Karls ganz verlorene Momente mehrten sich geschwind. Hier auf diesem Bild erst trat auch die gewaltige Ähnlichkeit des Priesters Powell mit dem Hollywood-Schauspieler William Powell voll zutage, mit Rücksicht auf seine Gattin, die weiterhin sehr andächtig, innig und spöttisch schmunzelte und die obere Zahnreihe leicht vorhakte, wollte Karl aber nichts dagegen vorbringen, auch wenn ihm leis mißfiel, wie unerschütterlich behend der Geistliche jetzt schon andauernd mit der bleichen Hand über Kathis Hintern wischte, lieblich flink in sie verwuschelt. Die Hose schien ihm ja schon fast zu platzen unterm Nachthemd – um jeden Preis doch wollte Karl Unannehmlichkeiten vermeiden, dies um so ungesäumter, als er nun durch ein ovales Wandfenster hindurch ein schmerzhaft sorgenreiches Plakat zu erkennen meinte, auf dem erneut ›GEWÜNSCHT: Karl Roßmann‹ stand. Es war dies aber eine Täuschung. Auch dieses Plakat zeigte nur Powell, diesmal schon fast krachend lachend. Was das für Widersprüche sind, dachte sich Karl und lachte gleichfalls laut in sich hinein.

Zwölf Glockenschläge klangen auf und wider Karls Ohren. Zum Abschluß seiner Führung teilte der Traupriester mit und bestand sehr ernst darauf, daß er, Karl, heute leider zum letzten Mal alleine schlafen müsse, denn gemäß dem Ritus der Abyssinischen Baptistenkirche sei es nämlich Sitte oder immerhin Gewohnheitsrecht, die Braut in der ersten Nacht dem Traupriester zu überlassen, damit auch dieser sein Heu heimbringe, das Bett sei auch schon aufbereitet

– dafür könne er, Powell, ihnen beiden, Kathi und Karl, auf die Hand versprechen und hoch und heilig auf den Kopf zusagen, und schon schlüpfte Kathi durch Karls Arm hindurch zu Powell, der Karl zur Erklärung einen leichten Stoß versetzte, daß sie morgen beide einen freien Tag hätten – noch inmitten der Trauungsvorgänge habe ihn, Powell, die Eberwein angerufen, sie habe dies bei Glühspieß zwingend durchgesetzt; Rieser, Jahn und auch der Bayerische Ministerpräsident hätten es schon fernschriftlich bestätigt.

»Sie sind ein Glückspilz!« lachte Powell Karl an, stieß ihn nochmals freundschaftlich wider die Lende und entfachte im Grandioso-Stil eine Havanna.

Kathi kicherte erfreut, zuckte die Schulter, abschiednehmend leicht bedauernd hin zu Karl, und hakte sich bei Powell unter. Die ganz besonders hübschen Frauen, dachte Karl schwach bekümmert, sollten sich nicht auch noch unverächtlich auskleiden müssen, reicht ja ihr Gesicht, ihr Näschen – was man von den Slowenen alles Schweres dulden muß! Mit glühenden Wangen ordnete Kathi an ihrem Rock herum, als wären Powells vorangegangene Kniffe nur zufällige Mißgriffe gewesen, und jetzt erst kämen ja die spannenden. Powell schlug ein Kreuz in die Luft, fand anscheinend für eine Weile daran Gefallen und segnete Karl also ein ums andere Mal, küßte ihm sogar die Stirn und kam ihm auch sonst in jeder Kleinigkeit entgegen. Aber wahllos, so grübelte derweil Karl weiter und sich rascher in den Schlummer, machen sie auch das noch mit, ewiger Entgleisung folgend.

Schon trug Powell eine Schlaflampe knisternd in der Hand. Er und Kathi, das erhitzte Gesicht eng an dem seinen, wünschten Karl eine gute Nacht mit Grußhand, dann schafften sie ihn endlich beiseite in eine finstere Nebenkammer. Durch den Türschlitz sah Karl noch, wie sich beide in einen Raum hinter dem Altar zurückzogen. Ein Baldachin aus himmelblauer Seide lag in sehr lilarosiggrünes Licht getaucht, Weihrauchschwaden stoben aus der angelehnten Tür.

»See you later«, hauchte Karl. Schwach kroch ihm Entzücken hoch. »See you later, Alligator!«

Bald war im Haus großes Gerumpel hörbar. Karl warf sich angekleidet auf sein Bettchen, froh, immerhin den Gefahren der Überlandstraße und ihren Lumpereien entwischt zu sein. Er entsann sich eines Kindes, das er, seiner Meinung nach, mit Johanna Brummer hatte. Powell war dann Großvater des Kindes oder doch sein Schwiegeronkel. Fröstelschauer glitten wieselnd, rieselten ins Himmelsschwarz. Dann schlief Karl ruhig ein.

Im Morgendämmer träumte ihm, jemand riefe ihn sehr sehr sanft zur Ordnung, ja in gewisser Weise zur endgültigen Evangelisation der Welt auf. Er solle dazu erst mal und schnellstens eine ›Zeitschrift für schulentlassene Invaliden und übergeordnete Kavaliere‹ gründen und erstellen. Gehorsam schlug Karl die Augen auf und erkannte gleich den Auftraggeber. Es war ein graugeschecktes Kätzchen, das ihm mahnend mit dem Lederpfötchen kühl gegen die Stirne tippte; zuerst mit dem rechten, dann etwas fester zweimal mit dem linken. Von nebenan aus der Kapelle kam Summen leisester Musik. Nach einer kleinen Pause tippte das Kätzchen wieder mit der Linken, diesmal aber gegen Karls Schläfe. Der Druck wurde noch lederner, mahnender, unwiderruflich. Karl schloß nochmals knapp die Augen, tat sie doch sofort wieder auf. Man muß ja nur den Mechanismus kennen, dachte er ernst, ja freilich, das ist halt der alte Punkt.

Warmes verstohlenes Licht kroch weißlich durch ein quadratisches Loch in der Kammerwand. Das Streifenfell der Katze hob und senkte sacht im Atmen sich, mit Eleganz ringelte der Schwanz über das Hinterbein. Es mußte, sagte sich Karl, sich um die Tochter der beiden Katzen handeln, die gestern an der Bushaltestelle so übelwollend schon begrüßt ihn hatten. So kann man sich täuschen, dachte Karl, schloß die Augen, schlug sie voll Neugier wieder auf.

»Roßmann?« dachte Karl vorsichtig, da tippte das Tier sogleich ein fünftes und letztes Mal und schaute ihm, sich ein wenig kleinmachend und hinabkrümmend, in das rechte Ohr. »Roßmann«, redete Karl murmelnd und nur ganz wenig bedrückt vor sich hin, wie um sich selbst zu prüfen, »Roßmann, Roßmann!« Am Feldbettende stand der treue Koffer. Die Musik aus der Kapelle wurde Karl bald vertraut. Jemand spielte dort Franz Schuberts Trio Notturno für Klavier, Violine und Violoncello, die altvertraut summenden wehen

Streichgewebe mit dem hellen Tastenplänkeln. »Roßmann«, murmelte Karl immer lautloser und wiedereinschläfriger, als ob er sich schon selbst nicht recht über den Weg mehr traue, »Roßmann, Roßmann, Roßmann …«

Da beugte das Tier, das, wie Karl jetzt erst merkte, sogar dem Onkel Senator ein wenig ähnlich sah, wie mäßig, aber doch ausreichend interessiert, seinen Fleckenkopf zu Karl hinab und schaute ihm wie müßig, doch sehr truglos in die halboffenen Augen. Karl wurde dadurch vollends wach, erwiderte höflich scheu den Blick und wußte auch im Nu, das Kätzchen hatte ihn ersehen und erkannt. Auch wenn das Wagnis mit der Gattin schon mißlingen sollte, wenig, dachte Karl, konnte gleichwohl mehr passieren. Gemessen und gezirpt verwehte das Notturno in drei Stimmen. Karl setzte sich aufrecht in sein Bett, das Kätzchen sah ihn stärkend nochmals an mit Nachdruck. Da fühlte Karl es und wußte es, daß dies mitnichten alles Unsinn sei und als ein Unsinn rasch vergänglich, in Nichts und Staub ja schon zerfalle; sondern das Erz der reinen Wahrheit.

HERMANNS TIERE

Der Mond stand hoch im Himmel. Er war noch etwas geschrumpft und auch nicht mehr so orangen wie ein Feuerball. Sondern nur sehr rund und hell und wohlvertraut. Dazu roch es sehr schön und süß. Obschon er keinen entsprechenden Strauch sah, meinte Hermann zu wissen, daß es sich hier um Jasmin wohl handeln mußte. Er wunderte sich ein Weilchen, denn nach seinem Dafürhalten duftete Jasmin im Mai oder Juni, und jetzt war wohl schon Ende Juli. Hermann erwischte sich bei dem Gedanken, daß ihm die kleine Schachspielerin im weißen Kleid schon sehr gefallen hätte. Er schämte sich ein bißchen. Da war er auch schon bei der Brücke angelangt.

Es war einer der drei oder vier Holzstege, welche in dieser Stadt das Flüßchen überquerten. So viel wußte Hermann längst. Die Brücke besaß ein Giebeldach aus Holz und Schindeln. Beidseits an den Enden gab es Treppen. Der Himmel war jetzt blau wie dunkle Tinte. Dieser gemeine Blaue an der Ecke, das wußte Hermann ganz gewiß, er war wie ein Geschwür, wie eine Wunde. Für heute war er, Hermann, ihm entronnen und enthoben. Hermann verweilte in der Mitte der Brücke und lehnte sich unverfänglich ans Geländer. Der Fluß rann sprudlig auf die schwere, hohe Kirche zu, die fast im Dunkeln ragte. Bis zur Brücke zog der Fluß ganz still und lautlos hin. Von der Brücke ab, in die Richtung, nach der Hermann schaute, plätscherte und murmelte er ganz munter und fidel. Wahrscheinlich war er da viel flacher. Und scheint's von Steinbröckchen belebt.

Beidseits die Uferwege kannte Hermann schon. Sie waren mit je drei Lampen gesäumt, ihr weißes Licht streute sich sprenkelnd über die winzigen Strudel hin. Die Uhr der großen Kirche schlug viermal, dann noch elfmal. Wenn man ein Auge zuzwickte, erkannte Hermann bald, wurde das Lampenlicht viel kleiner. Senkte man zudem noch den Kopf, verschwand das Licht schon gänzlich. Der Fluß plätscherte gleichwohl fort.

Gern hätte Hermann gesehen, wie die kleine Schachspielerin schon bei den Großeltern schlief. Lieber noch wäre er jetzt auf dem Fluß gefahren, auf einem Kahn, der Donau zu, vielleicht nach Linz, nach Wien dann weiter. Sanft verhalten stand der Mond, glitt kaum merklich nur dahin. Hermann, schon wieder ein bißchen ermüdet, lehnte sich weiter übers Geländer hin, legte die beiden Arme auf. Weiße Blumen waren in den Kästen, ihr Name fiel Hermann noch nicht ein. Fünfzehn oder zwanzig Meter flußabwärts, erst jetzt und deutlich ersah Hermann es, hockte ein Entenpaar. Es saß am Uferrand in einer Ausbuchtung, nahe dem nächsten Brückensteg. Anscheinend schon schlafend saßen die beiden ganz ruhig und traulich nebeneinander. Köpfe waren nicht zu sehen, gewiß ja steckten sie in den Federn.

Der Fluß plätscherte ruhig und doch munter. Schwiegen die näheren oder ferneren Motorengeräusche, dann schien der Fluß in aller Stille auch zu rauschen. Dann wieder war's ein Murmelplätschern. Vom Kirchturm schlug es Viertel nach elf. Im nämlichen Augenblick verspürte Hermann, wie etwas gegen seine Wade rieb. Gegen sein Wadenbein rieb und wetzte, sehr dringlich und fast kitzelnd. Hermann fürchtete sich ein bißchen und erschrak. Das Wetzen doch ging weiter. Ein Reiben und ein Schmiegen. Hermann wandte sich und sah der Ursache nach. Ungeachtet des nur bleichen Lichts erkannte Hermann es sogleich. Es war das weizengelbe Kätzchen.

Es war eine richtig große, sehr mollige und kräftige Katze. Nur vorübergehend sah sie Hermann in die Augen und gab keinen Mucks von sich. Dann aber rieb ihre rechte Flanke schon wieder gegen das Hosenbein, der ganze Körper aber machte dazu einen wohlig fließenden Buckel. Mattes Licht fiel der Katze auf das Fell, das Fell war genau so orangengelb, wie der Mond beim Aufstieg heute war. Für Hermanns Ohren plantschte und plätscherte der Fluß noch silbriger, schon wieder preßte, schmiegte sich das Tier. Seinen ganzen weich geschmeidigen Leib wand und schlängelte es, dazu abermals einen biegsamen Buckel bildend, um das linke Wadenbein herum, jetzt stieß der Mund auch einen schmalen Laut aus. Abwartend schaute die Katze dann, einen Schritt zur Seite weichend, von Hermann weg nach Westen. Hermann ging in die Knie und kraulte ihr vorsichtig zart die Brust. Das gelbe Fell durchschimmerten kaum sichtbar helle Streifen, an Kopf und Brust hatte die Katze weißlich bleiche Flecken. Das Kraulen schien ihr auch wohl zu behagen. Sie hielt ganz still und schnurrte. Und reckte steiler hoch den Schweif. Auf lautlosen Pfoten drehte sie zu Hermann um, rieb innig wieder gegen das Bein, jetzt auch mit dem dicken gelben Kopf, und ließ sich dazu gerne kraulen. Durchs Kraulen wohlgestimmt, rieb sie nur noch fester.

Nicht ohne Bekümmerung bedachte Hermann, daß er das Tier ja morgen schon wiederum verlassen mußte, um es werweiß nie mehr zu sehen. Der Fluß plätscherte traurig, unbekümmert aber hatte die Katze sich inzwischen auf den Rücken gelegt. Ein Fieplaut forderte Hermann auf zu neuem Kraulen. Hermann begriff. Wieder in die Knie gehend, kniffelte und knetete er wie gewünscht der Katze Bauch, ihr dickes, warmes, weiches Fell. Wohlgeformt geschmeidig ließ sie das schnurrend sich gefallen. Rotblond und weizengolden wälzelte sie sich schmeichelnd brav vor Hermann und schaute ihm dabei zuweilen sogar in die Augen, zum Zeichen ihrer vorübergehenden Ergebenheit. Gleich kam auch der Fieplaut wieder.

Im Hintergrund ein Motorrad brüllte auf und quietschte. Sofort sprang das Kätzchen auf die Beine. Es überlegte eine kleine Weile, dann, als nichts weiter geschah, rieb es wieder gegen das Hosenbein, fast schon mit hoheitlicher Huld, kaum noch zum Vergnügen. Die Katze wirkte auf einmal etwas gedankenabwesend. Plötzlich, vielleicht hatte sie ein Geräusch im Ufergras gehört, nahm sie Reißaus und sprang die Stegtreppen hinunter und davon.

Noch in der gleichen Sekunde verspürte Hermann wiederum flußabwärts eine gewisse Bewegung. Etwas wie ein noch fernes Gerumpel und Geschnaufe und Gebrabbel auch. Noch war nicht klar, was es damit für eine Bewandtnis hatte, jetzt aber sah man auf einmal einen Menschen um die Ecke biegen, einen Mann vermutlich. Linkerhand im Mauerweg über dem Fluß, im verstreuten Lampenschein, kam ein Mann zum Vorschein, ein recht stattlich strammer Mann. Mit Schwung wollte der Mann wohl um die Ecke in den Mauersteig einbiegen, im Vorwärtsdrall kriegte er aber die Kurve nicht ganz und wäre sicherlich in den Fluß gefallen, hätte das hüfthohe Eisengeländer ihn nicht aufgefangen.

Das Licht der Lampe fiel nun deutlich auf den Mann. Noch aus zwanzig Metern, von Hermanns Brücke aus, war der Gamsbart auf dem Hute prächtig zu erkennen. Wohl um sich von seinem Schreck zu erholen und wieder zur Besinnung zu gelangen, blieb der Mann gebückt, fast wie geknickt im Steggeländer hängen. Nach einer Weile rackerte und richtete er sich empor und stand wieder, wackelte aber stark. Der Mann sah sein Unvermögen nun wohl selber ein, und also auf gut Glück legte er den Oberkörper wieder aufs Geländer und auch über es. Hermann erschaute alles ganz genau. Der Mann drückte seinen Hut fester übers Gesicht und schien zu überlegen. Er reckte den Kopf nach oben, das Licht fiel hell jetzt ins Gesicht und auf den Schädel mit dem grünen Hut, dann, noch beschwerter, legte und faltete er alles wieder übers Geländer und schaute in den Fluß. Er schaute lang und schweigsam. Hermann gruselte sich im geheimen, und er fragte sich, ob er den Mann nicht heute schon gesehen hatte, in Hubmeiers Hinterhof. Der Mann lag noch immer breit über der Stange und ließ es scheint's dabei bewenden. Hermann schaute gebannt, wenn auch etwas ängstlich. Da drang eine Stimme an sein Ohr, eine tiefe, rauhe Stimme:

»Antn!«

Hermann schreckte wohlig auf. Die Nachtluft war ganz warm und weich. Der Mann über dem Geländer fuhr sich bedächtig dreimal mit der gewölbten Hand über die Nase und übers Auge, da kam die Stimme wieder, diesmal mächtiger noch und rauher:

»Antn!«

Hermann lauschte wie gefesselt. Der Fluß murmelte leise fort. Jetzt erst begriff Hermann es ganz. Der späte Mann hatte die schlafenden Enten gemeint. Die Enten, welche er seinem Lagerplatz gegenüber inzwischen ausfindig gemacht hatte. Es hörte sich so an, als ob er mit ihnen derart ins Gespräch zu kommen hoffte. Vielleicht auch, dachte Hermann, wollte er sich aber auch durch seine eigene Stimme nur versichern, daß es wirklich Enten waren. Und schon im nächsten Augenblick verspürte Hermann wieder das Schmiegen an seinem Wadenbein, druckvoll und doch zart.

Lediglich ein bißchen verschreckt drehte sich Hermann um. Das Kätzchen war zurückgekehrt. Jetzt aber schallte die Stimme schon zum drittenmal:

»Antn! Antn! Broooove Antn!«

Unentwegt drückte das Kätzchen gegen Hermanns Wade und schmiegte ohne Falsch an sie sein Fell. Der Mann mit dem Gamsbart aber lehnte sich nun ganz weit über das Geländer nach den beiden Enten hin, an ihnen weiter sich zu weiden. Der rauh kraftvolle Klang der Bärenstimme, noch immer hallte er in Hermanns Ohren nach. Das Kätzchen drückte sanft betörend. Der Gamsbartmann wollte die Enten ganz für sich alleine haben, unbeweglich freilich saßen die angeredeten Tiere ruhevoll an ihrem Ufer und rührten sich keinen Zentimeter; wiewohl es Hermann auch beinahe so vorgekommen war, als hätte eine Ente den Kopf kurzzeitig aus ihren Federn hoch gelüftet.

Der Himmel stand blauschwarz. Der Mann mit dem Hut rieb sich das Kinn und wischte sich wiederum über beide Augen. Er richtete sich ein wenig hoch, um sich zu schneuzen, laut rumpelte der Schall über den Fluß. Dann noch hingegossener breitete der

Mann sich wieder über das Geländer und legte jetzt sogar den Kopf
bequem in seine offene Hand zum noch günstigeren Schauen. Hermann seinerseits langte, ohne nach ihm zu sehen, zu seinem Kätzchen hinunter. Kraulte seine Brust und spielte mit den Ohren. Der
Fluß plätscherte zierlich fort. Sonst war die ganze Stadt sehr still.
Bleibhier, bleibhier, plätscherte der Fluß, bleibhier. Die Verschleie-
rung der Lage, erkannte Hermann wohl, zwar insgesamt war sie sehr
groß, doch konnte jetzt nichts Böses mehr passieren. Die Enten
hockten mäuschenstill. Der mit dem Gamsbart streckte jetzt beide
Arme über das Geländer, es sah so aus, als ob er aus seinem Sinnen
gar nicht mehr herausfand. Noch interessierter, fast bockisch schon
richtete er seinen Schädel auf die Enten hin. Jetzt hörte Hermann
ihn auch seufzen. Er seufzte gut vernehmlich. Da, noch einmal, kam
die Stimme wieder, diesmal weniger laut schon, nur wie zu sich
selbst gesprochen:

»Antnantn . . .«

Ein Moped hupte nah. Dann herrschte wieder Stille. Hermann sah
zu seinem Kätzchen nieder. Es hatte sich vom Bein gelöst. Etwas
herablassend schaute es zu Hermann hoch. Dann noch einmal
schmiegte es sich um das Wadenbein. Der Mann mit Gamsbart war
gedrungen und sehr kräftig gebaut. Im Profil erinnerte er ein bißchen
an ein Wildschwein. Weiterhin unbeirrt schaute er in Richtung auf die
Enten, jetzt hatte er zum besseren Schauen die Hände auch noch an-
einandergefaltet. Nochmals ein Seufzen glaubte Hermann zu vernehmen, doch war er nicht so sicher. Hinter einem hohen Giebeldach der
Mond kam wiederum hervor, plötzlich aber verspürte Hermann, daß
sein Kätzchen weg schon war. Der Brückensteg war leer. Im nächsten
Augenblick aber hörte man flußabwärts schon wieder ein gewisses
Stöhnen und auch Werkeln. Hermann erkannte, daß der Steirerhut
sich endlich wieder hochgerappelt hatte. Es dauerte allerdings, bis er
in der gewünschten Marschrichtung stand. Sofort auch mußte sich
seine Rechte wieder am Geländer abstützen, sehr schwer waren ihm
offensichtlich auch die Beine. Nur mühevoll und gleichzeitig doch
sehr bedachtsam bewegten sie sich ihm nach Wunsch nun vorwärts,
näherzu auf Hermann hin. Die Turmuhr schlug drei Viertel zwölf.
Jetzt war der Steirerhut immerhin schon fünf oder auch acht Meter

vorwärts gerückt. Hermanns Gehör nach war es nicht ausgeschlossen, daß er im Schreiten wieder seufzte. Oder auch halblaut sich etwas vorsang. Ein Liedchen mochte es sein, eine wacklige, heitere Melodie. Sei es deshalb, sei es, weil der Tag so schön gewesen und es ja noch immer war: Eine rechte Lust zum Wandern kam Hermann mit einem Mal und unversehens an, er wußte nicht, wie ihm da wurde. Auch wenn sein Kopf zum Bleiben riet. Noch immer war es warm, fast heiß. Ein bißchen zur Stadt hinauszulaufen gelüstete ihn, die Lage vielleicht zu seinen Gunsten nochmals zu verbessern. Zur Stadt hinaus drängte es Hermann, um dort zu sehen, wie es weiter dann wohl gehen mochte.

NEUES VON UNZELMANN

Karl Wolfgang Unzelmann lebte von 1786 bis 1843. Er war Schauspieler und hatte, so Bernd Eilert in seiner grundlegenden Studie von 1974 (in: Unser Goethe, 1982) »als solcher das Glück, gleich zwei großen Dichtern seiner Zeit angenehm aufzufallen«:

Johann Wolfgang Goethe erwähnt ihn am 20.12.1829 in Hinsicht auf Kotzebues Theaterstück »Die eifersüchtige Frau« mit den Worten: »Ich habe Unzelmann in dieser Rolle« – die Titelrolle ist allerdings offenbar nicht gemeint – »gesehen, bei dem es einem immer wohl wurde...«

Die gleiche Tendenz spricht aus einer anekdotischen Correspondence-Nachricht, die Heinrich von Kleist bereits im Jahre 1810 in seine »Berliner Abendblätter« einrückte und in der es u.a. heißt: »Herr Unzelmann soll, welches das Entscheidende ist, dem Publico sehr gefallen...«

»Es gibt Menschen, die«, so vorläufig zusammenraffend B. Eilert, »ziemlich vergessen sind. Ich muß nun gestehen, daß allein der Name Unzelmann auf mich eine – beinah unwiderstehliche – Wirkung tut und daß der ganze Zweck seiner neuerlichen Mitteilung sich in der wiederholten Nennung bereits erschöpft hat.«

Soweit Eilert, halb wie befeuert, halb wirklich erschöpft – doch siehe, ein drittesmal passiert das Unverhoffte, ereignet sich das fast Unbegreifliche, es offenbart sich mit der neuen Frankfurter Eichendorff-Ausgabe (Deutscher Klassiker Verlag, Band 5, 1993), in ihr zieht Unzelmann ein drittesmal ein in die Weltliteratur bzw. entsteigt ihr: Im Tagebuch des 18jährigen Joseph von Eichendorff vom 12.7.1806 wird von einem »feyerlichen Vivat« für den H. Proffessor Maass in Halle berichtet, u.a. »mit Musikbegleitung von vielleicht mehr als 6–7000 Studenten auf offenem Markte«, das, so Eichendorff noch immer wie berauscht, »machte einen fürchterlich schönen Eindruck«, und unfehlbar fährt Eichendorff fort: »Darauf wurde die Nacht hindurch wie gewöhnlich auf dem Rathskeller in Wein kommerschiert, wobey auch der Schauspieler Untzelmann aus Weymar, u. der Sohn des Ministers v. Göthe tapfer mittranken« (a.a.O., S. 161).

Wie aber staunt man erst, wenn man in den gleichen Tagebüchern (2.11.1809) nachliest, daß im Theater bei einer Wiedergabe von Göthes »Laune des Verliebten« noch weit über Unzelmann hinaus niemand anderes als »Mad. Unzelmann (Sylie)« zu sehen war und nach Eichendorffs Einschätzung »die Egle himmlisch spielte« (a.a.O., S. 261) – und diesmal schreibt Eichendorff den Namen Unzelmann auch schon gleich ganz korrekt, und nicht erst mit »tz«!

Sehr staunt man.

War er verknallt in sie? War da – sonst vielleicht noch was?

Was aber sagt man erst dazu, daß derselbe Joseph Freiherr von Eichendorff lt. Tagebuch vom 9.3.1810 anläßlich einer Reise nach Breslau im dortigen Mösekasten-Theater und im Zuge des Singspiels »Fanchon, das Leyermädchen« von Jean Nicolas Bouilly, übersetzt von Kotzebue, Musik von Friedrich Heinrich Himmel (1765–1814), die wiederum nämliche »Mad. Unzelmann als Florine sehr liebenswürdig« (a.a.O., S. 291) operieren hört und sieht?

Nichts.

EIN BRIEF

Prof. Marcel Reich-Ranicki
Gustav-Freytag-Straße 36
60320 Frankfurt a.M.

17.2.96

Sehr geehrter Herr Reich-Ranicki,

Sie haben mich, wie ich erst jetzt höre, im Fernsehen einen »Idioten« genannt. Das sollten Sie nicht mehr tun, ich müßte Sie im Wie-
derholungsfalle gerichtlich belangen oder aber wahlweise verhauen.

Ich möchte von Ihnen auf der Straße auch nicht mehr gegrüßt
werden.

Mit freundlichen Grüßen
Eckhard Henscheid
Adalbert-Stifter-Str. 13
60431 Frankfurt

DREI GEROLD-GEDICHTE (III)

Sei's drum

Zum erneuten Male: für Karl Gerold (†)

»Pay attention!« liest man und auch: »Halten
Die Ausweispapiere Sie bereit!«
Dies ist die Botschaft, genannt Message, uns'rer Zeit:
Papier ersetzt Charakter und auch – Denkerfalten.

Sei's drum; noch ist das Friedensläuten dünn,
Das heute überrieselt westl'che Hemisphäre.
Doch auch wenn die Welt voll Satan Saddams wäre:

In NRW regiert gar nicht erfolglos jetzt – Rot-Grün.
Was weiß denn ich, wo einst die Liebe
Mich überfiel mit barschem Griff:
In Wupp'tal? Köln? Sei's Bern, sei's Biel?

Ob gar im Ausland. Frankreich? Greece? – Gleichviel,
Keine Begierde sitzt in mir so stark und tief,
Als daß der Globus hochgerecht und friedsam bliebe.

X ODER ANTI-X

Dedicato con rispettoso omaggio
a Karl (»Carlo«) Gerold

Krieg oder Anti-Krieg, das ist (nach Hamlet) hier die Frage
So wie in der Atomphysik ja Teilchen hie, hie Anti-Teilchen.
»Verlust der Mitte«, lautet häufig uns're Klage;
Wie Goethe sagt: »Warte nur ein Weilchen!«

Nicht anders im Theater auch: Hie Drama, dorten oftmals
                                         Anti-Drama.
Wie einst hie unser Papst – dort Martin Luther.
Nichts ist im Lot; wenig in Butter.
Hie Buddha, dort Laotse, dorten Brahma.

Hie Butter, Rama dort, genannt auch »Margarine«.
Was soll uns Hamlet? Was noch gar »Hamm-Brücher«?
Wir warten doch wie einstens Wellington auf: Blücher...

Den neuen Blücher, wohlgemerkt. – Ist's Kohl? Gar Schröder?
Ist – Lafontaine eventuell – nur – Scharpings – Köder – ?
Wie bei der Luftwaffe, so bei der Gebirgsmarine;

TORSCH(L)USSBILANZ

Für K. (»Charly«) G.

Das Hambacher Fest – sehr lang ist's her (1832).
Freiheit, die wir meinten, erstarkte die Brust.
Längst ist verklungen all' die himmlische Lust.
Jetzt sind die Zensoren (Schäuble!) wieder fleißig.

Und nagen – mit Ausnahme der Frankf. Rundschau – an der
                                          Preßfreiheit.
Metternich heißt heute: CDU-FDP-Regierung,
Demagogenverfolgung, Politically Correctness, Staatszementie-
                                          rung.
So lautet die heutige Abszeßdreiheit.

Und doch sollen sie ihn nicht haben, den deutschen Rhein!
In Bosnien – steht das Gewehr bei Fuß;
Denk' ich an Germany, wird der Schlaf recht klein.

Der Gott, der Eisen wachsen hieß,
Wird dennoch uns erretten, weil – er muß!
Der Wächter ja längst ins Nachthorn stuß ...

VON GOSSENSASS NACH MOTTL

Die Genialität des Schüttelreims

Der Wagen fuhr nach Gossensaß
durch eine rechte Soßengaß,
bis daß die ganze Gassensoß
sich über die Insassen goß

gründet so recht erst in dem Hintergrund des leicht spukhaften
Zufalls, daß, welche Beobachtung jeder Brenner-Italien-Eisenbahn-

reisende kennt, das südtirolerische Dorf Gossensaß wegen der
Gleis-Tunnelschleife zuerst rechts, dann links im Coupéfenster auftaucht; kein Wunder, daß der fiktive Wolfgang Hildesheimer auf seiner schwer wirrseligen Queralpenbahnfahrt Poschiavo-Graz in der
Vision meines Erzählerfreunds H. auf der Höhe von Gossensaß
sich besonders verirrt und genarrt und verschaukelt fühlt.

Dagegen, gegen diese schon metaphysische Absegnung der unio
mystica von Sprache, Landschaft und Technik, kann der dem Diri-
genten und Wagner-Spezialisten Hans von Bülow zugeschriebene
Vierer-Schüttelreim, gemünzt auf den Wagner-Konkurrenzdirigen-
ten Felix Mottl und seine »Tristan und Isolde«-Version

Geh ja nicht in Mottls Tristan
und hör dir des Trottls Mist an,
schaff lieber ein Drittel Most an,
trink dir mit dem Mittel Trost an

BAD KISSINGEN, Dezember 1867

„Mei Gott, diese Kur-Russen! Sticht der in der
Hinterhand mit sein Herz aba sein eichene
Mann mochemal rummer!!"

nicht ganz bestehen und wirkt wegen seiner etwas kontingenten thematischen Überführung ins Schluckspecht-Motiv vergleichsweise plump. Wenn man aber miteinkalkuliert, daß jener v. Bülow als Ex-Mann Cosimas gleichsam der Hahnrei Wagners war, sich aber wahrlich geniedienlich nicht an diesem rächte, sondern die Rache gleichsam thanatoslibidinös, ja christlich bruderliebend auf den Surrogat-Rivalen Mottl projizierte, dann hört sich die Sache schon wieder weniger »trist an« (R. Gernhardt).

I solde ihr mal genauer nachgehen.

KRIEG UND KRAUS

Seltsamer- und auch bedrückenderweise mit dem Fortschreiten des Kriegs erreichte Karl Kraus um 1916/17 seinen artifiziell-zerebralen Tiefststand, und sein auch sonst allzeit glimmender Größenwahn erklomm dementsprechend den höchsten: »Sie sind nicht imstande, einem Wort Leben zu geben. Wenn ich ›Hugo Heller‹ sage, ist mehr Mysterium darin als in allen transzendenten Redensarten, die die modernen Dichter zu Gedichten zusammenlesen« (Fackel 445,2).

Wer bloß mag Hugo Heller gewesen sein, der da den Wunsch als Paten des schalen Ungedankens derart unselig entfachte? Genug und gleichviel, zwei Seiten später räsonniert Kraus recht gedankenlos und reichlich prätentiös über moderne Technik herum, über Surrogatwerke und speziell übers Telephon und dessen durch es selbst erst geweckte Bedürfnisbefriedigungssüchte – und siehe, mit einemmal gelingt ihm ein Satz, der einer tiefen Wahrheit äußerst ähnlich sieht:

»Denn die technischen Prozesse hängen mit dem Geist so zusammen, daß eine Leere entsteht, weil sie da sind, und ein Vakuum, wenn sie nicht da sind.«

Leider geht dann die Kollektion »Nachts« nur um so schlecht ambitionierter, matter, ja partiell doofer weiter, und erst mit der Glosse über das »Ende des Seins« (457,10) und jene über »unseren Hamur«

(457,93 ff.) als das schlechthinnige Grauen sowie über »die Tragik des Wortes ›fesch‹« (457,95) sowieso erreicht Kraus wieder den eigenen Standard. Leider selten genug.

VON KRAUS ZU HENSCHEL

Sein ganzes noch junges Leben lang hat mein Freund Gerhard Henschel nichts anderes so innig und nachhaltig und aufopferungsvoll und durchaus nicht karrierefördernd getan wie das Aufdecken und Aufzeigen von Schleim und Schleimfiguren von Schorlemmer über Härtling bis E. Fried. Das bewahrte ihn freilich unlängst nicht davor, von dem unsäglichen und seinen ökonomisch schmerzhaften Rausschmiß bei der FAZ nicht verwindenden Kritiker Werner Fuld in der fast noch unsäglicheren Zeitung ›Die Woche‹ ausgerechnet wessen geziehen zu werden? Genau, der »Schleimspur«.

Bei diesbetreffenden Anfechtungen möge Henschel sich damit trösten, daß es auch Karl Kraus auch noch 1924 ja keineswegs besser ging. Ausgerechnet der, der sein ganzes und schon etwas längerer aktives Leben lang nichts so unbeirrt und in Maßen sogar erfolgreich bekämpfte wie die (Zeitungs-)Phrase in allen ihren modernen Auftrittsformen, der mußte sich anläßlich eines Berliner Theaterabends von dem Hakenkreuzler-Journal ›Neue Preußische Kreuzzeitung‹ neben »schlimmer Hetze« ausgerechnet »Phrasengeschwulst« (Fackel 649,33) nachsagen lassen.

Es ist wie das Raunen oder auch Bellen oder rabenhafte Krächzen von Stimmen aus einer anderen Welt, wie ein leibhaftiges Echo von Schrödingers theoretischer Vielweltentheorie. Der Schluß des Hakenkreuz-Rapports versöhnt allerdings wieder sehr: »Hier ist die Kunst am Ende. Wir lehnen solche Erzeugnisse ab. Es blieb ein verlorener Abend, kopfschüttelnd ging man nach Hause.«

Kraus in seinem Kommentar hat recht: Man sieht ihm, dem Borussen, dabei förmlich zu.

SEXUELLE NOT ENTTARNT

In seinem Aufsatz »Die sexuelle Not und ihre Überwindung«, einem
(o. J.) Großparadigma evangelischer Bürstelethik vermutlich aus den
späten Vierziger Jahren, macht sich der Autor Dr. Paul Kempe unter
Punkt 2 auch über »Das Entsetzen im Sexualerleben« seine Gedanken: »Das Grauen und Entsetzen liegt also auch nicht etwa in der
sinnlichen Lust begründet. Diese kann nach ihrer Stellung höchstens einen Ekel zurücklassen, wenn sie um ihrer selbst willen begehrt worden ist, obwohl sie doch nur ein dienendes Glied in einem
umfassenden Ganzen sein sollte« –
    – und das nenne ich mir ein wunderbares, schon fast gar zu ver-
räterisches Fehlleistungswahrversprechen: Hie das je nach Stellung
dienende Glied – dort das es umfassende Ganze der Speckmusch.
Aber, aber, Herr Dr. Paul Kempe! Wenn Sie künftig wieder mal über
diese ekelhaft schweinischen Dinge da unten schreiben, denken Sie
beim Schreiben doch einfach ans Klavierspielen oder Holzhacken!

EIN SEHR WICHTIGES WORT
ZUR FRAUENBEFREIUNGSFRAGE

Auf den neuen ›Lord Extra‹-Farbanzeigen sind an einem Strand drei
überaus ansprechende Menschen zu sehen: eine blonde Frau im
weißen Badeanzug und zwei freizeitbewußt in Badeshorts gesteckte
nicht mehr ganz knäbische Männer, die offenbar geschworener-
maßen zu ihr gehören. Auf freilich nicht ganz durchschaubare
Weise: Auf manchen der verschiedenen Motive sind die Männer etwas entfernt mit Strandabenteuern beschäftigt – sie sitzt rauchend
im Vordergrund des Bildes, schaut beiden interessiert zu und hat
ganz augenscheinlich noch die völlig freie Auswahl, wen von den
beiden sie heute nacht haben möchte. Auf einem anderen Motiv dagegen neigt sie den Kopf schon deutlich entschieden dem einen
Freizeitler zu, während der andere ebenso evident ziemlich aus der

Bredouille ist und deshalb besonders zufrieden dreinschaut; zumal
– oder obwohl? – ihn die Frau ja trotzdem neugierig beäugt.

Die ›Lord‹-Semiotik in ihrer betont vagen Ambiguität verweist,
wie viele verwandte Anzeigen, auf ein Problem, das mich schon seit
Jahren bewegt: das nämlich der optimalen Gruppendynamik zwischen den Geschlechtern. Vereinfacht gesagt: Wie viele Männer
sollen im Idealfall präkoital auf wie viele Frauen stoßen? Ist der
›Lord‹-Vorschlag von 2 : 1 wirklich durchdacht? Oder haben andere
Anzeigen recht, etwa jene des Sekttrinkers oder Nadelstreifenan-
zugträgers, die eine umgekehrte Relation schmackhaft zu machen
suchen, ja sogar verheißen, sofern man nur den betreffenden Fusel,
die jeweiligen Klamotten oder den Porsche kauft?

Fest steht: Kein normal intelligenter Mann kann, bürgerliche Ehe
hin und her, an einem Verhältnis 1 : 1 interessiert sein; von der faden
Gruppierung 2 : 2 der aktuellen ›Benson & Hedges‹-Filter-Reklame
zu schweigen. Und nur stark zurückgeblieben-spätpubertierenden
erwachsenen Männern ist (jedenfalls im Regelfall) mit einer Relation gedient, die ihnen, getreu der Vulgärchimäre, 2 oder gar 3
Frauen einräumt. Mag sein, daß ihm der Lancia-Beta-Kauf sogar 7
garantiert – ein rechter Blödmann wäre, der sich davon das Heil ver-
spräche; periodisches Über-die-Stränge-Schlagen mal abgerechnet.

Insofern scheint jene Werbung tatsächlich richtig zu liegen, die
dem Mann zu seinem Glück ein Team vorgaukelt, das aus 1 tollen
Frau und 2 schnieken Männern sich konstituiert – was ja durchaus
den je biologischen Konditionierungen analog läuft. Aber ist die
Gruppe ›2 : 1‹ wirklich schon die optimale? Ist der Mann da nicht
unter- oder umgekehrt überfordert?

Ich will an dieser Stelle mit meinen persönlichen Erfahrungen
und Beobachtungen nicht hinterm Berg halten. Vor Jahrzehnten
schon fiel mir auf, daß z. B. Gruppierungen von je 3 unverheirateten
bzw. unliierten Frauen und Männern z. B. im Gaststättenrahmen etwas Bedrückendes, ja Erdrückendes haben können – und meist auch
haben. Vorausgesetzt, die Frauen sind ausreichend attraktiv. Denn
dann schlägt die scheint's wünschenswerte, ja demokratische Egali-
tät – dem Kleinbürger nach wie vor das banale Ideal – rasch um in
Belastung, die – den ganzen Abend über anhält, in wahrhaft pene-

tranter Weise. Früh schon und rasch leuchteten mir auch die Gründe auf, die da lauten: 1. Hier kommt keiner aus, hier ist jeder Mann voll im Einsatz, es sei denn, man wollte 2. die 3 Hübschen erniedrigen; was kein Gentleman beabsichtigen kann. Denn erfahrungsgemäß und mit einem gewissen Recht erwarten und gewärtigen die 3 Avancen, amouröse Couren, zumindest Aufmerksamkeit oder aber den Anschein davon – und eben dieser forcierte Erwartungshorizont lagert und lastet stundenlang auf der an sich nicht üblen Runde – und vor allem sämtliche beteiligten Männer scheinen es traumatisch zu spüren: Mann, jetzt bist du dran, da hilft nichts, auch kein verschärfter oder scheinbar planloser Alkoholkonsum; auch dieser liefe ja auf seelische Diskriminierung der Frauen hinaus.

Frappant, daß da auch eine Umgruppierung auf 2 Frauen und 3 Männer wenig hilft und erleichtert. Nicht nur ist ein entlastender Plausch zwischen zweien der Männer so gut wie ausgeschlossen; liefe er doch abermals auf Ehrverletzung zumindest einer der Frauen hinaus. Nein, jetzt droht abermals die sogar erhöhte Gefahr, daß sich der dritte Mann, sei's wegen Avancenerwartungsüberlastung, sei's in der irrigen Meinung, er würde hier nicht bitterlich gebraucht, volllaufen läßt – und abermals bist du dran, ja du, der zweite! Mit scheinbarem Interesse, mit Komplimenten, mit Süßholzraspeln aus dem letzten Loch! Ob du willst oder nicht! Und selbst wenn du ja wirklich wolltest, hammermäßig und sogar seelisch: wiederum ist es der Erwartungsdruck selber, der dich und deinen Feuchtl lahmlegt!

Es gibt den extrem und kurios umgekehrten Casus; ich habe ihn mit eigenen Augen, Ohren und Händen erlebt. In den 1972/73er Jahren war es, in einem damals berühmten Gasthaus im Frankfurter Nordend, da fläzte eine fortwährend bescligt und beseligend lächelnde Tussi den ganzen langen Abend über auf einem Thekenhocker – und ließ sich aufwarten: nämlich im Verlauf von vier Stunden von sage und schreibe 6 Herren verbal, visuell und digital anmachen. Und ich? Hätte auch gern meine Schuldigkeit getan, verspürte sogar forcierte Gier nach Bequatschen, Abschleppen, Aufreißen u. dgl. – zwei starke, ja phänomenale Beobachtungen indessen ließen dieses Interesse in den Hintergrund treten: 1. Bei einem Unverhältnis von 6 : 1 (6 Courmacher, 1 einzige Tante) stellt abermals

und nun aus reziproken Gründen Lähmung sich ein. 2. Die in Rede
stehende Eule hatte sich offenbar schon derart an die öden Umgar-
nungen der sie umschwirrenden 6 erotischen Blindgänger gewöhnt,
daß sie mich, kurz vor der Polizeistunde, gleichsam kokettierend
drauf aufmerksam machte, es wundere sie gewissermaßen, warum
um Gotteswillen ich denn nicht auch noch bei ihr vorstellig geworden sei – und sogar ein bißchen schmollte (falls sie vor lauter weib-
licher Aufgescheuchtheit überhaupt noch wußte, was sie da äugelnd
und faselnd tat). Meinem verschämten Hinweis, es seien doch schon
sechse vorgeprellt, warum ausgerechnet auch ich noch? – dem begegnete sie mit purer Verständnislosigkeit. Ihr war die Courmache-
rei habituell – sie war ihrer glatt süchtig geworden.

So also geht's nicht. 7 : 1 hat etwas Entmutigendes, so wie 1 : 1
und auch 2 : 1 und 3 : 2 etwas erwartungshorizontal Erdrückendes
haben. Wie aber dann? Wie die leidige Chose einigermaßen befriedi-
gend für alle Seiten über die Runden bringen?

Nun, mag sein, daß die beiden ›Lord Extra‹-Herren in ihrer er-
barmungslosen Freizeitgesinnung den Fall echt paritätisch-hedoni-
stisch regeln und die Blonde hintereinander wegnageln. Mag auch
sein, daß, sollte der eine renitent sich zeigen, die Büchs ihn ihrerseits aufreißt; nach der alten Bauernregel der internationalen Foto-
modelle und Playmates:»Wenn ich einen Mann treffe, dem es egal
ist, ob ich mit ihm schlafen will, meldet sich sofort meine weibliche
Eitelkeit« (Lui 4/84). Mag sein, daß dies alles für das mordsmäßig
gutgebaute Trio inferiotrivial sogar noch echt satisfying ist – ich
meinerseits habe einen anderen Vorschlag zu unterbreiten, das
Problem ein für allemal zu regeln. Nach meinen jahrelangen For-
schungen und Analysen ist die ideale Proportion zwischen Mann
und Frau 5 : 2. Auf 2 Frauen mögen 5 Männer kommen – und dies
aus guten Gründen: 1. Die 2 Thusneldas haben im Schnitt stets je 2
Dummquatscher und Hinscharmierer, so daß der jeweils 5. Mann
zwischendurch seinen eigenen Gedanken nachhängen oder auch
ein entlastendes Nickerchen machen kann. 2. Gehöre ich meinerseits zu den akut Interessierten hinsichtlich einer der beiden Pfan-
nen, dann stehe ich mich trotzdem ganz ausgezeichnet; denn
schwerlich zu erwarten ist, daß – siehe oben – mehr als einer der 4

anderen Männer auch noch greifen oder pimpern will, um Gotteswillen, wahrscheinlich will gar keiner. 3. Sind die beiden Öfen
glücklich aufgeteilt fürs Flachlegen, sei's gegen meinen Willen, sei's
zu meiner Zufriedenheit, dann bleiben in jedem Fall noch 3 Mann
zum Skat oder zum Dreierschafkopf. Oder zum Aufbruch in die
›Schildkröte‹.

Fügt es aber 4. das schiere Glück, daß die beiden Schnepfen, wie
heute Usus, sowieso nur stundenlang auf sich selber einteufeln wollen, von wegen »du, ich will mich da in diese Frauengymna-
stikgruppe einbringen, du« – dann? Na, dann bin ich abermals aus
dem Schneider und kann mich mit den 4 anderen Herren, sobald
die beiden endlich fort sind, über sie lustig machen und mächtig
über sie herziehen. Was das für unglaublich doofe Hühner seien
usw. respektive waren.

Dochdoch, man glaube mir: 5 : 2 ist die organisch gewachsene
und empirisch ausgelotete Formel für die definitive Lösung der
Frauen- bzw. der Frauenbefreiungsfrage, hähä. Man halte sich gut an
diese Regel, und sollte einst einmal in Leserkreisen das Problem
sich aufwerfen, daß irgendwo im Verhältnis 5 : 3 herumgehockt und
zwanghaft finster erotisiert wird: dann, ja dann möge man mir die
1 Überflüssige halt kurz rüberschicken. Zum Reinpfeifen. Nun dieser Artikel zu Ende saut, fühle ich mich soweit auch wieder relaxed
und fit genug, daß mir's auf die eine jetzt auch nicht mehr ankommt;
aber wo.

AROSA

Wenn man, mit deutschen Gastaugen, das erste Schweizer TV-
Programm und die in ihm auftretenden Gestalten besieht; wenn
man die Schweizer Boulevard-Zeitung »Blick« und ihr unsäglich in-
fantiles und modernistisches Sprachkauderwelsch taxiert; wenn
man schließlich den immer noch relativ neuen Bundespräsidenten
Kaspar Villiger in Rechnung stellt, der, wie seine heimischen Fern-
seh-Zombies auch, so aussieht, als ob er grad frisch aus einem

kombinierten Friseurtoupetstudio und Verjüngungsfitmachsalon
ausgeworfen wäre; wenn man diese drei als symptomatisch für die
neuere und gegenwärtige Schweiz nimmt, dann kommt man auf ein
ziemlich furchtbares Bild, neuschweizerisch: Imitsch. Besser sieht
es schon wieder aus in der eher wirklichen Wirklichkeit. Vor allem
in Graubünden, und besonders in Arosa. Und ganz besonders dort
in der Gestalt eines sehr zierlichen Greises, der sich schon am
Sonntagfrüh um 10 Uhr in der Bahnhofsbar vermutlich mit Rot-
wein einen angedudelt hat, um 10.02 Uhr den Bus rund um den See
zum Prätschli hoch besteigt und ihn aber bereits um 10.03 Uhr in
der Seekurve wieder verläßt, derweil aber den Fahrer und sämtliche
Fahrgäste so kreuzfröhlich, ja gottselig angestrahlt und angeblinkt
und angekichert hat, daß einem – selber ganz weh und wonnig ums
Herz herum wird, so herzig und vorbildlich schräg hat es den Alten,
wo die Jugend wie unter Zwang bereits seit ca. einer Stunde der
Skisportverpflichtung nachkommt, schon am hellichten Tag buchstäblich aus der Kurve getragen.

Es muß ja nicht grad immer – das wohl verbindlichste deutsche
Bild vom Schweizer – dem Heidi sein Großvater Alm-Öhi in der
Darstellung des Heinrich Gretler (so hieß er wohl, im Film von ungefähr 1955) sein. Mir jedenfalls hat der ziere, inzwischen vermutlich verstorbene Bahnhofsopa noch viel besser eingeleuchtet.

Ansonsten, zugegeben, strahlt für mich auch der Arosaner (oder
heißt er: Aroserer?) meist und wesentlich mehr etwas Calvinistisches, Geschäftsmäßiges, sagen wir: Unösterreichisches ab, ein
nicht gerade von gemütvoller Heimeligkeit oder auch etwas unheim-
licher Gemütlichkeit Überströmendes. »Die Schweiz hat auf mich
immer dieselbe Wirkung: Das einzig lebhafte Gefühl, das sie in mir
erregt, ist die Erleichterung, wenn ich sie überstürzt verlasse. Ihre
schreckliche Mittelmäßigkeit, ihr totaler Mangel an Seele, Ausstrah-
lung und Transzendenz drücken mich nieder« – so weit wie der hier
reichlich blasiert sich gebende englische Romancier D. H. Lawrence
(»Twilight in Italy«) würde ich natürlich nicht gehen, ich hätte ja
sonst, nach mehrerlei Besuchen, hier nicht vor zwei Jahren Logis in
Form eines Nebenwohnsitzes vor dem schönen Panorama des Rot-
horns und des Hörnlis genommen; und genau genommen bin ich

andererseits auch recht froh, daß einem dieses seelenvoll-katho-
lische und metaphysische Moment des Österreichischen, wie es
selbst den Gottlosen etwa im nahen vorarlbergischen Schruns über-
wölbt, hier in Arosa nicht gar zu sehr und täglich zusetzt; sondern
hier in Graubünden und zumal da oben in 1800 Meter Luftkurorts-
höhe strahlt das allgemeine Lebensgefühl sozusagen die klassische
Max Webersche Synthese aus Protestantismus und Kapitalismus ab,
versetzt mit dem unvermeidlichen Schuß von tourismusgestähltem
Neohedonismus –

– also, Sie verstehen mein Problem? Wenn schon nicht Krippen-
spiel und das in der Schweiz offenbar gänzlich fehlende Bau-
erntheater: etwas mehr Alphorn möchte halt schon sein, das Alphorn als die wohl unmittelbarste Seelenoffenbarung der Schweizer
und ihre, neben dem Gebirgseisenbahnbau, sicherlich gewaltigste
Kulturleistung.

Und, ein bißchen in Parallele dazu: Natürlich, davon bin ich überzeugt, erwarten die meisten Gäste auch heute noch von Arosa den
tourismusarchaischen Charme der Jahrhundertwende, der Grün-
derzeit des modernen Sommerfrische- und Winterfreudenwesens.
So wie sie selbst in der Mehrzahl ja nicht gerade die jüngsten und
juvenilsten sind, sondern strukturell sozusagen aus rüstigen und reichen reifen Damen und naturwilligen Thomas-Mann-Lesern sich
zusammensetzen. Doch, was weniger bekannt ist, die Alten- und
Krankenwelt des »Zauberberg«-Romans hat mindestens so sehr wie
im nahen und konkurrierenden Davos hier in Arosa ihren realen
und lokalen Hintergrund. Und insofern schmerzen sie – und mich
– natürlich schon ein bißchen die heftigen PR- und Aktivurlaubs-
Innovationen, wie sie sich seit ein paar Jahren ganz unnachgiebig
unser neuer Fremdenverkehrsleiter einfallen läßt: vom Western-
Countrymusik-Weekend über das Humor-Festival voller sog. Co-
medy-Shows zum Beginn der Skisaison bis hin zum Dernier cri
eines winterlichen Eis- und Schneedorfs oberhalb des alten und
winzigen Bergkirchlis, das doch nicht zufällig 1492 genau im Jahr
der Entdeckung Amerikas dort errichtet wurde, wie nämlich ein
Einspruch des Alten und Wahren gegen allzu viel Eskapismus und
Entdeckerdynamik; aber natürlich, allzu puristisch darf man da auch

wieder nicht sein; und soll es wohl auch gar nicht: Schon um 1920 und 1935 und um 1950 umwehte und durchfächelte das mondäne Bergdorf Arosa der Hauch eines leicht Närrischen und schwer Schrägen und schwerst Sportiven: Vom Ballonwettbewerb zum Eisfußball, von irgendwelchen Kraulstaffelwettbewerben im (schon damals das Schwimmbad) Untersee bis zu mancherlei (alte Plakate und Postkarten beweisen es) demimondänen und semierotischen Gruppenrodelmachenschaften.

Und zumindest zwei recht arosaspezifische Spezereien machen alle sündhaften Tribute an die schandbare Neuzeit fast ja wieder wett: Erstens das gute Auskommen der Ski- und auch der so gut wie immer unter 25jährigen »Snowboarding«-Sportler sowohl mit den Rodlern als auch mit den fast noch arosatypischeren Schneespaziergängern. Und zweitens das freundliche Einvernehmen dieser mit ihren mitwandernden Hunden, von den großen Hirten- und Bernhardinerhunden bis zu den putzigen und gleichfalls putzmunteren Stadthündchen. Denen allen Arosa dergestalt, wohl mehr noch als den Menschen, sommers wie winters zum Paradiese wird.

Um die Jahrhundertwende noch, was man so hört und liest, weitgehend und ziemlich schwer vorstellbar via Strelapaß von Davos aus versorgt, wurde Arosa erst ab 1914 dank der Fertigstellung der recht wildromantischen rhätischen Chur-Arosa-Eisenbahn mit dem Rheinland, Zürich, Basel und damit mit Europa verbunden, relativ schnell verbunden: Heute beträgt die Reisedauer Basel-Arosa 3 1/2, die von meinem Hauptwohnort Frankfurt a.M. nach Arosa mit den superschnellen ICE-Zügen gerade mal 7 Stunden. Wahrscheinlich haben ja die Arosaner und Schanfigger das große Eisenbahnviadukt bei Langwies nur zu Demonstrationszwecken gebaut, um damit damals die Höchsten und Längsten in Europa zu sein, denn eigentlich hätte das Elektrobähnchen auch über eine etwas weniger spektakuläre Streckenführung sein Ziel Arosa erreicht – aber jedenfalls war jetzt mit dem Erfolg bald kein Halten mehr. Wo heute, nach seinem Auftritt beim Humor-Festival, der gewaltige bayerische Menschendarsteller Gerhard Polt friedlich in Schnee und Sonne liegt, dort lagerte eine Generation vorher schon fast noch ansehnlicher Sophia Loren, und lang vor Thomas Mann und Christian Morgenstern soll schon Arthur Conan Doyle sich dort regeneriert und die nächsten Sherlock-Holmes-Abenteuer ausgeklügelt haben; die er dann freilich voller Undank in die wetteifernden Fremdenverkehrszentren der Reichenbach-Wasserfälle und des Berner Oberlands verlegte; obwohl doch so ein Finalfight Holmes-Moriarty auch gut und gern auf dem Hörnli (2513 Meter ü. d. M.) oder eben vor den herzerschütternd herabstürzenden Altein-Wasserfällen seitlich des Kletterwegs nach Davos hätte stattfinden können.

Andererseits muß Arosa damals, unvergleichlich mehr noch als immer noch heute, ein Ort der eben nicht extremen Bergsteigerei, sondern der schon extremen Beschaulichkeit gewesen sein. Wie ich einem vor 1914 – man erreichte das Ziel damals noch mit dem Postauto über das Plessurtal und Molinis – erschienenen Büchlein namens »Nach Arosa!« entnehme, reiste man damals noch nicht oder kaum wegen Langlauf und in der Regel schon gar nicht wegen dem neumodischen Schneebrettrutschen dorthin. Sondern erstens wohl fast ausschließlich im Sommer, zweitens mehr l'art pour l'art oder drittens mehr zum Anbandeln mit schönen englischen Fräuleins. Oder jedenfalls deren willigen Zofen. Oder wenigstens zum Blumenzupfen – da ist Arosa damals wie heute ein Dorado: auch ich, eigentlich dazu unbegabt, beherrsche heute schon gut 30 Alpenflora-Namen. Allerdings, eine knallazurblau untergrundete Plakatwerbung von ca. 1950 weist »herrliches Arosa« weniger als Instanz der platonisch reinen Idee des Edelweiß (noch hab ich keins gefunden, wohl aber schon den raren Frauenschuh) aus und der gefallenen Menschheit den Weg; sondern mittels zweier grandioser und fast unverhüllt schimmernder Frauenbrüste einer strohblonden Schönheit vom Lande das Bergdorf eher als Hort aus einer gewissermaßen naturhaften, rustikalmondänen Hochalpenhocherotik. Ja, wer hätt' halt damals schon mitgemischt haben dürfen, ich war damals leider noch fast zu ungeboren dazu –

– heute jedenfalls ist Erotik m. W. weitgehend auf die Sauna-Fitness-Landschaften des Kulm-Hotels oder des (mir lokal assoziierten) Robinson-Clubs retiriert. Und scheint, ehrlich gesagt, nicht mehr allzu erträumens- und erringenswert; allzu gänzlich entblößt prosaisch und als sekundäre Dependance des allgemeinen Sport- und Ge-

sundheitswahns hockt und schwimmt sie heute daher – im übrigen
strahlt, noch ehrlicher gesagt, Arosa aber eh eher etwas Braves, Keu-
sches, abermals Calvinistisches ab – die einzigen Male, daß ich Arosa
wenigstens kurzzeitig exzessiv werden gesehen und gehört habe, das
war jeweils beim samstäglichen Abendessen in einem mehr proleta-
rischen Lokal in Ortsmitte: als da nämlich am Neben- bzw. Stammtisch ca. sieben jüngere Schweizereinheimische, eingerahmt von
ihren Freundinnen/Frauen, ein seltsam undurchschaubares Karten-
spiel betrieben, das aber auch aus Schnapstrinken, normalem Plaudern und darin bestand, quasi nur nebenbei die Karten auf den Tisch
zu legen – und das aber etwa alle Viertelstunden in einem vermeintlich unmotivierten Urschrei kulminierte, in einem wahren Deep-
Throat von z.T. wohl Einzel-, z.T. Gruppengeröhre, ein schwarzes
Loch von einem kosmischen Lärm-Schlund, in welchem sich wohl
ganze Generationswillenskundgebungen von Leid und Lust des
homo erectus non solo sapiens versammelten und ballten – und auf
das man allerldings im bergwärts visavis situierten Edellokal »Anita«
leider wohl schon deshalb jahrelang vergeblich warten möchte, weil
sich das auch 1995 wieder fast gewohnheitsmäßig zum besten Wein-
lokal der ganzen Eidgenossenschaft qualifiziert hat. Und deshalb
eher ruhig ist.

Wie der Arosaner insgesamt. Und sich auch sonst von – wieder das
deutsche Auge und Ohr – Richard Wagners Gefühl für »das gute
Zürich mit seinen ächten Zöpfen und Philistern« (Brief an den
Freund und Revolutionär August Röckel, 1853) und also der Rest-
und Gesamtschweiz nicht wesentlich unterscheiden dürfte. Obschon es da, wo der deutsche Arzt Otto Herwig aus Hanau die heilkli-
matische Wirkung der 1800-Meter-Luft entdeckt und 1888 ein erstes
Sanatorium hingesetzt hatte, um die Jahrhundertwende auf der anderen Seite schon auch wieder scharf zugegangen sein muß: »Tollkühne
Männer«, so ein Bericht aus diesen Pionierjahren, »stürzten sich auf
einfachen Hickory-Skiern in den Tiefschnee, während die Damen im
Walzertakt ihre Pirouetten auf dem Natureis drehten oder sich so
einer Curling-Partie auf dem Obersee trafen. Die ganz Mutigen flitz-
ten schon damals auf leichten Holzschlitten durch die Rütibahn oder
auf schweren Stahlbobs nach Litzirüti.«

Das geht im Prinzip heute noch und ist beinahe so lang und schön wie die nahe und noch berühmtere Schlittelstrecke Preda-Bergün am Albulafluß. Und genau das verleiht dann vor allem den schönen Damen jenen »frischen Gesundheitsblick«, der den dankbaren Schweizbesucher J. W. Goethe nicht weniger begeisterte als das seinerseits von dem Einheimischen Gottfried Keller sogenannte und bewunderte »feste, schöngebaute Frauenfahrzeug« (Pankraz, der Schmoller), das da im überdurchschnittlich sportlichen Zentralgraubünden werweiß noch etwas erbaulicher gebaut ist als im Restvolkskörper. Ja, da wirkt der viele und unermüdliche Sport fraglos sein Gutes – zu seinen beschaulicheren Spezies gehört in Arosa auch das Golf –, da nämlich wird gespielt, wo ich selber im Winter ziemlich ausdauernd Skilanglauf treibe – von Profi-Golfern wird der sehr wellige Platz etwas abschätzig als Buckelpiste oder Ziegenplatz bezeichnet, den modernen Golfplatzarchitekten gilt so ein Gelände aber als, höre ich, »grün« und »ökologisch«. Mit einer Stimme aus dem neutralen Deutschland zu reden, meinem Freund Thomas Eimer aus dem hessischen Bad Vilbel, der im Juli d. J. beim Offenen Turnier in Arosa einen ehrenvollen letzten Platz belegte: »Man golft im untypischen Gelände, aber im Geist der Zeit.« Dem gehorcht zweifellos auch Arosas Novität des »Wintergolfs« mit roten Bällen auf dem Obersee und einem großen nationalen Turnier jeweils im Februar. Wie auch Newcomer-Sportarten und Freizeit-Spezereien, die zumeist auf die gewohnt englischen Namen wie »Bananas Snowboarding« und »Blues Kitchen Club Revue« und »Fire-and-Ice-Show« oder auch »Skisafari-Rundfahrt« im allgemeinen »Fit 4 You«-Arosa-Emblem-Programm hören – schon früher setzten die jedenfalls deutschen Sportsnarren ja mit »frisch-fromm-fröhlich-frei« auf die Magie des mehrfachen »f«-Aufputschlauts, so neu sind all die Innovationen also ja gar nicht – ich darf mich hier aber nochmals dem sehr durchdachten Wunsch meiner gleichfalls häufig in Arosa aufhältigen Schriftstellerkollegin Brigitte Kronauer anschließen und ganz im Einvernehmen mit ihr herzlich bitten, es möchten »die Herren von der Touristik in Arosa sich nicht zu sehr der beschäftigungssüchtigen Jugend anbiedern« und ihrer besinnungslosen Bewegungssucht hinterherlaufen und immerzu neuen

Schnickschnack sich einfallen lassen – denn, um das noch einmal mit einem hochqualifizierten deutschen Schweizergast zu sagen: »Das ärgert unsere Alten« (Richard Wagner, Meistersinger, 3. Aufzug).

Um so weniger ist gegen das hochgemächlich-schwerzivile Eis-Schach in Maran und gegen das tägliche Nachmittagstreffen im Schach-Café vorzubringen. Zumal ich dort im Frühjahr gegen einen zu Arosa agierenden holländischen Internationalen Meister mal ein Remis gehalten habe.

Bus und Untersee-Freibad sind in Arosa, lobenswert, kostenlos. Und überhaupt ist erfreulich, jedenfalls für deutsche Beobachter: daß man da, wie in vielen anderen Dingen, mit einem Minimum an Kontrolle und Sicherheitsvorkehrungen auskommt. Weniger schön: daß auch im Hochsommer bei 27 Grad meist nur 1 von 50 Badbesucher (meist: ich) das Bad auch brav nutzen. Dabei gibt's nach einer anstrengenden Sommerwanderung kaum etwas elektrisierend Schöneres als einen 17 Grad kalten Badesee. Höchstens noch einen halben Liter eiskalter Buttermilch pur oder mit Beeren versetzt: ein annähernd göttliches Getränk direkt aus der etwas oberhalb von Arosa gelegenen Maranalpe.

Aber auch die Buttermilch aus den drei Supermärkten ist nicht nur für surrogatgewohnte deutsche Kehlen: super. Wie höchstens sonst noch: Joghurt.

Nicht ganz so berühmt dünkt mich die Graubünden-Schanfigger Küche. Und auch wie vieles andere – die Schweizer verdienen nach neuester Statistik eineinhalbmal so viel wie die Deutschen! – für die meisten der armen großen Stiefbrüder aus dem Norden leider viel zu teuer, oftmals sinnlos teuer, desaströs teuer für eine Fremdenverkehrsregion. Nicht jeder hat mein Glück, sich da einfach vom Freund Werner Schärdel aus Tübingen was Gutes vorkochen zu lassen. Der kann das eh viel besser. Auch das einheimische Essen. Ca. 22 von seinen 44 Lebensjahren hat er Sommerferien für Winterferien in Arosa verlebt. Und längstens eine Auszeichnung des Kurvereins verdient.

Ich selber bin vorerst mehr noch im Kommen. Vor allem ab Juni 1996 noch einmal vermehrt im heimischen Blumenwesen. Mir noch um 1990 unvertraute Dinge wie den Türkenbund, die Soldanella, die Männertreu, Mehlprimel, Leimkraut, Seidelbast, Aurikel, Arnika, Akelei und natürlich Enzian (in drei Formationen) kann ich schon.

Und natürlich meine Lieblingsblume vom vergangenen Jahr: die rostrote Alpenrose, im Volksmund und im gefühlvollsten aller Alpenlieder genannt: Almrausch.

Wer weiß, was da, selbst in der protestantisch profanen Schweiz, noch alles an semisakralen Räuschen und späten Leidenschaften auf mich zukommt.

ES IST EIN RITTER

Es ist ein Ritter,
Der heißt Spott[1]
Schmeckt wie der große Gott.

[1] Eigentlich: Sport (Ritter Sport Schoko)

VON BARBAREN, SPRUCHBEUTELN, LEIMSIEDERN

Man will und unsereins sollte von den (Buch-)Kritikern ja nichts Unmögliches und Unmenschliches verlangen; und mit der spezifischen, angeblich subversiven Kraft des Komischen, dem z. B. mein eigenes literarisches Werk besonders zugeneigt ist, tun sie sich halt offenbar besonders schwer – und vielleicht ist das ja auch gut so: höchst verdächtig wäre ja Subversives, wäre überhaupt Literatur, die schon bei ihrem Auftauchen adäquat in den Hirnen ankommt. Aber eine kleine Kollektion von Wünschen und Empfehlungen an die Literaturkritiker tät' ich mir schon trotzdem sagen traun wollen:

1. Von dem Unfug zu lassen, der von seinem Erfinder, Reich-Ranicki, über dessen Schüler und Abkupferer, die Kritikergeneration

der jetzt 50jährigen, bis in die Buchclubs und in die scheinseriösen Suhrkampverlage hinein sich verlängert und verewigt, petrifizierter noch als zu R.-Ranickis Glanzzeiten: Von wohlgemerkt seriösen Autoren »das Buch«, »den Roman«, gar »den Autor« des Jahres, der Saison, »unserer Zeit« zu erheischen. Was eine Barbarei. Allen halbwegs ernsthaften Autoren geht es, spätestens nach dem zweiten Buch, immer nur sinnvoll um das Weiterbasteln an einem eigengesetzlich sich weitenden Gesamtwerk. Und sonst um nichts.

2. Kritiker mögen auch nicht alle Naslang, nämlich ca. alle zwei Jahre, den »endlich geistreich unterhaltsamen« und »heiteren Zeitroman der, ohne eine Sekunde zu langweilen, doch nie unter sein Niveau geht« u. ä. Quatsch postulieren resp. proklamieren und begrüßen. Ich höre das nun schon im genannten ca. Zwei-Jahres-Rhythmus seit genau einem Vierteljahrhundert, seit 1969 – einmal war ich sogar selber das umhudelte Notopfer. Vorgetragen wird der Hirnunflat in der Regel von exakt jenen trübsten Tassen, die ihn, kommt er, der komische Zeitroman (und er kam mehrfach), nicht erkennen und dankend auf die Knie fallen.

3. Nichts gegen harte, hart formulierte, freche, auch unbarmherzige Kritik. Aber alles gegen den herablassenden und/oder den schnöselhaften Ton; dessen Unerträglichkeit sich dabei so gut wie nie – und das gäbe ja noch einigen Segen – gegen die marktbeherrschenden Tycoons, sondern gegen die Kleinen, Wehrlosen, natürlich auch gegen die Unbedarften richtet. Als eine wahre Sittenverrottung. Manche solcher Schranzen, die um irgendwelcher Tübinger oder Wuppertaler akademischer Karrieren willen dem Großen Manitou in Frankfurt nach dem Munde logen und denunzierten, gehören als üble Erinnerung hoffentlich bald der Vergangenheit an.

4. Der Literaturwissenschaftler/Kritiker ißt heute ein besonders hartes, entbehrungsreiches Brot. Ist er nicht gerade Literaturpapst wie unser schon zwiefach genannter immer noch Lautester vom Main und bezieht daraus sein Lebensgefühl, dann ist das, im fortwalkenden Mediengewurstel zumal, ein besonders selbstlos dienender, altruistischer Beruf. Er hat meine hohe Achtung – sofern er das genau so sieht und sich dran hält, der Kritiker.

5. Halbwegs dialektisch möchte ich ihn hier trotzdem zu größerer

Aggressivität, Emphase, Intoleranz auffordern, zum Abschied von gar zu häufiger Verschlafenheit und Verblasenheit. Der Markt ist voll von fünft- bis achtrangigen Untalenten – zu den vornehmsten Ämtern des Kritikers gehört es, hier für mehr Hygiene, Übersichtlichkeit und resorbierte Redundanz zu sorgen. Unerbittlich, unerbitterlich. Und im Zweifelsfall ist mir da ein leidenschaftlich danebentappender Raddatz lieber als ein leimsiedender Leisetreter.

6. Gleichwohl hier ein spezifischer Appell an speziell die Kritiker unter 45: Abzulassen von der strotzenden Unart der Du-Anrede des Autors in Rezensionen der Art: »Schreib doch wieder mal was umwerfend Lustiges, Eckhard!« Da natürlich – will ich erst recht nicht, ich werde den Teufel tun. Und wenn schon persönliche Anrede durch den Kritiker, dann bitteschön »Euer Gnaden«. Oder »Euer Ehren«. Oder, das wäre mir am liebsten, »Euer Hochwohlgeboren«.

7. Warum sich andererseits ausgerechnet die allerjüngsten Großkritiker ohne erkennbare Not ausgerechnet mit den allerprofessoral altbackensten Sprüchen dick machen müssen, vonwegen also z. B. daß der heutige Erzähler »verirrt und verwirrt, von allen Ratgebern verlassen, niedergeworfen von der unerträglichen Last der Aporien und aller Hoffnung beraubt« sei – : das freilich kommt mir zwar apriorisch äußerst bekannt und hoffnungraubend vor, ist mir aber doch ein besonders ratgeberfernes Rätsel.

Oder auch nicht.

EINE VERWAHRUNG

An Hoffmann und Campe Verlag, Hamburg
Presseabteilung, z. Hd. Frank Scheffter

5.10.95

Sehr geehrter Herr Scheffter,

ich würde nun doch dringend drum bitten, mich künftig mit Ihrem Scheißdreck von Verlagsprogramm (»Mutter Teresa – Das Marketing«) samt »HoCa Weihnachts-Schnellschiene« sowie auch mit Einladungen zu Ihren jährlichen Presse-Messe-Aufläufen zu verschonen – es ist schon zu eklig dies alles.

Mit freundlichen Grüßen
Eckhard Henscheid

MENSCH HEUTE

Der heutige Mensch ist oft verkabelt
Sowie mit Geräten stark vernabelt,
Desgleichen vielfach auch vernetzt;
und in der Folge sehr verletzt.
(Oder: verhetzt?)

DAS FURIENSIEB DES VERSCHWINDENS

So wie von Goethe und Eichendorff, kann ich von Robert Gernhardt und F. W. Bernstein je ca. 15 Gedichte auswendig, zu jeder Zeit abrufbar auswendig; von mir selber sind es fünf; von Ror Wolf und Bertolt Brecht immerhin noch zwei, – aber sonst?

In den letzten fünfzig Jahren war offenbar jenes Haus mnemostrategisch schon ziemlich voll, von dem Rilke fast selbstreferentiell fürs lyrische Gedicht, für unsere Behausung im Gedicht, schwanend ahnen mochte, wer jetzt sich noch keins gebaut, der baue sich keines mehr. Vielleicht gerade deshalb rutschte Rilkes Verszeile in den vorerst ewigen Vorrat unserer halbwegs zitatfesten Erinnerungen – von ihm, Rilke, immerhin z. B. auch noch der Beginn seines Panther-Gedichts (oder war's doch ein Tiger? Ein Eisbär?) – also das »Sein Blick ist vom Vorübergehn der Stäbe so müd geworden« usw. – und zumindest in Fetzenrudimenten der »Herbsttag«: also daß der Sommer sehr groß und zusammen mit den Schatten auf den Sonnenuhren die Zeit jetzt irgendwo erfüllt sei. Oder jedenfalls so ähnlich.

Der ältere Voss soll die halbe Ilias und die ganze Odyssee auswendig gewußt und dahersagen gekonnt haben, das schafft heute ernstlich keiner mehr – und selbst überdurchschnittlich Gedächtnisgesegnete wie ich können, noch jenseits der Rilkeschen Proportionen, fürs letzte und zumal lyrische und deutsche Halbjahrhundert nur noch das Wenigste ihm zu Ehren herbeten. Wohl gewiß nicht als einziger kann ich den Beginn von Celans »Todesfuge«, aus der auch noch die Formel vom Tod als einem »Meister aus Deutschland« so beinahe sprichwörtlich wie leidergottes bundestagszitabel geworden ist und die also eigentlich schon deshalb nicht gar zu viel taugen kann – ja, dann aus diesem kathartisch-lyrischen Umfeld der fünfziger-sechziger Jahre eigenartigerweise ein paar Zeilen der Nelly Sachs wie die vom »Schmetterling, aller Wesen gute Nacht« – ein paar Brocken von Jandl und natürlich seinen Hausapothekensatz, daß man rinks und lechts reicht velwechsern kann – und dann sehr eigentümlicherweise eine Zeile aus den ganz frühen Fünfziger Jahren, einen Gedichtanfang von Höllerer, der da (ich schau jetzt mal extra den genauen Wortlaut nicht nach, bin aber fast sicher, daß es stimmt) lautet: »Der lag besonders mühelos am Wegrand«; eins der damals vermutbar wöchentlich im Dutzend geschriebenen Antikriegsgedichte – seltsam, daß ich es nach wohl fast vierzig Jahren noch ein bißchen in mir herumschleppe; seltsamer noch, daß es als Minimalextrakt werweiß mal wirklich Höllerers Bleibendes werden und schon sein wird.

Leider hat sich nichts abrufbar im Kopf gehalten von Peter Huchel, wunderlicherweise auch nichts von Enzensberger: Seine als Formel auf Hegel zurückgehende »Furie des Verschwindens« (doch, fast alle seine plakativen Gedichtbandtitel haben sich dagegen eingraviert) als das Sieb, durch dessen offenbar kontinuierlich größer werdende Gedächtnislöcher fast alles fällt, in den Orkus hinab, in dem, laut Schiller (Hölderlin? Botho Strauß?), auch das Schöne sterben muß: Sie, diese Furie, ist eine verhängnisvolle und verheerende Göttin und Teufelin und wird mit dem vielen RTL- und Sat-Fernsehen natürlich nur noch immer verheizender und verwüstender; so daß z. B. auch von Peter Rühmkorf (immerhin, die korrekte Namensschreibung funktioniert noch prima) lediglich ein paar spekta-

kuläre Reime (»Agnes/gebacknes«, »Menschen/Bennschen«) noch
halbwegs zuverlässig im Gedächtnis haften –

– sodann aber, wenn schon kein komplettes Gedicht, so doch
zwei allseits zitierte und bestens zitable Statements zum Gedicht:
Brechts in Gedichtform vorgetragenes Bedenken gegen Baumge-
spräche und Adornos essayistischen Einspruch gegen Lyrik nach
Austerlitz o. s. ä.: nur werden diese beiden im Kainszeichen von
Habermasens neuer Unübersichtlichkeit (was genau war eigentlich
das wieder?) dauernd unscharf oder sogar kreuzfalsch zitiert. Leider – auch von mir. Was sind das für Zeiten, da ein Gespräch über
Augsburg (Amberg?) schon fast ein Verbrechen ist? Was sind das
für barbarische Bäume, die bei einem Gedicht über »Gebete nach
Auschwitz« (L. Rinser) betreten den Kopf schütteln? –

Man weiß es nicht, man weiß es immer weniger. Gähnendes
Nichts. Wie Hohn es lacht. Ach Gott, führ’ uns liebreich zu Dir! Die
Zeile ist schon wieder Ewiger Bronnen. Eichendorff. Hätten Sie’s
gewußt? Dann ist’s ja gut.

DUMM-BILANZ 1995

Die gaunerischste Feuilleton-Sumpfdotterblüte des Jahres wird mir
ausnahmsweise nicht aus der ›Frankfurter Rundschau‹ und auch
nicht aus der ›taz‹, sondern aus dem mehr merkantilen Malzgewerbe
gemeldet, aus der bayerisch-hessischen Grenzgemeinde Seligen-
stadt, wo es nämlich die dort ansässigen Biere der Privatbrauerei
Glaab also doch tatsächlich nicht nur zu einer frappanten Saufbar-
keit, sondern darüberhinaus 1995 auch noch zu einer »hohen An-
mutungsqualität« gebracht haben.

Als vulgärster Dummdeutsch-Abhub etablierte sich – wogegen
nicht einmal Stefanie Grafs (selbst ›Bild‹ zählte zuweilen so sprach-
kritisch wie hingerissen mit) u. W. 7439mal eingesetztes »absolut-
total-unglaublich«-Ballung bis hin zur vatergrafbezüglichen Con-
fessio »Es hat mich einfach absolut mitgenommen« ganz ankonnte
– das so kurze und noch unlängst so unschuldige »pur« vor allem in

Funk und Fernsehen und in purster Sinnfreiheit – haltlos versprochen wurden und werden da jetzt und mit steigender Tendenz ununterbrochen »Spannung pur«, »Sex pur« und »Abstiegskampf pur« – nein, die allseits auf Illustriertentiteln u. a. beobachtete »Frauen-Power« war zwar noch häufiger und vielleicht noch einen Tick unerträglicher, konnte sich aber irgendwie nicht ausreichend von den gleichzeitig und genau so zahllos vor sich hindumpfenden »Power-Frauen« abheben.

Die entsprechenden schönsten 1995 neu in Erscheinung getretenen Frauen-Doppelmoppel waren Dr. Trauzettel-Klosinski sowie Dr. Petra Boang-Bongo-Brummer (nicht gelogen; beides aus Tübingen) – die größte und erheiterndste und alles in allem staunlichste Dummbeutelei des neuen Jahres wurde Ereignis aber schon am letzten Tag des alten, in der Silvesterausgabe der ›Zeit‹, mitten im Leitartikel auf Seite 1, wo nämlich ein offenbar für den Abend schon gut warmgetrunkener Theo Sommer in seiner alljährlichen Scharnierjahrwelterklärungsbilanz »Noch hat die Zukunft keine Kontur« (der Titel ginge auch 1996, 1909, 2008 und vor allem 17 v. Chr. voll klar) nicht umhinkonnte, neben zahlreichen anderen Historikerzelebritäten Sommerschen Sammelfleißes als den »Weisen aus Basel« gleich dreimal einen gewissen »Carl Burckhardt« aufzuführen; und das nun genau geht nicht; das ist nämlich nicht nur eine einfache, sondern eine doppelte Verwechslung; denn keineswegs meinte Sommer ja diesen, den schweizerischen Bildhauer; auch nicht den späteren Diplomaten und Historiker und Autobahnapologeten Carl Jacob Burckhardt; sondern vielmehr exakt jenen, der »vor 135 Jahren Vorlesungen gehalten« (Th. Sommer) hat, keinen anderen als Jacob Burckhardt also und seine »Weltgeschichtlichen Betrachtungen«; und diese doppelte steigert sich schließlich zur letztendlich fünffachen Blödheit insofern, als drittens ausgerechnet der Obergymnasiumsbildungsschranze »Theo« (H. Gremliza) ausgerechnet jenen nicht kennt, den als einzigen unter allen verfügbaren Großhistorikern er und man nun wirklich kennen müßte; als viertens kein gegenlesender ›Zeit‹-Kollege oder Korrektor stutzig wurde – wurde ja auch schon 1985 bei Raddatz/IC Goethe keiner; und als offenbar auch keiner, kein einziger von ca. 1. Mio. ›Zeit‹-Lesern was mitkriegte, denn keineswegs sah sich das Blatt genötigt, im nachhinein auch nur den kleinsten Leserbrief oder die schelmischste Richtigstellung von wegen Kabelhörfehler o. dgl. einzurücken geschweige denn gegen Sommers Herausgebervertrag welthistorisch folgenreich vorzurücken.

Und da kann man ja also nur doppelt glückwünschen: Respekt Theo, wie er da nicht nur sein Jahrhundert, sondern gleich auch noch Raddatz in die Schranken verwiesen hat – Hut ab aber vor allem vor »einer solchen Leserschaft« (Gräfin Marion v. Krockow)!

EIN ANTRAG
Von Eckhard Henscheid und seinem Verlag

Börsenblatt für den
deutschen Buchhandel
Postfach 100 442
D-60004 Frankfurt a. M.

Zürich, am 20. Dezember 1993

Gemäß § 16 UWG nehmen wir *Titelschutz* in Anspruch für:

– Die Eierbeißerin
– Die Sackhalterin
– Die Schwanzanbeterin

Haffmans Verlag AG Zürich

MEIN ERSTER UND LETZTER APHORISMUS

Sehnsucht ist, wenn du dich in den böhmischen Wäldern nach der Toscana sehnst, betrachtend aber die sanften Hügel der Toscana von Sehnsucht weich überspült wirst nach dem Riesagebiage, ja, ja, bin ja schon still. Obwohl, *so* doof ist er auch wieder nicht.

KLEINE TODESPROSA

» . . . so finden wir unter
Blumen ein Grab.«
(Rückert, Kleiner Haushalt)

Einem Mann war die Frau verstorben. Nach fast einem Jahr glaubte er, einer Verwechslung aufsitzend, sie auf der Straße wiederzusehen, fiel vor freudigem Schreck um und starb.
Schon am nächsten Tag klärte sich das Mißverständnis.

*

Ein Mann hatte zuerst seinen Vater und bald darauf die Mutter durch den Tod verloren, und er grämte sich also sehr. Ein wenig leid tat es ihm dabei um den Vater, denn naturgemäß bekam die Mutter dabei das Hauptquantum des Grämens ab; allein die beiden würden sich in der Ewigkeit schon einigen und einig werden.

*

Einer schon älteren Tochter war unlängst die dankbar geliebte Mutter gestorben; wessen sie sich in den ersten beiden Trauerjahren stark gewärtig und jeden Augenblick sehr eingedenk war, Tag und Nacht. Erst zu Beginn des dritten Trauerjahres wandelte sich die Lage dergestalt, daß die Tochter eines frühlingsnahen Morgens plötzlich nicht mehr recht wußte, war die Mutter nun tot oder etwa gar noch am Leben. Erst nach etwa fünf Sekunden inständigen Nachgrübelns fiel ihr die Wahrheit wieder einigermaßen ein. Diese Sekunden waren aber durchaus wonnevoll.

*

Ein Vater und Witwer besaß ein Tonband, welches zwar leider nicht die Stimme seiner lang verstorbenen Frau, wohl aber die seiner Tochter und ihrer beiden Kinder barg. Als diese Tochter aber mit-

samt den Kindern und ihrem Mann im Zuge eines Flugzeugunfalls
gleichfalls verschieden war, hütete sich der gänzlich vereinsamte Vater gleichwohl, das Tonband ihm zum Troste anzuhören; sondern
sparte es sich lieber für den äußersten Notfall auf.

*

Einem nicht mehr ganz jungen Mann ging der Heimgang seiner
hochbetagten Mutter nahe, und er ward vorübergehend sein Leben
leid. Indem tröstete er sich im Lauf der nächsten drei, vier Wochen
mit vorzüglich dem Gedanken, daß er die Verschiedene, insofern
jene ihn ja einst auf die Welt befördert hatte, immerhin dadurch
hatte kennenlernen dürfen.

Aus diesem Gedanken gewann der sehr trostbedürftige Mann
nicht geringe Zuversicht.

*

Einem noch recht jungen Mann hinwieder geschah es und fügte es
sich andererseits, daß innerhalb einer Woche der Vater starb, die
Geliebte ihm ade sagte und sein Arbeitgeber ihm alsdann auch noch
kündigte. Als jenem dann freilich auch noch bei Pertisau auf dem
Rofan der Ski an der Spitze entzweibrach, da mußte er zuerst heftig
lachen, sodann kraftvoll weinen, schließlich aber kündigte er aus
Trotz auch noch seine angestammte Wohnung.

*

Einem Mann in den mittleren Jahren war die recht innig geliebte
Mutter gestorben. Nicht so sehr dieses geleitete ihn unverzüglich in
Trauer; trauriger vielmehr noch stimmte ihn die Erinnerung an die
Verzweiflung, welche die Mutter zwei Tage vor ihrem Tod überfallen
hatte, als sie von ihm, dem Sohn, auf Anfrage erfahren hatte müssen,
daß ihre, der Mutter, Eltern schon praktisch seit einem Vierteljahrhundert tot seien; zumal ihre, der Mutter, vielgeliebte Mutter.

*

Ein Mann überschlug, daß er mit seiner Frau – beide zählten gerade
39 Jahre – allenfalls und wenn alles gut ginge noch weitere 39 Jahre
= lediglich 14245 Tage, d. i. lachhafte 341880 Stunden zusammen
und miteinander verbringen würde, nicht eben viel angesichts der
Ewigkeit und also der vermutbar definitiven Trennung und Ab-
sonderung, welche ja wohl mindestens 1080743507 Stunden, vielleicht Tage währen würde, grübelte der Mann recht mutlos – aber
so schlimm würde es dann am Ende vielleicht ja doch nicht kommen, und alles, diese ganze Ewigkeit vor allem, ginge bald und
möglichst rasch vorüber – schrecklicher wäre es ja vielmehr, sann
der Mann, wenn seine Frau lang vor ihm stürbe und es ihm dann
freilich nicht gelänge, um dies sehr geliebte Wesen ausreichend ausgiebig zu trauern, ja daß er es mit der Zeit immer weniger vermöchte, so sann der Mann schon fast verzweifelt, daß er mithin
keine Trauerkraft mit in die Ewigkeit brächte, diese, sann der Mann
verzagt, hinreichend trauerkräftig zu überstehen und zu überdauern; denn darauf käme es ja an, nickte der Mann mit seinem Kopf
und nahm sich vor, im entscheidenden Stadium alle Kraft zusam-
menzuraffen, um alledem gewachsen zu sein und es letztlich dann
doch auch zu packen.

*

Eine schon recht alte Frau verspürte, daß sie, zumal alle Kinder
schon aus dem Haus und die sonst Anverwandten tot, jetzt plötzlich
nichts mehr hatte als ihren Lieblingsweg, jenen, welcher sich praktisch von ihrer Stadtwohnung aus anmutig und lieblich bis ins nächste Dorf schlängelte; die kleinen Schlängelkurven waren an ihm das
schönste.

Schon jahrelang war die alte Frau den Weg mehr oder weniger täglich gegangen, hin und zurück; jetzt tat sie es weiter, gleichsam aber
dem Weg noch anhänglicher, ja hingegebener. Täglich hin und zurück, hin und zurück.

Als dann allerdings dieser Weg endlich im Zuge umfangreicher
Neuordnungen verbreitet und begradigt wurde und alle seine Kurven, seine so überaus lieblichen Kurven einbüßte und verlor, da frei-

lich zog es die Frau dann doch vor, sich lieber hinzulegen und 1990 endlich auch zu sterben.

*

Einem Mann war die Schwester verschieden, mit welcher er zuletzt lange Jahre zusammengelebt hatte, aber deren Dackel noch verblieben. Alsbald legte sich dieser auf den Rücken und bat mit gebetsartig zusammengelegten Vorderpfoten, daß der Mann und Schwesterwitwer ihn sogleich am Bauche kraule. Damit er auf der Erde doch auch noch zu mancherlei gut und nütze sei, willfahrte der Mann sogleich dem Tier.

*

Sieben Jahre lang beweinte ein Mann seine verstorbene Frau und trug es, obgleich es ihm zuweilen das Herz zu sprengen drohte, mit Anstand und Treue, im achten Jahr war ihm gleichwohl so, als ob die Frau nicht verstorben sei, und der Mann ging hin und auf den Friedhof, das Grabkreuz zu überprüfen und zu kontrollieren, und siehe da, da stand doch wahrhaft der Name seiner Frau darauf, tatsächlich! Donnerwetter! Sapperlott! Sappradie! Das hätte der Mann fast nicht gedacht!

*

Einem schon alten, ja hochbetagten Mann waren vor 32 Jahren die Eltern verstorben, seither bedachte er und war am Überlegen, ob er nach diesen beiden eher Herzweh oder vielmehr Heimweh verspürte und was das wohl sei, was ihm so die Brust beinah entzweiriß. Die Jahre gingen ins Land und fast spurlos über es hinweg, und der alte Mann wurde es schon leid und müde – und so entschied er sich denn endlich dahin, Vater und Mutter gleichermaßen zu ehren und keinem unrecht zu tun und nach dem Vater zu Herzweh, für die Mutter aber Heimweh zu empfinden.

*

Lieb hatte ein Mann seine Frau, und doch auch mußte er sich um sie ein nicht geringes ängstigen, denn allzu neugierig war sie und wetterwendisch, schwerlich ließ sie sich einen Blick auf und in die übrige Welt entgehen. Jetzt erst, da sie aber tot und er jeden Tag zu ihr mit Bedacht auf den Friedhof zu gehen vermochte, gelangte der Mann wieder zur vollständigen Beruhigung, und er hatte sie ganz und fest und sicher, nicht länger war es ihm jetzt allzu bang.

*

Eine Frau, alt und hinfällig werdend, ja schon geworden, tröstete sich mit dem Gedanken, es sei schön, wenn man verheiratet gewesen sei und also einen Mann gehabt habe früher, denn dann seien später Kinder da, die einen sehr beschützten.

Der Fehler war aber nur, es waren in diesem Falle keine Kinder da.

Gottseidank, dachte die alte Frau wohl hin und wieder.

*

Ein Mann hatte sein Töchterlein wert, als dieses endlich im Alter von knapp vier Jahren starb, spürte er, wie sein Busen wogte, wie seine Nasenlöcher sich vor Erregung weiteten und sein Herz pumpte, ja fast ruchlos in die Höhe hüpfte. Gleichzeitig errötete er und erzitterte, dabei mußte aber auch etwas in seinem vasomotorischen Arteriensystem in Aufruhr und Aufwallung geraten sein, denn beinahe hätte er sogar geweint.

Später verschwand das alles wieder. Man nimmt an, daß es die Tochterliebe bzw. die Trauererregung war, die dem Mann da kurzzeitig derartig zusetzte.

*

Ein Mann war so neugierig und wollte so gerne wissen, ob es wirklich ein »Drüben« habe und wie dieses aussehe, daß er sich den Freitod gab und mit dem Gewehr erschoß. Allein, da kam schon die Enttäuschung, da war natürlich nichts.

*

Klüger stellte es ein anderer Mann an. Er nämlich wiederum freute sich von 1989 bis 1992 auf seinen Tod. Die Chance war zwar nicht gar zu groß, aber doch ca. 1 : 10, daß der (sein) Geist in der Weltseele überleben und überdauern durfte; und ca. 1 : 21 000 000 000, daß er dabei seine 1967 schon vorverstorbene Frau, eine geborene Johann, wiederfinden und ersehen werde und sie erkennen, wie er selbst erkannt sein würde.

Erst ab 1993 ließ der Mann wieder von seinem Glauben und seiner seltenen Zuversicht. Er starb 1995.

*

Es träumte einer Frau, sie sehe ihre unlängst verstorbene Mutter lebend wieder – indessen so zusammengesunken und elend und wirr und verwirrt in ihrem Lehnstuhl (sie sagte dabei, sie kriege jetzt bald das alte Teetischchen, dann werde schon alles wieder besser), daß die Tochter, im Traum, sich grämte und härmte und weinte und ihr also und infolgedessen, im Traum, den gnadenvollen Tod erwünschte. Darüber, daß sie solche Wünsche dachte, weinte die Tochter im Traum noch herzhafter und bitterlicher – und als sie davon endlich wach geworden ihren Irrtum bemerkte und gewahr wurde, da weinte sie, wach, über den jetzt wieder unumstößlichen Fakt, daß jene, die Mutter, ja also doch wirklich und wahrhaftig tot war.

So kam der Tag heran, bald ging er wieder.

*

Ein Sohn wollte seiner alten Mutter noch sagen, daß und wie er sie schon sehr lieb habe; allein, die Mutter war ja schon fünf Jahre tot. Dem Sohn verblieb lediglich die inständige Hoffnung, ja feste Zuversicht, daß sie, die Mutter, das zu beider Lebzeiten ohnehin und eh gemerkt hatte.

Obwohl ...

*

Einem Mann in mittleren Jahren ward ums Herze schwer, als er sich vorstellte und sobald er gewahr wurde und nicht mehr aus dem Sinn brachte, wie, einem am 3. August 1990 wiedergefundenen Brief nach zu schließen, seiner am 1. August 1974 verstorbenen Großtante am 23. Juni 1967 schwer um die Seele gewesen sein mußte. An welchem Tag aber er selber wohl einst verscheiden würde? 24. Dezember? Oder doch gleichfalls der 23. Juni? 11. Mai? 6. Februar? Oder gar der 13. September! Auch der 10. Oktober kam ja sehr in Betracht. Am liebsten wäre ihm freilich der 31. Mai. Oder dann eben gleich der 1. Juni. Der Biber aber sei wie ein sehr unbestechlicher und ebenso unnachgiebiger und abermals höchst wachsamer Aufseher und Wärter des

*

Einem anderen älteren Mann und Regimentsmetzger war schließlich die Frau und Gattin gestorben, indessen, schon keine zwei Wochen später wurde sie erstmals im Traum wiederum lebendig und vorstellig. Der Mann war es zufrieden und freute sich sehr und war auch nicht enttäuscht, als er aufwachte und alles also eitel Schaum war und nämlich die Frau durch Todeseinwirkung verschollen blieb, sondern er freute sich schon auf die nächste Nacht, auf den nächsten süßen Traum, der sich dann auch bald zuverlässig einstellte.

Schon nach drei Tagen fügte es sich erneut, und so ging's denn Jahr um Jahr, mindestens einmal pro Woche träumte der Mann ausgiebig von seiner Frau und lieben Gattin, und er hätte sich zu seinem vollständigen Glück eigentlich nur noch eins gewünscht: daß er bei oder nach so einem holden Traume nicht mehr aufwachte, aber nein, dachte der Mann, das wäre ja auch und schon erst recht nichts, denn dann könnte er ja nimmermehr von seiner Frau und Gattin träumen, dann wäre es ja wirklich aus, und das sollte ja partout nicht sein!

*

Einem anderen Manne träumte schon ein paar Tage später und im kühlen Morgengrauen, er sei, den Todesbann brechend, mit seiner

Mutter auf Reisen und in einem Gasthof abgestiegen – und siehe da, plötzlich merkte der Mann, daß die Mutter, welche ein halbes Jahr vor ihrem Tod an den Rollstuhl gefesselt gewesen war, auf einmal wieder ganz gut laufen konnte und nicht mal eine Krücke o. dgl. mehr nötig hatte zur Fortbewegung. Beide bedauerten nun doppelt, daß die Mutter, sie, tot sei, und die Mutter bat ihren Sohn inständig, doch eventuell mit den verantwortlichen Stellen zu reden und auf sie einzuwirken, daß sie wiederum lebendig würde. Der Mann, im Traum, aber freilich war es dann, der sie, die schon alte Frau, tröstete und darauf hinwies: Es könne aber doch nun gut so bleiben, wie es nun wohl einmal sei. Man könne ja trotzdem u. genau so gut schöne Reisen zusammen machen, die Hauptsache sei ja doch, daß die Beine wiederum in Ordnung seien.

*

Ein Mann hatte, bedauerlich genug, seine Frau verloren, das wäre noch nicht das Schlimmste gewesen, was verliert man nicht alles – nur, daß er ihr so gar nichts mehr sagen und bedeuten, nicht einmal mehr schreiben sollte und, genau genommen, konnte, das setzte ihm recht zu, das machte ihn ganz fertig, machte ihn so fix und fertig und mühsam und Zeitlang und –

Noch einmal:

Einen Mann überfiel im Lauf der Zeit derartige Sehnsucht nach seiner erst unlängst verdorbenen oder vielmehr verstorbenen Frau, daß er erwog, ihr, wofern schon an einen regulären Postverkehr übers Amt nicht oder jedenfalls kaum zu denken war, Karteikärtchen mit allerlei Botschaften und Grüßen ins Grab, in die feucht begossene Graberde zu stecken und aus Gram und Trotz immer tiefer zu versenken, mit einem speziellen Versenkgerät oder -apparatgewicht vielleicht, vielleicht aber brachte das doch und trotzdem nicht den gewünschten Erfolg und neuartigen Austauschverkehr, und deshalb wurde der Mann ganz enttäuscht und grimmig und verbohrt, schon am nächsten Tag aber fiel ihm in den neuerlich ja sehr erweichten Sinn, das Grab lieber nächstens mit Bedacht an- und die tote Frau aus- und aus dem Sarg zu graben und scharren, um sich derart letzten

Endes über das vermutlich gräßliche und sehr abstoßende Skelett
von seiner Sehnsucht immerhin und einigermaßen zu kurieren,
wenn es schon denn anders gar nicht ging und taugte und keine weitere Möglichkeit gab, an die Frau bald wiederum heranzukommen
und in Verbindung mit der teuren Toten auch zu treten –

– allein, nach einem Tag und einer Nacht eindringlichen Nach-
denkens stand der Mann dann aber doch von seinem Vorhaben ab
und trat von ihm zurück und ließ das Ganze lieber. Jedenfalls vorerst.

*

Schon praktisch alles gleich war einem Mann in den besten Jahren
(49). Bald würde es erledigt sein, bald, ja sehr bald vielleicht (50, 51).

*

Eine winzig kleine Ente schwamm im Fluß hinter einer Coladose
her, weil sie eben diese, die durch die Strömung abwärts getrieben
wurde, kraft falscher Prägung für ihre Frau Mutter erachtete und
also dieser folgen zu müssen vermeinte. Als aber die Dose endlich
sich im Ufergestrüpp verstrickte und verheddert, verharrte die
Ente drei Tage und drei Nächte bei ihr, ehe ein günstiger Windstoß
– oder war's ein Erdstoß – beidesamt nun wieder vorwärtsrücken
ließ.

Das Ganze aber passierte auf der Nidda bei dem Vorort Hed-
dernheim.

*

Ein Mann hatte seine Frau lieb, verlor sie aber durch einen Todesfall.
So traurig er war, so wäre der Mann doch reichlich getröstet gewesen, hätte es in den darauffolgenden Wintern etwas geschneit.

Allein, es kam und kam kein Schnee.

*

Eine ältere verwitwete Frau lebte in einer kleinen Stadt, in dieser lebten auch ihr Sohn und ihre Schwiegertochter, am Rande der Stadt aber lag der über verschiedentliche Felder sich schön schlängelnde Lieblingsspazierweg der alten Frau. Eines Tags wandten sich die Kinder verstockt von der alten Frau ab. Nicht wenig entsetzt vermerkte diese, daß sie nun auf der Welt eigentlich nur mehr ihren Lieblingsweg hatte – und gleichzeitig aber, wie dieses Entsetzen von einem fast wahnsinnigen Glücksgefühl überrieselt wurde.

Jetzt also kann's beginnen, sagte sich die alte Frau.

*

Ob das Glücksgefühl noch einmal wiederkehrte oder sich gar verstärkte, als man zweieinhalb Jahre später die alte Frau auch noch durch Begradigung und Bebauung des schlängelnden Wegs beraubte, dieses ist uns nicht bekannt.

*

Einem für gewöhnlich recht heiteren und leidlich ausgeglichenen Mann träumte, er mache seinen Großeltern, beide seit fast dreißig Jahren verstorben, gesprächsweise davon Mitteilung, daß seine Mutter, also beider Tochter, welche seit zwei Jahren tot, zwei Tage vor ihrem Hinscheiden ihn, den Sohn, nach ihren Eltern gefragt und, als er ihr von beider längst erfolgtem Tod berichtet, sehr geweint habe; was den beiden Großeltern überaus zu gefallen und sie recht zu freuen schien.

*

Einem Manne war die geliebte Frau gestorben. Nach annähernd einem Jahr Trauer und Abstand glaubte er, einer schieren Verwechslung aufsitzend, sie plötzlich und eines Tags auf der Straße wiederzusehen. Der Mann fiel vor freudigem Schreck sofort um und verstarb.

Schon praktisch am nächsten Tag klärte und erhellte das Ganze sich als Mißverständnis. Dagegen verstarb die verwechselte Frau am übernächsten Tag.

> *»Vielleicht ist noch ein Rest Wärme*
> *und Leben in ihnen, an dem sie*
> *sich in ihrer kalten Urne auf ihre*
> *Weise erfreuen.«*   (Diderot)

HERBERT ROSENDORFER 60

Ob Herbert Rosendorfer, der heute sechzig Jahre alt geworden ist, ein Jahrhundert-, ein Jahrtausend- oder doch nur ein mehr jahreszeitlich zu lesender Autor ist, darüber möge dereinst oder auch noch später die befugtere Literaturwissenschaft respektive Humorforschung befinden; ich selber, kurz: der Unterzeichnete, bin da etwas Partei, nämlich mit dem südtirolgebürtigen Münchner und seit 1992 Naumburger Schriftsteller/Richter (oder umgekehrt) schon jahrzehntelang recht innig befreundet; natürlich auch ganz gut beschlagener Leser seiner überaus fleißig und regelmäßig produzierten Bücher; hin und wieder war ich sogar ihr Rezensent. Noch beinahe mehr als der ungemein vielgestaltige und multiformale Romancier, Erzähler, Satiriker, Kleindramatiker, TV-Drehbuchverfasser und Musikschriftsteller interessiert und fasziniert mich indessen:

1. der rücksichtslose Polyvalenzler Rosendorfer, der da übers Juristische und Belletristische weit hinaus auch noch und meist durchaus ernstlich als Historiker, als Streichquartett- und Messenkomponist, als Librettist, als Konzertagent, als Münchner Societyist, als Romführer, als Opernhausmitarbeiter, als Verbandsagent und als Bedarfsfestredner höchst und fast skandalös emsig tätig war und – soweit das von der recht abgelegenen Saale aus geht – noch ist;

2. der halb kantnahe, halb gallettiaffizierte Alleswisser auf wahrlich allen, aber auch allen Gebieten; der zu allen und jeden Anfragen Auskunft weiß: von irgendwelchen etwa bei meinen eigenen Musikarbeiten vorstellig gewordenen Gluck-Reformoper-Spezialbelangen bis zu aktuellen Orff-Rinser-Erbschaftsfragen; bzw. um Subhilfs-

kräfte für deren Beantwortung: »Du, rufst wegen 'm Gluck den Dr. Wurstl in Salzburg an, der wohnt jetzt am Krautmarkt, der kann dir dann auch glei' sagen, wo der Placido Domingo vom 24. auf 26. wohnt – und der weiß auch, wen du wegen dem Michael Ende seiner Witwe anschreiben tust, aber sei vorsichtig, weil der Rinser ihr Schäferhund in Rocca di Papua hat jetzt Gicht – naa, der is' net reinrassig, früher hat sie ihn Charly geheißen – jetzt heißt er Carlo, weil doch ihre Schwester aus der Brudermühlstraß' auf'n Carlo Bergonzi so spinnt.«

Und derlei Tiraden 3. meist vorgetragen in einer Werner Finck wie Dieter Hildebrandt abgelauschten, vielleicht auch angeborenen Technik des stakkatohaft fragmentarisch bleibenden Satzes, des kunstreich digredierenden Verhaspelns – nein, mit dem Wort Causeur ist da wirklich zu wenig gesagt. Was in Romanen wie dem frühen »Ruinenbaumeister« manchmal bezaubert, das ist im allzeit etwa gehetzt atemlosen mündlichen Rosendorferparlando nicht selten noch um 34 Prozent verzaubernder. Und ich kann nämlich das alles vielleicht als einziger genau beurteilen, war ich doch nicht nur mit Rosendorfer schon als Staatsgast am Plattensee, in Parsifal, beim Empfang von mazedonischen Lyrikern und überhaupt vom Start weg mit ähnlichen opernhaften und epischen Interessen besetzt – damals zu Anfang sicherlich ein bißchen auch als Schüler und als Nutznießer sowieso dessen, der seinerseits von Kafka kaum weniger herrührt als von Herzmanovsky-Orlando und Karl Valentin; ich aber, ganz ehrlich, bin ihm psychokinetisch-telepathisch eindeutig der Nächste: In je von ihm wie von mir 1978 veröffentlichten Romanen stimmt – ohne daß wir uns irgend darüber ausgetauscht hätten – vom ähnlichen Titelwortbild, vom beide Male schwer kommunistischen Helden Albin/Alwin Kessel/Streibl bis zur Seitenzahl – jeweils exakt 571! – alles überein. Und, so wie ich in Rosendorfers-Epos als Figur vorkomme, nämlich als Autor, so er bei mir; allerdings als Pfarrer.

Der ist er nämlich irgendwo auch. Und das, vielleicht mehr als sein allzuoft allzu penetrant bestaunter Dichter-Richter-Status – das schließlich macht ihn allen anderen deutschen Autoren überlegen. Ad multos – ah, du, Herbert, kannst nicht beim Everding nachfra-

gen, ob der noch eventuell Festspielkarten rausrückt, ich tät' dich
dann in der Pause zum Feinkost-Käfer einladen, du, bring auch dei'
Freundin vom Innenministerium mit, die Anne – annos!

DAS LEBEN

Die Wolken ziehen auf und nieder
Lindenbäume duften lind.
Bald girret auch die Grille wieder,
Viel Wasser zu dem Meer hin rinnt.

Rauschen will's im Haine,
Rieseln will's im Bach.
Herrlich ist's am Rheine,
Beim Wein – träufelndes Ach.

Das Kätzchen läßt sich streicheln gern,
Je länger, um so lieber,
Das Hündlein horcht auf seinen Herrn,
Am Bach harrt stark der Biber.

Die sänftigendste Stille west
Vom Osten schön nach Westen.
Im Buche der Natur nur lest!
Dies frommt am allerbesten.

Herrlich willkommen sind uns Träume
Von hohen Frauen engelsgleich,
Sie öffnen uns der Welten Räume,
Den Himmel wie das ird'ne Reich.

Die Kellerassel schreck' uns minder.
Froh grüße uns der schöne Ort.
Zart sind die Wimpern mancher Kinder.
Weichmütig führt uns Sanftheit fort.

Die Lage ist voll Blümeranz,
Voll Wehmut, Schmerzen, Sorge, stummer.
Da fassen wir uns fest; und ganz,
Ganz langsam schwindet hin der Kummer.

Das gold'ne Kätzchen haben wir recht gerne,
Vor allem das aus Gleißenberg.
Mit ihm beschauen wir die Sterne,
Die gleißend überm Berg am Werk.

Zart streicht ein Wind von West herauf,
Zart geht der Lauf der Welt vonstatten.
Zarter Gemüse steht zuhauf.
Zartest berühren sich die Gatten.

Im Nebel beinah' ist zerronnen
Der Feinde böser Schreck und Pein.
Nach langer Qualen weher Leiden
Zuschanden wird die Not bald sein.

Weidliche Burschen wandern hin
Zum großen Himbeerbuschgestade.
Kaum welke Jungfrau'n schauen zu:
Wird einer ja ihr lieber Gatte.

Lieb ist uns die gesell'ge Art,
Wert gleichviel sehr der Wein.
Der Notaustrieb erfolge zart,
Beklommen zirpt's im Hain.

Ehrsamkeit sei der Gattin Art,
Ihr Gatte traut mag für sie sorgen.
Der Kindersegen stillt das Glück.
Die Tobsucht schwindet mit dem Morgen.

Gottes Vertrau'n und seine Huld
Beid' dulden keinen Zweifel.
Der Herr ist uns gewogen recht.
Ruchlos ist nur der Teufel.

Genügsam sei die Frau zuhaus',
Ihr Haushalt liebsam wohlgeführt,
Ein Felsen sie im Sturmgebraus,
Wie gleichwohl schonsam sie traktiert.

Bedachtsam leben wir bekömmlich,
Bekümmert, doch gleichviel auch froh,
Das Weizenfeld schwankt uns recht traulich.
Aus Hafer wird beschaulich Stroh.

Verhältnismäßig jung sind wir,
Holdselig liebwert prangt die Braut.
Im Krüglein schwankt goldgelb das Bier,
Ein Schelm, wer uns gleichwohl nicht traut.

Wann flieht dereinst des Lebens Hauch,
Der Mensch des Athems sich begibt,
Dann rechne – ich sag's mit Bedacht –
Er stark damit, daß Gott ihn liebt.

Gut Frauen haben wir, sind frohen Muths,
Wo gibt's noch sowas Toll's.
Mitunter stirbt eins weg, was tut's.
Kommt Neues nach, was soll's.

Von Mensch zu Mensch kein Feindtum ist
Noch Gegnerschaft mehr droht.
Nichts nützt Herrn Satan seine List.
Gut auch der Drahth zu Gott.

Gott ist uns heute sehr geneigt,
Geneigt und auch gewogen.
Und während unser Gram noch steigt,
Hat Gott uns längst schon aufgesogen.

Untertänigst: F. Scardinelli
i. A. Fritz Wöckh

ANHANG

NACHWEISE

A = Wie Max Horkheimer einmal sogar Adorno hereinlegte. Anekdoten / AkW = An krummen Wegen / DM = Die drei Müllerssöhne / DMB = Dolce Madonna Bionda / E = Was ist eigentlich der Herr Engholm für einer / EM = Hoch lebe Erzbischof Paul Casimir Marcinkus / FAZ = Frankfurter Allgemeine Zeitung / FK = Frau Killermann greift ein / GiO = Geht in Ordnung – sowieso – – genau – – – / K = Konkret / KP = Kleine Poesien / M = Merkur / MdB = Die Mätresse des Bischofs / MS = Maria Schnee / NZZ = Neue Zürcher Zeitung / ORF = Österreichischer Rundfunk / R = Der Rabe / RR = Roßmann, Roßmann … / RT = Romantrilogie 1995 / SB = Sudelblätter / T = Titanic / taz = die tageszeitung / TuK = Text und Kritik / ÜdW = Über die Wibblinger / Vi = Die Vollidioten / WDR = Westdeutscher Rundfunk / WDV = Wie man eine Dame verräumt / Wzd = Die Wolken ziehn dahin / Z = Die Zeit

I.

Der Herr Korbes DM 146

Drei Gerold-Gedichte: Jugoslawien '95 T 4/95 – Tschetschenien 94/95ff. T 5/95 – Global »2000« T6/95

Frau Killermann greift ein FK 67

Happige Grammatik ÜdW 7

Gott ist doch nicht blöd ÜdW 79

Die neue Schamlosigkeit M 2/96

Wagner-Anekdoten Merian Franken 1995 (dort gekürzt)

Poesie ist Jugend FAZ 29.10.94 (dort gekürzt)

Nietzsche AkW 66

Schopenhauer und Nietzsche FK 90

Kein Pep, keine Chuzpe ÜdW 92

Kloßens Auftritt Vi/RT 53

Rosen für Frl. Czernatzke Vi/RT 61

Zum 60. von Hermann P. Piwitt Erstveröffentlichung

Planstellen der deutschen Literatur FAZ 4. und 6.1.94 (dort gekürzt)

Der alte Chinese ÜdW 122

Menschenverachtend WDV 14

Die Katzen AkW 110

Unkenrufe AkW 111

Fontane, Grass und manches mehr T 1/96

II.

Brüderinteresse MdB/RT 547

Spaß mit Suhrkamp FAZ 3.9.92

Sudelblätter = SB 14, 17, 28, 40, 49, 79, 95, 134, 143, 155, 166, 170, 171, 173, 184, 197, 226, 241, 257, 267, 268, 319, 328, 348, 352, 353, 376, 409, 415

Drei Gerold-Gedichte (II): Ortsbestimmung T 8/95 – In memoriam: 50 Jahre nach Hitlers Tod T 10/95 – Wir in effigie T 9/95

Die Wurstzurückgehlasserin FK 39

Die Schwalbe kehrt werweiß zurück Z 29.12.95 (dort gekürzt)

Diese erwählte ich mir art 10/92

Nachts unter den Bäumen taz 16.17.3.1996

Entree Leobold und zwei Schwestern GiO/RT 201

Altentombola und Eisentflammung MdB/RT 880

Die Oberpfalz WDR September 94 Erstdruck

Vier Anekdoten A 9, 55, 79, 128

Literatur vs. Kabarett M 548/1995

Auftritt: Der Papst DMB 490

Jesus, Jens, Schreiber usf. K 2/93

Lateinischdeutsch NZZ 20.3.1996

Unselds Vermählung Wzd 157

Lars Clausen zum 60. Geburtstag Erstveröffentlichung

FAZ-Magazin-Fragebogen Wzd 267

Ich möchte nicht sterben AkW 134

Pfarrer Sommerauer antwortet MdB/RT 763

Wie man eine *Dame* verräumt WDV 225

Tips für Lebemänner ÜdW 176

III.

Hermanns Einkehr MS 5

Pegnitz-Sagen DM 233

Eine Frau ist wie ein Mann, der FK 110

Meine Jahre mit Helmut Kohl Z 18.3.94

Woche contra Zeit ORF Juli 93

Wut und Trauer E 129

Weltall – pro und contra EM 183

Zweimal H. Böll R 30/91, 220 und R 36/93, 208

WoS' Siebensachen K 7/93

Dreimal R. Wagner T 1994/95

Unser Lautester demissioniert WDV 168

Franz Kafka verfilmt seinen ›Landarzt‹ RR 101

Roßmanns Hochzeit RR 92

Hermanns Tiere MS 109

Neues von Unzelmann Erstveröffentlichung

Ein Brief Erstveröffentlichung

Drei Gerold-Gedichte (III): Sei's drum T 12/95 – X oder Anti-X T 1/96 –
Torsch(l)ußbilanz T 2/96

Von Gossensaß nach Mottl Erstveröffentlichung

Krieg und Kraus Erstveröffentlichung

Von Kraus zu Henschel Erstveröffentlichung

Sexuelle Not enttarnt Erstveröffentlichung

Ein sehr wichtiges Wort zur Frauenbefreiungsfrage FK 228

Arosa Facts 1/96

Es ist ein Ritter AkW 62

Von Barbaren, Spruchbeuteln, Leimsiedern NZZ 10.9.94 (Umfrage)

Eine Verwahrung Erstveröffentlichung

Mensch heute Erstveröffentlichung

Das Furiensieb des Verschwindens TuK Sonderheft Nachkriegsliteratur

Dumm-Bilanz 95 T 12/95

Ein Antrag Börsenblatt für den Deutschen Buchhandel 24.12.1993

Mein erster und letzter Aphorismus ÜdW 163

Kleine Todesprosa KP 8

Herbert Rosendorfer 60 FAZ 19.2.94

Das Leben AkW 121

BIBLIOGRAPHIE

BUCHAUSGABEN

Die Vollidioten. Ein historischer Roman aus dem Jahr 1972. Subskriptionsausgabe. Amberg 1973 (= Band 1 der »Trilogie des laufenden Schwachsinns«). Neuausgabe mit Zeichnungen der Originalschauplätze von F. K. Waechter. Frankfurt a. M. 1978

Geht in Ordnung – sowieso – – genau – – –. Ein Tripelroman über zwei Schwestern, den ANO-Teppichladen und den Heimgang des Alfred Leobold. (= Band 2 der »Trilogie des laufenden Schwachsinns«). (Seit der zweiten Auflage: mit Zeichnungen von Robert Gernhardt). Frankfurt a. M. 1977

Die Mätresse des Bischofs. Roman. (= Band 3 der »Trilogie des laufenden Schwachsinns«). Mit Zeichnungen von F. W. Bernstein. Frankfurt a. M. 1978

Verdi ist der Mozart Wagners. Ein Opernführer für Versierte und Versehrte. Zusammen mit Chlodwig Poth und Gastbeiträgen von Bernd Eilert, Robert Gernhardt und Herbert Rosendorfer. Luzern, Frankfurt a. M. 1979. Neuausgabe (ohne die Zeichnungen) erweitert Stuttgart 1992

Ein scharmanter Bauer. Erzählungen und Bagatellen. Frankfurt a. M. 1980

Beim Fressen beim Fernsehen fällt der Vater dem Kartoffel aus dem Maul. Roman. München 1981

Roßmann, Roßmann... Drei Kafka-Geschichten. Zürich 1982

Der Neger (Negerl). Zusammen mit Immanuel Kant. München 1982

Dolce Madonna Bionda. Roman. Zürich 1983

Wie Max Horkheimer einmal sogar Adorno hereinlegte. Anekdoten über Fußball, Kritische Theorie, Hegel und Schach. Zürich 1983

14 Schwedengeschichten. Hersbruck 1984

Helmut Kohl. Biographie einer Jugend. Zürich 1985

Frau Killermann greift ein. Erzählungen und Bagatellen. Zürich 1985

Erledigte Fälle. Bilder deutscher Menschen. Mit 24 Porträtstudien von Hans Traxler. Frankfurt a. M. 1986. Neuausgabe Zürich 1991

TV-Zombies. Bilder und Charaktere. Zusammen mit F. W. Bernstein. Mit Zeichnungen von F. W. Bernstein. Zürich 1987

Sudelblätter. Zürich 1987

Die Wurstzurückgehlasserin. Erzählungen. Zürich 1988

Standardsituationen. Fußball-Dramen. Mit einigen Beiträgen von F. W. Bernstein. Zürich 1988

Maria Schnee. Eine Idylle. Zürich 1988

Wir standen an offenen Gräbern. 120 Nachrufe. Zürich 1988. Bildet zusammen mit *Beim Fressen beim Fernsehen fällt der Vater dem Kartoffel aus dem Maul* und *Der Neger (Negerl)* die »Kleine Trilogie der großen Zerwirrnis.«

Blick in die Heimat. 28 Nachrichten. Hersbruck 1988

Die drei Müllerssöhne. Märchen und Erzählungen. Zürich 1989

Was ist eigentlich der Herr Engholm für einer? Ausgewählte Satiren und Glossen. Erste Folge 1969–1989. Zürich 1989

Hoch lebe Erzbischof Paul Casimir Marcinkus! Ausgewählte Satiren und Glossen. Zweite Folge 1970–1990. Zürich 1990

Wie man eine Dame verräumt. Ausgewählte Satiren und Glossen. Dritte Folge 1971–1990. Zürich 1990

Da lacht das runde Leder. Die gesammelten Fußball-Anekdoten. Mit einigen Zeichnungen von F. W. Bernstein. Zürich 1990

Musikplaudertasche. Hamburg 1990

Pegnitz-Sagen. Von der Quelle bis Hersbruck. Hersbruck 1992

Die Wolken ziehn dahin. Feuilletons. Zürich 1992

Kleine Poesien. Neue Prosa. Zürich 1992

Die Lieblichkeit des Gardasee. Gesammelte Erzählungen. Frankfurt a. M. 1993

Über die Wibblinger. Geschichten und Bagatellen. Zürich 1993

An krummen Wegen. Gedichte und Anverwandtes. Zürich 1994

Eckermann und sein Goethe. Ein Schau-/Hörspiel getreu nach der Quelle. Zus. mit Bernd Eilert und Illustrationen von F. W. Bernstein. Zürich 1994

Die Zwicks. Fronvögte, Zwingherrn und Vasallen. Die Geschichte einer bedeutenden Familie. Zus. mit Regina Henscheid. Zürich 1995

Die Vollidioten. Geht in Ordnung – sowieso – – genau – – –. Die Mätresse des Bischofs. Die Romantrilogie in einem Band. Zürich 1995

Welche Tiere und warum das Himmelreich erlangen können. Neue theologische Studien. Stuttgart 1995

Schauspiel/Hörspiele

Die Städte an der Donau oder Großmutter rückt ein. Eine lyrische Szenenfolge mit viel Musik. Hessischer Rundfunk, 15.2.1973

Goethes größte Pleite (Goethes Bergen-Enkheimer Pleite). Zum Goethejahr 1982. Hessischer Rundfunk, 29.3.1982

Eckermann und sein Goethe. Ein Schau-/Hörspiel getreu nach der Quelle. Zus. mit Bernd Eilert und Illustrationen von F. W. Bernstein. Zürich 1994. Uraufführung: Wilhelmsbader Maifestspiele, 1982

Übersetzungen

Woody Allen: *Der Stadtneurotiker.* Annie Hall. Aus dem Amerikanischen von Eckhard Henscheid und Sieglinde Rahm. Zürich 1981

Jugendwerk

Im Kreis. Historischer Roman. (Pseudonym Hans Eckhard Sepp). Amberg 1968. Neuausgabe: Ed. Ivo Wessel, Braunschweig 1995

Herausgebertätigkeit

Unser Goethe. Ein Lesebuch. Hg. von Eckhard Henscheid und F.W. Bernstein. Zürich 1982

Dummdeutsch. Ein satirisch-polemisches Wörterbuch. Unter Federführung von Eckhard Henscheid und Mitwirkung von Carl Lierow und Elsemarie Maletzke mit Zeichnungen von Chlodwig Poth. Frankfurt a.M. 1985. Erweiterte Neuausgabe ohne Zeichnungen: Stuttgart 1993, Sonderausgabe mit Zeichnungen von F. W. Bernstein 1995

Mein Lesebuch. Hg. von Eckhard Henscheid. Frankfurt a.M. 1986

Über Eckhard Henscheid

Eckhard Henscheid. Text und Kritik Heft 107. Hg. von Heinz Ludwig Arnold. München 1990

Über Eckhard Henscheid. Rezensionen von *Die Vollidioten* bis *Die drei Müllerssöhne.* Hg. von Michael Matthias Schardt. Paderborn 1991

Die Lieblingsstelle. Kleiner Leserdank an Eckhard Henscheid. Zum 50. Geburtstag des Autors. Braunschweig 1991

Bibliographie Eckhard Henscheid 1968–1990. Hg. von Michael Ringel. Paderborn 1992

Eckhard Henscheid liest vor Mitgliedern
der Mafia—Ortsgruppe Bad Orb.